Anne Morrow Lindbergh:
Welt ohne Frieden
Tagebücher und Briefe
1939–1944

Deutsch von Elisabeth Piper

Deutscher
Taschenbuch
Verlag

dtv

Von Anne Morrow Lindbergh
ist im Deutschen Taschenbuch Verlag erschienen:
Blume und Nessel (10582)

Im Text ungekürzte Ausgabe
August 1988
Deutscher Taschenbuch Verlag GmbH & Co. KG,
München

Titel der Originalausgabe: ›War Within and Without‹
(Harcourt Brace Jovanovich, Inc., New York und
London 1980)
 · ISBN 3-492-02746-6
Umschlaggestaltung: Celestino Piatti
Gesamtherstellung: C. H. Beck'sche Buchdruckerei,
Nördlingen
Printed in Germany · ISBN 3-423-10929-7

Redaktioneller Hinweis

Tagebucheintragungen und Briefe sind in diesem Buch im Hinblick auf die Lesbarkeit gestrafft worden. Da dies ein persönlicher und kein historischer Bericht ist, sind die Anmerkungen nur auf die Zeit des Tagebuchs bezogen und bewußt kurz, auf die Informationen beschränkt, die zum Verständnis des Textes unerläßlich sind.

Die folgenden Abkürzungen wurden durchgehend verwendet:
D.W.M. – Dwight W. Morrow
E.C.M. – Elizabeth Cutter Morrow
E.R.M.M. – Elizabeth Reeve Morrow Morgan
C.C.M.M. – Constance Cutter Morrow Morgan
E.L.L.L. – Evangeline Lodge Land Lindbergh
A.M.L. – Anne Morrow Lindbergh
C.A.L. – Charles A. Lindbergh

Mein besonderer Dank gilt Professor Wayne S. Cole von der Universität Virginia, der mir bei diesem Buch geholfen und mir seine grundlegenden Lehrbücher des entsprechenden Zeitabschnitts zur Verfügung gestellt hat, aus denen ich wertvolle Informationen entnehmen konnte. Ich danke auch Oberst Raymond H. Fredette für seine gewissenhaften Recherchen und seinen Rat. Ebenso danke ich Judith A. Schiff, der Leiterin des Sterling Memorial Library Archivs an der Yale Universität für ihre Hilfe bei den Nachforschungen und für ihre einschlägigen Hinweise.

[illegible]

[illegible]

[illegible]

[illegible]

[illegible]

Das Buch

Drei Jahre hat die Familie Lindbergh im selbstgewählten Exil in Europa verbracht, als die wachsende Kriegsgefahr eine Rückkehr in die USA nahelegt. Ende April 1939 kommt Anne Morrow Lindbergh mit ihren Kindern im New Yorker Hafen an, und hier setzen ihre Aufzeichnungen ein. Im Tagebuch festgehalten sind die bangen Monate vor dem 1. September, an dem es dann lakonisch heißt: »Jetzt wissen wir es.« Die Nachricht vom Einmarsch der Deutschen in Polen macht der Ungewißheit ein Ende. Aber die Angst um Europa und um die Freunde dort tritt zunehmend zurück gegenüber der großen Frage, die ganz Amerika zu bewegen beginnt: Sollen die USA in den Krieg eintreten, ist es ihre Pflicht, Europa, die Welt vor Hitler zu retten? Charles Lindberghs erklärte Absicht, Amerika aus dem Krieg herauszuhalten, wird ihm als Parteinahme für Hitlerdeutschland ausgelegt. Wieder steht die Familie Lindbergh ungewollt im Rampenlicht der Öffentlichkeit ... Die vorliegenden Briefe und Tagebuchaufzeichnungen aus den Jahren 1939 bis 1944 sind nicht nur zeitgeschichtlich interessant, sondern legen auch Zeugnis ab von der bewundernswerten Lebenshaltung einer außergewöhnlichen Frau.

Die Autorin

Anne Morrow Lindbergh, geboren am 22. Juni 1906 in Englewood, New Jersey, unternahm zusammen mit ihrem Mann, Charles A. Lindbergh, weite Flugreisen. Ihrem schriftstellerischen Werk, das Reiseberichte, Lyrik, Romane, Essays umfaßt, ist ein ungewöhnlicher Erfolg beschieden.

Einführung

Welt ohne Frieden ist der fünfte und letzte Band meiner veröffentlichten Tagebücher und Briefe von 1922 bis 1944, die die Zeit umfassen, die zwischen Amerikas Teilnahme an zwei europäischen Weltkriegen liegt. Im Krieg 1914–18, der begann, als ich ein siebenjähriges Kind war, steckten meine älteren Vettern in Uniformen und waren auf dem Weg in die französischen Schützengräben. Im zweiten Krieg, der mitten in meine Ehe einbrach, befand mein Mann sich bei Luftwaffeneinheiten im Pazifik.

Die Veränderungen, die durch den ersten Krieg hervorgerufen wurden, nahm ich kaum wahr. Meine behütete Welt, die festgefügt in der warmherzigen Atmosphäre eines Familienkreises, in dem sich alle sehr nahe standen, in einer kleinen Stadt in New Jersey ihren Platz hatte, schien unantastbar und friedlich. Mein Vater allerdings war monatelang abwesend, da er in London unter General John J. Pershing im Allied Maritime Shipping Council diente. Auch meine Mutter, die glaubte, daß Frauen ihren Beitrag leisten müßten, förderte und besuchte die Smith College Relief Unit in Grécourt in Frankreich. Unser tägliches Leben zu Hause blieb ziemlich unverändert.

Am Tag des Waffenstillstandes 1918 zeichnete sich bereits eine neue Epoche über den Schlachtfeldern Frankreichs ab. Die Luftfahrt hatte durch den Krieg an Bedeutung gewonnen. Ein Farmerjunge in Minnesota war durch die Berichte der Fliegerasse animiert worden, und 1923 erwarb Charles Lindbergh sein erstes Flugzeug in Americus, Georgia, aus übriggebliebenen Armeebeständen. Sein Vater, der zehn Jahre als »Progressive Republican« Kongreßmitglied war, war eine wichtige Persönlichkeit in der amerikanischen Reformbewegung, die für die Verbesserungen der Lebensbedingungen von Farmern und Industriearbeitern eintrat.

Große und hoffnungsträchtige Veränderungen lagen in den zwanziger Jahren in der Luft. Wilsons 14-Punkte-Programm und der Völkerbund sollten bewaffnete Konflikte verhindern. »Nationale Selbstbestimmung« und »Friedliche Schiedsgerichtsverfahren« sollten die Ursachen eines Krieges ausräumen. Der Kellogg-Briand-Pakt hatte dem Krieg seine Rechtmäßigkeit genommen. Meine Eltern engagierten sich für ein wirksames Erziehungswesen und den Dienst an der Gemeinschaft und der Menschheit. Sie glaubten mit aller Kraft an den Fortschritt; in ihren Augen hatte die Zivilisation offensichtlich die Stufe einer internationalen Zusammenarbeit erreicht.

Dem Beispiel meiner Eltern folgend, war ich hingebungsvoll in meine Studien der Geschichte, der Literatur und des Schreibens vertieft. Das Smith College (von 1924–1928) unter Präsident William Allan Neilson, vermittelte mir wertvolle Erfahrungen, die ich in *Bring mir das Einhorn* festhielt. Einer meiner Professoren, Sidney B. Fay, veröffentlichte 1928 seine *Origins of the World War,* in denen er Zweifel aufwarf an der den Deutschen zugeschriebenen »alleinigen Verantwortung« für den 1. Weltkrieg. In diesen Jahren bewirkte Erich Maria Remarques *Im Westen nichts Neues,* daß ich schon beizeiten einen pazifistischen Standpunkt einnahm. Die Nazizeit stand noch bevor, und ich sollte lernen, daß es noch Schlimmeres gab als den Krieg. Im College beschäftigte ich mich mit Geschichte, bekam aber selten eine Zeitung in die Hand. Als Lindbergh den Atlantik überquerte, war ich in der Bibliothek des Smith College vergraben und schrieb ein Referat über Erasmus von Rotterdam, bei dem ich Ähnlichkeiten zu meinem Vater entdeckte, der ebenfalls ein Freund des Friedens war.

Als ich hinter meinen Bücherregalen auftauchte, fragte ich, wer dieser Lindbergh sei, über den alle Welt sprach. Man sagte es mir, aber die weitreichenden Konsequenzen dieses Fluges begriff ich erst, als ich den Piloten am darauf folgenden Weihnachtsfest in Mexico City traf. Nach seinem Rekordflug über den Atlantik wurde Charles Lindbergh von meinem Vater, dem damaligen US-Botschafter, nach Mexico City eingeladen, um die Beziehungen zwischen den beiden Staaten zu festigen.

Sechs Monate danach startete der gefeierte Flieger auf einer

Wiese auf Long Island und nahm mich auf einen Flug mit, dann machte er mir einen Heiratsantrag. Die freundliche Welt der Literatur, der Bücher und Lyrik trat für mich vor der dramatischen Szenerie des Flugzeugs und seiner »Kreuzritter« in den Hintergrund.

Nach unserer Heirat 1929 setzten wir gemeinsam die Erkundungsflüge meines Mannes fort, der für die damals noch nicht existierenden Passagierfluggesellschaften Flugstrecken auskundschaftete. Unsere Flüge eröffneten Luftpostwege in der Karibik und Frachtrouten quer über die Vereinigten Staaten. Auf unserem späteren Flug *(North to the Orient)* erforschten wir den Pazifik im Hinblick auf mögliche Flugstrecken nach Alaska, Japan und China. In *Geschlossene Räume und offene Türen* beschrieb ich die Reise, die wir für den panamerikanischen Überseedienst über den Atlantik nach Griechenland, Island, Norwegen, Irland, die Azoren und über den Ozean zurück nach Brasilien machten. Während der langen Stunden, die ich hinten im Cockpit saß, ein altmodisches Funkgerät bediente und mit dem Sextanten die Navigation überprüfte, war mir nicht klar, daß ich an der Revolutionierung des Transportwesens im 20. Jahrhundert teilhatte.

Das Leben in der Luft war wunderbar – grenzenlos und frei – wenn auch oft ein Wagnis – aber das Leben auf der Erde, die Ehe mit einem Nationalhelden, war eine lärmende Jagd zwischen Jägern und Wild. Wir waren die Beute. Es war uns unmöglich, ein Privatleben zu führen, ohne daß uns nicht bei den meisten Gelegenheiten Reporter, Photographen und Menschen nachspürten, die hinter Berühmtheiten her waren. Der Höhepunkt war erreicht, als 1931 unser 18 Monate altes Baby aus unserem ersten Haus in der Nähe von Princeton, New Jersey, gekidnappt wurde. *Stunden von Gold und Stunden von Blei* berichten von den Wochen qualvollen Suchens, ehe man den Leichnam des Kindes in den Wäldern in der Nähe unseres Hauses fand. In unserer Verbitterung hatten wir das Gefühl, daß das auf uns gerichtete Scheinwerferlicht des öffentlichen Interesses weitgehend für die Tragödie verantwortlich zu machen war. Nach der Geburt unseres zweiten Sohnes jagte man uns wieder, um Photographien von uns zu machen oder Zeitungsberichte über uns schreiben zu können, daher entschlossen wir uns, in Europa ein zurückgezogenes Leben zu führen.

Die Jahre in England und Frankreich sind in *Blume und Nessel* dargestellt. Wir fanden Frieden und Glück in zwei Häusern, die wir vorübergehend bewohnten: zuerst in Long Barn, inmitten der wogenden Felder der Grafschaft Kent, es war das ehemalige Haus von Harold und Victoria (Vita Sackville-West) Nicolson. Später zogen wir nach Frankreich, auf die unwirtliche Insel Illiec, vor der bretonischen Küste. Auf der Nachbarinsel, St. Gildas, lebte Dr. Alexis Carrel, mit dem mein Mann in New York am Rockefeller Center in der biomedizinischen Forschung tätig gewesen war.

Während der Krieg in Spanien wütete und die Nazis in Deutschland die Macht eroberten, wurde uns immer deutlicher die Gefahr bewußt, die Europa drohte. 1936, als wir friedlich und anonym in Long Barn lebten, wurde mein Mann vom US-Militärattaché in Berlin damit beauftragt, nach Deutschland zu reisen, um ein Urteil über die wachsende nationalsozialistische Luftstreitmacht abzugeben. Auf Betreiben der Vereinigten Staaten folgten eine Einladung von Marschall Göring, dem Oberkommandierenden der deutschen Luftwaffe sowie verschiedene Reisen nach Deutschland.[1] Lindberghs Ruhm und seine Anwesenheit im Lande nutzend, setzte der US-Geheimdienst damit einen Fuß in die Türe und erhielt die gewünschten Informationen. Die Nazis brüsteten sich nur zu gerne mit der Stärke ihrer Luftwaffe und erlaubten meinem Mann sogar, ihre neuesten Flugzeuge zu fliegen.

Charles Lindbergh inspizierte militärische Anlagen in Europa keineswegs, wie manchmal angenommen wurde, zugunsten irgendeiner fremden Macht. Er gab seine Informationen lediglich an die Oberbefehlshaber seines eigenen Landes weiter und führte seine Mission weisungsgemäß aus. Es ließ sich nicht vermeiden, daß Nachrichten, die er dem US-Geheimdienst beschaffte, in die

[1] Air Intelligence Activities, Büro des Militärattachés in der amerikanischen Botschaft, Berlin, Deutschland, August, 1935–April 1939. Seite 19–26.

internationalen Pressedienste durchsickerten und dadurch eine Flut falscher oder übertriebener Berichte auslösten. Seine Schätzungen der Relationen über die Stärke der europäischen Luftstreitmächte beeinflußte, so munkelte man, Premierminister Neville Chamberlain in seinem Entschluß, nach München zu gehen und die Tschechen davon zu überzeugen, sich Hitlers Forderungen zu unterwerfen. In Wirklichkeit hat Lindbergh niemals mit Chamberlain oder dem Luftfahrtsstaatssekretär, Sir Kingsley Wood, über die Stärke der deutschen Luftwaffe gesprochen. Seine Berichte an andere Luftfahrtdienststellen sind zweifellos weitergegeben worden, aber daß sie die Entscheidungen in München beeinflußt hätten, dafür gibt es keine Beweise.[2] In der Tat hatten die Engländer lange Zeit die Warnungen von Luftfahrtexperten wie auch von Winston Churchill ignoriert.

1939, nach Hitlers Annexion der Tschechoslowakei, hatte mein Mann das Gefühl, daß er in sein eigenes Land zurückkehren sollte, um sich an dem schwierigen Auf- und Ausbau der US-Luftstreitkräfte zu beteiligen, die als einzige, wie er glaubte, der Stärke der deutschen gewachsen waren.

Mein Tagebuch beginnt im Frühjahr 1939, als wir nach über drei Jahren aus Europa heimgekehrt waren. Mein Mann fuhr auf unserer Rückreise voraus. Noch auf dem Schiff erhielt er eine Mitteilung über Funk von General Henry H. Arnold (dem damaligen Befehlshaber der Luftwaffe), der ihn bat, sich unverzüglich nach seiner Ankunft bei ihm zu melden. Zwei Tage danach gab er Arnold seinen Bericht über die Entwicklung der Luftstreitkräfte in Europa – speziell in Deutschland –, einen Bericht, den Arnold später als die präziseste Darstellung bezeichnete, die er bis dahin über die Luftwaffe, ihre Ausrüstung, Offiziere und Ausbildungsmethoden, über die mutmaßlichen Pläne und die gegenwärtigen Mängel erhalten hatte.[3]

Mein Mann war mit dieser Aufgabe bereits völlig beschäftigt,

[2] Oberleutnant Raymond H. Fredette, USAF (Ret.), »Lindbergh and Munich: A Myth Revived«, Minnesota Historical Society Bulletin, April 1977.

[3] H. H. Arnold, Global Mission (New York: Harper & Brothers, 1949), Seite 187–189.

als ich zwei Wochen später mit unseren beiden Kindern ankam, um vorübergehend im Haus meiner Mutter in Englewood, New Jersey zu wohnen. Da Charles Lindberghs Arbeit für die Luftstreitkräfte ständige Inspektionsreisen über Land erforderte, sein Standort aber Washington war, erwogen wir, ob wir nicht für den Sommer in die Hauptstadt ziehen sollten, entschlossen uns dann aber, ein Haus auf Long Island in der Nähe des Flugfeldes zu mieten, von dem aus er jederzeit starten konnte. Mein Mann erfüllte seine Aufgabe bis zu dem Tag, an dem er seine erste Rede gegen die Teilnahme der Vereinigten Staaten an dem europäischen Krieg hielt (am 15. September 1939). General Arnold war zu Rate gezogen worden und hatte keine Einwände gegen die Rede gemacht, hatte aber vorgeschlagen, daß Lindbergh in den Zivildienst zurückkehren sollte, wenn er sich der Antikriegsbewegung anschließen würde.[4]

Trotz heftiger gegensätzlicher Meinungen in der amerikanischen Bevölkerung in bezug auf das Für und Wider und trotz zahlloser Bemühungen, die seitdem von Gelehrten und Historikern unternommen wurden, ist diese Vorkriegszeit fast gänzlich aus dem Nationalbewußtsein verschwunden. Die heftigen Gefühlsbewegungen und Konflikte gingen unter in den gewaltigen Ereignissen, die auf Pearl Harbour folgten. Heute verschwendet kaum noch jemand einen Gedanken an das, was man damals »die große Debatte« nannte: Sollen oder sollen wir nicht in den Zweiten Weltkrieg eintreten? Heute ist die allgemeine Meinung, daß wir einen Feldzug in einem gerechten Krieg gegen böse Mächte unternahmen und gewannen. Befürworter und Gegner sind sich darin einig. Wie der Historiker Bruce M. Russett lapidar formuliert hat: »Die Teilnahme am Krieg gegen Hitler ist sakrosankt, sie ist fast schon eine theologische Forderung.«[5]

Kaum einer von uns fragt sich, was zu Hitler geführt hat, oder analysiert die Bedingungen, die seinen Machtaufstieg ermöglich-

[4] The Wartime Journals of Charles A. Lindbergh (New York: Harcourt Brace Jovanovich 1970), S. 254.

[5] Bruce M. Russett, No Clear and Present Danger (New York: Harper & Row, 1972), Seite 12.

ten. Und zu wenige halten sich damit auf, über die Konsequenzen nachzudenken, die unserer begeisterten Verbrüderung mit Stalin folgten und die unvermeidlicherweise auch unsere Zustimmung zu seinen Absichten und Zielen mit einschloß. Außer im Bewußtsein der Historiker steht der Zweite Weltkrieg als einsamer Höhepunkt in der Geschichte da: Der Weg, der dahin führte, und der Absturz danach bleiben fast unbeachtet. In der öffentlichen Vorstellung ist diese Periode weitgehend durch die Leitartikel der Tageszeitungen in Erinnerung geblieben.

Welche Rechtfertigung kann uns eine Rekapitulation dieser Jahre wohl bringen? So kurz sie auch war, diese Vorkriegszeit ist noch immer ein kritischer Punkt in der Geschichte der Vereinigten Staaten. Ihre Konflikte, Zweifel und Probleme haben immer wieder Konsequenzen für Gegenwart und Zukunft. Das Land war ernsthaft in der Frage der Teilnahme am Zweiten Weltkrieg entzweit. Die Geschichtsschreiber und Biographen müssen den Konflikt und seine Hauptfiguren verfolgen. Quellenmaterial muß studiert werden – selbst das, das wegen persönlicher Ansichten und Vorurteile nur bedingt verwendbar ist. Zahllose Tagebücher und Memoiren, zumeist aus dem Lager der Interventionisten, der Befürworter des amerikanischen Kriegseintritts, sind bereits veröffentlicht. Mein Tagebuch ist offengestanden voreingenommen, was fast nicht anders möglich ist, da ich darin einen subjektiven Bericht über die Stimmung der Zeit und über eine Persönlichkeit aufzeichne, die eine der Hauptprotagonisten der Debatte war.

Meine Einführung und meine Anmerkungen wurden allerdings erst jetzt geschrieben und genießen den Vorteil von fast vierzig Jahren Abstand mit seinen Einsichten, Überlegungen und Studien. Ich habe versucht, genau und objektiv zu sein, eine notwendige und schwierige Aufgabe. Fakten und Personen wurden durch lügenhafte Propaganda von beiden Lagern verzerrt. Wer waren die »Nichteinmischer« oder Isolationisten, wie ihre Gegner sie nannten? Die weitverbreitete Meinung besteht noch immer, daß lediglich eine kleine Minderheit von Reaktionären und Fanatikern gegen den Kriegseintritt der Vereinigten Staaten opponierte.

In Wirklichkeit war die Mehrzahl der Amerikaner dagegen,

obwohl sie Hitlerdeutschland verabscheuten und England den Sieg wünschten. Joseph P. Lash beschreibt in seinem kürzlich erschienenen kongenialen Buch über Roosevelt und Churchill F.D.Rs aufrichtige Sorge vor seiner dritten Wiederwahl, da die öffentliche Meinungsabgabe zeigte, daß 83 Prozent der Wähler gegen einen Kriegseintritt der USA eingestellt waren, obwohl ein hoher Prozentsatz dafür war, daß England geholfen werden sollte, auch wenn man damit einen Krieg riskierte.[6] Die Amtshandlungen des Kongresses repräsentieren die Gesinnung des Landes. Im Sonderausschuß für Hilfsmaßnahmen wurde die Verordnung im Sommer 1941 bei nur *einer* Stimme Mehrheit verlängert, drei Wochen vor Pearl Harbor ging die Annulierung des Neutralitätsvertrages beim Senat durch, wurde aber vom Parlament beinahe wieder außer Kraft gesetzt. Die Interventionisten gaben damals den Widerstand des amerikanischen Volkes gegen eine Einmischung zwar offen zu, bedauerten ihn aber auch zugleich.

»Der Standpunkt der Isolationisten«, konnte laut Manfred Jonas, dem angesehenen und respektierten Historiker, »(...) nicht einfach als schlichte Obstruktionspolitik abgetan werden, die auf Unwissenheit und Torheit basierte. Der Isolationismus war von 1940–41 die wohlbedachte Antwort eines Großteils der amerikanischen Bevölkerung auf die Entwicklung im In- und Ausland«.[7] Ob nun berechtigt oder nicht, war doch der Isolationismus eine der Hauptthesen der frühen amerikanischen Außenpolitik. Seine Wurzeln ruhen tief im Fundament unserer Nation.

Walter Lippmann, der im Zweiten Weltkrieg ein überzeugter Interventionist war, erklärt und definiert diese amerikanische Tradition in einer Reihe von Vorträgen, die in England veröffentlicht wurden:

»Der Terminus Isolationist und die sich darum herumrankende Mythologie läßt Passivität und Lethargie vermuten. Das Wort

[6] Joseph P. Lash, Roosevelt and Churchill, 1939–1941 (New York: W. W. Norton, 1976), Seite 242–43.

[7] Manfred Jonas, Isolationism in America, 1935–1941 (Ithaca and London: Cornell University Press, 1966), Seite VIII.

Isolationist verbirgt die Dynamik und die expandierende Kraft des amerikanischen Volkes (...) Die, die wir jetzt als Isolationisten bezeichnen, sind die wahren Anhänger der Außenpolitik jener Menschen, die einst den amerikanischen Kontinent eroberten und besiedelten.«[8]

Die America-First-Bewegung mit der langen Reihe der Historiker, Völkerrechtler, Gelehrten und Bürger im öffentlichen Dienst und im Privatleben, die ihre Gefolgschaft bildeten, verfolgte ein in der Tradition verwurzeltes Hauptziel der amerikanischen Außenpolitik. Diese Organisation wurde im September 1940 von zwei jungen Studienabsolventen aus Yale gegründet. Es waren R. Douglas Stuart jr. (der spätere Präsident der Quaker Oats), und Kingman Brewster (der später Präsident von Yale und dann Botschafter in England wurde). Der Organisationsleiter war General Robert E. Wood, der Chef von Sears Roebuck, der sich im Ersten Weltkrieg auf den Philippinen ausgezeichnet hatte. Die Vereinigung war bestrebt, sowohl die Pazifisten als auch die Nichtinterventionisten zu Wort kommen zu lassen und den Kriegsgegnern, Senatoren, Kongreßmitgliedern und vielen Privatpersonen, wie eben auch meinem Mann, eine Plattform zu schaffen. Die bei ihren Treffen versammelten Menschen waren »Graswurzeln«, die rasch ausschlugen; im ganzen Land sprossen spontan die Keimlinge.

Kurz gesagt, es war das Ziel der America-First-Bewegung, Amerika aus dem Krieg herauszuhalten und Friedensverhandlungen zu fordern, die, so hoffte man, die fortschreitende Zerstörung Europas verhindern könnten, England den Besitz seiner Flotte und seines Empires sichern sollten und Deutschland eine wirtschaftlich kontrollierende Funktion in Europa zugestehen würden. Weitgehend war diese Bewegung konservativ, traditionalistisch und »Middle Western«, aber nicht primär pazifistisch, obgleich die pazifistischen Gruppen sich ihr angeschlossen hatten. Sie war weder ein öffentliches Forum für die Antiverteidigung,

[8] Walter Lippmann, Isolation and Alliances (Boston: Little, Brown, 1952), Seite 10, 11.

noch war sie antisemitisch, antienglisch oder gegen Hilfsmaßnahmen, die England unterstützen sollten, aber zeitweise war es unvermeidlich, daß auch Anhänger der genannten Tendenzen sich von ihr angezogen fühlten. Die America-First-Anhänger waren auch nicht unbedingt gegen das »New Deal«. Stuart unterstützte Präsident Roosevelts »New Deal«-Programm zum Beispiel ebenso wie auch viele linksgerichtete Liberale innerhalb und außerhalb des Komitees, John T. Flinn, Senator Burton K. Keeler, Norman Thomas und Robert und Philip La Follette gehörten dazu. »Statt in den Krieg einzutreten«, so erklärte der Sprecher des Komitees, »sollte Amerika lieber seine Demokratie vervollkommnen und seine eigenen innenpolitischen Probleme lösen.«[9]

Heute wird nur noch von wenigen bezweifelt, daß Roosevelt, der davon überzeugt war, daß ein Sieg der Engländer für Amerikas Sicherheit und Wohlergehen ausschlaggebend war, deshalb das Volk der Vereinigten Staaten zur Kriegsteilnahme gezwungen und alle Möglichkeiten ausgeschöpft hat, es in diese Richtung zu drängen. Selbst seine Verteidiger bekannten sich zu diesen Taktiken und einer von ihnen erklärte: »Franklin Roosevelt hat vor Pearl Harbour das amerikanische Volk immer wieder in die Irre geführt (...) Er war wie der Arzt, der den Patienten zu seinem eigenen Besten belügen muß (...) Das ganze Land war genau bis zu dem Tag, an dem Pearl Harbour bombardiert wurde, geradezu leidenschaftlich antiinterventionistisch, und ein ungetarntes Manöver, das das Volk in den Krieg geführt hätte, wäre zum völligen Scheitern verurteilt gewesen und hätte 1940 wohl den sicheren Sturz Roosevelts bedeutet.«[10]

Da »ein ungetarntes Manöver, das das Volk in den Krieg führen sollte« politisch nicht ratsam war, ging man Schritt für Schritt dieser letzten Entscheidung entgegen. Aufgrund »kurzfristiger, kriegsbedingter Maßnahmen« und mehrerer »Zwischenfälle« auf

[9] Wayne S. Cole, America First: The Battle Against Intervention, 1940–41 (New York: Octagon Books, 1971), Seite 39.

[10] Thomas A. Bailey, The Man in the Street (New York: Macmillan, 1948), quoted by W. H. Cahmberlin in America's Second Crusade (Chicago: Henry Regnery, 1950).

See gelang es Roosevelt, eine widerstrebende Öffentlichkeit aufzurütteln und den Kongreß umzustimmen und zum Handeln zu bewegen. Der Höhepunkt, der uns letztendlich in den Krieg hineinkatapultierte, war natürlich der Bombenangriff der Japaner auf unsere Flotte in Pearl Harbour. In der Zwischenzeit hatte unsere eigene Kriegsmarine längst monatelang einen geheimen Krieg im Atlantik geführt, englischen Schiffen Geleitschutz gegeben und von unserem Präsidenten den Befehl erhalten »auszukundschaften und zu vernichten, (...) bei Sichtung zu schießen«.

Bis zu »Pearl Harbour« ging »die große Debatte« mit ihren verschiedenen Argumenten auf beiden Seiten mit zunehmender Heftigkeit weiter und es fielen bitterböse Worte. In meinen Tagebüchern wimmelt es von leidenschaftlichen und empörten Vorhaltungen wegen der gegen meinen Mann vorgebrachten Anschuldigungen. Auch wenn ich häufig mit den Akzenten, die er in seinen Reden setzte, nicht einverstanden war, so glaubte ich doch bedingungslos an seine Integrität. Ich war zu naiv, um auf die schmutzige Kampagne gegen ihn vorbereitet zu sein. Wiederholt wurden Worte aus dem Zusammenhang gerissen, wichtige Gesichtspunkte weggelassen, die öffentliche Meinung verfälscht und eine lächerliche Karikatur geschaffen, die der Sache der Gegenseite diente. Schuld durch Zusammenziehungen, Unterlassungen, falsche Anschuldigungen, wie sie später in der McCarthy-Ära so raffiniert gegen das sogenannte »Liberale Internationale Establishment« entwickelt wurde, war zur damaligen Zeit eine relativ neue Waffe.

Beim Wiederlesen der Tagebücher nach fast vierzig Jahren entsetzen mich meine politische Unwissenheit und meine heftige Entrüstung. Im Laufe der Jahre habe ich eine gewisse Objektivität gewonnen. Ich kann meine eigenen Fehler und die meines Mannes erkennen und auch zugeben. Diese späte Erkenntnis ermöglicht es mir auch einzusehen, wo seine Gedanken klar und angemessen waren. Bei meinen Studien in den historischen Berichten über diese Zeitspanne habe ich auch ein weit größeres Verständnis für den Standpunkt der Regierung und die Schwierigkeiten gewonnen, denen sie ausgesetzt war.

Beim Lesen dieser Aufzeichnungen kann ich die fälschliche Auslegung der Regierung, ja selbst die Panik verstehen, in die sie durch die Rolle meines Mannes in der Vorkriegszeit geraten war. Hier war ein Mann, der nicht »käuflich« war. Zu Beginn der Debatte bot das Kriegsministerium ihm einen extra für ihn geschaffenen Posten bei der Luftwaffe an, wenn er es unterlassen würde, gegen den Kriegseintritt der Vereinigten Staaten zu opponieren.[11] Er lehnte ab. Dazu war er ein Mann, der sich nicht einschüchtern ließ. Die Regierung und die Gruppen der Kriegsbefürworter führten ihre heftigsten Schmähkampagnen gegen ihn und setzten dafür ihre talentiertesten Autoren und Redner ein – angefangen vom Minister Harold L. Ickes bis zu Präsident Roosevelt persönlich. F.D.R. verhöhnte ihn öffentlich und nannte ihn einen »Sympathisanten der Konföderierten«, ein Anwurf, den Lindbergh mit seinem Austritt aus der Armee quittierte. Der F.B.I. überwachte sein Telefon, und die Regierung versuchte diejenigen seiner Freunde, von denen sie annahm, daß sie seine Reden schrieben, zum Schweigen zu bringen oder aus ihren Regierungsposten zu entlassen. Er verfaßte seine Reden stets selber und nahm zum Kummer seiner Freunde wie seiner Feinde niemals einen Rat an. Sein schwedischer Dickschädel war hart. Alle Angriffe mißachtend zog er weiterhin begeisterte Menschenmengen an, wo er auch auftreten mochte. Viele brachen, was ihm höchst unangenehm war, spontan in den Ruf aus: »Unser nächster Präsident!«

Die Roosevelt-Regierung und die Kriegsbefürworter waren von 1940–41 tatsächlich in einer äußerst unangenehmen Situation. Der demokratische Präsident stand vor der noch nie dagewesenen dritten Wiederwahl gegen den von den Republikanern aufgestellten Wendell L. Willkie. Innerhalb der republikanischen Partei wurde starker Druck ausgeübt, um Willkie zum Pro-Friedens-Kanditaten zu proklamieren. Wegen der starken Antikriegshaltung im Kongreß wollte keiner das Risiko eingehen, auf eine Pro-

[11] Lindbergh, Wartime Journals, Seite 257.

Kriegs-Karte zu setzen. F.D.R. sah sich daher veranlaßt, seine Position durch eine Kampfansage zu stärken und wiederholte vor dem amerikanischen Volk sein aufrichtiges Versprechen: »Eure Söhne werden nicht in einen fremden Krieg geschickt.« Zu diesem Zeitpunkt war Lindbergh, der zu der begeisterten America-First-Anhängerschaft sprach, zweifellos der ernsthafteste Gegner für den Präsidenten. Konnte man ihn nicht zum Schweigen bringen, mußte man ihn diskreditieren.

Ich kann nicht glauben, daß selbst die erbittertsten Kritiker von den absurden Anschuldigungen, die verantwortungslos gegen ihn erhoben wurden, überzeugt waren. Es fielen Namen wie »Verräter«, »Nazi«, »Faschist« und »Ritter des Adlerordens« – Forderungen nach seiner Ausbürgerung wurden laut und die Behauptung aufgestellt, daß Lindbergh bereits als Hitlers Gauleiter für Amerika (nach der Eroberung) aufgestellt war. Gewiß muß er der Regierung nicht nur wie ein wirksames Abschreckungsmittel im Kreuzzug gegen das Böse vorgekommen sein, sondern auch wie ein wichtiger parteipolitischer Machtfaktor. Bei diesen Massen, dem Zulauf und der sichtbaren Gefolgschaft nahm man selbstverständlich an, daß er eine politische Stellung und Führung anstrebte. Niemand wollte glauben, daß ein Mensch allein aus persönlicher Überzeugung und ohne politische Ambitionen seinen Standpunkt mit einem solchen Einsatz vertreten konnte.

So unwahrscheinlich es auch sein mochte, es war die Wahrheit. In seinem Leben hat Charles Lindbergh stets alle Vorschläge, sich in der Politik zu betätigen, abgelehnt. Er wußte anscheinend, daß er ungeeignet war für eine solche Rolle. Möglicherweise hat ihn die unglückliche Rolle in der Politik, die sein Vater während des Ersten Weltkriegs gespielt hat, vor dem Versuch einer ähnlichen Karriere bewahrt. Der ältere Lindbergh hatte sich als Kongreßmitglied in Minnesota dem Ersten Weltkrieg widersetzt. Trotz starker Unterstützung durch die ländliche »Nonpartisan League« wurde er von einer Prokriegswelle überrollt. Er wurde aus der Stadt verwiesen, als Freund des Kaisers verunglimpft und symbolisch gehängt. Gegen alle Anfeindungen hielt er unbeirrbar an seinem Standpunkt fest, bis er 1920 bei einer erneuten Wahl geschlagen wurde.[12]

Es war offensichtlich, daß der junge Lindbergh nicht von Natur aus ein politischer Anführer war. Der Beifall, den er als Figur des öffentlichen Lebens fand, war emotional, er ärgerte sich stets darüber und lehnte diese Wirkung ab. Er tat alles, um rational zu bleiben und die Menschen davon zu überzeugen, daß sie ihren Verstand gebrauchen sollten. Nie und nimmer wollte er als Held oder Anführer angesehen werden. Niemals wollte er – und hat es auch stets abgelehnt – eine der Bewegungen anführen – weder das America-First-Komitee, noch eine der Luftfahrtsorganisationen, mit denen er arbeitete, oder die ökologischen Vereine, bei denen er bis zuletzt tätig war.

Ich denke mir oft, wenn er nur etwas mehr Politiker gewesen wäre, hätte er die Fehler vermieden, die ihm in seinen Reden in der Vorkriegszeit unterlaufen sind. Doch wieso hat er so viele Menschen angezogen, obgleich er kein Politiker war? Bestimmt nicht durch seine Rhetorik. Ich muß einem seiner Kritiker recht geben, der eine seiner Vorkriegsreden wegen des »kühlen, schulmeisterlichen Tons« lächerlich machte. Lindberghs Reden waren meist logisch und technisch aufgebaut. Er sah den Krieg als Pilot und glaubte, daß die Luftwaffe unter allen Umständen die Entscheidung herbeiführen würde. Seine Antikriegseinstellung war, so glaube ich, ein letzter Ausdruck seines früheren Glaubens an die Unbesiegbarkeit der Luftfahrt. Auch hier leiteten ihn keine Emotionen, sondern er bezog sich auf Fakten. Seine Rede in Fort Wayne, im Herbst 1941, zeigte seine Haltung als Redner:

»Wenn ich diese Ansprachen halte, so habe ich nichts anderes im Sinn als das Wohlergehen meines Landes und meiner Kultur. Das ist kein Leben, das mich beglückt. Meine Berufung ist es nicht, Reden zu halten, ich habe keinerlei Ehrgeiz (...) Weder persönliche Interessen noch Feindseligkeiten haben mich dazu veranlaßt. Ich spreche nicht aus Haß gegen Einzelne oder gegen ein bestimmtes Volk. Aber ich habe auch nichts unterlassen, um

[12] Larson, Lindbergh of Minnesota.

die politische Verbreitung meiner Vorträge zu unterbinden. Ich habe immer versucht, und werde auch so lange es möglich ist damit fortfahren, ihnen die Wahrheit vorurteilslos und ohne Leidenschaft zu unterbreiten.«

Was für ein Forum, um sich während einer leidenschaftlichen Kriegsdebatte an die Menschen zu wenden! Er lehnte es ab, sich auf demagogische oder aufwieglerische Tricks einzulassen und war erstaunt, wenn man einige seiner »sachlichen Erklärungen« so interpretierte. Es war nicht die »Botschaft« – die im wesentlichen kaum von der anderer Isolationisten abwich –, die die Menschen anzog. Es handelte sich auch bestimmt nicht um die Rhetorik, die Tatsachen oder die Logik. Ich glaube, es war etwas, was viel weniger greifbar war. Lindbergh schlug deshalb den richtigen Ton an, weil er keine Partei unterstützte und offensichtlich kein Politiker war. Der Beifall galt nicht seinen Aussagen, sondern seiner Aufrichtigkeit; sie beklatschten nicht seine Worte sondern seinen Charakter. Seine Integrität, auch wenn sie häufig öffentlich angegriffen wurde, wurde von den meisten Menschen nie angezweifelt, trotzdem sie ihn im Irrtum glaubten. Eine Meinungsumfrage, die im Mai 1941 über Lindbergh in Umlauf gesetzt wurde (fast am Ende der Debatte), zeigt, daß »etwa zwei Drittel der interviewten Wähler, denen die Ansichten Lindberghs hinsichtlich der Außenpolitik bekannt waren, anderer Meinung waren (...) im Grunde genommen aber keiner der Befragten seine Aufrichtigkeit oder auch sein Recht, Reden zu halten, anzweifelte.«[13]

Meinem Mann waren die Einsichten, die den heutigen Historikern zugänglich sind, versperrt. Die furchtbaren Nazigreuel waren in der Zeit, in der er seine Antikriegsreden hielt, nicht allgemein bekannt, und die entsetzlichen Einzelheiten wurden erst am Ende des Krieges aufgedeckt.[14] Zweifellos war er in bezug auf einen Sieg der Engländer zu pessimistisch. Es war ihm unbekannt, daß die Engländer den deutschen Geheimcode (»Ultra«) bald nach Ausbruch der Kämpfe entschlüsselt hatten, auch wußte er nichts von ihrer Entdeckung und Verwendung des Radar.

[13] New York Times, 20. Mai 1941.

[14] Russett, No Clear and Present Danger, Seite 42.

Weder er noch andere, die dem Geschehen noch näher waren, konnten im voraus wissen, daß Hitlers Rußlandinvasion 1941 die UdSSR auf die Seite der Alliierten bringen würde. Er überschätzte den psychologischen (nicht den technischen) Effekt der Bombenangriffe und unterschätzte die Moral der Engländer im Falle eines Angriffs ebenso wie den großen Mut und die Verteidigungsqualitäten der englischen Luftwaffe. Er hat sich bei seiner Einschätzung der deutschen Luftstreitmacht und ihrer Leistungsfähigkeit nicht geirrt[15] und auch nicht in seiner Vorhersage, daß die UdSSR durch diesen Krieg die größten territorialen Gewinne in ganz Europa machen würden.

Lindberghs isolationalistische Haltung, und auch die der anderen Befürworter, gründete sich – Wayne Cole hat das genau untersucht[16] – auf die Rückschau auf ein junges, pionierhaftes Amerika und dessen Vorstellungen von Selbstvertrauen und Unabhängigkeit. In Lindberghs Reden wimmelte es von Gestalten, Geschichten und Formulierungen aus dem alten Westen. Auch wenn der sachliche Inhalt sich streng auf die begrenzten Möglichkeiten und die Bedeutung der damaligen Luftstreitmacht beschränkt, bezieht Lindbergh sich doch sprachlich und gefühlsmäßig auf seinen Vater und Großvater. Man hörte den Ton jener verwegenen Immigranten heraus, die Europa für »die neue Welt des Westens« hinter sich gelassen hatten – für das Amerika mit »seinem unabhängigen Geschick«, das nicht ewig »in diese endlosen europäischen Kriege« verwickelt sein würde. Lindbergh hatte den unbeirrbaren Glauben seiner Vorfahren an die Verfassung, ein Standpunkt, der, wie er meinte, »grundlegender als der Krieg selber sei«.[17] Er hatte rasch begriffen, daß die Macht des Kongresses unterminiert und daß das amerikanische Volk in einen nicht deklarierten Krieg geführt wurde und keine Gelegenheit zu einer eigenen Stimmabgabe bekam.

[15] Fredett, »Lindbergh and Munich.«

[16] Wayne S. Cole, »Charles Lindbergh and the Battle Against Intervention«, Symposium, National Air and Space Museum, 20. Mai 1977.

[17] Zitate aus Charles A. Lindberghs Ansprachen während des Kriegs.

Der brisante Verfassungsmodus, daß einem Präsidenten das Recht der Entscheidung über eine Kriegserklärung zusteht, ist uns während der Amtszeit von fünf Regierungen seither zunehmend deutlich geworden. Die Parallele zu Korea und Vietnam haben wir lebhaft im Gedächtnis. Der Schrei, daß wir eine »imperiale Präsidentschaft« haben, gellt in unseren Ohren.

Lash hat sich in seinem Kapitel »Der geheime Krieg im Atlantik« eingehend damit beschäftigt: »(...) nach einer Generation von Präsidenten, die Kriege erklärt haben, haben wir erkannt, daß die Macht, die Roosevelts Nachfolger als Befehlshaber der Marine, Heer und Luftwaffe haben, die sie, wenn es ihnen nötig erscheint (...) in fernen Gewässern und am Himmel einsetzen können, (...) die Nation in das Vietnam-Desaster geführt hat.« Indem er Senator J. William Fulbright zitiert, kommt er zu dem Schluß: »(...) die Tatsache, daß Roosevelt und Truman in der Wahrung der nationalen Interessen recht hatten, verringert die Schuld, die sie durch ihr Vorgehen auf sich geladen haben, keinesfalls. F.D.R.s Schachzüge in einer guten Sache erleichterten LBJ seine Manipulationen in einer schlechten.«[18]

Das Ende des Zweiten Weltkriegs mit Hiroshima und Nagasaki schuf eine Demarkationslinie in unserer Geschichte. Einige der unvermeidbaren Konsequenzen des Krieges hatte Charles Lindbergh vorausgesehen, und vor ihnen wollte er seine Landsleute warnen.

Meine Tagebücher und Briefe umfassen eine Zeitdauer von fünf Jahren und berichten keineswegs nur von den Auseinandersetzungen in den Vereinigten Staaten während der Vorkriegszeit. Nach Pearl Harbour stellte Lindbergh seine öffentlichen Reden augenblicklich ein. Er gab nur noch eine öffentliche Erklärung ab: »Jetzt sind wir im Krieg, und wir müssen uns ihm vereint als Amerikaner stellen, ganz gleichgültig, wie wir bisher die Politik, die unsere Regierung verfolgt hat, beurteilen (...) Wir müssen jetzt alle Anstrengungen unternehmen, um die größte und

[18] Lash, Roosevelt and Churchill, Seite 421.

erfolgreichste Armee, Luftwaffe und Marine der Welt aufzubauen (...)«[19]

Er versuchte selbst, diesem Aufruf zu folgen und meldete sich freiwillig zur Luftwaffe. Das Ministerium lehnte ab. Minister Frank Knox von der Marine meinte, »daß er Lindbergh eine Gelegenheit geben wollte, sich wie alle anderen auch als Flugkadett zu melden«. Minister Ickes unterrichtete Roosevelt davon, daß Lindberghs Handlungen »im Hinblick auf ein eigenes Machtstreben eiskalt berechnet waren« und nannte ihn einen »skrupellosen und überzeugten Faschisten«. Roosevelt gab ihm recht. Die New York Times, die Lindberghs Standpunkt kritisch beurteilte, vertrat großzügig die gegenteilige Ansicht und meinte, man sollte Lindberghs Angebot annehmen. Seine Bemühungen, der Luftfahrtsindustrie seine Hilfe anzubieten, wurden ebenfalls abgelehnt, da das Ministerium auf die Gesellschaften, die Regierungsverträge hatten, Druck ausübte.[20]

1942 wurde er trotzdem von der Ford Motor Company als technischer Berater angefordert, um bei der Massenproduktion von Kriegsflugzeugen in der Willow Run Bomberfabrik in Detroit, Michigan, mitzuwirken. Die Produktion war für die Kriegsrüstung absolut unentbehrlich, und so konnte die Regierung keine Einwände erheben. (Die dortige Tätigkeit brachte unseren Umzug in die Umgebung Detroits mit sich.) Aufgrund eigener Initiative erreichte Lindbergh dort den Rang eines Luftwaffenkadetten. In seinem Kriegstagebuch notierte er: »In gewisser Weise lerne ich das Fliegen hier in Willow Run noch einmal von Grund auf.« Man brachte ihm die Techniken der besten Kampfflieger bei, und schließlich wurde er Testpilot. Dazu erforschte er ein neues, damals noch unbekanntes und gefährliches Gebiet, indem er mit Dr. Walter M. Boothby in der aeromedizinischen Abteilung der Mayo Klinik in Minnesota die Auswirkungen von Flügen in großen Höhen studierte. Er verbrachte

[19] Wayne S. Cole, Charles A. Lindbergh and the Battle Against American Intervention in World War 2 (New York: Harcourt Brace Jovanovich, 1974), Seite 209.

[20] Ibidem, Seite 213–17.

zwei Wochen in der Klinik als »Versuchskaninchen« in einer Luftdruckkabine, um die Auswirkungen von Sauerstoffverlust zu erproben. Aufgrund dieser Experimente war es ihm möglich, die Fallschirmausrüstung für Notabsprünge aus großer Höhe zu verbessern und zu entwickeln.[21]

1944 wurde er von der Chance Vought Division der Luftwaffe beauftragt, als Zivilberater und Beobachter seiner Testflugzeuge das Gebiet über dem Pazifik zu inspizieren. Als er diese Einsätze flog, entwickelte er eine Benzinspartechnik, die den Einsatzbereich der P-38er Kampfflugzeuge um mehrere hundert Meilen vergrößerte. Er war als Beobachter und nach Kriegsvorschrift eigentlich schon jenseits der Altersgrenze über fünfzig Mal mit Marine- und Luftwaffenstaffeln im Einsatz. Nach seinem Tod schrieb einer der Piloten über ihn: »Als Beobachter mußte er nicht mitfliegen, aber er tat es. Er teilte die Unannehmlichkeiten des Lagerlebens und die Strapazen des Kampfes mit uns. Es gab keine Situation, in der er nicht zu uns gehörte.«[22]

Dieses Buch endet mit der Heimkehr meines Mannes in die Vereinigten Staaten, nachdem er seine Pflicht getan hatte, aber die Geschichte ist damit noch nicht zu Ende. Unmittelbar nach der deutschen Kapitulation, am 7. Mai 1945, wurde er in einer Mission der Kriegsmarine nach Europa gesandt, man fuhr ihn nach Nordhausen, der unterirdischen Waffenfabrik für die V-1 und V-2. In der Nähe sah er das Lager Dora, ein ehemaliges Kriegsgefangenenlager, dessen Insassen zu Zwangsarbeiten in der Fabrik eingesetzt waren. In einigen Baracken lebten noch Polen, Russen und Tschechen. Hier sah er zum ersten Mal die grauenhaften Hinterlassenschaften der nazistischen Todesfabriken, er schrieb in seinem Kriegstagebuch folgendes: »Das war ein Ort, an dem Menschen, Leben und Tod, die unterste Stufe der Erniedrigung erreicht hatten. Wie konnte jemals eine solche Aufgabe im nationalen Fortschrittsprogramm die Einrichtung und Funktion eines derartigen Ortes rechtfertigen? Sind einem die Werte des

[21] Lindbergh, Wartime Journals, Seite 720–30.
[22] Brief an A.M.L.

Lebens und die Würde des Todes genommen, was bleibt dem Menschen dann noch? (...) Es schien unmöglich, daß Menschen – zivilisierte Menschen – auf eine derart niedrige Stufe herabgewürdigt werden konnten.«[23]

Ich begann dieses Buch, um einen Bericht aus meiner Sicht über die Vorkriegsjahre, wie mein Mann und ich sie erlebten, zu hinterlassen. Ich wollte die ungeschriebene Hälfte seiner Kriegstagebücher beleuchten, um die Dinge zu sagen, die er verschweigen mußte. Betrachtet man die Rückseite eines Gobelins, entdeckt man oft Muster und Farben, die eine Vielfalt und Bedeutung offenbaren, die an der Oberfläche nicht wahrnehmbar sind. Ich glaube, daß ich keineswegs einen unkommentierten Abriß dieser Jahre, sondern lediglich einen ausgesprochen persönlichen Bericht über zwei individuelle Menschen geliefert habe: über einen vielseitigen Mann, der bemüht war, Herkunft, Charakter und Integrität Folge zu leisten; und über eine aufgeschlossene Frau, die ihre verschiedenen Pflichten in einer spannungsreichen Zeit miteinander zu vereinbaren hatte. Dies ist kein Geschichtsprotokoll und kein Tatsachenbericht über die Kriegszeit, es ist lediglich eine persönliche Mitteilung. Es ist, wie ich jetzt bemerke, persönlicher, offener, verletzlicher, und daher im Grunde aufrichtiger als die vorhergegangenen vier Bände.

Diese fünf Bände beschreiben sozusagen einen ganzen Lebenskreis. Wir werden durch bewegte Jahre geführt: Ruhm, eine Liebesaffäre und Popularität in *Bring mir das Einhorn;* Abenteuer, Verbrechen, Kummer und eine weltweite Anteilnahme in *Stunden von Gold und Stunden von Blei;* der Beginn einer weltweiten Karriere als Pilot in *Geschlossene Räume, offene Türen;* in *Blume und Nessel,* unser selbst auferlegtes Exil in Europa und die Auseinandersetzung mit den Weltproblemen; und nun im letzten Band mit unseren gemeinsamen und verschiedenartigen Reaktionen in diesen Krisen, die Konfrontation mit Kritik, Zurückweisung und Verleumdung.

[23] Lindbergh, Wartime Journals, Seite 995–96.

Die Geschichte gibt einen für Amerika typischen dramatischen Ablauf wieder, in dem der Weg eines Einzelnen von den Höhen des öffentlichen Jahrmarktsgeschreis über die Verleumdung bis hin zum Scherbengericht führt. In diesem Land genießen wir es offenbar, wie als Kinder, als wir mit Bauklötzen spielten, unsere Helden über Nacht auf den Sockel zu heben, nur um sie fast genauso rasch wieder herunterzustoßen. Das ist ein immer wiederkehrendes amerikanisches Thema und auch heute noch der Brauch. Wir vergöttern den Erfolg, aber neigen dazu, dem Erfolgreichen zu grollen. Man muß fast annehmen, das unser Ideal der Gleichheit uns zwar anfeuert, aber auch beunruhigt.

Für meinen Mann drehte sich das Rad wieder leicht. Noch ehe der Öffentlichkeit Lindberghs Kriegsmeriten bekannt waren, wurde der Dienst, den er dem Land geleistet hatte, vom Militär doch so weit gewürdigt, daß er ihm gleich nach dem Sieg eine Stellung in Europa einbrachte. Nach seiner Heimkehr beteiligte er sich an der großen Umgestaltung des strategischen Luftfahrtkommandos. Als Sonderbeauftragter des Luftfahrtsministers inspizierte er auf der ganzen Welt Kampfeinheiten und militärische Anlagen. Er wurde ausersehen, im berühmten, von John Neumann geleiteten Komitee zu dienen, das die Luftwaffe und den Verteidigungsminister bei der höchst wichtigen Entwicklung von Langstreckenraketen beriet. 1954 gab Präsident Eisenhower ihm seinen Militärstatus wieder zurück und beförderte ihn zum Brigadegeneral der Reserve bei der Luftwaffe.

Wenn man heute auf sein Leben zurückblickt, erkennt man, daß seine Ideen nicht eigentlich isolationistisch waren. Sein Weitblick in späteren Nachkriegsjahren beweist das Gegenteil. In den sechziger und siebziger Jahren zögerte er nicht, in vielen internationalen Organisationen für den Schutz gefährdeter Tiere zu arbeiten. Er war einer der ersten, der erkannte, daß man kein »Isolationist« sein kann, wenn es um die Erhaltung unseres Planeten geht.

Die Geschichte dieser fünf Bände endet, wenn auch auf einer anderen Ebene und persönlicher, wieder da, wo sie begonnen hat. Es ist die Geschichte einer Ehe. Man könnte sagen, sie wird wieder zur Liebesgeschichte, nicht so romantisch, wie in *Bring mir das Einhorn*, aber als Bild einer Ehe, die Wandlungen und Schwierigkeiten ausgesetzt war und heil und mit Gewinn daraus hervorging. Einer meiner Briefe, den ich damals meinem Mann schrieb, als er im Pazifik Dienst tat, (die Abschrift eines anderen Briefes, aus einer anderen Zeit), bringt das zum Ausdruck.

»Wie süß sind die Quellen der Welt – sollten wir sterben, wir haben sie genossen. Sollten wir sündigen – oder auseinandergehen – wir haben das Glück gekostet – im Buch der Seligen seien wir vermerkt.«[24]

[24] John Jay Chapman and His Letters, M.A. De Wolfe Howe, ed. (Boston: Houghton Mifflin, 1937), Seite 87.

Zu Beginn dieses Tagebuchs befinde ich mich mit meinen beiden Kinder auf dem Schiff im New Yorker Hafen; wir kommen aus unserem selbstgewählten Exil in Europa zurück. Ich wußte, daß mein Mann froh darüber war, seinem Land bei den Verteidigungsvorbereitungen helfen zu können. Drei Jahre lang hatte er militärische Einrichtungen in Europa inspiziert und konnte somit entsprechende Kenntnisse einbringen.

Auch ich war nach dreijährigem Auslandsaufenthalt froh, wieder in den Vereinigten Staaten zu sein. Es gab eine Menge, worauf ich mich freute: Ich würde meine Mutter, meine jüngere Schwester Constance, meinen Bruder Dwight und meine Schwägerin Margot Liones Morrow wiedersehen, die damals alle auf dem Familiensitz, Next Day Hill, in Englewood, New Jersey, wohnten. Ich brannte darauf, ihnen meinen tapsigen Sohn Land zu zeigen, der in England geboren war. Mir lag viel daran, daß mein siebenjähriger Sohn Jon sich in einer amerikanischen Schule wohlfühlen und Freunde finden würde. Ich wollte wieder Wurzel fassen in der Familie, bei Freunden und in meiner geliebten Heimatlandschaft.

Aber es waren auch Umorientierungen nötig durch diese Rückkehr nach Amerika. Mein Mann hatte eine Nachricht auf das Schiff gesandt, um mich vor dem Ansturm zu warnen, dem wir durch Presse und Photographen bei unserer Ankunft auf dem Dock ausgesetzt sein würden. Solche Zudringlichkeiten hatte es während unseres dreijährigen privaten Lebens in England und Frankreich nicht gegeben. Aber es war uns auch bewußt, daß wir die zunehmende Bedrohung durch einen Krieg in Europa hinter uns gelassen hatten. Viele unserer französischen und englischen Freunde lebten in unerträglicher Ungewißheit und Gefahr. Amerika wirkte erschreckend unwissend und erstaunlich unbeschwert. Die Menschen schoben die Möglichkeit eines bevorstehenden Krieges einfach beiseite. Es war das Jahr der New Yorker Weltausstel-

lung. »Die Welt von Morgen« war in der Umgebung von Flushing Meadow in diesem Sommer in ein überschäumendes, knospendes Blütenmeer getaucht. Wenn ich auch als Pilger in diese Neue Welt zurückkehrte, so kam ich mir doch wie ein Emigrant aus der alten Welt vor und mir fehlten viele Dinge, die ich dort schätzen gelernt hatte. Ich spürte, ich war in beiden Welten verwurzelt, und es war mir bewußt, daß das die Konflikte in der bevorstehenden Krise nur noch verschärfen würde.

Freitag, 28. April
(Auf der *Champlain*)

Wache um 4.30 oder 5 Uhr auf und stelle fest, daß wir ruhig den Fluß hinauffahren. Es ist kalt, bedeckt und nieselig. Frühstück in unseren Kabinen, da bereits Fremde und Presseleute an Bord sind.

Ehe wir damit fertig sind, kommt der Einwanderungsoffizier zu uns, um unsere Papiere abzufertigen (ein netter Mann und sehr entgegenkommend von der französischen Reederei, daß sie diese Vorkehrung getroffen hat). Ebenso der Zollbeamte. Ich händige die Kofferschlüssel aus und informiere ihn über die zollpflichtigen Gegenstände. Man will uns rasch von Bord haben. Schnell stecke ich die Kinder in ihre Kleider, die Hüte über die Augen gezogen und ab. Polizisten, Blitzlichter, fix in Burkes (des Chauffeurs) Auto und schnell das Dock verlassen, vor uns heulende Polizeisirenen. Ziemlich atemberaubend, und mir ist nicht ganz wohl dabei. Aber wenigstens ging es geschwind, und ich glaube nicht, daß man von den Kindern viele Aufnahmen gemacht hat.

Englewood, blühende Bäume, Magnolien, Forsythia und Narzissen – ein Monat später als in Paris. Und riesige Wanderdrosseln!

Mutter und Margot an der Tür. Mutter am Stock (wegen ihres Knies), sieht eher müde aus. Margot schlank und hübsch.

C. im Bett, zerzaust und müde, nachdem er nachts von Washington noch hergefahren war. Er ist sehr glücklich und freut sich über seine neue Arbeit. Ihn so zu sehen, ist herrlich – erfüllt, aktiv, seine Energien erfolgreich anwendend. (Dabei erstaunt es mich immer wieder, wie glücklich er auch dann ist, wenn er »nicht aktiv« ist – oder doch angeblich untätig – wie in Paris. Er hat die unglaublichsten Reserven, in Paris schrieb er im Winter seine Memoiren, oder er studiert Mathematik, Geschichte oder beschäftigt sich mit den Naturwissenschaften.)

Der Tag vergeht in einer Art müdem Dämmerzustand. Die Unterbringung der Kinder im neuen Flügel des Hauses. Besichtigung aller Räume – überall Blumen, Zeitschriften, Behaglichkeit, Luxus und Dampfheizung, die fast übermächtig heizt; Margots Baby (Stephen Morrow) eifrig, munter und zugänglich; Gespräche mit Mutter.

In die Klinik, um Cons[1] kleines Mädchen (Saran Niel Morgan) zu sehen. Dunkles kleines Kätzchen mit einem träumerischen Zug um den Mund. Con, so jung, natürlich und realistisch, dabei so ruhig und glücklich, gelöst und entspannt, von Blumen umgeben.

Sonntag, 29. April

Wache immer noch recht verschnupft und mit Kopfschmerzen auf. Bin hier schrecklich überreizt, ganz so, als wollte mein Kopf zerspringen.

Merkwürdig, wie die Last des Krieges in Amerika von einem abfällt. Ich denke nicht mehr an Bombenflugzeuge, wenn ich Flieger am Himmel sehe.

Im ganzen bin ich sehr schockiert über die materielle Kapsel, die Amerika umschließt, bei der Landung trifft es einen mit Wucht. Die Hetze, der Glanz, die Pracht und die Reklame. Nichts ist gediegen, wirklich oder ruhig (wenigstens nicht in New York). Ich fühle mich wie ausgestoßen und als Fremde. Ich weiß, daß ich mich daran gewöhnen muß, mich eingewöhnen muß. Aber (insgeheim) möchte ich es irgendwie nicht. Ich möchte

[1] Constance Morrow Morgan, A.M.L.s Schwester, mit Aubrey Niel Morgan verheiratet, der zuerst mit ihrer 1934 verstorbenen Schwester Elisabeth verheiratet war.

Frankreich treu bleiben, seiner Lebenserfüllung, seinem Lebensstil und seiner Art, wie es das vorüberziehende Leben auskostet. Hier ist das unmöglich. Es hastet alles zu schnell vorbei. Andrerseits möchte ich keine dieser seltsamen, heimatlosen Gestalten werden – »eine Henry-James-Amerikanerin«.

Die *expression* Amerikas erscheint so unrichtig. Der wertvolle Teil des Landes findet keinen Ausdruck. Ich erblicke lediglich übertriebene Zeitungen und Zeitschriften, oberflächlich, glänzend, billig; zotig und Sachwerte anpreisend; Sexkinos; bramarbasierende Politiker. Ich möchte das Amerika entdecken, von dem ich träume, wenn ich im Ausland bin.

Dienstag, 2. Mai

Abendessen in der Stadt mit Millers und Carrels[1]. Wir unterhalten uns darüber, wie uns New York vorkommt – so laut und aufgedonnert und zu üppig. »Man denkt immer wieder, es sei nur Fassade«, wie Mrs. M. bemerkte, »aber dasselbe Theater spielt sich täglich von neuem ab!«

Die Carrels kommen. Sie warmherzig und verständnisvoll. Er heiter, sprühend und alert. Er ist froh, daß C. diese Stellung hat, sagt, daß es eine gute Sache ist (als Kompensation der üblen Publicity). Ich wollte, er würde darüber schweigen. Ich bin so erfüllt davon, daß C. glücklich über seine nützliche Tätigkeit ist. Ich will nicht, daß man sie in anderem Licht sieht. Er berichtet mir, wie ungut die Stimmungen und die Presse gegen ihn waren. Ich sagte: Ich weiß. Aber ich argumentiere nicht, da Dr. Carrel jede Beweisführung ad absurdum führt. Er sagt nicht sanft oder teilnehmend: »Ich glaube, Sie irren sich« oder »Ich fürchte, Sie haben nicht recht.« Immer nur: »Nein, das stimmt einfach über-

[1] Harlan Miller, ehemals an der US-Botschaft in Paris, und seine Frau Harriet; Freunde der Lindberghs. Dr. und Mme. Alexis Carrel; Dr. Carrel, französischer Nobelpreisträger, Wissenschaftler und Charles Lindberghs Koautor, *The Culture of Organs*. Beide Paare waren enge Freunde der Lindberghs.

haupt nicht«, und darauf kann man nur schweigen, außer man wird böse und antwortet in etwa »Verzeihen Sie – aber meiner Meinung nach ...«

Unten reden sie über Politik. Alle sind umdüstert. Mrs. Miller sagt, daß Hitlers Rede die Rede eines Verrückten ist. Harlan Miller sagt, daß alles unwahr sei, »praktisch alles«.

Dr. Carrel ist davon überzeugt, daß Hitler Frankreich angreifen wird, um Elsaß-Lothringen zurückzugewinnen. (Schon deshalb, weil er sagt, daß er es nicht vorhat«, fügt Mme hinzu.)

»Während des Ersten Weltkrieges«, sagt Dr. Carrel düster, »sagte ich voraus, daß der Kampf mindestens fünfzig Jahre dauern würde.«

»Ja«, sagte Mme C. über den Tisch hinweg, »das stimmt...«

»Vielleicht länger«, fügt Dr. C. drohend hinzu.

»Wieder ein hundertjähriger Krieg.«

Alle fallen über mich her, als ich unsere Pläne zur Sprache bringe, für den Sommer ein Haus in der Nähe von Washington zu mieten. Sie meinen, es sei *unmöglich*, die Kinder dorthin zu bringen.

Donnerstag, 4. Mai

Schlagzeilen von Litwinows[1] Entlassung durch Stalin; keiner weiß, was das bedeuten soll. Weil die Verhandlungen mit England und Frankreich nicht vorangingen? Oder will Stalin sich Berlin nähern, wie manche Gerüchte behaupten?

Tee zusammen mit Betty und Jerry bei ihren Freunden Merrills. Ich gewinne durch diese ganzen wunderbaren Häuser mit ihrer kostspieligen Steinbauweise, ihren luxuriösen Badezimmern und ihren erlesenen Gartenanlagen den Eindruck, daß Washington von »reizenden Menschen« wimmelt, alle aus dem gleichen Stall, alle gut angezogen, in gepflegten Gärten, in gut gehaltenen

[1] Maksim Maksimowitsch Litwinow, russischer Kommunistenführer und Diplomat. Seit 1930 Volkskommisar für Auslandsangelegenheiten.

Häusern, leben sie geschäftig und gesellschaftlich. Ich bin nicht sicher, ob mir das gefällt. Es ist irgendwie langweilig, lediglich rosa Eiscreme.

Amerika wirkt so wohlhabend – ich komme damit nicht zurecht. Ich weiß, daß es auch arm ist, aber das, was armselig aussieht, wirkt weniger unnormal als die Wohlhabenheit.

Die Nachrichten in den Abendzeitungen sind wieder spannungsgeladen. Offensichtlich werden von Frankreich und England krampfhafte Anstrengungen unternommen, die Polen zu beschwören, Deutschland nicht die Tür vor der Nase zuzuschlagen; Mussolini macht auch verzweifelte Bemühungen, um Deutschland zum Maßhalten zu bewegen. (Alles deutet darauf hin, daß sie wegen Danzig nicht in einen Krieg verwickelt werden wollen.) Ich finde, daß es sehr schlecht aussieht.

C. um 4.30 ab zu einem Erkundungsflug von Küste zu Küste. Er packt seine Militäruniform ein.

Englewood, Montag, 22. Mai

Es ist merkwürdig, wie schwierig es ist, in Englewood zu leben. Immer wieder sucht man sich zu rechtfertigen (wegen des großen Hauses, wegen des üppigen, bequemen Lebensstils) indem man Menschen einlädt, sich nützlich macht, Verständnis zeigt und sich karitativ betätigt.

Dabei wird das Leben dadurch nur noch materialistischer, überstürzter, und die Zeit für substantielle Gespräche und Gedanken nimmt ab.

Natürlich sind wir zu viele – alle haben wir unser eigenes Leben und unsere Probleme und versuchen, sie an diesem einen Ort in unseren Alltag einzuordnen.

Es vergehen Stunden, bis man sich geeinigt hat, welche Abende für welche Gäste noch frei sind und wer welches Auto benützt, um in die Stadt zu fahren etc.!

Mittwoch, 24. Mai

Dieser Vormittag verstreicht wie üblich mit Pläneschmieden. Ich weiß eigentlich nicht genau weshalb. Ein Teil des Englewood-Kreislaufs. Con sagt, wenn wir endlich einen ruhigen Vormittag haben, dann verbringen wir ihn damit, Pläne zu schmieden, um andere Vormittage kompliziert zu gestalten.

Nachdem ich von der Schule zurück bin, gehe ich in Mutters Zimmer hinauf. Mutter hat selbstverständlich die Fäden für den Tagesablauf in der Hand. Wie viele Leute zum Mittagessen? Wer fährt in die Stadt? Wer wird heute abend hier sein? Diese Fragen müssen beantwortet werden. Wir, die Familie, möchten natürlich alle zusammen sein, die Mahlzeiten gemeinsam einnehmen, allein dieser Versuch kompliziert wieder alles.

Dann die Fragen wegen der Gäste. Wann kann ich die Vaillants, die Stevens', die Lin Yutangs[1] einladen? Die Vaillants werden nur kommen wollen, wenn C. da ist und die Lin Yutangs? Dazu hätte ich gerne Mutter und Aubrey dabei. Diese Schwierigkeiten sind offensichtlich so groß, daß es besser zu sein scheint, wenn man alle Gäste und Freunde wegläßt.

Samstag, 28. Mai

Rufe Mrs. Platt auf Long Island an. Das »herrliche Haus«, das Thelma[2] sah, ist noch nicht vermietet. Ich nehme mir vor, es am Dienstag zu besichtigen. Habe das Gefühl, wir müssen etwas Eigenes haben.

Die Lin Yutangs hier zum Abendessen, zuerst etwas befangen.

[1] George Vaillant, Direktor am amerikanischen Naturhistorischen Museum für mexikanische Archäologie, Autor der *Aztecs of Mexico*, und seine Frau Susanne, alte Freunde der Familie. Laura Stevens, Freundin und Zimmergenossin von A.M.L. im College, und ihr Mann George, Schriftsteller und Verleger. Lin Yutang, chinesisch-amerikanischer Schriftsteller, Autor von *The Importance of Living*, und seine Frau.

[2] Thelma Crawford (Mrs. Brooke) Lee, Freundin von A.M.L. und E.R.M.M., lebte in Washington und im Sommer auf Long Island.

Dann bewegt sich die Konversation über China, den Krieg, Politik bis hin zu den Konkubinen! C. voller Ironie, Lin Yutang sehr ernsthaft, Dwight und Aubrey amüsiert und eifrige Zuhörer.

Doch wie Aubrey bemerkt, sind die Gesichter aller Damen seltsam unbeteiligt.

Lin Yutangs These war: Da es für eine unglückliche Ehe keine Lösung gibt, sei das Konkubinat in China immer noch besser als eine Scheidung.

Er erklärt uns die Szenerie auf dem chinesischen Wandschirm in der mexikanischen Bibliothek, auf dem Schriftsteller, Philosophen und Künstler beim Tee und in der Diskussion dargestellt sind, und erwähnt, wie selten ein derartiges Gespräch in schöner Umgebung ist, fernab von unruhiger Geschäftigkeit und den materiellen Belangen des Lebens.

Es war ein schöner Abend, und Mutter hat ihn wirklich genossen. Ich war darüber glücklich und spürte, daß wir ihr wenigstens auf diese Weise etwas geben konnten.

Dienstag, 30. Mai. Heldengedenktag

C. und ich nach Syosset, beide sehr glücklich, haben Feriengefühle, weil wir zusammen unterwegs sind. Er macht Pläne, meint, daß er sehr gut Long Island als Standquartier und Mitchel Field als Startplatz benützen könnte. Ich sage: Warte, du hast das Haus noch nicht gesehen. Vielleicht ist es scheußlich.

Mrs. Platt holt uns an der Station ab. Sie ist sehr natürlich, und ich mag sie. Wir fahren ziemlich lange, erreichen den Sund, der diesig vor Hitze und in der Ferne blau ist. Köstliche Töne der Schiffssirenen und der Heulbojen und der Geruch des Meeres. Lloyd Neck. Hinein in eine Art Privatbesitz. »Dort oben ist ein Haus.« Ich hole tief Luft und beschließe, es nicht zu mögen. Doch es gefällt mir. Es ist nicht zu groß, weiße Verschalung, frisch gestrichen, und wenn man es betritt, schaut man geradewegs durch die Diele und deren Türen auf eine Terrasse, einen Rasen und einen schräg zum Sund abfallenden Hang hinab.

Es ist schön möbliert, alles ganz neu und sauber – Sommerteppiche, kühl und geräumig. Wir blicken auf den Strand und unterhalb des Hügels auf die Garage (in der ich arbeiten kann). Ich fange an, die Zimmer einzuteilen – Jon hier, das Baby, Christine, C.'s Büro. Doch hauptsächlich gefällt mir die Höhenlage des Hauses und der Blick durch zwei große schattige Eichen hinab zum unter uns liegenden Meer.

C. und ich fahren glücklich zurück und beschließen, das Haus zu mieten. Er meint, daß es einzig meine Entdeckung ist, er es niemals besichtigt hätte, hätte ich nicht darauf bestanden, und daß es ausgezeichnet und genau das richtige für uns ist. Wieder mal ein Beispiel für eine ganz unvorhergesehene Lösung.

Sonntag, 4. Juni

Tantchen Paul und die Allan Dawsons[1] zum Mittagessen. (Was für eine Kombination!) Allan erzählt sehr interessant von Deutschland (er ist eben nach zweijährigem Aufenthalt aus Hamburg zurück), aber man kann ihm nicht zuhören, da mindestens zwei Menschen am Tisch nicht damit zufrieden sind, lediglich zuzuhören, sondern glauben, ihre Persönlichkeit behaupten zu müssen: Tantchen Paul plappert mit hoher Stimme und ohne jegliche Kenntnis, außer einem oberflächlichen, durchschnittlichen Zeitungswissen und stellt Fragen, nur um Fragen zu stellen, dann Allans Frau, die Allan unterbricht und ihm widerspricht und ein Privatgespräch über das selbe Thema mit C. führt.

C. sitzt zwischen diesen beiden Frauen und wird, wie ich sehen kann, fast verrückt. Schließlich hört er ganz unhöflich und rüde über den Tisch hinweg nur noch Allan zu.

Con und ich besprechen mit Mutter finanzielle Angelegenheiten. Es ist schwierig, denn sie verabscheut das (genau wie ich auch).

[1] Pauline Dillingham, E.C.M.s Kusine. Allan Dawson, unter D.W.M. dritter Botschaftsrat an der US-Botschaft in Mexico City.

Nachdem wir fertig sind, schlage ich ihr vor, über ihr Leben zu schreiben. Sie macht alle möglichen Einwände, würde es aber, glaube ich, doch gerne tun (wenn sie das Gefühl hätte, sie könnte es auch), und freut sich. (Über die Beerdigung eines alten Freundes sagt sie: »Es gibt bei einem Verlust keinen Trost, außer die Erkenntnis, daß man ein reiches Leben gehabt hat.«)

Arme Mutter. Sie gibt und gibt und ist in ihrem Inneren stets unbefriedigt – seit Daddys und natürlich auch seit Elisabeths Tod. Ich spüre, daß sie unbewußt diese Verluste mit all diesen Geschäftigkeiten kompensiert, aber ich glaube nicht, daß es ihr gelingt. Eine wahrhaft persönliche, schöpferische Aufgabe, wie das Schreiben, könnte vielleicht helfen.

Montag, 5. Juni

C. geht früh; ich bringe die Kinder zur Schule. Der Vormittag vergeht mit Nebensächlichem. Das ist hier jeden Vormittag gleich. C. ist darüber ungehalten. Sage Einladungen ab, schreibe Briefchen (und zwar nur die nötigsten). Sitze in der Sonne und überprüfe Inventare.

Ruhe mich nachmittags aus, nachdem ich den Speicher nach Decken, Leintüchern, Bettwäsche etc. für das neue Haus durchgesehen und einige Sachen für die Kinder gefunden habe. Ich bin durch die Last der Gegenstände in diesem Haus ganz niedergeschlagen – es ist so vollgestopft, überladen und erstickt schier unter den Dingen. Ich wollte manchmal, meine würden alle verbrennen.

Ich habe nichts geschrieben und kann es auch nicht (das ist frustrierend), bis wir nicht in unserem eigenen Haus auf Long Island sind.

Samstag, 10. Juni

Jon und ich schauen den ganzen Nachmittag nach C.s Flugzeug aus. Eines fliegt etwa um sieben Uhr vorüber. Jon ruft mich, damit ich es sehen sollte. »Es sah wie Vaters Flugzeug aus, die Tragflächen in Schräglage.«

Kurz darauf fährt C. herein. (Es war nicht sein Flugzeug.) C. sehr glücklich über seine Arbeit und über den Sommer.

Donnerstag, 22. Juni. »Mit 33«
(A.M.L.s Geburtstag)

»Nach ein- bis zweistündiger, rasender Packerei und Aufladerei ab nach Long Island, Halt gemacht bei Mrs. James Roosevelt jr., um die zwei Mädchen mitzunehmen. Sie freuen sich sehr darüber, aufs Land zu kommen.

Einen Tag lang abladen. Aber das Haus sieht wunderschön aus – alle Umbauten sind durchgeführt worden, das kleine Studio ist reizend, sauber und frisch gestrichen. Christine geht mit der Köchin einkaufen, während ich auspacke und einräume.

Spät, aber glücklich, nach Englewood.

Mutter und ich haben einen friedlichen Abend für uns.

Freitag, 23. Juni

Früh auf. Jon kommt in mein Zimmer. Es regnet und er ist sehr enttäuscht. Ich erzähle ihm, »Rain before seven, clear before eleven«. Er freut sich nicht nur über diese Aussicht, sondern auch über den Klang. Ich sehe ihm an, daß er spürt, daß das eine Zauberformel ist. Bald wird der Himmel heller.

Letztes Packen. Schließlich sind wir weg – Christine fährt Land und Schwester Lisi[1] und eine Menge Sachen, ich nehme Jon auf dem Vordersitz mit und habe die Hunde hinten drin.

Als wir nach Lloyd Neck kommen, springen die Hunde heraus. Die Hausmädchen sind da und das Mittagessen ist gut. Land und die Hunde bewegen sich im Haus, als gehöre es ihnen, aber für Jon

1 Eine Schweizer Kinderschwester aus Paris.

ist alles noch ungewohnt und aufregend. »Es ist anders als Illiec«, sagt er mit leichtem Heimweh.

Nach einer unruhigen Mittagspause findet er einen Kirschbaum, auf dem er herumklettern kann, während ich auspacke. Dann gehen wir schwimmen – was er herrlich findet, furchtlos spielt er auf einem Floß.

Ein gewaltiger Sturm zieht über die Bucht heran, weißlich, regenblind, die Bäume malträtiert und gekrümmt. Fenster werden rasch geschlossen, man hört das Wasser strömen. Der Abend ist nebelig und kühl. Von den großen Bäumen tropft sommerlicher Sprühregen; die Bucht ist ein Seidentuch und glänzt im Licht.

Schwester Lisi und ich essen draußen, dann sitze ich friedlich da und höre Jon murmeln: »Rain before seven – clear before eleven«, in ständiger Wiederholung. Die Heulboje ertönt, etliche Schafe blöken. Ich kann nichts tun, weder lesen noch auspacken oder schreiben, ich kann nur friedlich und entspannt dasitzen und beten, daß ich diesem Ort für C. seinen jetzigen Frieden erhalten kann, und daß es mir gelingt, meine Aufgabe zu erfüllen.

24. Juni

Als ich vom Bahnhof zurückkomme, wohin ich Schwester Lisi gebracht habe, da heute ihr freier Tag ist, ist C. eben in einem Armeewagen von Mitchel Field angekommen. Fast gleichzeitig Mutter und eine Ladung Bilder (die ich alle für C. aufgehängt haben möchte), Tische etc.

Es gibt ein sehr gutes Mittagessen. C. in guter Form. Lege die Kinder nach dem Essen ins Bett. Als sie wieder auf sind, gehen wir schwimmen, Land sitzt bei Mutter und wirft Muscheln. C. und Jon, eine große und eine kleine Gestalt, beide vornübergeneigt, beide in Shorts, Seite an Seite am Strand entlang mit dem Schlauchboot. Sie schwimmen gemeinsam hinaus. C. freut sich sehr über Jons Fortschritte.

Später fährt C. zum Abendessen mit Carrel in die Stadt. Mutter und ich essen alleine auf der Veranda.

Montag, 26. Juni

Schreibe in meinem Zimmer Briefe. C. sagt, »Der dritte Vormittag, der mit Briefeschreiben vergeht!« Er hat das Gefühl, daß Briefe zu schreiben eine Zeitverschwendung ist. Jedenfalls dann, wenn man so viele Stunden darauf verwendet wie ich!

C. hat einen sehr guten Plattenspieler und die Neunte Symphonie für mich besorgt! Er ist reizend und zufrieden mit seinem Erwerb. Dazu noch einen guten Ölfarbkasten und ein Buch über die Maltechnik mit Ölfarben – da er aus einem unerfindlichen Grund darauf besteht, daß ich das kann.

Samstag, 8. Juli

Bringe Schwester Lisi und die Kinder an Mrs. Woods[1] Strand, um sie mit den Kindern dort bekannt zu machen. Ich mache das besser jetzt, ehe C. zurückkommt und ich dann beschäftigt bin.

Ins Haus zurück, sehr zufrieden mit dem Nachmittag.

Jon geht eben ins Bett, als ein Wagen vorfährt. Ich frage mich, wer das ist – C. in Uniform, steigt aus! Jon zieht sein Rouleau hoch, späht hinaus und sagt augenblicklich mit klarer Kinderstimme, die über die Anfahrt tönt, »Mutter, Vater ist gekommen!«

Sonntag, 16. Juli

Vormittags arbeite ich in der Garage (ich tauche in ihre Ruhe ein – eine andere Welt, eine andere Zeit, andere Menschen). Schwimme am Strand. Ein großes Stück Treibholz ist angeschwemmt worden, groß genug, daß man darauf stehen und damit hinaus schwimmen kann – große Aufregung für Jon.

Margot und Dwight kommen zum Mittagessen. Verschiedene

[1] Mrs. Willis Wood, Nachbarin und Eigentümerin eines Großteils von Lloyd Neck, Freundin der Morrows.

Leute rufen an – unverzüglich fühle ich mich wieder unter Druck gesetzt – es sind nette Leute, aber wenn man niemanden sehen will, vermittelt einem jeder das Gefühl der Klaustrophobie. Und davor möchte ich C. bewahren.

Sage Jon, »Mr. Newton[1], einer von Vaters Freunden kommt zum Abendessen«.

»So viele Freunde«, sagt Jon leicht kläglich und verwirrt. »Weshalb sind hier heute so viele Freunde?«

Ich weiß genau, wie ihm zumute ist. Manchmal gibt es einfach zu viele nette Menschen auf der Welt.

Donnerstag, 20. Juli

Schwester Lisi hat frei. Ich hole alle meine Sachen auf die Veranda, um wenigstens mein Tagebuch zu schreiben, während ich die Kinder beaufsichtige. Aber sie streiten oder kommen mit Fragen zu mir und verlangen meine Aufmerksamkeit, oder sie verfangen sich in der Türe oder müssen aufs Klo oder wollen Orangensaft, und ich tue nichts. In meiner Verzweiflung bestelle ich per Telefon ein Planschbecken (nicht teuer, aber extravagant, denn schließlich haben sie das Meer), und meine, sie können an heißen Tagen darin spielen, statt auf mir herumzutrampeln!

Nach dem Abendessen – die Kinder sind im Bett – bin ich müde, aber zufrieden, möchte mich aber trotzdem gerne auf etwas Einfaches konzentrieren können, das nicht so viel Unruhe bringt. Ich mache mich wieder an die Briefe[2]. Wärme und Reichtum meiner Beziehung zu Elisabeth, so unbekümmert, verströmt und so unwiederbringlich, sie hält mich gefangen. Unendlich viele Briefe gingen hin und her. Auch die Briefe an Con, zu der Zeit, als C. zum ersten Mal zu mir herauskam – eine himmelstürmende Woche. Ich bin von der Romanze meines eigenen Lebens und meiner Jugend überwältigt.

Ich kann mich nicht davon losreißen – bleibe zu lange auf.

[1] James Newton, engerer Freund von Dr. Carrel und den Lindberghs.
[2] A.M.L. plante ein Erinnerungsbuch an ihre Schwester Elisabeth herauszubringen.

Jeden Morgen ruft mir Jon mit hoher, eifriger Stimme zu, »Kann ich hereinkommen?« Ich drehe mich um und sage schläfrig, »Ja, wenn du sehr leise bist«. Dann hüpft er in seinem blauen Pyjamas herein. »Was glaubst du, wie kann ich ein Netz machen, um Austern zu fangen?« und dann geht die Fragerei los. Aber ich lasse mich jedes Mal zum Narren halten und lasse ihn herein. Wenn es laut genug ist, trottet auch Land ins Zimmer, wirft seine grüne Schildkröte zuerst ins Bett und klettert dann auf mich.

Donnerstag, 3. August

Arbeite vormittags. Bin bedrückt. Ich muß mir etwas ausdenken, damit ich vergessen kann, daß ich mir wieder ein Kind wünsche. Ich habe so viel – C. und zwei wundervolle Kinder. Frühes Mittagessen und Fahrt in die Stadt, treffe C. unterwegs und wir tauschen die Autos. Meines springt nicht an (C. ist schon weg). Ich rufe ihn aus einem Haus an der Straße an. Er kommt und repariert es. Es sieht C. so ähnlich – und zeigt mein Vertrauen und meine Abhängigkeit von ihm.

Freitag, 4. August

C. reicht mir einen eben eingetroffenen Brief und ein Vorwort von Saint-Exupéry[1] zur französischen Ausgabe von *Wind an vielen Küsten.* Ich beginne während des Abendessens zu lesen. Im Brief steht, daß er, ehe er das Buch gelesen hatte, bereit war, eine einseitige Einführung zu schreiben, daß er aber nach Beendigung der Lektüre neun Seiten geschrieben habe, die er hier vorlegt. Ich las stockend; die französische Sprache ist subtil und bedeutungsvoll. Ich bin nicht nur von der Bedeutung, die er dem Buch zumißt, und seiner Analyse – die äußerst reizvoll ist – fasziniert,

[1] Französischer Schriftsteller und Flieger, sein *Wind, Sand und Sterne* war eben in Amerika herausgekommen.

ich bin auch ganz erstaunt über das, was er von mir persönlich darin gesehen hat.

»Il est ainsi une petite fille qui court moins vite, que les autres. Là-bas les autres jouent. ›Attendez-moi! Attendez-moi!‹ mais elle est un peu en retard, on va se lasser de l'attendre, on va la laisser en arrière, on va l'oublier seule au monde. Comment la rassurerait-on? Cette forme d'angoisse est inguérissable.« (»Da gibt es ein kleines Mädchen, das nicht so rasch wie die anderen läuft. Dort drüben spielen die anderen. ›Wartet auf mich! Wartet auf mich!‹ Es ist schon ein wenig zurück, es wird ihnen zu langweilig zu warten, sie verlassen es, man wird es vergessen und es bleibt allein auf der Welt. Wie kann man es beruhigen? Solch eine Angst ist nicht wieder zu heilen.«)

Habe ich mich in dem Buch derart entblößt? Ich hatte keine Ahnung, daß diese »angoisse légère« in dem Buch oder meinem Leben existierte. Aber natürlich ist es der Druck, der innere Druck (den C. mir austreiben möchte), und den ich niemals zu beherrschen gelernt habe. »Streitwagen vor der Brust.« Aber das Buch ist dadurch farbiger geworden. Man liest es zwischen den Zeilen. Ich bin ziemlich außer mir. Das Briefchen vom Verleger besagt, daß Saint-Exupéry mich gerne sehen möchte. C. wird morgen das Hotel anrufen. Mir ist vor dem Treffen eher bänglich.

Samstag, 5. August

Wir rufen Saint-Exupéry an. Er ist am Apparat, er spricht »pas un mot« englisch. Ich muß mit ihm reden. Himmel! Das sind Aussichten! Ja, er würde gerne zum Essen und über Nacht herauskommen. C. wird ihn in der Stadt abholen.

Ich versuche gar nicht erst zu arbeiten, sondern lese und nehme mir die Wörter in der Einleitung vor, die ich nicht kenne.

Um drei Uhr ruft C. an, teilt mir mit, daß er es nicht schafft, und daß ich St.-Ex. abholen soll. Dabei hatte ich mit der restlichen Zeit gerechnet, um das Buch fertig zu lesen. Was sollte ich jetzt wohl mit ihm reden?

Man hat den platten Reifen am Auto gerichtet. Ich rase in die Stadt, recht wütend, da ich wieder zu spät bin – »toujour un petit peu en retard!« M. St.-Ex. ist, wie man mir sagt, in der Bar. (Himmel, denke ich mir, er ist einer dieser trunksüchtigen Flieger – weshalb haben wir das gemacht?) Er erscheint, groß, leicht gebückt und ein wenig kahl, an der Schwelle des Alterns; ein undurchdringliches Gesicht, keineswegs gut aussehend, fast slavisch in seiner Kompaktheit und Unergründlichkeit, die Augen sind in ihren Winkeln leicht nach oben gerichtet.

Oh – das ist der Mann? Ich habe irritiert und traumhaft das Gefühl, daß ich ihn schon oft gesehen – ja sogar getroffen habe. Ich erkenne ihn augenblicklich. (Ich muß ihn irgendwo gesehen haben, vielleicht in Paris.) Ich entschuldige mich wegen C. und wegen meiner Verspätung und wir gehen zum Auto. Kaum sind wir um die Ecke, ist der Motor abgewürgt und will nicht wieder anspringen. Und die ganze Zeit reden wir so schnell wir können und mit einer solchen Intensität (jedenfalls ich), die keinerlei Aufmerksamkeit für praktische Details zuläßt. Er spricht über das Buch, daß er das erste nicht gelesen hatte, daß er vorhatte, lediglich eine höfliche Seite über das Fliegen, oder sein Charakteristikum zu schreiben. Wie er das Buch auf dem Schiff bei der Überfahrt gelesen, und es ihn erstaunt habe (»Sie wissen, wie selten es ist, daß einen ein Buch berührt...«), und wie er dann dem Verleger telegraphierte, daß er noch etwas dazuschreiben wollte. Ich versuchte auf französisch zu antworten, was mühsam war, redete mit einem Taxifahrer, der uns anschob und erklärte in englisch und französisch, was mit dem Wagen nicht in Ordnung war.

»Aber vielleicht gefällt Ihnen die Einführung nicht...?«

»Ah oui – mais vous avez si bien vu ... trop vu...«

Ich berichtete ihm, daß ich versuchte, es für C. zu übersetzen. Aber es sei schwierig und heikel, und daß C. mein ständiges *»un peu en retard«* nicht verstehe. Er lacht und sagt, daß er es ein wenig anders ausgedrückt habe – »eine Unschlüssigkeit...«

Endlich gelangen wir zu einer Werkstatt, dort beschließen einige Taxifahrer, daß es die Benzinpumpe sein müsse und die

Reparatur zwei Stunden dauern würde. Ich lasse den Wagen in Gottes Namen dort und wir nehmen uns ein Taxi zur Pennsylvania Station, während wir immer noch wie die Wilden reden. St.-Ex. erwähnt den Sprachrhythmus, den er in einem Buch für das Wichtigste hält – jedenfalls soweit ich ihn verstand. Und daß allein das Bewußtsein durch Worte transportiert wird und das Unbewußte durch den Rhythmus.

Ich erzählte ihm, wie sehr wir sein Buch schätzten, und daß wir gerne mit ihm zusammenkommen wollten. Daß C. sein Buch las und es ihm gefiel, da er gleichzeitig sowohl Beobachter als auch Künstler sei, und daß der einzige Mensch, der das ebenso zu vereinen wüßte, in meiner Erinnerung T. E. Lawrence sei.

Er sagt, daß die Trennung zwischen Handeln und Denken geringer sei, als die Menschen annähmen – eine Theorie, an die ich nicht ganz glaube.

»Aber das Leben selber hindert einen immer wieder am Verständnis des Lebens«, sage ich.

»Ja – das ist die Schwierigkeit«, antwortet er.

Dann waren wir an der Pennsylvania Station, die mir fast ebenso unbekannt war wie ihm. An der Theke tranken wir eine Orangeade, immer noch im Gespräch, wie Kinder auf diesen hohen Stühlen. (Er kann auf englisch bis zehn zählen.)

»Aber wie kommen Sie dann alleine zurecht?«

»Très bien ...« nach der Theorie, daß man sich, wenn man überhaupt nicht sprechen kann, auf einer anderen Ebene begegnet – der der menschlichen Freundlichkeit und dem Verständnis – was stimmt. Ich war vergnügt, befreit und glücklich. Zusammen mit diesem völlig fremden Menschen, der alles, was in mir vorging und was ich sagte, sofort begriff!

Dann in den Zug – einen ulkigen kleinen Zug mit Korbsitzen. Und unser Redestrom – auf französisch – reißt auf dem Weg nach Huntington nicht ab, ungeachtet der Leute ringsum, die uns mißtrauisch ansehen und annehmen mögen, wir seien fremde Gäste auf dem Weg zur Ausstellung.

Es war sehr aufregend. Vielleicht, weil zum erstenmal jemand mit mir nur über meine Tätigkeit sprach. Nicht deshalb, weil er höflich und ich eine Frau war, die man leichthin bezaubern will, nicht nur weil ich meines Vaters Tochter oder C.s Gattin war, nein, einfach wegen meines Buches, meiner Ansichten, meiner *Kunst.* Ich beherrsche eine eigene *Kunst!* Und jemand, der ein Meister seines Fachs ist, der wunderbar schreibt, findet, daß ich darüber genügend weiß, daß er mit mir Vergleiche anstellen kann, der mit mir ein Wortgefecht führt, Klinge gegen Klinge.

Er zieht die Einführung aus seiner Tasche und wir nehmen uns die Worte vor, die ich nicht verstanden habe. *»Mais ça ... comme ç'est beau!«* sage ich.

»Und hier – müssen Sie wissen, handelt es sich nicht um meinen Mann. *Ç'est moi, ce n'est pas mon mari. Il n'a pas peur. Il n'est pas timide. Il ne pense pas à ça ...«* Er lächelt. *»Je sais – je sais.«*

Himmel, was für eine Freude das Reden, das Vergleichen, das Dazwischenwerfen von Bemerkungen, einfach, ohne große Mühen, wurde man verstanden. Ein Blitzkrieg.

Selbstverständlich war ich erregt und durch sein Lob aufgeschlossen. Er sagte, daß das Buch etwas Klassisches habe, etwas Fundamentales, wie ein griechisches Spiel. Und er war überrascht, so etwas in Amerika zu finden.

Ich meinte, daß der Reiz für die Laien vielleicht darin läge, daß das Fliegen nicht meine eigentliche Welt sei. Ich war darin ein Fremdling.

Er sagte, das habe trotzdem nichts damit zu tun. Daß der Schriftsteller, wie die Biene, bei jeder nur möglichen Gelegenheit Honig sammele, und daß ich das getan hätte, und es wäre völlig belanglos, was ich mir für ein Thema gestellt hätte.

Dann kamen wir irgendwie auf das Fliegen – und ich erzählte ihm, daß C. annimmt, es sei erfreulich, daß das Kriegsinstrumentarium wachsende Intelligenz erfordere und er darauf seine Hoffnung setze. Er entgegnete jedoch: *»Mais je ne suis pas tout à fait son avis.«* Und ich sagte verzagt, »Die Natur sorgt anscheinend immer wieder dafür, daß wir wieder auf allen Vieren herumkrabbeln müssen. Sobald ein Volk zivilisiert ist ...« »Aber den Menschen ist es stets gelungen, sich wieder zu erheben«, sagt St.-Ex.

Ich erwähnte, daß das Fliegen einen keineswegs von den Elementen trenne, sondern daß sie einen umfangen hielten.

Erstaunt blickte ich zu ihm auf und sagte: »Aber Sie haben das geäußert.«

»Ja, ich habe das gesagt...«

Ich erzählte ihm von Illiec, wo es ähnlich war und man sich in den Naturkräften geborgen fühlte.

Wir unterhielten uns über die Amerikaner und die puritanische Vergangenheit. Möglicherweise stammt daher unser Gefühl, ständig unter Druck zu stehen, in Eile zu sein und zu spät zu kommen.

Es ist einigermaßen qualvoll, Ideen, die so tief auf englisch in mir verwurzelt sind und die man kaum in der Muttersprache auszudrücken vermag, auf französisch zu äußern, das ich keineswegs vollkommen beherrsche. Es war erstaunlich, daß wir überhaupt eine Verständigung erzielen konnten.

Über Übersetzungen und deren Schwierigkeiten: »Es gibt einen deutschen Dichter, den ich sehr liebe, der mich mehr aufwühlt als andere, die ich seit langem gelesen habe«, beginne ich.

»Rainer Maria Rilke«, beendet er ruhig meinen Satz.

»Aber wie konnten Sie das wissen?« frage ich verwundert. Er macht lediglich eine kleine Handbewegung und lächelt.

»Il a pris le chemin intérieur«, sage ich.

»Ja«, wieder ein verstehendes Lächeln.

Mich interessiert sein Leben, sage ich, sein innerer Kampf, wie bei van Gogh auch. Was mir an van Gogh mißfällt, sage ich, ist, daß er einem seinen Zwiespalt aufzwingt, die Faust gebraucht. Das ist germanisch, während Cézanne einfach seine Hand aufhält und einem alles darreicht. (St.-Ex. hält von van Gogh mehr.) Dennoch, ende ich, ist es möglicherweise nicht fair, so etwas auszusprechen – das eigene Urteil ist von der Lebensphase abhängig.

Er schließt für mich: »Die Phase, in der man sich gerade befindet.«

Und währenddessen halten wir an Bahnstationen, schauen

hinaus, stellen dem Schaffner, der uns wie zwei Ausländer hinausbegleitet, Fragen.

Ich erkenne jetzt, rückblickend, daß ich zu viel redete. Ich war überschäumend vor Wonne, wie ein Kind, wie Land, wenn er mir seine Schätze zeigt. *»Regarde, regarde!«*

»Es war mir, als wär' ich seit Jahren befangen im Traum, oder hätte im tiefsten Innern eines Schiffes geruht, beladen mit schwerer Fracht, durch ferne fremde Gewässer gleitend. Oh, noch einmal auf Deck sein, Winde und Vögel fühlend, die tiefdunkle Nacht gewahrend mit ihren schimmernden Sternen ...« (Rilke)

Das schrieb ich im Winter 1935 nieder.

Dieser seltsame, kindliche Wunsch, alles zu geben – »Was für eine ungeheure Erleichterung«, wie V. Woolf sagt.

Wir sprachen darüber, daß die Amerikaner den Franzosen näher stehen als die Engländer. Erwähnten die kindliche Art der Amerikaner, die mir nach meiner Rückkehr aus dem Ausland überall auffiel. Er stimmte mir zu: »Ja, aber ich finde das sehr erfrischend.«

Vom Leben im Ausland, und wie es einen für immer entwurzelt. Von den Franzosen, die erdgebundener, immer wieder auflebend zurückkehren. Der Klassenunterschied in England.

Über das Fliegen – hatte ich meinen Flugschein gemacht? Dann ertappte ich mich, wie ich sagte: »Ehe ich heiratete, habe ich keineswegs in einer Welt der Taten gelebt. Dann wurde mir klar, daß sie die einzige Welt war, und die meine über Bord geworfen werden mußte, sie war zu unbedeutend; allein die Tat zählte, deshalb beteiligte ich mich an allem ... aber jetzt ...« Er lächelte, *»Oui«*, und fragte weiter, ob ich mich auch mit der Biologie beschäftigt habe. Nein, das hatte ich nicht, antwortete ich und fügte hinzu, daß es nicht ungefährlich sei, wenn Ehepartner den gleichen Beruf hätten. Ich zitierte D. H. Lawrence, der sagt, Mann und Frau sollten wie die beiden Pole sein, die die Welt zwischen sich halten. *»Oh. – pas si loin que tout ca!«* Er lachte, und erläuterte dann seine eigene Definition, eine Vorstellung von den Bienen, die Honig aus verschiedenen Quellen sammeln und sie alle zum eigenen Bienenstock tragen.

An einem Punkt angelangt, sprach ich von Whitehead und seinen *Adventures of Ideas.* Ich zitiere: »Das Abenteuer gelangt selten an sein vorherbestimmtes Ziel ...«

»Es erreicht es niemals«, unterbricht er mich mit einem Seufzer. Ich aber fahre fort, die Stelle zu übersetzen, an der Whitehead über die Flut neuer Ideen spricht, die über die zivilisierte Welt hereinbricht, und daß das Wagnis stets ein Teil der neuen Ideen ist: »Ohne Wagnis ist eine Zivilisation dem totalen Untergang geweiht.« Ich habe Schwierigkeiten bei der Übersetzung, noch dazu aus dem Gedächtnis, und sage schließlich verzagt:

»Aber ich rede lediglich über Banalitäten.«

»Oh, nein – ich, ich habe diese Gedanken immer gehabt, bin ihnen aber nie anderswo begegnet«, versichert er mir.

Bis zur Ankunft in Huntington, wonach wir bei jeder Station hoffnungsvoll ausschauten, bekam ich schreckliche Angst, daß dieses innere Band zerreißen könnte. Ich hoffte gegen alles bessere Wissen, daß C. am Bahnhof sein würde. Aber er war es nicht. Wir nahmen ein Taxi. Es war kühler und die Bäume rochen nach Regen und Geißblatt. Als wir zum Haus kamen (Thor bellte und sprang hoch, Jon rief aus dem Fenster: »Hast du eine Schildkröte gefunden?«), da war ich regelrecht erschlagen, als ich entdeckte, daß nicht nur C. nicht anwesend, sondern auch keine Nachricht von ihm da war. Ich war ganz mutlos. Werden wir den ganzen Abend alleine verbringen? Wenn C. doch nur da wäre.

Ich fange mit dem Abendbrot an und plaudere über Rußland und die Fliegerei – damit gehe ich auf Nummer sicher! Er erzählt von Flügen über der Wüste und von der Verschiedenartigkeit des Sandes. Ich zitiere T. E. Lawrence und erwähne, daß er den »verschiedenen Geschmack des Wassers« liebte. Wasser, das den meisten Menschen immer gleich vorkäme, wiese eine größere Vielfalt auf als die Alpen.

»Oui«, sagte er, »mir ging es bei den verschiedenen Sandarten genau so wie ihm.« Er fährt fort, von der Wüste zu berichten und von deren Schönheit, die sich bei Gefahr nur noch steigerte. Er erzählte von einem Rückflug über die Wüste, der ganz risikolos

war. Sie schien ihm flach und uninteressant, bis auf ihn geschossen wurde – und da plötzlich gewann sie an Schönheit.

C. weht wie eine frische Meeresbrise herein. Aber er ist müde, da er den ganzen Tag über im Verkehr gefahren ist. Trotzdem ißt er sein Abendbrot und setzt darüber die Konversation fort, die sogleich ein höheres Niveau erreicht und nicht mehr so feminin klingt. Ich lehne mich zurück und übersetze. Sie tauschen Erfahrungen aus über jene Zeit in der Luftfahrt, die längst der Vergangenheit angehört. »Aber ich weiß nicht«, sagt St.-Ex. lachend, »ob ich dabei nicht meiner eigenen Jugend nachtrauere.«

Sie diskutieren über die Stellung der Maschine im modernen Leben. St.-Ex. vertritt die Theorie, daß es nicht allein an der Maschine liegt, daß der Mensch materialistischer geworden ist, sondern daß das die Folge vom Zusammentreffen verschiedener Umstände ist, die seine Welt derart veränderte, daß er sich wie ein Fremder darin bewegt – heimatloser als die ersten Engländer, die es nach Amerika verschlagen hatte. Und es hat 300 Jahre gedauert, bis sich die Anfänge einer Kultur zeigten. Er ist optimistisch und glaubt, daß der Mensch die Maschine sich unterordnen und sie als Werkzeug für größere geistige Ziele verwenden wird.

Der Trend zu einer geistigen Erneuerung zeichnet sich bereits ab, sagt St.-Ex., davon zeugen die Rückkehr zur Natur, das Zelten etc., ja selbst solche Bewegungen wie der Kommunismus und der Faschismus (die er verabscheut, aber symptomatisch findet). Und was der Mensch sucht und will, wird er finden – das war immer so.

C. teilt diese Hoffnungen weniger, oder ist wohl pragmatischer, und bei näherer Betrachtung bezieht er die Leiden mit ein und den Weg, der einzuschlagen ist.

Und das alles vom Französischen ins Englische und umgekehrt. Mein Verstand hing in den Sielen.

Diese ganze Diskussion erinnert mich an das Gespräch, das wir in Paris mit Teilhard de Chardin hatten. Oder eigentlich an den Nachmittag, an dem er einfach dastand und stundenlang über den *Menschen* und seine Vergangenheit (die archäologische) und über seine Zukunft sprach – über *den Menschen* – nicht über *die*

Menschen – ich ging damals, durch seine Hoffnungen und Vorstellungen angeregt, die Sorgen, Wirren und Elend dieses Jahrhunderts einfach außer acht ließen, nach Hause.

Sonntag, 6. August

St.-Ex. kommt herunter, während wir alle beim Frühstück sitzen. Wir unterhalten uns den ganzen Vormittag auf der Veranda, C. und er über die Luftfahrt, Deutschlands Streitmacht, Englands nächsten Schritt, Frankreichs natürliche Stärke und Kriegsstrategien. Über den Krieg, der so schrecklich ist, sage ich, daß er fast um jeden Preis vermieden werden muß, und er pflichtet mir bei.

Ich bitte ihn, unsere Ausgabe von *Wind, Sand und Sterne* zu signieren, was er tut – ein paar höfliche Worte neben seinem Namen – C. sagt dann, daß ich etwas in *Wind an vielen Küsten*, das wir ihm gegeben hatten, schreiben soll. Mir fällt nichts anderes ein als »In Dankbarkeit für die Abenteuer, die er uns beschert hat«, und dazu ein Zitat von Whitehead über das Abenteuer.

Um 12 Uhr gehen wir schwimmen und dann bringen C. und ich ihn zu seinen Freunden außerhalb Huntingtons. Ich weiß nicht genau, wie wir den Weg finden, denn er erzählt die ganze Zeit von seinem Absturz über dem Meer, bei dem er fast ertrunken ist. (Er hat unglaublich viele Abstürze mitgemacht, und zwar schlimme – ich verstehe nicht, wie ein Mann, der so ein Künstler ist, überhaupt fliegen kann.)

Wir fragen ihn, ob er gerne zurückkommen möchte und er antwortet, daß er gerne zum Abendbrot wieder bei uns sein würde. Also vereinbarten wir, daß wir ihn um 5 Uhr wieder abholen werden. C. und ich unterhalten uns auf unserem Rückweg über ihn. Ich bin überzeugt, daß er sterben wird, wenn er weiterhin fliegt. C. erwähnt, daß es unmöglich ist, ganz erstklassig zu sein – Perfektion in der aktiven Welt – und sich gleichzeitig noch anderweitig zu betätigen. Und ich mache unversehens wieder eine Entdeckung, die ich früher schon einmal gemacht hatte. Das Streben nach Vollkommenheit läßt einen zum Künstler werden. Es ist das Gefühl, daß man unvollkommen, unerfüllt und unfertig ist. Durch übermenschliche Anstrengung versucht man die Lücke zu schließen, die Hürde zu überspringen und sich auf anderem Gebiet zu vervollkommnen. Und man bringt etwas Drittes hervor, etwas ganz eigenes: »Das Abenteuer erreicht selten das gesteckte Ziel. Kolumbus ist nie bis China gelangt. Aber er entdeckte Amerika.«

Die Stotterer (oder die, die wie ich Schwierigkeiten haben, sich gut und rasch auszudrücken) schreiben. Aber ein Stotterer zu sein, ist unzureichend. Man muß jedoch auch eine gewisse Vorstellung von einem ausgzeichneten Ausdrucksvermögen haben, damit man weiterhin bestrebt bleibt, sein Unvermögen auszugleichen.

Nach einem friedlichen Mittagessen liege ich in der Sonne und versuche mich nach diesen Stunden des intensiven, ausschließlich geistigen Lebens körperlich zu erquicken.

Um 5 Uhr fahren wir los, um St.-Ex. abzuholen. Er macht mit seinen Freunden auf der Veranda Kartenkunststücke. Einer der Anwesenden ist so krank, daß mich seine bebende Todesnähe erschaudern läßt. Er, seine Erschöpfung, das fliehende Leben, die zwischen uns und ihm bestehende Kluft, die ergebene, tiefsitzende, unerbittliche, geduldige Qual seiner Frau sind mir derart bewußt, daß ich kaum auf etwas anderes achten kann. Ist der Abgrund zwischen Leben und Tod so tief?

Auf dem Nachhauseweg im Auto unterhalten wir uns, und er sagt, daß er mit uns wie mit seiner eigenen Familie plaudern kann und erwähnt, daß man sehr rasch erkennt, wenn man mit jemandem auf einer Ebene steht. »Je comprends tout ce que vous dites.« »Es gibt Menschen, mit denen kann man reden, und mit anderen geht es nicht, ein Mittelding gibt es nicht.« Die drei großartigsten Menschen, denen er in seinem Leben begegnet ist, sind, wie er sagt, Analphabeten, nämlich zwei bretonische Fischer und ein Bauer in Savoyen.

»Ja«, sage ich, »das hat nichts mit dem Ausdrucksvermögen, mit der gewandten, geistreichen Formulierung zu tun – auch, wenn man das, solange man jung ist, *annimmt.*«

»Oh, ja«, sagt er, »mißtrauen Sie stets dem scharfen und glänzenden Verstand.«

Dann fährt er fort und sagt, daß die wirklich großen Menschen Ruhe und Einsamkeit um sich, ihr Werk und ihr Leben verbreitet haben, damit sich die Dinge aus eigenem Antrieb entwickeln könnten.

Ich glaube das so vorbehaltlos, als hätte ich diesen Gedanken ausgesprochen.

Montag, 7. August

C. und ich mit Saint-Exupéry in die Stadt. Wir sprechen über den vertrauensvollen Glauben, über die Augenblicke im Flugzeug, in denen es vor einem dunkel ist und man sich einfach schnurgerade an das Grün zur Rechten halten muß. Daß man wie ein Kind Vertrauen haben muß. »Il faut être enfant«, wie Gideon in Jericho in der Bibel.

Er bejaht das und fährt fort, uns die Geschichte von Esau und dem verkauften Erstgeburtsrecht in seiner Auslegung zu schildern. Er ist sicher, daß Esau, als er das tat, vor Durst umkam. Sie sind draußen in der Wüste gewesen, haben ihre Ziehbrunnen nicht gefunden und kamen sterbensdurstig zurück. St.-Ex. erklärt uns, daß, wenn man in der Wüste lange ohne Wasser ist, sich die Kehle verhärtet und schließt und es, selbst wenn man zuletzt Wasser findet, keine Rettung mehr gibt. Die in der Wüste lebenden Menschen haben jedoch entdeckt, daß man einen Brei aus Bohnen oder einem anderen stärkehaltigen Gemüse machen kann, den man dem Leidenden in Mund und Kehle stopft und um den Hals legt bis sich ein winziger Spalt öffnet, durch den das Wasser Tropfen für Tropfen sickert und somit der Mensch gerettet ist. Das Gericht, daß sich Esau erflehte war keine Suppe, es waren Linsen. Er stieß einen Todesschrei aus: »Gebt mir davon, oder ich sterbe!«

St.-Ex. sagt, daß es hinsichtlich der Probleme des Maschinenzeitalters zwei umfassende Antworten gäbe. Die eine ist einfach, er meint sogar, zu einfach – nämlich Gandhi. Die Maschine hat den Menschen in Unruhe versetzt, oder besser, der Mensch war vor dem Maschinenzeitalter glücklicher. Deshalb müssen wir zu der Zeit vor der Erfindung der Maschine zurückgehen, mit der Hand weben, etc. Wenn der Mensch nur zu retten ist, wenn er sich zurückentwickelt, ist das sein Untergang, meint St.-Ex.

Die andere Antwort, die komplex und verworren ist, ist die, daß der Mensch lernen muß, der Maschine irgendwie Herr zu werden und sie sich zu Nutzen zu machen. Die Antwort kann, wie er meint, nicht lediglich darin bestehen, daß man die Tatsache verleugnet, daß die Maschine existiert. Dann erzählt er eine Fabel – eine wahre Geschichte, aber dennoch eine Fabel – über die Schafzucht in Patagonien, um die These zu beweisen, daß man niemals die Zukunft, sondern lediglich die Geschichte logisch belegen darf, also über das Kommende kein Urteil abgeben soll. Sie berechnen ein Schaf pro Hektar, hundert Schafe auf hundert Hektar. Aber in Wirklichkeit züchten sie nur 85 Schafe auf 100 Hektar wegen der Wölfe, die die Schafe töten. Sie lösen dieses Problem und töten die Wölfe. Dann stellen sie zu ihrem Erstaunen fest, daß sie nicht 100 Schafe auf 100 Hektar züchten, wie sie gehofft hatten, sondern nur 65 Schafe auf 100 Hektar – der Grund war folgender:

Es stimmt, daß die Wölfe die Schafe reißen, aber weit weniger als Guanakos. Und als es keine Wölfe mehr gab, vermehrten sich die Guanakos so rasch, daß sie die Schafe um das letzte bißchen Futter brachten. Ein Problem, das man nicht voraussehen konnte, fuhr St.-Ex. fort, da es, als die Wölfe noch da waren, so wenige Guanakos gab, daß niemandem im Traum einfiel, daß sie die Schafe jemals verdrängen könnten.

Und der Guanako des Maschinenzeitalters ist uns nicht bekannt, fügte er hinzu.

Schließlich bringen wir ihn zu seinem Hotel – »merci infiniment« – dann kam der Abschied, ohne daß ich Zeit gehabt hätte, ihm dafür zu danken, daß er in bezug auf das Buch so nett gewesen war, daß er mit mir über das Schreiben gesprochen und so viel Nachsicht mit meinem schlechten Französisch geübt hatte. Ich war nicht imstande gewesen, mich dafür zu entschuldigen, weil ich zu viel geredet hatte.

Vielleicht ist das auch gut so. Man kann sich für derlei nicht bedanken, man kann lediglich dankbar sein, außerordentlich und in aller Demut dankbar sein und die Verpflichtung verspüren, aus dem Empfangenen etwas zu machen, es zurückzugeben – keinesfalls dem Schenkenden selber – gewiß nicht, er braucht es nicht, aber man muß es weitergeben.

Dienstag

C. vor dem Aufbruch. Ich gehe hinunter in die Garage und versuche zu arbeiten – die Ideen überstürzen sich, so daß ich sie nicht zu Papier bringen kann. Ich höre John draußen auf einem Baum. Er ist in den Wipfel geklettert und singt verzückt – das kleine Liedchen, daß er in Long Barn erfand, wenn er im Kirschbaum herumkletterte: »Höher als der Kohlenschuppen, höher als der Apfelbaum.« Hier und da ertönen hohe, kindliche, jubelnde Juchzer aus purer Freude. Ich weiß genau, wie ihm zumute ist. Ich laufe hinaus, rufe ihm zu und winke.

C. kann nicht weg, das Flugzeug am Boden, er arbeitet mit Christine und bringt mir diese schreckliche Mappe mit Forderungen, Gesuchen und Briefen, die mich bedrängen und auf die ich kaum einen Blick zu werfen wage, geschweige denn an sie denken möchte, sie erwecken in mir solche Schuldgefühle, und dabei weiß ich doch, daß ich zu nichts anderem mehr käme, würde ich mich damit befassen.

Aber ich kann nicht – wie C. – eine Auswahl treffen und mich nur mit einigen beschäftigen; also lasse ich alle außer acht und versuche sie zu vergessen, bis C. sie zur Sprache bringt.

Was für eine Quälerei – wie festgenagelt ist man doch, wenn man einen offiziellen Brief beantworten muß!

Muß mich nach diesen Tagen, in denen ich lediglich in einer geistigen Welt gelebt habe, wieder den praktischen Dingen stellen.

Mittwoch, 9. August

Am späten Nachmittag erhebt sich ein herrlicher Sturm. Gehe hinaus und setze mich unter den großen Schirm, um zu beobachten, wie sich die verschiedenen Bäume und Blätter verhalten – die Eiche im Kampf hin- und hergezerrt, die Birke jedoch im Einklang. Herrliches Rauschen. Thor sitzt in geduldiger, verständnisloser Ergebenheit mit mir draußen. »Ich weiß nicht, weshalb meine Herrin im Regen sitzen will, aber da das so ist, bleibe ich bei ihr sitzen!«

C. gesellt sich freudig zu mir. Nach dem Abendessen gehen wir hinaus und zum Strand hinunter, an dem wir einen langen Spaziergang machen. Es ist unglaublich schön. Ich bin sehr glücklich.

Ich zeige C. einen krummen Ast, in dem, wie ich behaupte, eine gewisse Leidenschaft steckt; C. aber sagt, daß der Ast deshalb so gewachsen ist, weil er abgerissen wurde und ein Seitenast daher neben der Bruchstelle herauswachsen mußte. »Es ist der *Wille*, den Tod zu überdauern.« Ich sage ihm, daß er viel besser beobachtet als ich, und daß er mich das Sehen gelehrt hat.

Der Ast hat selbst in seiner Richtung einen Ausgleich angestrebt.

Donnerstag, 17. August

Sehr düstere Nachrichten in den Zeitungen. Deutschland verlangt Danzig und den Korridor. Beide Seiten verweigern strikt jegliche Verhandlungen, dazu auf deutscher Seite ein durchaus unmißverständliches Grollen, das Sturm bedeutet. »Eine Frage von Tagen.« Man erwartet, daß die Karten aufgedeckt werden.

Daß der Vatikan die Sache »einer ernsten Prüfung unterzieht«, erschüttert mich am meisten. Ich weiß nicht warum. Nach meinem Dafürhalten ist der Vatikan die höchste Instanz und sowieso von allem unterrichtet. Mir kommt vor, als hätte ich das Urteil eines bedeutenden Spezialisten der Mayo-Klinik vernommen: »Der Patient kann nicht durchkommen.«

Anruf von C. – er kommt nach Hause. Es ist kühl und ein herrlicher Abend. Ich warte am Flugfeld. Während er es überfliegt, erkenne ich ihn, obgleich ich nicht wußte, welches Flugzeug er genommen hatte. Freude durchzuckt mich. Wie seltsam – wie treu sich die Menschen doch bleiben. C. stößt so unvermittelt und großartig vom Himmel herab wie kein anderer. Die Kurven, die er in seinem Flugzeug langsam und ausgesprochen würdevoll um den Platz zieht, sind ihm so ähnlich wie seine Handbewegungen. Mir verschlägt es den Atem. Ich habe das immer ganz selbstverständlich gefunden. Aber bei der Beobachtung am Himmel erscheint es als Akt kreativer Schönheit, ein Kunstwerk.

Wir fahren heim. C. spricht über den Krieg, über die Schwierigkeiten des Landes. Die Beziehungen zu Washington geben ihm Auftrieb, er hat, glaube ich, das Gefühl, daß er unter seinesgleichen ist und wirklich seine ganze Kraft einsetzen kann, um die Sache zu einem guten Ende zu führen. Wir unterhalten uns den ganzen Abend.

Anfangs bin ich froh für ihn, doch später, nachts, habe ich Angst. Ich fürchte mich vor der bevorstehenden Unruhe – nicht nur vor dem Krieg, nein, schlimmer, vor einem möglichen Kampf hier im Lande, einem Kampf zwischen den Radikalen.

Für mich wird es darin, so wie ich das sehe, keinen Platz geben, die Gemäßigten sind nicht vorgesehen, eine Möglichkeit für die, die in der Mitte stehen, ist nicht vorhanden (und wenn es zum Schlimmsten kommt, ist man gezwungen, Partei zu ergreifen, einzig, um zu überleben). Ich, die keine Partei ergreifen, die nicht kämpfen will und der es fernliegt, einen anderen Menschen im intellektuellen, geistigen oder emotionalen Sinn zu zwingen.

Aber ich habe nicht nur meinetwegen Angst; wäre ich allein, wäre das kein Problem. In solchen Zeiten gibt es für die, die in der Mitte stehen, stets und ohne weiteres eine Lösung, sie retten sich entweder hinter Klostermauern oder in Nervenzusammenbrüche, oder sie werden einfach abgeschossen, während sie sich in ihrem Niemandsland still verhalten. Ich habe wegen C. Angst. Kann ich ihm folgen? Und wie? Eine Trennung von ihm – ein Alptraum.

Selbstverständlich war mir vor den großen Flügen ebenso

zumute – eine Angst, eine Befürchtung, daß ich hinter ihm zurückbleiben würde, daß ich kräftemäßig und bei seinem Mut und seinen Fähigkeiten nicht mit ihm Schritt halten könnte – das war der wahre Alptraum. Angenommen, ich würde versagen. Dabei ging es doch tatsächlich allein um das Physische, und ich habe mich behauptet.

Jetzt geht es um das Geistige und Seelische. Ich fühle mich sehr allein. Aber es hat keinen Sinn, die Zukunft erraten zu wollen.

Christine erzählt mir, daß sie, wenn Leute sie fragen, »Sind die Lindberghs immer noch so himmlisch verliebt, wie man annimmt?« sie stets antwortet, »Oh, ja, sogar noch sehr viel verliebter!« Was für ein seltsames Bild liefert man doch der Außenwelt, und was für merkwürdige Maßstäbe legen junge Leute an. Als wenn eine Ehe nicht tausend Mal fesselnder, spannungsreicher, fordernder, komplizierter, widersprüchlicher, schwieriger und realer ist, als »himmlische Verliebtheit«. Doch nehme ich an, daß, wenn ich C. am Himmel beim Abdrehen über einer Tragfläche entdecke, man das möglicherweise als »himmlische Verliebtheit« bezeichnen kann.

Freitag, 18. August

Die Zeitungsmeldungen sind schrecklich. Die Deutschen sind anscheinend völlig bereit. Worauf warten sie noch? Doch England macht mir mehr Sorgen als Hitler. Ich glaube, daß es kämpfen wird, selbst wenn das ein Massenselbstmord wäre. Ist das Mut oder Dummheit?

Samstag, 19. August

Deutschland ist in die Tschechoslowakei einmarschiert. Es bricht über uns herein. Die diplomatischen Wege sind versperrt. Es wird Streiks geben. Es ist so merkwürdig. Meine Gefühle haben sich seit dem letzten Herbst und seit diesem Frühjahr gewandelt, zum

Teil, weil es an diesem sommerlichen Sund weniger bedrohlich ist. Zum Teil aber auch, weil man es so lange befürchtet hat, weil man Krisen gegenüber abgestumpft ist.

Und zum Teil auch, weil man der Katastrophe nicht unmittelbar ins Auge sehen kann. Man kann sie nicht fassen.

C. schreibt und überlegt den ganzen Tag – geht es um den Krieg?

Sonntag, 20. August

C. liest mir einiges vor von dem, was er geschrieben hat. Es ist sehr gut und weist weit voraus in die Zukunft. Aber es sind auch Schwierigkeiten angedeutet, die mich zittern lassen. Es geht um Forderungen.

Montag

Die Kriegsgespräche und Komplikationen verschärfen sich mehr und mehr. Man lebt hoffnungslos zwischen Hangen und Bangen, wüßte gerne, nach welcher Seite sich das Blatt gewendet hat und wagt es doch nicht, die Hoffnung aufzugeben.

Es sieht so aus, als ginge das womöglich noch bis Mitte September so weiter.

Dienstag, 22. August

Die Russen und die Deutschen haben direkt vor der Nase der englischen und französischen Kommission, die nach Rußland gesandt war, um das Land in die »Friedensfront« aufzunehmen, einen Nichtangriffspakt unterzeichnet. England ist entsetzt. Wieder ist es hintergangen worden. Jetzt gibt es überhaupt *keine* Möglichkeit mehr, Polen zu verteidigen. Niemand weiß, was dahintersteckt. Sie haben bereits ein Handelsabkommen unterzeichnet. Deutschland hat ungeheure Mittel zur Verfügung und Sicherheit gewonnen, wenn es nicht auch noch hinterrücks ein weiteres Abkommen getroffen hat – die Teilung Polens?

Japan ist ebenfalls hintergangen worden. Deutschland ist wahrlich ein skrupelloser und ausgezeichneter Diplomat. Die Polen erklären, daß sie kämpfen wollen, England und Frankreich geben, wenn auch verzweifelt, in keiner Weise nach. Ich sehe keinen Ausweg. Gewissermaßen der einzige Lichtblick, dem Bericht nach, daß Rom als einzige Hauptstadt nicht unter äußerstem Druck steht. Was bedeutet das? Italien gibt seine Position immer preis. Will es neutral bleiben?

Laura und George (Stevens) holen mich an der Fähre ab, und wir fahren zu ihrem schönen verwunschenen Haus inmitten alter Bäume und Wälder, das ganz ruhig liegt. Wir unterhalten uns zumeist über Bücher (überhaupt nicht über den Krieg!), ein wenig auch über die Zukunft, aber nur sehr vage. Mir geht es sehr gut, aber es ist eine erschreckende Art von Glück. Denn ich habe das Gefühl, als wäre dies das letzte Mal, daß ich je wieder so mit ihnen sprechen könnte – ganz vertrauensvoll, ohne Vorbehalte und in gegenseitiger Zuneigung. Während unserer Gespräche geht diese heitere Welt des Friedens und des Vertrauens, die uns umgibt, in Brüche, und wir wissen es nicht. George geht in seiner Arbeit auf, kümmert sich wenig um die Welt, hat höchstens eine sehr unbestimmte Vorstellung davon, daß er sich mit ihr beschäftigen und eine gewisse Verantwortung in der Gemeinschaft übernehmen sollte. Laura ist ganz für George und die Kinder da. Mir graut vor all dem, was uns bevorstehen mag, vor den Kämpfen, die uns voneinander trennen und diese Art von Verständnis ausschließen werden. Schlafe schlecht.

Thelma (Grawford Lee) ruft an. Sie ist wegen des Krieges in einem schrecklichen Zustand. Brooke hat sie von Washington aus angerufen. »Es ist soweit – er ist da.« etc.

Später kommt sie herüber und spricht mit mir – über den Krieg. Sie war siebzehn, als der letzte begann. Sie ist weiß, fassungslos und erschüttert. Wir reden ein wenig über meine Furcht vor dem Krieg und seine Konsequenzen, die jede Familie betreffen, Brüder und Schwestern, Männer und Frauen und Freunde auseinanderreißen werden.

Freitag, 25. August

Margot heute morgen hier. Wir warten auf C. aus Washington, um Kriegsnachrichten zu erfahren. Die Zeitungen schreiben Schlimmes, voller Alarmsignale und erschreckender Einzelheiten, die Krieg bedeuten. Roosevelt und der Papst geben über den Rundfunk Friedensappelle durch. Der Papst sagt: »Durch den Frieden geht nichts verloren; aber durch den Krieg kann alles verloren sein.« Paris evakuiert die Bevölkerung, weitere Reservisten werden eingezogen. Die englische Marine riegelt das Baltikum ab. Danzig und die Polen bleiben hart. Hitler ist mit seinen Helfern umzingelt. Hiesige Ausländer eilen nach Hause. Saint-Exupéry, so lese ich, schiffte sich gestern auf die *Ile-de-France* ein.

C. kommt wieder. Er ist nicht so umdüstert. Er bespricht mit uns den militärischen Gesichtspunkt. England und Frankreich können nichts zur Rettung Polens unternehmen, und es gibt keine Stelle, an der sie Deutschland angreifen könnten. Deshalb wird sich eine andere Lösung finden lassen.

C. argumentiert, so fürchte ich, logisch. Er sieht nicht ein, daß die Situation so verworren geworden ist, daß Logik nichts mehr bewirken kann.

Samstag, 26. August

Heute morgen sehen die Dinge in den Zeitungen ein klein wenig besser aus – so als wäre Deutschland zu Verhandlungen bereit, obgleich es noch immer Danzig und den Korridor beansprucht.

C. und ich gehen zum Abendessen zu den B.s, es ist reichlich gesellschaftlich, und es sind ziemlich viele Menschen dort. Alle sind dem Krieg gegenüber sehr gleichgültig – er wird bestimmt nicht kommen. Sie reden mit der sorglosen Sicherheit, die mich an Außenstehende erinnert, wenn jemand in der eigenen Familie sehr krank ist: »Aber sicher wird er gesund werden.« Sie können es sich leisten, so unbesorgt zu sein, da sie in ihrem Innersten unberührt bleiben.

Sonntag, 27. August

Die Nachrichten sind immer noch ungewiß. In Hitlers Forderungen geht es um Danzig, darum, daß England den Pakt mit Polen annulliert, und um einen Korridor durch den Korridor. England wird das vermutlich zurückweisen, will aber niemandem die Türe vor der Nase zuschlagen. In der Zwischenzeit entwickelt sich alles mit Volldampf – und zwar mit unheimlicher Präzision.

Montag, 28. August

Con ruft mich an. Sie kommt mit Aubrey heute abend heraus.

Ich gehe hinunter und arbeite an der Besprechung[1].

C. kommt mitten am Vormittag mit raschen, kurzen Schritten herunter. Er sagt, daß er Nachricht aus Washington hat. Die Situation hat sich verschlechtert. Die Chancen stehen jetzt 80:20 für den Krieg. Damit ist es hoffnungslos – 80:20. Was ist geschehen?

Wir hören Radio. Selbst die Ansager umgibt Schrecken. Diese verrückten hervorgekeuchten Nachrichten, die schreckliche Erregung in ihren Stimmen, ihr persönlicher Stolz, da sie diejenigen sind, die die schlimme Nachricht übermitteln. Sie stopfen einen voll mit den Details vom Krankenlager: »Der Premierminister hat heute morgen seine Majestät den König aufgesucht« etc.

[1] A.M.L. schrieb eine Besprechung über *Wind, Sand und Sterne*, die später in The Saturday Review of Literature erschien.

Das bedeutet gar nichts. Ich kann lediglich denken: 80:20, 80:20. Abends, beim Zubettgehen liegt es mir schwer auf der Seele – eine drückende Last –, die als erstes am Morgen beim Aufwachen wieder spürbar ist. Oh, 80:20.

Dienstag, 29. August

Draußen stürmt es. Es ist dunkel und kalt. Die Türen sind geschlossen. Man kann Regen und Wind hören. Wir sind isoliert vom Sommer und der friedlichen Welt. Wir sind unstet, schwanken in einem Sturm.

Mittwoch, 30. August

Immer noch haben wir Sturm, es tobt, ist kalt, und der Wind heult. Russische Truppenansammlungen an der polnischen Grenze. Wird Polen beim beiderseitigen Druck nachgeben?

König Leopold und Königin Wilhelmine bieten ihre Vermittlung an. Sie erklären, daß die Türe zum Frieden noch immer offen ist, es aber jederzeit losgehen könnte. Die Polen werden niemals nachgeben, die Deutschen ihre Forderungen nicht zurückschrauben und die Engländer keinen Rückzieher machen.

Con und Aubrey kommen zum Abendessen. Wir hören Radio, was einem wegen der Stimmen der Ansager physischen Schmerz bereitet, wie Con sagt. Polen macht mobil. England weigert sich, Polen unter Druck zu setzen. Aber ich überlege, ob nicht im geheimen doch noch etwas passieren könnte. Beck[1] könnte nach Berlin gehen, vielleicht wäre das eine Chance. C. sagt, die Chancen haben sich auf 50:50 verbessert.

[1] Józef Beck, von 1932–1939 polnischer Außenminister.

Donnerstag, 31. August

Con fährt. Die Zeitungen bringen schlechte Nachrichten. Hitler hat für morgen früh eine Reichstagssitzung einberufen, auf der er seine Entscheidungen verkünden will. Ich sehe nirgends mehr einen Lichtstrahl. Es stürmt noch immer, Wind, Regen und graue Wolken ziehen über uns hinweg – eine sich ständig verändernde Welt. Dazu dieses immer wieder einsetzende Aufheulen des Windes – das unserer inneren Spannung entspricht. Es scheint nie aufhören zu wollen – der Sturm, die Ungewißheit – ohne Ende.

Freitag, 1. September

Ich wache mit dem Gedanken auf: Jetzt wissen wir es. Was hat Hitler gesagt? Krieg, nehme ich an.

Unten erfahre ich aus dem Radio, daß die deutsche Armee sich bereits durch Polen bewegt. Hitler legt seinen weiten Militärmantel an, den er, wie er sagt, erst wieder ablegen wird, wenn sie gesiegt haben, auch wenn es zehn Jahre dauern sollte.

Der Sturm hat sich gelegt, und es ist wieder wunderschön – strahlender Sonnenschein, eine blankgeputzte strahlende Welt, gleißender weißer Sand, schimmernde grüne Blätter, eine glatte Bucht.

Ich wandere den Morgen über am Strand entlang, versuche zu begreifen und zu akzeptieren.

Sonntag, 2. September

Die Deutschen stoßen weiter nach Polen vor; alle Verhandlungen abgebrochen. Selbst die Nachrichten werden nicht mehr diplomatisch, sondern militärisch formuliert, klingen nicht länger subtil, differenziert und menschlich, sondern klar, kalt und metallisch. Fast ist man erleichtert, sie nach der Hysterie und der Spannung so sachlich präsentiert zu bekommen. Diese lange schreckliche

Woche ähnelt der Woche vor Elisabeths Tod, eine Woche, in der Hoffnungen und dann wieder Ängste geweckt werden, eine Woche in der man am Radio sitzt und versucht, Wahrheit und Lüge auseinanderzuhalten, in der man sich erst an einen und dann an den nächsten Strohhalm klammert, in der jedes neue Wort ein ständiges Auf und Ab bedeutet, Telegramme und Anrufe aus Washington kommen, man nicht schlafen kann, Gespräche und leidenschaftliche Debatten erst in einer, dann in anderer Richtung – die aber doch alle gegen den Krieg geführt werden – den Krieg, der jetzt über uns hereingebrochen ist. Denn die deutsche Armee ist jetzt im Anmarsch auf Warschau, die deutsche Marine beherrscht die Ostsee, die deutschen Luftstreitkräfte bombardieren polnische Städte. Polen beruft sich auf den anglo-polnischen Pakt und den französisch-polnischen Pakt. England hat Hitler ein letztes Telegramm geschickt, in dem es ihn auffordert, die Kampfhandlungen einzustellen, sonst würde es seine Verpflichtungen Polen gegenüber erfüllen.

Ich betrachte die Zeitungen, die sich auf unserem Tisch stapeln, fruchtlose Worte, vergebliche Telegramme, Briefe, Zusammenkünfte, Verhandlungen, Flugreisen der Diplomaten, flehentliche, hoffnungsvolle Worte, Gebete. Alles umsonst. Das läßt mich an Hopewell denken – an die gewaltige Maschinerie, die dort in Bewegung gesetzt wurde: Staatspolizisten, Graphologen, Fernschreiben, Telefondienst, Detektive, Spezialisten, Politiker, Freunde, Reporter, Briefe ... Aus welchem Grund, zu welchem Zweck?

Das Kind ist tot.

Das Kind in Europa ist tot.

Zu meiner Erleichterung hält C. keine Rede.[1] Es ist jetzt sinnlos, da der Krieg begonnen hat. Seine praktische Sachlichkeit gefällt mir in gewisser Weise. Jetzt, da der Krieg ausgebrochen ist, muß man sich ihm stellen.

Ich gehe hinunter und schreibe in der Garage Tagebuch. Wieder sind wir in einem Schwebezustand.

[1] C.A.L. hatte vor, eine Radioansprache zu halten.

Komme zum Mittagessen herauf. Finde einen Brief von George (Stevens) – Saturday Review. Mein Artikel über *Wind, Sand und Sterne* gefällt ihnen sehr, sie wollen nichts streichen und auch nichts ändern. George meint, daß der Beitrag gut geschrieben ist. Das hätte mich vor wenigen Wochen sehr glücklich gemacht und freut mich auch jetzt, doch nun kommt mir das wie eine Stimme aus einer anderen Welt vor. Mir scheint, daß die Besprechung unglaublich oberflächlich und heiter ist, was in unsere Zeit nicht mehr hineinpaßt.

Aubrey kommt an späten Nachmittag. Wir hören Radio. Mussolini zwingt Frankreich eine Art Fünfmächteabkommen auf, England kündigt an, obgleich es jegliche Kriegserklärung bisher vermieden hat, daß es seine endgültige Entscheidung morgen mittag bekanntgeben wird. Chamberlain hat vor dem House of Commons geredet, das ungeduldig ist und ein neues München befürchtet. Halifax hat vor dem House of Lords gesprochen. Sie haben sich durch so viele Versprechungen derart festgelegt, daß sie keinen Ausweg mehr finden. Sie wollen keine Entscheidungen treffen, ehe nicht Deutschland alle Soldaten aus Polen abgezogen hat und die Kämpfe einstellt, was es natürlich nicht tun wird.

Sonntag, 3. September

Ich wache früh auf. C. geht hinunter und erfährt, daß Chamberlain den Krieg erklärt hat. Aber ein Schlag ist das nicht. Aubrey kommt herunter, und wir essen schweigend. Aubrey fragt lediglich: »Keine weiteren Nachrichten?« Als wenn es da noch etwas hinzuzufügen gäbe!

Ich gehe hinaus und setze mich zu den Kindern. Ich kann nichts anderes tun, glaube ich, als mich den Kindern zu widmen. Ich sitze auf der Stufe und schäle für Jon unreife Kastanien. Währenddessen klettert Land über mich. Ich habe kaum ein Gefühl dafür, daß es meine Kinder sind, ich spüre nur dumpf, daß ich weiter Kastanien schälen muß.

Aubrey hatte den ganzen Vormittag das Radio an. Die Wogen

schlagen hoch. Chamberlains bittere, ach so bittere Rede – die Welt um ihm herum ist zerborsten.

Es ist wie nach einem Todesfall, lauter Beileidstelegramme, die zu früh eintreffen. Nur sind dies keine Beileidstelegramme. Hier handelt es sich um Loyalitätsbekundungen, die von den britischen und französischen Kolonien ringsum eintreffen. Ich frage mich, welchen Trost sie für Daladier und Chamberlain bedeuten mögen. Von jetzt ab wird es sich nur noch um Emotionen handeln – und keineswegs mehr um Wahrheit oder Objektivität. Das Licht der Welt ist verloschen, und es wird nicht mehr möglich sein, die Düsternis zu durchschauen.

Aubrey stellt beim Mittagessen die Rede des Königs an. Sie ist schlicht und bewegend. Die Menschen sind herzergreifend und meine Sinne mutlos.

Nachmittags verläßt uns Aubrey. Ich gehe erleichtert zu Bett. Ich brauche mich nicht mehr so zusammenzunehmen. Die Kinder sind am Strand, C. schreibt, Aubrey ist fort (Aubrey, der so viel mehr durchzustehen hat). Ich lege mich hin und versuche mich mit dem Krieg auseinanderzusetzen – male mir seine Schrecken aus –, werde mir über seine Bedeutung klar. Ich glaube nicht, daß es ein kurzer Krieg sein wird. Ich weigere mich, mir Hoffnungen zu machen, daß Deutschland sich in wenigen Wochen, nach der Eroberung Polens, um Frieden bemühen wird. Auch habe ich keine Hoffnung, daß dies ein »menschlicher« Krieg ist. Ich habe in diesem Fall kein Vertrauen in die (von Aubrey gepriesene) Objektivität der Briten und auch nicht in die Versprechungen der Deutschen. Der Krieg beginnt menschenfreundlich – Vereinbarungen über die, die am Krieg nicht beteiligt sind, kein Versenken von Handelsschiffen, kein Bombardement von nicht militärischen Objekten.

Doch schrittweise wird einem das volle Grauen nahegebracht. Durch kleine Erschütterungen, geringfügige Schrecken, in minimalen Dosen führt der Weg unweigerlich in den giftigen Sog. Und ich vermute, daß ist die liebenswürdigste Art. Dabei will ich mir das jetzt vor Augen halten – wie bei dem kleinen Charles, den ich, in dem Augenblick, als mir klar wurde, daß er verschwunden war, mit zertrümmertem Schädel und tot vor mir liegen sah; oder die leblose Elisabeth, als das erste Mal das Wort Lungenentzündung fiel.

Ja – aber der Verstand will es nicht begreifen. Er faßt es – verwirft es jedoch wieder. Nach und nach wird einem die Wahrheit entrückt. Der Wahrheit kann man nur schwer die Treue halten, Hoffnung und Träume schleichen sich ein. Nach und nach wird man in eine verräterische Welt, auf ein trügerisches Riff gelockt, und wenn es unter einem nachgibt, begibt man sich auf ein anderes. Ich möchte mich gegen diese Hoffnungen und gegen diese Träume wappnen.

Polen wird erobert werden. Hitler wird reichlich anmaßend, hochtrabend und töricht England und Frankreich den Frieden anbieten. Sie werden sich unbedingt sofort weigern. Paris und London werden gnadenlos bombardiert. Die englische und die französische Luftwaffe werden vollständig vernichtet. Die englische Flotte wird hartnäckig – jedoch hilflos – überleben. Es wird immer weitergehen; alle Menschen, die wir lieben, werden verschleppt und bombardiert. Alle Dinge, die uns teuer sind, werden vernichtet werden. Es wird ein neues Spanien geben.

Amerika wird vor Schreck den Verstand verlieren und wird einer Gefühlsregung folgend – so wie C., der nach einem schrecklichen inneren Kampf an der Spitze stehen und ausgesprochen unbeliebt sein wird – schließlich mitmachen, da es seiner Einstellung widerspricht, dem Untergang Englands und Frankreichs zuzusehen (mir wird es genau so gehen). Der Konflikt wird sich in die Länge ziehen. Wir werden niemald wieder Frieden erleben, selbst wenn der »Krieg« beendet sein wird. Die Welt wird von Aufruhr, Revolution und Terror beherrscht sein. Mein Mann und meine Freunde werden am Anfang dieses langen Kampfes stehen, und meine Kinder werden ihn beschließen. Ich bin jetzt schon eine alte Frau.

Doch nicht nur im »großen«, auch im »kleinen« sehe ich den Krieg – vergaste Frauen, Babies, denen die Beine weggeschossen sind, Männer, deren Gehirn in Stücke springt. Man kann das Grauen nicht begreifen, doch ich finde, ich muß. Das ist mir immer so gegangen. Wenn es solches Grauen in der Welt gibt und andere es erleiden mußten, muß ich es mir auch zu eigen machen können. Ich spürte es, als ich als Kind über Christis Kreuzigung, von Jeanne d'Arcs Verbrennung auf dem Scheiterhaufen und über die aufs Rad geflochtene Katharine las. Mutter versuchte das zu beschönigen, indem sie sagte, daß das nur wenigen und besonderen Menschen passierte – Heiligen und Märtyrern. Aber mich packte der Schauder: Wenn auf der Welt solches Grauen geschah, war es nicht anders, als wäre es mir geschehen. Und es war sinnlos, sich davon abzuwenden. Man muß sich ihm stellen.

Den ganzen Nachmittag habe ich mich mit diesen Gedanken über mich selbst gequält. Ich dachte an all die Menschen, die ich liebte, an all die Stätten und alles in Europa, an meine eigenen Pläne, Träume und Hoffnungen für die Zukunft. (Es war mir nicht klar geworden, wie sehr sie mit Europa verknüpft waren, wie Europa das ausgesprochene Mekka, die geistige Heimat von vielem, das ich liebe, ist.) Paris und Illiec, Chartres und Mont-St.-Michel, kleine, steinerne Kirchen in der Bretagne und die Kreuze an den Wegen. Und die englische Landschaft – Long Barn und Friede – und die Eichen auf den Feldern und unser altes Leben, unsere frühere Glückseligkeit. Und die Menschen – all die Menschen, die ich liebe – ich sah sie gefoltert, zerfetzt, tot, vor der Zeit dahingerafft (oder, wenn auch nicht getötet oder gefoltert, jedenfalls verbittert, innerlich erloschen), ehe ihr Werk beendet, ihre Träume ausgeträumt waren – vergeudet, verschleudert für nichts und wieder nichts.

Ich wußte, daß es mir nicht zustand, so düstere Gefühle zu haben. Um mich war Friede, meine Kinder waren nicht der Gefahr ausgesetzt, vergast zu werden, mein Mann würde nicht hinausgeschickt, um von der Luftabwehr abgeschossen zu werden. Ich hatte kein Recht, mich so in eine Welt »hineinzusteigern«, die nicht die meine war. Meine Welt war hier mit meinem Mann und meinen Kindern; hier muß ich bleiben und meine kleinen Aufgaben so gut ich kann erfüllen. Doch wie bleiern, wie bedrückt, wie freudlos würde ich sie erledigen, dachte ich.

Aber ich kann es, ich weiß das von früher; morgen werde ich damit beginnen, ich will mit den Lebenden leben, aber heute halte ich Totenwache.

Charles kam herauf und fragte mich, wie mir zumute sei: »Aber Anne, was hast du? Was ist los?« Er hatte kein Verständnis dafür. »Der Krieg«, sage ich, »nur der Krieg«, und dann weine und weine ich schließlich, und er ist sehr lieb – und gar nicht streng, was er eigentlich sein sollte, um mich wieder auf die Erde zurückzubringen – und er ist verständnisvoll und sehr behutsam und sagt nur: »Du hast das alles zu deutlich vor Augen, Anne.« Und er versucht mich Gott sei Dank nicht mit Worten, sondern einzig durch sein Verständnis zu trösten.

Dann versuche ich mich schließlich auszuruhen, und später am Nachmittag kommt Jim Newton, und ich stehe auf und wasche meine Augen. Newton hat eine riesige Schildkröte für Jon aus Florida mitgebracht. C. bringt sie herein und setzt sie auf meinen Badezimmerboden. Es sieht aus, als sei ein Traum aus »Alice im Wunderland« wahr geworden. Beinahe erwarte ich, daß sie sich aufrichtet, mir eine Flosse reicht und mit mir eine Quadrille tanzt! Ich ziehe mich an, pudere mich, kämme meine Haare, lege Lippenstift auf (ja, ich sehe heute alt aus im Spiegel) und gehe hinunter. Newton sieht blaß und müde aus und sagt mir, daß er nicht schlafen konnte.

Er bleibt zum Abendessen und bespricht mit C., was wir zunächst tun können – Amerika herauszuhalten, die eigene Kraft stärken, uns mit unseren persönlichen Problemen beschäftigen, unser Haus bestellen, um es vor dem Sturm zu bewahren.

Es ist ein großer Trost, ihn heute abend zu sehen, nicht allein deshalb, weil er verständnisvoll und sensitiv ist und weil ihm das, was passiert ist, ebenso schrecklich ist wie uns, sondern weil ich bei seinem Anblick das merkwürdige Gefühl habe: hier ist Hoffnung für die Zukunft. Dies ist das geistige Amerika, empfindsam, aufmerksam, aber auch gesund, jung und knabenhaft. Dies ist das Gegenstück zu dem, von dem du den ganzen Nachmittag lang in Europa Abschied genommen hast. Darauf mußt du hier in Amerika bauen. Hier ist das Kind Europas – selbstverständlich nicht er persönlich – jedoch das, was er repräsentiert, wonach er strebt, wovon er träumt.

Wenn ich daran dachte, wurde es mir ein bißchen leichter, das neue Leben hier in Amerika zu beginnen.

Wir hören Roosevelts Rede. Offensichtlich spürt er, daß der größte Teil Amerikas sich nicht am Krieg beteiligen möchte. »Kein Mann und keine Frau soll gedankenlos oder auch fälschlich behaupten, daß Amerika seine Armeen auf die europäischen Schlachtfelder schickt (...) Ich hoffe, daß die Vereinigten Staaten sich aus diesem Krieg heraushalten. Ich glaube, daß sie es tun werden. Und ich möchte ihnen versichern, daß jede Anstrengung ihrer Regierung auf dieses Ziel gerichtet ist.«

Lloyd Neck, Montag, 4. September,
Tag der Arbeit

Komme zum Frühstück hinunter. Vor der Küste Schottlands ist ein Schiff torpediert worden. Ein Passagierdampfer, auf dem hauptsächlich Amerikaner und Kanadier waren. Der Schrecken berührt einen kaum, lediglich der Gedanke: Schon jetzt. Und das ist erst der Anfang – ein Vorgeschmack.

Abendbrot allein mit C. Wir hören am Radio, daß die Franzosen die Siegfriedslinie angreifen. Ich habe keine Gefühle mehr. Aber C. wandert hin und her und sagt, daß die Franzosen das nicht durchhalten können. An dieser Front wird Frankreich verbluten – eine Menschenwoge, die zusammenbricht. Wenn das erst losgeht, gibt es keine Hoffnung auf einen baldigen Frieden.

Erst der erste Kriegstag. Wie langsam verrinnt jetzt die Zeit. Die Zeit, die letzte Woche in halsbrecherischer Eile verging, kriecht nun im Schneckentempo. Das wird bis zum Kriegsende so bleiben. Zwei Jahre, drei Jahre, vier Jahre, zehn Jahre. Und heute ist erst der erste Tag. Wenn der Krieg zehn Jahre dauert, wird Jon dabeisein. Bis dahin wird es einen neuen Krieg geben, sagt C. Aber warum das alles, frage ich. Weshalb bringt jede Generation

Kinder hervor, damit sie mit siebzehn und zwanzig getötet werden? Weshalb soll die Zivilisation fortbestehen?

Das war immer so, sagt C.

Dienstag, 5. September

Ein wunderbarer Brief für C. von Dr. Carrel aus Gildas (Bretagne). Dort erwarten sie von der kleinen Kirche auf dem Hügel am Strand gegenüber den Ruf der Sturmglocke (als Zeichen des Kriegsbeginns). »...kommt ohne Aufhebens, wie alle wahren Tragödien«.

Samstag, 9. September

Klar und kalt – ein Maine-Tag. Die Zeitungen berichten, daß die Franzosen in ihrem Kampf auf deutschem Boden (seit einer Woche kann man das den kurzen Kommuniqués entnehmen) neun Meilen vorgestoßen sind. (Doch das ist ein Landstrich zwischen den Fronten – nicht jenseits der Siegfriedslinie.)

Ich gehe zur Garage hinunter, um Tagebuch zu schreiben. Newton und ein pensionierter General kommen, um mit C. zu sprechen. C. berichtet, daß der General erstaunlicherweise in mehrfacher Hinsicht mit ihm übereinstimmt und sogar auch sagt, daß wir uns nicht am Krieg beteiligen sollten.

Abends gehen wir zu den G.s zum Essen. Ich mag sie beide, besonders ihn, der im Gegensatz zu den meisten Menschen mit beiden Beinen auf der Erde steht, obgleich er ein New Yorker Bankier ist. (Liegt das an seiner Fliegererfahrung während des Krieges?) Doch im Großen und Ganzen unterscheidet sich dieser Abend nicht von den anderen hier, nette Leute, aber lebensfern. Sie sagen zum Beispiel, »Sie dürfen nicht über den Krieg sprechen!« Als wenn man das ändern könnte. Die Frauen langweilen mich tödlich (was nicht sein sollte – es sind nette, aufrechte, attraktive Amerikanerinnen). Beinahe jeder, den ich treffe, meint sorglos, daß dies kein langer Krieg wird, da Deutschland einen inneren Zusammenbruch erleben wird. Wunschdenken!

Den ganzen Abend über muß ich an Myers Worte denken: »Die Unkenntnis der meisten Menschen ließ sie zu Kindern werden; sie waren Kinder, die mit zerbrechlichem Spielzeug spielten, Kinder, die auf einer dünnen, brüchigen Oberfläche hin- und herjagten, durch die sie alle mitsamt ihren Bedürfnissen hindurchbrechen – und nach einem unnützen Leben in einen ausweglosen Tod stürzen würden. Die bedeutungsvolle und düstere Wirklichkeit, die über ihnen schwebt und unter ihnen ausgebreitet liegt, sie haben sie nicht beachtet.«[1]

Der einzige »bewußte« Mensch ist (Simon) Elwes, der Maler, und er verbirgt es hinter diesem unglaublichen Salongeplauder, das die Engländer immer in den ärgsten Augenblicken zustande bringen. Ich bin ihm gegenüber gehemmt und wage nicht, ihn anzuschauen – aus Furcht, er könnte das herausfinden, was ich in ihm sehe – einen Mann, der bald sterben wird.

C. sagt auf dem Heimweg, er ist in einer Panzerdivision, wurde aber bis jetzt noch nicht nach England zurückbeordert. Ein Künstler, der in einer Panzerdivision »verheizt« wird!

Sonntag, 10. September

Eine Kriegswoche liegt hinter uns. Zwölf Handelsschiffe sind versenkt worden. Die Engländer bombardierten Wilhelmshaven. Die Westfront lag unter Artilleriebeschuß, zwischen den Linien fanden Kampfhandlungen statt. Ein gewaltiger Propagandakrieg, aber nichts Bestimmtes – außer in Polen, wo Warschau umzingelt ist, aber nicht kapituliert hat, und die polnische Armee abgeschnitten ist.

C. liest mir seine Ansprache und seinen Artikel vor.[2] Die Rede

[1] L. H. Myers, Strange Glory.

[2] C.A.L. bereitet einen Artikel und eine Radioansprache vor, in denen er gegen den Eintritt Amerikas in einen europäischen Krieg opponierte. »Ich habe nicht vor, dabei zu assistieren und zuzusehen, wie dieses Land in einen Krieg hineingezogen wird, außer, er wäre für das künftige Wohl der Nation dringend erforderlich.«

ist gut – einfach und klar. Der Artikel ist großartig und folgenschwer. Durch und durch C., wenn er in Form ist – zukunftsweisend und dabei praktisch.

Newton, Con und Aubrey zum Mittagessen. Aubrey sagt, daß selbst wenn die Franzosen kapitulieren oder einen Separatwaffenstillstand mit Deutschland schließen, England allein weiterkämpfen muß. Er fährt fort, daß auch wenn jeder Engländer darum kämpft, »den englischen Lebensstil« zu erhalten, er große Zweifel hat, daß der bei Kriegsende überhaupt noch existiert. Er hat völlig recht – aber in England nimmt das niemand wahr.

Dienstag, 12. September

C. fährt abends nach Washington. Ich bin bedrückt und mutlos und habe den Geschmack falscher Hoffnungen im Mund, die sich trotz meiner Vorsätze manchmal einschleichen.

Kein Lufthauch und keine Sonne heute. Die Welt ist so still, so leblos, man hat beinahe das Gefühl, daß man, wenn man angestrengt horcht, die Waffen in Europa hört.

Jim Newton, C. und ich beim Abendessen. Danach liest Jim C.s Rede, die er jetzt viel besser findet, da sie den Menschen etwas Konstruktives bietet, an das sie sich halten können. Ich teile Jim meine Zweifel mit, ob die Ansprache nicht vielleicht mißverstanden, politisch in den Schmutz gezogen und auf die Ebene der Neutralitätsakte[1] herabgewürdigt würde. (Dabei ist mir klar, daß es zu spät sein würde, wenn er wartet, bis der Vertrag außer Kraft gesetzt ist.)

Aber der Versuch lohnt sich: 1. um den Menschen hier einen rechten Weg zu weisen und eine aufrichtige Stütze zu sein, 2. um Europa möglicherweise indirekt zu beeinflussen.

Jim sagt, daß er gehofft hatte, daß die Erklärung vor Beendi-

[1] Roosevelt versuchte damals das Neutralitätsabkommen abzuändern, um den Demokratien Waffen liefern zu können. Am 4. November hatte er Erfolg. Das Waffenembargo für die kriegsführenden Staaten wurde aufgehoben.

gung der großen Flaute an die Öffentlichkeit kommen würde – also nach dem Polenfeldzug, und ehe der große Sturm losbricht –, um unter Umständen die gewünschte Wirkung zu erzielen. Ich meine, daß ihr niemand in Europa die geringste Beachtung schenken wird, außer wenn sich hier eine Welt der Neutralitätsgefühle erhebt.

Aber, daß C. diese Gelegenheit wahrnehmen muß (auch wenn er deswegen von beiden Seiten schrecklich kritisiert werden wird). »Wir haben ihn aufgenommen, als er aus seinem Land verbannt wurde – und damit dankt er uns das nun!« (Die Engländer werden wütend sein – denk an Lady Astor!) »Wir werden nie wieder zurück nach Frankreich gehen können!« sage ich deshalb halb im Scherz zu C. »Vielleicht niemals mehr irgendwohin«, antwortet er grimmig.

Donnerstag, 14. September

Rufe C. an, kann ihn aber in Washington nicht erreichen. Ich hinterlasse die Nachricht, daß ich am späten Abend komme, außer wenn er mir eine Absage durchgibt.

Nach dem Essen fahre ich mit dem Wagen in die Stadt und erreiche gerade noch den Zug nach Washington. Lese Tolstois *Auferstehung* in der Bahn, bin hingerissen von der Entdeckung einer unbekannten Form des Abschieds – Katishas Abschied von Nekhlindow. Sie sagt nicht »Auf Wiedersehen«, sondern »Vergib mir« – in der Anmerkung unten auf der Seite wird erklärt, daß die beiden Worte im Russischen so gut wie identisch sind. Dies ist der inhaltschwerste, der letzte Abschied. Danach gibt es nichts mehr. Ich war schrecklich glücklich über meine Entdeckung. Sie bestärkte mich auf eine bestimmte Weise, und alle Zweifel und Ängste dieses Tages verflüchtigten sich aus unerfindlichen Gründen. Ich wußte, daß ich recht gehabt hatte, nach Washington zu kommen, um bei C. zu sein; einmal, weil ich an ihn und seinen Standpunkt glaubte (ungeachtet dessen, wie schwer es gefühlsmäßig war, Europa den Rücken zu kehren), und zweitens, weil es ihn vielleicht freute, wenn ich ihn ein wenig unterstützte – ihm die Möglichkeit zu sprechen bot – und ihm womöglich zu besserem Schlaf verhalf. Und, daß es – trotz der eventuellen Kritik – richtig war, die Ansprache zu halten. Daß sie ausgezeichnet war, für C.s Integrität sprach und keineswegs auf tönernen Füßen stand. Sie war mehr als nur Politik, über jegliche Intrigen erhaben und wahrlich er selbst.

C. war, als ich ankam, nicht im *Anchorage*[1] traf aber später ein. Ich war sehr glücklich und fühlte mich richtig »verheiratet«. Wir beide in der kleinen Wohnung. C. war guter Stimmung. So etwa: Jetzt-steht-er-mitten-im-Kampf-und-wird-ihn-ausfechten.

Die Regierung ist ausgesprochen besorgt. Ihr ist nicht bekannt, was C. sagen wird, und sie ist bereit, alles zu tun, damit er die Rede nicht hält. Sie glaubt offenbar, daß er die Aufhebung des Neutralitätsabkommens zum Scheitern bringen und ihre Macht erschüttern will. C.s Rede steht weit über solchen Dingen, aber das ist ihnen nicht bekannt, und man fürchtet seinen Einfluß.

Wir reden über den Krieg, ich so mutlos wie stets. Aber C. sagt, daß bisher noch kein Gegenangriff stattgefunden hat, es nur wenige Gefallene gibt und er das Gefühl hat, daß es vielleicht kein langer Krieg sein wird. Meine Laune bessert sich entschieden, ich bin glücklich, daß ich hier bin.

C. wollte seine Rede ursprünglich über einen kleinen Sender halten, aber zwei weitere haben angefragt, ob sie sie »ebenfalls bringen könnten«. Die ganze Nation wird sie hören.

Freitag, 15. September

C. berichtet mir, daß Newton hier ist und für ihn in der Bibliothek Zitate heraussucht. Typisch Jim, er wartet nie, bis er um Hilfe gebeten wird. Er ist einfach an Ort und Stelle, wenn er gebraucht wird.

[1] Appartment-Haus in Washington, in dem C.A.L. ein Pied-à-terre gemietet hatte.

Gehen um 6.30 mit den Fulton Lewises zum Abendessen. Als wir zum Hotel zurückkommen, müssen wir durch ein Foyer gehen, in dem es von Fotografen wimmelt. Blitzlichter und lauter Gesichter – ich bin wütend. Oben eine kleine, ruhige Suite, Aufnahmegeräte und Menschen, die aber ganz nett sind. Es dauert lang. C. wird fotografiert. Eine zurückhaltende, ruhige Atmosphäre, anders als unten. Ich bin sehr müde. Mir kommt C. blaß vor im Gegensatz zu den anderen, die von seinem »Schulmädchen-Teint« reden. Endlich beginnt er seine Rede. Ich schließe die Augen. Seine Stimme klingt leicht unnatürlich – obgleich sie kräftig, gleichmäßig und klar ist, klingt sie doch ein wenig unnatürlich. Ich sitze nachdenklich da und bete darum, daß die Menschen Verständnis aufbringen. Alle wohl nicht. Sie können ja auch nicht wissen, wie schwer ihm diese Rede fällt, wie schwer es für ihn ist, seine und meine Liebe zu Frankreich zum Ausdruck zu bringen. Wie können sie das auch verstehen?

Er sieht den Krieg als »uralten Kampf zwischen den europäischen Nationen«. »Unsere Sicherheit hängt nicht von unserer Beteiligung an Europas Kriegen ab. Sie liegt vielmehr in unserer eigenen, inneren Stärke, im Charakter des amerikanischen Volkes und der amerikanischen Institutionen (...) Wenn Europa wieder an einem Krieg verblutet (...) ist Amerika die größte Hoffnung für unsere westliche Zivilisation. Durch unsere Neutralität können wir sogar unter Umständen zu einem rascheren Friedensschluß in Europa beitragen. Besinnen wir uns auf unseren eigenen Schutz und unsere eigene Stellung (...)«

Als er fertig ist, gratulieren ihm alle – großartige Rede, ausgezeichnet vorgetragen, etc. Newton strahlt in seiner Ecke. Schließlich gehen wir hinaus und hinunter zu dem Mob der Fotografen mit ihren Blitzlichtern, die uns durch das Hotel, hinaus und drei Häuserblocks weit jagen, dabei den Verkehr aufhalten, hopsen, springen und vor uns Grimassen schneiden – eine alptraumhafte Welt, ein Traum, in dem außer ihnen selber alles unwirklich ist. Die Autos fahren einen nicht um, die Ampeln sind unwichtig, was zählt, sind lediglich die Aufnahmen, die gemacht werden müssen.

Wir fahren zu Fulton Lewises Haus zurück, wo wir uns eine

schlechte Wiedergabe der Rede anhören. C.s Stimme war viel klarer. Das stört ihn. Ich wollte, ich könnte ihn alleine sprechen und ihm das sagen. Newton, C., die Lewises und ich sitzen beisammen. F.L. fummelt am Radio herum, um Nachrichten über die Rede zu hören, die die politische Bedeutung hervorheben. Sie wird als Schlag gegen die Aufhebung des Neutralitätsabkommens und als Schlag gegen die Regierung aufgenommen werden, ist aber viel weitreichender.

Samstag, 16. September

Besorge Zeitungen. Die Rede in den Schlagzeilen des Tribune auf der Titelseite. Ganz ausführlich wiedergegeben; machte offensichtlich ungeheuren Eindruck. Wir sind sehr überrascht, daß ihr so viel Aufmerksamkeit gezollt wird.

Beim Mittagessen Hunderte von Telegrammen – fast nur von Unbekannten – sehr enthusiastisch, spontane Reaktionen; bisher lediglich eine Anti-Stimme. Sehr eindrucksvoll.

Nach dem Abendessen fahren C. und ich nach Oyster Bay, um noch mehr Zeitungen zu kaufen. Im ganzen alle freundlich und sehr aufgewühlt. Die Menschen denken nach, denken tatsächlich. Weitere Telegramme treffen ein – die meisten positiv, als hätte C. die Vereinigten Staaten ins Mark getroffen.

Sonntag, 17. September

Lese den ganzen Vormittag Zeitungen. Sehr aufregend. C. wird von beiden Seiten gelobt – zumindest respektiert jeder seine Integrität und Aufrichtigkeit. Kritik in einer englischen Zeitung (undankbar wegen der gewährten Zuflucht etc.). Das mußte ja kommen.

Dorothy Thompson hat C. in ihrer Kolumne angegriffen. Es ist eine unfreundliche, persönliche Verleumdung. Ich rechnete damit, aber nicht von ihr.[1]

Am Abend kommen die B.s, die L.s und ein Freund aus dem Westen zum Essen. Sie sind sehr nett, und wir liefern uns heiße politische Debatten. Der Embargo Pakt etc. Die L.s sind Konservative und haben nichts Konstruktives zu bieten, sie sind nicht vorausschauend und haben auch keine genaue Vorstellung von der Vergangenheit. Die B.s sind weniger konservativ und besser unterrichtet, haben aber das Glefühl, daß es hoffnungslos ist und man nichts tun kann. In anderen Worten, sie haben alle den Wunsch, daß wir uns nicht am Krieg beteiligen, glauben aber, daß wir »unweigerlich« da hineingezogen werden und es keinen Sinn hat, etwas dagegen zu unternehmen. C. argumentiert strikt gegen diesen Standpunkt.

Der Mann aus dem Westen stimmt mit keinem von uns überein. Er meint, daß England und Frankreich bereits erledigt sind, und daß wir ihnen so rasch wie möglich helfen sollten. In intellektueller Hinsicht kann ich ihm nicht recht geben, aber ich bewundere ihn – er steht wenigstens zu seiner Überzeugung.

C. geht sehr mutlos zu Bett. »Keine Hoffnung – zwecklos, dort um Hilfe bitten.« Ich bin auch erschüttert und niedergeschlagen. Mrs. B. erzählt mir, daß sie von der Frau des französischen Botschafters (gerade abgereist) gehört hat, daß die Franzosen in der ersten Kriegswoche 12500 Mann verloren haben. Ich kann den ganzen Abend an nichts anderes denken. C. sagt, daß er nicht glaubt, daß das stimmt, aber wenn der Krieg erst richtig losginge, sei das lediglich ein Tropfen auf dem heißen Stein.

[1] Journalistin und Kolumnistin des New York Herald Tribune. Sie stellte C.A.L. als »Pronazi und Empfänger eines deutschen Ordens« hin.

Northampton, Montag, 25. September

Nach Mittagessen und Packen fährt mich C. in die Stadt, treffe Con im Cosmopolitan Club, und wir gehen zum Bahnhof[1]. (C. fährt nach Washington.)

Wir treffen Mutter am Bahnhof Northampton. Sie ist vergnügt und jung und aufgeregt wegen der morgigen Eröffnung. Man hat das Gefühl, daß der Krieg weit weg ist.

Im Ellen- Emerson-Haus gehen wir in Mutters Zimmer hinauf. Dann zu Miß Chase und hinüber zu Miß Ducketts[2] kleinem Neuengland-Haus.

Dienstag, 26. September

Früh auf. Nach dem Frühstück laufe ich zu Mutter, um ihr guten Morgen zu sagen und ihr einen Kuß mit auf den Weg zu geben. Sie sieht wie ein junges Mädchen aus, schüchtern und reizend. Ich befestige Haarnadeln hinten in ihrem Haar, und dann wandern wir die Paradise Road entlang, überqueren den Presidents Hof, so wie ich in meinem ersten Studienjahr vom Ellen-Emerson-Haus unter den tropfenden Ulmen und den sich gelb verfärbenden Blättern gegangen bin. Die Chapel ist voller Mädchen. Ich bin überwältigt. Sie sind *so* jung und hübsch. Es kommt selten vor, daß man so viel Jugend, diese strahlende unbekümmerte Jugend beisammen findet. Und in einem flüchtigen Augenblick wurde mir klar, was Jugend bedeutet, und wie weit ich mich von ihr entfernt hatte.

Dieses Gefühl, die »Jugend« weit hinter mir gelassen zu haben, ist nicht unbedingt physischer Natur – in der Tat empfinde ich das eigentlich überhaupt nicht physisch. Es erinnert mich eher an die

[1] A.M.L. und C.C.M.M. fuhren nach Northampton, um dort dem Semesterbeginn im Smith-College beizuwohnen. Mrs. Morrow hatte eingewilligt, nach Präsident Nelsons Emeritierung und bis zur Wahl eines neuen Präsidenten vorläufig für ein Jahr die Leitung des Colleges zu übernehmen.

[2] Mary Ellen Chase, Autorin und Professorin für englische Literatur; Eleanor Shipley Duckett, Professorin für Latein und Autorin.

Empfindung, die ich beim Anblick der Jungvermählten auf Lord Neck habe. Dazu hat Europa beigetragen und jetzt auch der Krieg. Denn ich spüre Europa, ich spüre die Tragödie, die ihnen fremd ist. Sie sind von einer unglaublichen Sorglosigkeit erfüllt, die mich von ihnen trennt. Con ist so erwachsen wie ich, jedoch nicht europäisch. Für sie haben sich die Mädchen kaum gewandelt, sie könnten ihre Freundinnen sein. Meine aber gewiß nicht. Die Haartracht ist völlig anders geworden. Damals trug man einen Knoten oder sehr kurz geschnittene Bubiköpfe. Jetzt gehen alle à la Greta Garbo. Auch waren wir nicht so gut gekleidet. Doch die Begrüßungen und das Geschnatter sind gleichgeblieben, ebenso die erstaunten, musternden Blicke. (Ich wurde mir meiner Falten und meiner Trauer bewußt, die in meinem Gesicht geschrieben stand.)

Doch die Trauer bezieht sich auf den Krieg, nicht auf mein Leben. Mein Leben ist, seit ich das College verlassen habe, sehr viel glücklicher verlaufen, sehr viel glücklicher, als ich es damals für möglich gehalten hätte. Das Glück hat ständig zugenommen – es ist merkwürdig, aber wahr. Ich wünsche mir kein Zurück, nicht um alles in der Welt möchte ich wieder jung sein; was würde ich für mein »gelebtes Leben«, für Verständnis und Empfindungen, ja selbst für die kummervollen Gefühle eintauschen? Nichts, rein gar nichts.

Die Mädchen neben uns sagen: »Ist es nicht befremdlich, daß Präsident Nelson fehlt?« da das Kollegium eben seinen Einzug hielt. Die Professoren sehen unverändert aus – möglicherweise wandelt man sich kaum noch, sobald die Jugend hinter einem liegt. Der Stuhl des Präsidenten blieb leer. Das ganze College wirkte ebenfalls leer, verunsichert und ratlos.

Dann erschien Mutter, zierlich, zurückhaltend und sehr anmutig und reizend in ihrer schwarzen Robe.

In diesem Augenblick sah ich sie mit den Augen Harold Nicolsons[1]. Die Antrittsrede des Dekans war tröstlich, zukunftweisend und streifte in kurzen Zügen die Fakten. Wie seltsam und

[1] Englischer Diplomat, Biograph und Kritiker. Freund der Morrows und Autor von *Dwight Morrow*, einer Biographie von A.M.L.'s Vater.

gleichzeitig vertraut mischten sich für mich Erinnerung und Gegenwart.

»Tausend fallen an deiner Seite und Zehntausend zu deiner Rechten; du aber wirst verschont bleiben.«

Ich kann mich entsinnen, daß ich als Kind, durch und durch gläubig, das ganz wörtlich genommen habe, später, im College, als ich es nicht mehr ganz so vorbehaltlos hinnahm, hielt ich doch in meinem Herzen abergläubisch und egoistisch daran fest. Jetzt ist das jedoch für mich vorbei, außer vielleicht in dem Sinne, in dem es gemeint war (»Er wird deine Seele retten«), und selbst da habe ich meine Zweifel. Dann folgte die Hymne, die stets beim ersten Gottesdienst gesungen wurde, die ich so oft gesungen habe – das erste Mal mit Elisabeth. »Von Hand zu Hand«; eine herrliche Hymne, erfüllt vom Glauben an die Ewigkeit und an das Göttliche. Wieweit können diese Mädchen das erfassen? Da ich doch eben erst am Anfang des Begreifens stehe? »Der Sinn des Lebens, das den Tod nicht kennt.« Im physischen ist das allein den Jugendlichen eigen – bis es zertrümmert wird und man behutsam versucht, es auf anderer Ebene wieder erstehen zu lassen.

Dann erhob Mutter sich, um ihre Rede zu halten – sie wirkte mädchenhaft trotz ihres weichen, grauen Haares, mädchenhaft, weil sie zierlich, versonnen und anmutig ist. Sie hielt eine ausgezeichnete, geradezu perfekte Rede – deren natürliche Einfachheit größtes Können und äußerste Beherrschung verriet, soweit es sie selber, ihre Zuhörerschaft und ihre Diktion betraf. Sie ist darin eine wahre Künstlerin. Dabei erwartet niemand, daß eine derartige Rede so vollendet ist.

Ich habe Mutter früher schon großartig erlebt, aber da handelte es sich meist um gewisse persönliche Belange. Hier ging es um sie und doch wieder nicht um sie. Sie war erfüllt von einer Demut, die ich wahrnahm. Und in ihrer Hingabebereitschaft für eine Aufgabe, an die sie glaubte – nämlich die Erziehung der Frauen – war sie hinreißend. Sie ließ dabei ihre persönliche Einstellung zum College und ihre Gedanken daran, daß wir als Kinder das College besucht hatten, außer acht. Sie war von einer gewissen überpersönlichen Leidenschaft und Opferbereitschaft für eine Aufgabe erfüllt, die wichtiger war als sie selber und alles, was sie betraf; »Das, woran ich glaube, muß weitergetragen werden.« Und sie glühte so vor Leidenschaft, daß sie die ganze unschlüssige, ruhelose und so verschiedenartig geratene Zuhörerschaft damit ansteckte.

In diesem Augenblick war sie, wie ich glaube, an einen gewissen Höhepunkt in ihrem Leben gelangt. Sie hatte in eben diesem Moment das erreicht, wonach alle Studenten, Wissenschaftler, Heilige und Künstler streben. Das bewegte mich tief, und ich war für sie glücklich und stolz.

Dann machte ich mit Miß Chase einen Spaziergang um den Paradise-Weiher. Sie unterhielt sich mit mir über C. und seine Position und wollte wissen, ob ich unter der Kritik leide. Sie fand sehr liebenswürdige, aber eher vorsichtige Worte; offensichtlich war hier eine Menge Kritik geübt worden, was mich nicht erstaunte. (England ist das Mekka der Intellektuellen.) Ich stelle mit gewisser Wärme, aber auch voller Bitterkeit meine Einstellung zum Krieg dar – daß er niemals hätte stattfinden dürfen, der Preis zu hoch sei – und verberge auch meine eigenen Gefühle nicht. Ich teile ihr mit, daß die Atmosphäre im College wahrlich herzerwärmend ist. Die Tradition, die hier aufrechterhalten wird, die Jugend, die man unterrichten kann, und daß man jetzt nicht für meine, aber für die nächste Generation lebt. »Und man lebt für jeden einzelnen Tag«, warf Miß Chase (in sanfter Maine-Art) ein, »für das Hier und für das Jetzt.« Ja – ich hatte das vergessen – jedenfalls im Moment.

Lloyd Neck, Freitag, 29. September

C. ist zurück. Wir gehen an den Strand. Wir diskutieren über das Embargo-Abkommen und über die Standpunkte verschiedener Leute, die C. in Washington gesprochen hat. Mir bricht dabei fast das Herz. Ich sähe es gerne, wenn sie in Europa Flugzeuge geliefert bekämen, möchte aber nicht, daß man dort aufgrund irgendeiner von unseren Aktionen und wegen eines möglichen Hinweises auf unseren Kriegseintritt dazu ermutigt wird, den Krieg fortzuführen.

28. Oktober

Es ist beinahe ein Monat vergangen, und ich habe nichts aufgezeichnet. Das Leben rast zu schnell dahin, und ich bin mutlos geworden. Ein seltsamer Monat, mit falschen Hoffnungen und spannungsreich wie die Wochen vor Kriegsbeginn. Voll innerer Kämpfe und nach außen geführter Argumentationen. Ich war zornig, daß unsere letzte Chance für den Frieden dahinschwand. Daß die Vereinigten Staaten womöglich zur Tat schritten. Daß Roosevelt handeln, daß die Menschen ihn vielleicht dazu zwingen würden.

Was könnte die Einstellung der Feindseligkeiten wohl für Schaden anrichten, und wie viel Gutes *könnte* sie bewirken? Wenn man Hitler keine Zugeständnisse macht, die Waffen nicht streckt, sondern geschlossen hinter der Maginotlinie steht und die Feindseligkeiten rechtzeitig beendet, um einen selbstmörderischen Kampf zu verhüten, der sowohl Sieger wie Verlierer zugrunde richten müßte, außer Rußland, das sich der Hinterlassenschaft bemächtigen würde. Rußland hat sich während dieses ganzen Monats bedrohliche Übergriffe im Baltikum geleistet.

Es ist ein schrecklicher Monat gewesen, reich an Erörterungen, in dem einem dieser Standpunkt aufoktroyiert wurde, der allen unverständlich ist. Dem Ansturm der Presse, des Radios und der Meinungsmacher zu widerstehen (auch wenn sich das nur im Geheimen oder in persönlichen Argumenten vollzieht), ist ein ständiger Kampf, so, als würde man mit dem Kopf gegen eine Wand rennen. Ich bin verbittert, sehr verbittert. Die Chance ist vorbei. Der Krieg wieder im Gange. Aber ich will mich dem nicht beugen.

Und ich habe geredet, argumentiert, geschrieben und gebetet. Und wie ich gebetet habe. Ich habe nicht allein darum gebetet, daß die, die an der Macht sind, einen Ausweg finden mögen, sondern auch darum, daß, sollte es den nicht geben, ich dafür Verständnis aufbringen und es hinnehmen könnte.

Ich habe es nicht gelernt.

Dann hat es C.s Reden gegeben, die herbe Kritik und persönliche Angriffe auslösten. Zwei Drohbriefe hat er auch bekommen: Er ist ein »Nazi«. Er wird bestraft werden. Man wird uns auch unsere beiden Kinder nehmen. Wir sind wieder in diese schreckliche Stimmung zurückverfallen. Wie können wir in der Nähe von New York leben, wie allein, und wie in diesem Land, in dem Menschen, die zweifellos verkorkst sind, solche Gefühle hegen? Riskieren dürfen wir nichts.

Ich bin ärgerlich, verbittert und habe das Gefühl, ich sitze wieder in der Falle. Wo können wir wohnen, wohin sollen wir ziehen? C. und ich machen Pläne. C. meint, wir könnten vielleicht in den Westen gehen, uns nach einer Ranch umsehen und dort einen gesunden Winter verbringen; wie Wurzeln fassen in Amerika. Ich finde, das klingt ganz vernünftig; wir müssen weg von New York. Wir müssen wieder seßhaft werden – und im Westen gibt es manches, was mir reizvoll erscheint. Dennoch verschlägt es mir bei dem Gedanken, dort ein Haus einzurichten, ein wenig den Atem – ein Sprung ins kalte Wasser. Es bedeutet, für mich jedenfalls, daß wir Europa den Rücken kehren – was im Augenblick auch sein muß –, womöglich sogar für immer.

C. wird sträflich mißverstanden, falsch zitiert und mißbraucht. Und auch das habe ich mit durchgestanden. Ich glaube an ihn, an seine unbestechliche Integrität und an seine Pläne. Doch sie sind so falsch aufgenommen worden. Dagegen muß ich in meinem Innersten ankämpfen. Es zeichnen sich Probleme ab, die mir fast unbegreiflich vorkommen und von denen ich mir nicht vorstellen kann, wie ich ihnen begegnen soll. Das trifft für jeden zu, mir aber sind sie gegenwärtiger, da C. sich seit Jahren damit beschäftigt.

Aber zum Ausgleich gab es auch Schönes. Die Kinder – die am Morgen in mein Bett stürmten. Herrliche Herbsttage, die Ahornbäume, die wie die Sonne ein gelbes Licht abzugeben schienen. Roter Hartriegel, der sich über die Straße neigte.

Dann die Nächte, in denen ich mit C. an den Strand hinunterging, mich auf das Floß legte und in das Himmelsgewölbe mit seinen Sternen sah, die mir das Gefühl vermittelten, daß sie auf mich herabblickten. Ihre Weite, Größe und Schönheit ließen alle Mühsal und Qual, alle bedeutungslosen Wünsche und Sorgen in mir verstummen und erfüllten mich statt dessen mit einem unglaublichen Frieden.

Das Vergnügen, meinen Artikel über *Wind, Sand und Sterne* in der *Saturday Review* zu sehen, obgleich er nach meinem Gefühl in keiner Weise mit unserem augenblicklichen Leben in Verbindung zu bringen ist. Die Briefe des Verlegers dazu. Man hat vor, den Artikel als Vorwort in den nächsten Auflagen zu bringen. Das macht Freude.

Diese letzte Woche verging mit Pläneschmieden, packen und umziehen.[1] Es ist jetzt sehr kalt. Der Wind bläst und die Bäume verlieren zusehends die Blätter. Ich begrüße das grimmig, da es den Gefühlen entspricht – fort mit dem Plunder, gebt den Blick frei auf die Baumgerippe, die wundervollen kahlen Äste der Bäume; den harten, inneren, geistigen Kern.

Sonntag, 29. Oktober

Kalt – herrlicher Tag. Meinungsumfrage: Großer Prozentsatz Amerikas für eine Friedenskonferenz.

Mit gewissen Vorbehalten zu den John Foster Dulles[2] zum Abendessen. Wird uns dort die übliche konventionelle Long-Island-Atmosphäre erwarten? Nein – er ist bedächtig, aber ein vernünftiger, objektiver und profunder Denker. Er beurteilt den Krieg keineswegs emotional und hat nicht das geringste Verständnis für Hitler. Nimmt diesem und allen Kriegen gegenüber die

[1] Lindberghs wollten für den Winter nach Manor House auf Lloyd Neck ziehen, mußten aber für kurze Zeit, bis es fertig war, nach Englewood zurückkehren.

[2] John Foster Dulles, Diplomat und Anwalt, der von 1953–59 unter Präsident Dwight D. Eisenhower Staatssekretär wurde.

philosophisch-historische Haltung ein. Ich stimme in den meisten Fällen mit ihm überein. Wie unglaublich erholsam ist dieses vernünftige, kühle Fluidum der Toleranz, Bescheidenheit und Emotionslosigkeit. Gestärkt verlasse ich ihn.

Ein Intellektueller wie er (und zumal ein so gewiefter) wird niemals einen Weltbrand entfachen.

Dienstag, 31. Oktober, Abend vor Allerheiligen

Nachmittags fahren wir nach Englewood.

Englewood, Mittwoch, 1. November

Abends diskutieren wir über die Rede von J. F. Dulles[1], denn ich glaube immer noch, daß man Kriege beenden kann – und glaube weiterhin an eine Weltföderation, die C. für undurchführbar hält.

Mittwoch, 8. November

Aubrey ruft mitten am Abend an und berichtet uns, daß in München, zehn Minuten nachdem Hitler das Parteigebäude verlassen hat, eine Bombe explodiert ist! Er ist sehr aufgeregt (Revolution etc.).

Samstag, 25. November

Tippe den ganzen Tag an meinem Friedensartikel – muß ihn abschließen und dann weglegen. Er muß vom Tisch. C. liest ihn; ihn begeistert, was mir wie ein literarisches Flickwerk erscheint – meine ganzen Gedanken des Herbstes und besonders aus der

[1] Am 29. Oktober im YMCA von Detroit gehalten.

Zeit, in der C. seine Reden verfaßte. Ich glaube, ich habe Verbitterung und Zorn eliminiert. Ich möchte keinen verärgerten Artikel schreiben. Es fehlt ihm jedoch an Spontaneität und an bestimmten Fakten.

Montag, 27. November

Arbeite den ganzen Tag mit Feuereifer an dem Artikel. C. trifft Vorbereitungen, daß er in der Weihnachtsnummer des *Reader's Digest* erscheint. Ich bin von Mißtrauen und bösen Ahnungen erfüllt. Auch wenn er ein Appell für den Frieden ist, so begebe ich mich damit doch in eine Welt, die ich aus tiefstem Herzen hasse – die ich ablehne, die mich verschreckt –, ich fürchte die Argumentation, die Diskussionen sowie die Lächerlichkeit und die Kritik, der ich unweigerlich ausgesetzt sein werde, da ich mich als Dilettant in diese Welt vorgewagt habe. Und ist die Zeit dafür nicht schon vorbei? Welchen praktischen Wert hat das noch? Hat es Nachteile für C.? Oder wird es ihm helfen? Wird es der Friedensfrage abträglich sein? Wird es irgend etwas auslösen, wofür wir womöglich später die Konsequenzen tragen müssen? Diese Gedanken und tausend Zweifel überfallen mich, wenn ich nicht an Worten und Sätzen feile.

Dienstag, 28. November

Arbeite den ganzen Morgen an dem Artikel, der um 1.30 weg muß. (Sie halten die Ausgabe dafür zurück.) Sie schlugen einen anderen Schluß vor. Ich arbeite daran und entscheide mich schließlich – indem ich den Bäumen draußen und dem Wind auf meiner Wange Weisheit zu entlocken versuchte – ihn abzuschicken. Mir kam es vor, als ob die Gründe, die dagegen sprachen, hauptsächlich meiner Feigheit entsprangen. Ich glaubte, er konnte, außer bei mir selber, keinen großen Schaden anrichten – mich möglicherweise der Kritik und der Lächerlichkeit preisgeben. Dagegen aber stand die geringe Chance, daß er Gutes bewirken und gewissermaßen den Boden für eine großzügigere Friedensbereitschaft oder eventuelle Friedensplanung bereiten würde. Wir schicken ihn ab.

Jo Davidson[1] und Con zum Abendessen. Durch ihn werden Paris und die Franzosen für mich wieder lebendig, und mir wird leicht und warm ums Herz, weil wir trotz C.s sogenannten Pronaziartikeln und Reden weiter gute Freunde sind.

[1] Amerikanischer Bildhauer, der in Paris einen Kopf von C.A.L. modelliert hatte.

1940

Das Jahr 1940 begann im Zug, auf dem Rückweg von Detroit, zusammen mit C. und Jon. Es gelang uns, getrennt einzusteigen, trotzdem erkannten uns einige Leute auf dem Bahnhof. Jon singt im Dunkeln, im obersten Bett, noch lange vor sich hin. C.s Zehen ragen beim Einschlafen über die schmale Liege hinaus. Und ich liege wach auf dem unteren Bett, werde durchgerüttelt und denke nach. Es fällt nicht leicht, sich über das neue Jahr Gedanken zu machen, es fällt schwer, etwas Positives darin zu sehen, da der Krieg alles überschattet, und man das schreckliche Gefühl hat, daß das Beste unweigerlich vorbei ist. Das Gefühl, daß man nicht weiß, was einem bevorsteht. Vermutlich Krieg, auch für die Vereinigten Staaten. Mit ziemlicher Sicherheit der Zusammenbruch Europas mit allem, was uns dort lieb ist.

Der erste Tag des neuen Jahres ist nicht einfach. Wir fahren nach Englewood hinaus. Jon wird überschwenglich von Mutter, Soeur Lisi und Land begrüßt. Wir erfahren, daß viele Gäste zum Mittagessen kommen werden. C. beschließt, in die Stadt zu flüchten. Zuerst gehen wir Skilaufen. Es ist herrlich und klar, und das Skilaufen befriedigt einen – Abenteuer und Schönheit (vielleicht liebe ich das Abenteuer *doch* ein wenig) – und ich spüre, das Leben ist einfach, wenn man auf diese Weise draußen ist und richtig lebt. Aber dann das Mittagessen, den ganzen Tag Gesellschaft. Ich nehme diese Menschen alle viel zu intensiv wahr und weiß, wie ungeduldig C. oben ist, ich möchte helfen und kann es nicht.

Fahren zu den Whiteheads[1] nach Cambridge.

Mrs. Whitehead ist eine schlanke, große, zartgliedrige Engländerin, die uns herzlich begegnet. Dann tritt er ein. Er ist ein vornübergebeugter, kleiner Mann mit leichter Glatze, lebhafter Gesichtsfarbe und durchdringendem Blick. Trotzdem er sehr englisch und zurückhaltend ist, kommt er uns freundlich entgegen, verneigt sich, und ich erwärme mich für ihn. Ich lege meine Sachen ab, und wir setzen uns. Ich sitze neben *ihm.* Da mir bewußt wird, daß ich meinen ganzen Mut zusammennehmen muß, da wir beide schüchtern sind, beginne ich das Gespräch mit dem Bericht über unsere Herfahrt durch Neu-England, dessen Eigenart noch durchaus spürbar vorhanden ist. Und er (seine Scheu verlierend) sagte, daß er das Gefühl habe, daß es möglicherweise ein Charakteristikum bewahre, das durch den Krieg in anderen Teilen der Welt verlorengehen kann.

Dann wandte sich C. an Whitehead, und sie begannen ein Gespräch.

Danach war an dem Abend alles ganz einfach, obwohl ich sagen muß, daß ich zwischendurch die Luft anhalten mußte. Dieser großartige, alte Mann. Er sprach eher langsam, präzise, mit gelegentlichen Wiederholungen, stolperte wohl auch mal über einen Satz, der aber, wenn er ihn vorbrachte, bemerkenswert klar war. Sein stechender Blick war sanft. Und in der Tat beeindruckte einen an ihm am meisten seine Liebenswürdigkeit. Seine Art erschien einem beinahe irgendwie heilig, so daß es einem fast einen Schock versetzte, wenn er seinen Humor und seinen zynischen Verstand aufblitzen ließ.

Sie war ebenfalls erstaunlich. So eine Frau hatte ich nicht erwartet – zart, gewiß, alt, grau, nicht hübsch, eine Hand (durch Arthritis?) verkrüppelt, so daß sie, wenn sie sich etwas nehmen wollte, eine Hand mit der anderen festhalten mußte, und trotzdem erweckte sie den Eindruck von Jugend und Schönheit,

[1] Alfred North Whitehead, englischer Mathematiker, Philosoph, Autor und Professor an der Harvard Universität, und seine Frau Eveline.

Heiterkeit, innerer Ruhe und Kraft, »ein Lebensgefühl, so hold und ausgeprägt«.

Zeitweilig konnte ich ihre Stimme kaum hören, so dünn war sie, was sie aber sagte, war »sarkastisch«. Sie war keineswegs sanft; man hatte nicht den Wunsch, mit ihr in Gefühlen zu schwelgen. Man wußte, daß sie das unweigerlich herausfinden würde. »Elle est toujours tentée d'arracher les masques.« Eigentlich erinnerte sie mich an Mme du Deffand – einen Blaustrumpf des achtzehnten Jahrhunderts. Dieses intellektuelle Engagement, diese Passion für die Wahrheit – gepaart mit großer Zuvorkommenheit, mit Charme, Schönheit und Eleganz. Ja – auch einer gewissen Eleganz. Eine Mme du Deffand, die aber nicht verbittert war, da sie einen Gegenstand der Verehrung gefunden hatte: »Le seul saint devant qui je brule ma chandelle.« Und keinerlei Belanglosigkeiten – eine geistreiche Frau, der jegliche intellektuelle Eitelkeit fehlte, die es zufrieden war, ihren Mann abzuschirmen, der es genügte, wenn er seine Bücher schreiben konnte, die ganz selbstverständlich über ihn wachte, die alles unter Kontrolle behielt, Verständnis zeigte und ihm half.

Sie sagte, daß man im Alter kein Geld benötige. Die Jungen brauchen es für alles mögliche. Im Alter sind die Bedürfnisse sehr gering: »Man braucht Wärme – und ich bewerte Wärme sehr hoch! – und Bücher und Freunde.«

C. und der Professor unterhielten sich über die Zukunftsprobleme Amerikas. Er war in bezug auf die »unmittelbare Zukunft der kommenden zwei bis drei Jahrhunderte« ganz zuversichtlich. Er sprach über die Dogmen, die er als Junge gelernt hatte – die alle widerlegt waren. »Weder Weisheit noch Irrtum, sondern die Relevanz ist ausschlaggebend.« Er sprach über unsere Vorstellung von Güte. Über das Versagen der Kirche, die die grundlegende Aufgabe des Christentums – nämlich die Güte, nur unzureichend vermittelt hat. Die nordafrikanische und südfranzösische Kultur war streng, ja asketisch. Er sagte, wir sind uns der Werte bewußt, ehe sie zum Ausdruck gebracht werden. Christus war die erste Inkarnation der Güte, das Güteideal aber waren die Mütter, und die waren bereits vor Christus da.

3. April, Lloyd Neck

Seit wir von Florida zurück sind, lag ich fast die ganze Zeit über im Bett – oder doch so gut wie im Bett. Übelkeit und Erbrechen und einfach Schwäche – das, was ich mir in Florida überschwenglich gewünscht hatte, bestätigt sich, nämlich, daß ich wieder ein Kind bekomme. In Florida war ich darüber sehr glücklich. Wenn es einem sehr übel ist, ist es schwer, glücklich zu sein.

Montag, 16. April

Seit einer Woche sind wir nun völlig vom Krieg absorbiert gewesen. Dienstag morgen weckte uns ein Anruf von Aubrey. Es ist jemand gestorben! So dachte ich instinktiv. Jedoch als C. sagte, »du hast keine Ahnung wie viele es sind...« fragte ich, »sind sie einmarschiert?« Er nickte. »Wo?« fragte ich.

Bei der Nachricht »Deutschland hat Dänemark annektiert und ist in Norwegen einmarschiert« verspürte ich den bekannten Schlag in die Magengrube, den mir alle Truppenbewegungen der Deutschen ganz unwillkürlich versetzen. Diese erbarmungslose Eile, ihre Stärke und Tüchtigkeit, mit der sie alles ausführen, nimmt einem den Atem. Ich brauche eine gewisse Zeit, um zu der Prämisse, die mir immer wieder entfällt, zurückzufinden – daß der Krieg ein mörderisches Spiel ist. Der Verbrecher schlägt härter und als Erster zu. Er hält sich an keine Regeln und scheut sich nicht, jemanden zu verletzen.

Montag, 29. April

Nachmittags ruft C. vom Long Island Aviation Country Club aus an, ich nehme die Kinder, Christine und Soeur Lisi mit, und wir fliegen alle zusammen. Land (für den das sein erster *bewußter* Flug ist) sitzt auf meinem Schoß und ist verschüchtert, was er aber beim Anblick der kleinen Autos, die unten auf den Straßen herumfahren, vergißt. Doch Jon ist völlig begeistert, steigt so oft wie möglich auf, und seine Augen leuchten.

Ich fliege mit C. alleine über Lloyd Neck. Sonnenuntergang über dem Wasser, es ist unglaublich schön. Das Fliegen versetzt mich noch immer in Ekstase, glaube ich. Ob das so bleiben wird, auch wenn ich alt bin? Oder nimmt die Ekstase ab – die Ekstase, in die einen die Schönheit der Erde versetzt? Oder behält man sie sein Leben lang?

M. Boël[1] zum Abendessen. Wir begrüßen ihn mit gewissem Vorbehalt. Alles läuft gut, obgleich C. und er *Welten*, Generationen und Meere voneinander getrennt sind! Ich bin sehr nervös und versuche zwischen diesen Welten Brücken zu schlagen, da ich sie beide liebe. Wie sehr liebe ich die Aura des Charmes, der Kultur, Intelligenz, Schönheit und Toleranz – Ideale, die der wahrhaft zivilisierte Europäer repräsentiert. Doch wie blind ist diese Welt, wie verloren, wie rückständig. Sie erblickt die Wolke nicht, die bereits über ihr hängt. Sie ist selbst dann rückwärts gewandt, wenn sie in dem Glauben ist, nach vorne zu schauen. Sogar ihre Sprache bezieht sich auf eine andere Ära, eine andere Zeit, die vergangen ist.

Ich betrachte den Krieg als eine »Revolution«. M. Boël sieht ihn als einen »Kreuzzug«.

Ausgehend von diesem grundlegenden Standpunkt, erscheint er mir lediglich ein Ausdruck dieser durchgreifenden Wandlungen in der Geschichte der Menschheit zu sein und dazu auch nur einer von vielen.

Whitehead hat das am besten definiert: »Im menschlichen Leben walten dunkle Ahnungen gewisser Kräfte, die zu vage sind, um sie in Worte zu fassen.«

Man spürt, daß sich etwas Bahnbrechendes vorbereitet. Was steht hinter dem »großen Krieg?« Was hinter dem Kommunismus? Was hinter dem Nationalsozialismus? Ist es, wie Leute wie M. Boël glauben, lediglich eine »Rückkehr in die Barbarei«, die durch einen »Kreuzzug« um jeden Preis niedergerungen werden

[1] Baron René Boël, belgischer Industrieller.

muß? Oder wird ein neuer, unter Umständen sogar guter Gedanke für die Menschheit geboren, respektive ein dahin zielender Versuch unternommen werden, der diesen bösartigen, schrecklichen und verfehlten Versuchen folgt?

Mir ist vorgekommen, als verberge sich hinter diesen Schrecken etwas Gemeinsames – vielleicht ist es sozialer oder auch wirtschaftlicher Natur, derselbe Grundzug, der ebenfalls dem »New Deal« und unter Umständen auch den Reformen Blums eigen ist. Hitler »bezieht« die Arbeiterklasse mit ein, verherrlicht die Arbeit, spricht von »der Würde der Arbeit«, ein Großteil des Nationalsozialismus ist das »Sozialistische«, auch wenn es erbarmungslos von oben *diktiert* wird.

Aber im Gefolge ist so vieles, was schrecklich und barbarisch ist. Warum, *warum nur* ist das alles in den Händen dieser Leute? *Muß* das immer so sein? Weshalb können nicht die Guten und die Klugen diese Erkenntnisse haben und sie auch nutzen? Weil man nur durch Leid und Schreckenszeiten dazu gezwungen wird? Und einzig turbulente Zeiten gewalttätige Menschen hervorbringen?

Ich wollte, ich könnte wie fast alle anderen Menschen glauben, daß dieser Krieg allein Hitler, dieser Geißel der Menschheit zuzuschreiben ist. Eine furchtbare und ganz *zufällige* Geißel, die völlig außerhalb der übrigen Weltereignisse steht – und dennoch allein für alles verantwortlich ist. Und, daß, wenn diese Geißel eliminiert würde, alles ein Ende hätte. Ich kann mir nicht vorstellen, daß Hitler als Individuum derart wichtig ist. Der Nationalsozialismus erscheint mir wie der Schaum, der zufällig auf der Woge der Zukunft schwimmt. Ich stimme mit den Menschen überein, die die Methoden der Nazis verdammen, aber ich glaube nicht daran, daß sie die Woge *sind.* Sie schwimmen nur im Augenblick obenauf.

20. Mai

Seit M. Boël hier gewesen ist und ich zu schreiben begonnen habe, ist die Welt in einen furchtbaren Taumel geraten, den Menschen ist davon noch ganz schwindelig: Mit unglaublicher Eile und allen kriegerischen Greueln sind Holland und Belgien überrannt, bombardiert und erobert worden. Die Franzosen und Engländer sind – zuerst in Belgien und jetzt im Norden Frankreichs – bis hinter die Befestigungsanlagen zurückgeworfen worden. Diese Truppenbewegungen haben sich in Etappen vollzogen, aber derart rasch, daß man keine Zeit hatte, Luft zu holen.

Als die Deutschen zuerst in Holland und Belgien einmarschierten und ich die Nachricht erfuhr, packte mich, wie stets bei *allen* Handlungen der Deutschen, dieses schreckliche emotionale Entsetzen. »Das ist zu furchtbar, man *muß* sie aufhalten. Warum nur, können wir ihnen nicht Einhalt gebieten?« Meine erste Reaktion ist immer »französisch« oder für die Alliierten, die übliche Reaktion der normalen Amerikaner und auch aller anderen Menschen.

Man wird dann ganz menschlich und persönlich. Man denkt an die Leiden von Tausenden von Flüchtlingen, an die Soldaten, die jeden Zoll ihres Vaterlandes verteidigen, und an die paar Menschen – ein kleines Häufchen Menschsein –, die man persönlich in dieser Feuersbrunst weiß. Man stellt sie sich im tiefsten Elend, unerreichbar und fern vor – fern, da sie unversehens wie Planeten deinem Horizont und deiner Hilfe entrückt und ohne Hoffnung sind. Woher nimmt man die Hoffnung, daß die eigenen Schlacken bei der Feuersbrunst übrigbleiben? M. Boël, der eben jetzt an unserem Abendbrottisch sitzt, beschreibt seinen bombensicheren Keller in Brüssel. Die Deutschen sind jetzt in Brüssel – wo sind die Boëls?

Die verwirrende Erklärung der Franzosen, nachdem diese Dampfwalzenjagd eine Woche gedauert hat: »Nunmehr ist ein Bewegungskrieg entstanden.« »Mein Gott, ist er je etwas anderes gewesen?« so möchte man fragen. (C. sagt, daß das bedeutet, daß das jetzt kein Verteidigungskrieg mehr hinter befestigten Stellungen ist, da diese zerstört seien.) Eine deutsche »Geheimwaffe« ist im Gespräch. Das Unglaublichste an allen diesen Berichten ist, daß man lediglich ermutigende Nachrichten erhält, wie: »Alliierter Widerstand, Angriffe, ausgezeichnete Leistungen, mutiges Vorgehen«, und es dabei ständig die Deutschen sind, die ihr Ziel erreichen. Wie ein Keulenschlag trifft es einen dann jedes Mal, wenn man zu dem Schluß kommt, daß die Alliierten erschreckende Verluste an Boden, Menschen und Material einstecken müssen. Abends erhielt C. von Truman (Smith) Bescheid, daß die Deutschen offenbar 70 Divisionen für einen Großangriff auf die Maginotlinie zusammenziehen: »Das ist der Krieg – in jeder Beziehung.«

Ich *konnte* es nicht glauben. Doch ich überlegte, daß es doch einfach unfaßbar war. Ich rief mir ins Gedächtnis, daß Hitler verkündet hatte, daß niemals wieder französisches und deutsches Blut auf demselben Boden vergossen werden sollte. Und ich dachte daran, daß die Deutschen *England* und nicht *Frankreich* als ihren wahren Feind ansahen. Er wird das Herzblut Deutschlands und Frankreichs an dieser Kampflinie vergießen. Dazu die Kosten! Weshalb muß er den Krieg *auf diese Weise* gewinnen – lediglich, um zu beweisen, daß er genauso siegen kann wie die Alliierten? Deutscher militärischer Stolz? Aber um welchen Preis? Ich werde das nie verzeihen können.

Wir gingen sehr umdüstert zu Bett. C. war das alles auch unverständlich. Aber er dachte logisch: Man kann bis jetzt noch nicht sagen, was ihr Angriffsziel ist oder wieweit sie unterrichtet sind. Vielleicht ist diese Front gar nicht uneinnehmbar, vielleicht ist es die beste Truppenbewegung, für *sie*, die sie machen können.

Dann sickert die Nachricht durch, daß die französische Front durchbrochen sei. Belgien bröckelt nach und nach. Beunruhigende Gerüchte, ein Vordringen nach Frankreich. Dann der Schreck, als sie durchgebrochen sind – bis Rathal – die »Ardennenschlacht« – und jetzt heißt es, sie seien auf dem Vormarsch nach Paris. Gamelins[1] Befehl, daß jeder Franzose sein Stückchen Erde verteidigen oder sterben müsse. Die Zeit zum Rückzug ist verpaßt.

England ist inzwischen jedenfalls klar geworden, daß es um sein Leben kämpft. Die Reden Churchills, die die Menschen zur Vernunft aufriefen, und die Reaktion der Engländer beweisen das.

[1] General Maurice G. Gamelin, Oberbefehlshaber des französischen Heeres.

Es ist ihnen zumindest bewußt worden, daß ein Volk Großes, ja auch Unmögliches nur dann vollbringt, wenn Opfer von ihm verlangt werden. Es bewerkstelligt nichts Außergewöhnliches, wenn man ihm lediglich auf die Schulter klopft und es so schlafmützig behandelt, wie Chamberlain das tut. Nein, man muß ihm sagen: »Ich habe weiter nichts als Blut, Mühsal, Schweiß und Tränen zu bieten.«

C. ruft mich aus Washington an. »Brüssel hat kapituliert – Antwerpen hat aufgegeben –, sie sind etwa hundert Kilometer vor Paris.«

Ich kann es einfach nicht ertragen. Dann gehe ich ans Fenster. Es ist eine herrliche Mondnacht, der Mond beinahe voll. Diese Nacht werden Flugzeuge unterwegs sein. Ich bete für sie – aber um was soll ich beten?

Und hier, vor dem Fenster, steht der Apfelbaum, taufrisch und in voller Blüte – dazu die Kastanien in überwältigender Blätterfülle und ihren weißen Kerzen, die im steten Wechselspiel – fast wie ein einstimmiges Lied – aufrecht in den Himmel ragen. Die Kastanien, die so sehr in meine Pariser Bilderwelt gehören. Vor einem Jahr waren sie in demselben Stadium, als wir abreisten und ich auf den großen Kastanienbaum an der Ecke, die in den Bois führt, blickte, »Oh, Jon, sieh dich um, schau zurück, damit du die Kastanien im Gedächtnis behältst!« (Und dann spürte ich, daß meine Gefühle mit mir durchgingen, daß ich meine Empfindungen und Vorahnungen – Paris wohl nie, und wenn, nur sehr verändert, wiederzusehen – auf ein Kind übertrug.)

Schmerz und Schönheit sind auch in diesem Frühjahr wieder auf geradezu unerträgliche Weise in meinem Innern miteinander verwoben.

Berichte über die Zerrüttung der Moral hinter der französischen Front – aufgrund von Bombardements etc. Man beobachtet, daß ein gewaltiges Gefüge an vielen Stellen brüchig wird – unter anderem schwindet die Illusion über das unbesiegbare französische Heer (so wie wir Zeuge wurden, als in Norwegen die Illusion von der Unbesiegbarkeit der englischen Flotte zerronnen ist).

Die Leute hier sind ganz außer sich. Niemand hat eine Niederlage für möglich gehalten. Und die, die auf seiten der Alliierten und für die Kriegsbeteiligung sind, glaubten alle, daß es zumindest mehrere Vorwarnungen hätte geben müssen, die uns ein rechtzeitiges Einschreiten ermöglicht hätten. Und als sie gerade soweit waren, das in die Tat umzusetzen, erwachen sie und stellen fest, daß es zu spät ist. Ganz typisch fallen wir von einem Extrem ins andere, zuerst waren wir sicher, daß Deutschland bestimmt sehr schwach ist, und jetzt fürchten wir geradezu hysterisch seine Stärke. Der Präsident, der in seiner Rede ein gewaltiges Wiederbewaffnungsprogramm vom Stapel gelassen hat, ließ durchblicken, das wir über Grönland mühelos für Luftangriffe erreichbar sind. Fünfte Kolonne etc. Man organisiert in Philadelphia Antifallschirmjägereinheiten.

C.s' Rede im Radio – mein gelinder Schrecken, als er in dem mir unbekannten Text fortfuhr – wie ein Zug, der von den Geleisen abhebt und in die Lüfte entschwebt! Meine Güte, schießt es mir durch den Kopf, er hat sie gewaltig verschärft, seit ich sie zuletzt gesehen habe. Das wird Krach geben! Seine Worte werden so ausgelegt werden, als sei er gegen das New Deal und gegen die Intervention. Man wird zusammenhanglos C.s Satz zitieren: »Für uns ist es zu spät, um erfolgreich an diesem Krieg teilzunehmen«; ohne hinzuzufügen, daß Kriege in den vorangegangenen zehn Jahren der Vorbereitung gewonnen werden. Gnadenlos wird die Rede beurteilt werden. Die besten Gedanken werden keine Beachtung finden. Und dennoch wird ihre Kraft, Stärke und Vernunft irgendwie beiläufig die Menschen beeindrucken und auf fruchtbaren Boden fallen.

C.A.L. hielt zum dritten Mal in Washington eine Rede. Das Thema war die »Luftverteidigung Amerikas«. Er sei fest davon überzeugt, daß eine vereinigte westliche Welt gegen »fremde Invasionen« gefeit sei. »Besinnen wir uns doch wieder auf die Amerika zustehende, traditionelle Rolle – unsere eigene Würde zu festigen und zu wahren.« Er forderte dringend eine größere Verteidigungsbereitschaft. »Um in der modernen Kriegsführung

Erfolg zu haben, muß ein Volk viele Jahre vor Beginn des Kampfes seine Vorbereitungen treffen (...) Wir brauchen eine stärkere Luftwaffe, ein stärkeres Heer, eine größere Marine: Sie sind seit vielen Jahren unzureichend. Beenden wir doch das hysterische Gerede über Katastrophen und eine Invasion.«

Tagebuch

C. ist zurück – Telegramme und Briefe (eine große Mehrheit ist erstaunlicherweise günstig gestimmt!). Nachrichten über den Krieg (interne Nachrichten), die meine ärgsten Befürchtungen bestätigen. Die französische Luftwaffe »vollkommen vernichtet« und die Engländer bombardieren nur nachts.

C.s Rede in der *Times* und im *Tribune* vollständig abgedruckt. Die *Times* bringt den süffisanten, redaktionellen Hinweis: »Oberst Lindbergh bleibt ein großer Flieger«!

Dienstag, 21. Mai

In die Stadt. Hier gewinnt der Krieg noch eine schrecklichere Bedeutung. Ich betrachte Schaufenster, Autos, Menschen auf den Straßen, Hüte und Blumen und Juwelen, die durch die Scheiben schimmern – wie in Paris. Ich lese auf einer protzigen Granitfassade eines Ladens: »Paris, New York, London.« Wie vertraut und gediegen das aussieht, so als könnte ihm die Zeit nichts anhaben. Wird es jetzt gelöscht werden, und man präsentiert uns »New York, Berlin«? Und die Menschen rasen in Taxis, in den Straßen, in Geschäften herum, offenbar vollkommen ahnungslos gegenüber den Veränderungen, die in der Welt vorgehen, und die auch sie selber betreffen. Denn selbstverständlich wird sich das auch bei uns auswirken. Niemand weiß genau wann und wie, aber passieren wird es bestimmt, da bin ich ganz sicher.

Mittagessen mit Con. Sie sagt, daß sie Ingrimm und Genugtuung bei dem Gedanken empfindet, daß die Deutschen – wie einst die Römer bei den Griechen – feststellen werden, daß ihnen das Volk, das sie erobert haben, geistig und kulturell überlegen ist, so wie die Griechen dann die Lehrer, Philosophen und Mentoren der Römer wurden. In anderen Worten, sie werden auch jetzt keine Vormachtstellung erringen.

Ebenso glaubt sie auch, daß wir möglicherweise mit hineingezogen werden, wenn es lang genug dauert. Und sollten die Alliierten besiegt sein, hat das für uns die gleiche Bedeutung, wie München für sie hatte, und schließlich werden wir alleine gegen Deutschland kämpfen müssen.

Freitag, 24. Mai

Ich glaube nicht, daß man Schuldgefühle entwickeln sollte, weil Amerika bisher seine Beteiligung versagt hat. Ich meine, es kann durchaus den Anspruch erheben, seine eigenen und die für sein Wohlergehen entsprechenden Entscheidungen zu treffen. Ich schäme mich wegen der Haltung, die Amerika einnahm, während es neutral blieb, es zwang die Alliierten zu kämpfen, machte ihnen Vorwürfe, wenn sie es nicht taten, kritisierte ihre Kampfmethoden und hielt sich selber heraus.

»Isolationismus« kommt mir als Doktrin für ein Volk so kindisch und lächerlich vor, wie die Autarkie eines einzelnen. Aber die erste – nicht die einzige – jedoch die erste Pflicht, die einem auferlegt ist, hat man seiner Familie und seinem Volk gegenüber; erst wenn die erfüllt ist, kann man weitersehen. Auch wenn mir in vieler Hinsicht leichter ums Herz wäre, wenn wir dort drüben mit dem Malstrom mitgerissen würden, sagt mir doch mein Verstand, daß das nicht das Beste zum Wohle Amerikas oder auch der Welt sein kann.

Trotzdem hilft einem das alles wenig, wenn man das gewaltige Unglück betrachtet, das sich dort abspielt. Es nimmt einem auch nicht das verzweifelte Gefühl, daß sich durch die Trennung von den Freunden hüben wie drüben eine Kluft auftut.

Während der Heimfahrt am Abend überlege ich mir, wieviel

mutiger C. sowohl in moralischer als in physischer Hinsicht ist, als ich es bin. Würde ich die Kraft aufbringen, wenn ich wüßte, daß es mir Kritik, Verachtung, den Verlust von Freunden, die Verletzung der Gefühle derer, die kein Verständnis aufbringen, falsche Anschuldigungen, die Aufgabe bewährter Verbindungen, Menschen und eines Lebens, das mir lieb war, einbringen würde, wenn ich gegen meine innersten Gefühle und Wünsche für meine Überzeugungen eintreten müßte – Überzeugungen, die nicht mir, ja vielleicht nicht einmal meinen Kindern, sondern einzig der Zukunft meines Landes zum Besten gereichen? Ich weiß es nicht – aber er ist ein Patriot.

C. telefonierte mit Truman [Smith], der sagt, daß die alliierten Streitkräfte, die in Belgien eingeschlossen sind, morgen durchbrechen müssen, sonst wären sie verloren. Sie sind auf die Hälfte des Raumes, den sie vorher hatten, zusammengedrängt und müssen kämpfen. »Die Blüte der alliierten Armeen!« C. wandert ruhelos und aufgeregt hin und her. Schließlich sagt er, »Diese Truppen gehen mir ständig im Kopf herum. Ich weiß, in was für einem gräßlichen Inferno sie sich befinden.«

Das ist der Mann, den die Zeitungen als »eiskalt« anklagen! Während ich noch spät in der Nacht wach liege, C. bereits schläft, komme ich zu dem ganz einfachen Schluß, daß vielleicht mein kleines persönliches Opfer, oder mein Scherflein, das ich zu diesem Krieg, oder besser zu dieser Zeit beitragen kann, darin besteht, daß ich alle Kontakte und Verbindungen in England und Frankreich abbreche, beziehungsweise *man* dort *mich* aufgibt. Das bedeutet, daß ich meine persönliche europäische Hälfte und alle Bande, die ich dort geknüpft habe, und die mir teuer waren, vergessen muß. Aber für C. ist mir das sehr arg, er hat in Frankreich vieles verloren. Es war etwas besonders Schönes, Reines, Erfrischendes (vielleicht zu wunderbar, um – wie der Frühling und die Jugend – zu überdauern). *Ich* hatte daran nicht teil. Das Wohlwollen, daß die Franzosen ihm entgegenbrachten, war ungetrübt, makellos und spontan. Seit dem ersten Ansturm der Zuneigung und Begeisterung, den sie dem jungen Mann in Le Bourget darboten, hat sich daran nichts geändert. Er kam von

Herzen, auch dann noch, nachdem ihre eigenen Piloten umgekommen und bei ihrem Flug über den Atlantik gescheitert waren. Für C. war das herzerwärmender als jeglicher Enthusiasmus in England oder Amerika. Es war andersartig – eine erste Liebe.

Samstag, 25. Mai

Wieder schlechtes Wetter, dunkel, kalt, feucht. C. liest heute morgen einen Artikel über Saint-Exupéry aus der Zeitung vor. Was für ein schöner Gedanke, daß er noch am Leben ist. In was für einer merkwürdigen Welt befinden wir uns, in der man froh ist, daß ein Mann *heute* noch lebt, in einem Café in Paris sitzt, einen Artikel schreibt und seine Frau sieht, da man doch weiß, daß er *gestern* kaum dem Tod entronnen und *morgen* wieder der Gefahr ausgesetzt ist. Aber natürlich hat er immer so gelebt.

Jon und ich machen heute nachmittag im Regen einen Vogelspaziergang über die Felder. Es machte ihm große Freude, Vögel zu entdecken und zu betrachten, und ich hatte wirklich das Gefühl, daß ich ihm dadurch, daß ich ihn sehen lehrte, eine Art Schutzschild geben konnte.

Sonntag, 26. Mai

Die Deutschen erheben Anspruch auf Boulogne und Calais. Die Alliierten erkennen Boulogne, aber nicht Calais an. Keine Entscheidung gefallen. Die Engländer bereiten sich auf eine Invasion ihres Landes vor.

In England ist ein Nationaltag des öffentlichen Gebetes. Menschenmengen liegen vor Ste-Geneviève in Paris auf den Knien. Ich bete auch – aber nicht für den Sieg, ich bete um den Frieden, Geduld und Verstehen: »Dein Wille geschehe.« O Gott, offenbare ihn uns und mache ihn uns begreiflich.

Das Haus ist mit Flieder überladen.

27. Mai, 11. Hochzeitstag

Wieder ein trüber, kalter Tag – ganz anders als an unserer Hochzeit –, doch genau wie damals blühen die Kastanien. Ein Telegramm von Elwes, der uns bittet, ihn anzurufen und uns mitteilt, daß er nach Hause fährt. Ich telefoniere mit ihm und bin am Apparat so zaghaft wie stets. Aber sobald er zu sprechen beginnt, bin ich derart von Mitleid überwältigt, daß ich alles andere vergesse und nur weiß, daß es schrecklich ist. Man hat ihn zurückbeordert, er weiß, was ihm bevorsteht, er hat es kommen sehen. Er ist ohne Hoffnung und vollkommen untauglich für einen Krieg. Er ist ein reizender, sensibler, intelligenter, junger Künstler. Er spricht so mit mir, als sei ich sein letzter Freund, möchte C. unbedingt sehen, ich bin entsetzt. In Wahrheit bedeuten wir ihm nichts, und doch greift er nach uns wie ein Ertrinkender. Er ist zu intelligent, als daß man ihn mit falschem Trost täuschen könnte. Ich verspreche, daß ich kommen und ihm Adieu sagen werde. Ich zittere bei dem Gedanken.

Abends fahren C. und ich die Huntington Bay entlang, um an den Ort zu gelangen, an dem wir nach unserer Hochzeit waren. Der Leuchtturm. Es ist ein herrlicher Abend, klar und still. Nachher gehen wir hinüber an den Colgate Strand. Ich setze mich auf den Holzstapel, auf dem ich im letzten Sommer so oft gesessen habe, C. wandert den Strand entlang. Ich sitze da und denke über den Krieg nach – besonders an das so verhängnisvoll bedrohte England. Wie konnte das passieren?

Und an Elwes – stellvertretend für alle – eine ganze Generation – künstlerisch, kultiviert, großartige junge Männer, denen vom Schicksal – und allein vom Schicksal, der Untergang bestimmt ist.

Ich kann gar nicht sagen, wie bedrückt ich bin. Doch während ich noch meinen Gedanken nachhänge, erblicke ich C.s dunkle, hagere, schmale Gestalt in der Ferne, die als Silhouette über die Felsen auf mich zukommt, und ganz instinktiv schöpfe ich wieder Hoffnung. Und ich denke, ja – deshalb gibt man in solchen Zeiten nicht auf, weil der Gedanke und das Bewußtsein, daß es auf der Welt hier wie dort einige wenige Menschen gibt, die man kennt, die das Schicksal besiegen. Dabei meine ich nicht nur, daß sie stets gewinnen, aber sie lassen sich von den Gegebenheiten trotz allem nicht unterkriegen. Solche Männer gibt es auch heute in Europa auf seiten der Verlierer, obwohl sie geschlagen sind; sie werden überleben, über den Dingen stehen, sie zum Positiven wenden. Und deshalb macht man weiter.

C. kommt zurück, und ich berichte ihm meine Gedanken: »Es gibt drüben jetzt solche Menschen, die überlegen und nicht verbittert sind und eine Wende herbeiführen – wenn sie nicht getötet werden.« (Ich denke an Saint-Exupéry.) Einen Augenblick ist C. still, dann sagt er, als hätte er meine Gedanken gelesen: »Ich hoffe, daß Saint-Exupéry überlebt.« »Ja«, antworte ich, »aber die Chance ist sehr gering.«

»Sicher ist die Chance gering«, sagt C., »aber es gibt Menschen, die, selbst wenn die Chancen nicht größer sind, durchkommen, Menschen, die ihr ganzes Leben so verbringen und es irgendwie überstehen – weshalb, weiß man nicht –, vermutlich ist das ihre Bestimmung.«

Tagebuch *Mittwoch, 29. Mai*

Furchtbare Bekanntgabe Görings: Als Vergeltungsmaßnahme für die Behandlung, die Nazikriegsgefangene der Luftwaffe durch die Franzosen erfuhren, werden alle französischen Flieger in Ketten gefangengehalten. Und: »Für jeden abgeschossenen deutschen Piloten werden als Repressalie fünf französische Flieger erschossen.«

In so einem Fall fragt man sich verzweifelt, ob die Deutschen je einen Sinn für Humanität besaßen – jemals besitzen werden. Auch die Franzosen sind aus Wut oder Haß grausam, das weiß ich. Aber die Deutschen sind grausam, brutal, kaltblütig und betreiben ihr Geschäft bewußt. Diese Erklärung erfüllt mich mit einem gewissen fanatischen Zorn – »das ist unverzeihlich, und zwar ein für allemal«, eine Empfindung, die in jedem Krieg aufkommt, der ich aber nicht verfallen möchte.

C. sagt, daß wir vermutlich Illiec niemals wiedersehen werden. Die Franzosen werden ihm nicht vergeben. Natürlich muß ich das hinnehmen – und ich verstehe es auch ebenso wie er.

Donnerstag, 30. Mai, Heldengedenktag

Ein herrlicher Tag – blitzblank, klar, kühl, frisch wie das ganze Maine.

Im Radio kommen aus Berlin schreckliche Drohungen, Warnungen und Anschuldigungen; Beispiele von Greueltaten werden angeführt: die traditionelle französische Grausamkeit, Barbarei, sadistische Tendenzen und Entartungen. Der Tag der Abrechnung wird kommen etc. Auch werden (und das ist gegen England gemünzt) alle Toten der Zivilbevölkerung erfaßt, damit vielfache Vergeltung geübt werden kann. Das macht mich alles ganz krank und erfüllt mich mit blinder Wut gegen die Deutschen.

Und währenddessen leben meine Familie und ich friedlich in dieser hermetisch abgeschlossenen Welt. In einer Welt voller Liebe, Frieden und frühlingshafter Schönheit, in der wir die Benutzung eines Liegestuhls aufgegeben haben, um eine Wespe nicht zu stören, die im Schatten seiner Bespannung ihr Nest gebaut hat, in der wir den vorderen Eingang unbenutzt lassen, aus Furcht, wir könnten dort eine Rotkehlchenmutter beunruhigen, die sich ihr Nest über der Tür eingerichtet hat.

C. geht zu einem Mittagessen mit Carrel und Détroyat[1] (der hier Flugzeuge beschaffen soll). Eine »Feuerprobe«, da sie Freunde sind, integre, intelligente Männer – die auf der anderen Seite stehen. Ein mutiges Unterfangen von C. (der es sich vorgenommen hatte und als Herausforderung ansah). Ich finde es großartig von Détroyat, daß er die Begegnung nicht scheut.

Die Kriegsberichte bringen immer nur diese erschreckenden Mitteilungen über »Nachhutgefechte«.

[1] Michel Détroyat, Testpilot und Kunstflieger; einer der Flieger, die C.A.L. 1927 in Paris, in Le Bourget aus der Menschenmenge befreiten.

Dieser entsetzliche, hoffnungslose, selbstmörderische Verzweiflungskampf der eingeschlossenen Truppen in Flandern, der offensichtlich geführt wird, um dem englischen Expeditionskorps den Rückzug zu ermöglichen. Der Teil, der nicht den Bomben zum Opfer fiel, dahingemetzelt wurde oder ertrunken ist, versucht sich trotz heftiger Bombenangriffe in Dünkirchen einzuschiffen. (Die Hafenanlagen sind zerstört; die Männer fahren in kleinen Booten oder schwimmen unter schwerem Beschuß zu den Schiffen, die vor der Küste liegen.)

Freitag, 31. Mai

Wetter trüb, kalt und unfreundlich, doch auf meiner Fahrt nach New York bin ich in seltsam gehobener Stimmung, die allein C.s Bericht über das gestrige Mittagessen mit Carrel und Détroyat zu verdanken ist. Wie es scheint, konnten sie ohne Scheu, objektiv, ganz verständnisvoll und vertrauensvoll miteinander reden. Sie verstanden – erstaunlicherweise – C.s Standpunkt und haben ihm zum großen Teil zugestimmt! So etwas bringen nur die Franzosen fertig! Aber das Rührendste war, daß Détroyat C. in der französischen Botschaft offensichtlich gegen Angriffe verteidigte. »Ihr könnt das nicht über ihn sagen – er ist mein Freund ... er hat recht ... das ist sinnlos.« Ich hatte angenommen, daß er heiter, charmant, schlicht, offenherzig und auf eine knabenhafte Art gut sei und wußte auch, daß er C. zugetan war. Aber ich habe es mir nicht träumen lassen, daß er so unabhängig, so hochherzig, so loyal und moralisch, so mutig ist.

Er stand drüben im Kampf (als Jagdflieger), er weiß, was Frankreich zu erwarten hat und kann C. dennoch weiterhin als Freund begegnen und behandeln. Es ist unglaublich. Ich glaube nicht, daß ich das, wenn ich in der gleichen Lage wäre, fertigbrächte.

Zum Mittagessen zu Sue und George (Vaillant) – sehr nett und anregend. Eine Erleichterung, mit Menschen zusammenzusein, mit denen man sich in seinem Inneren nicht auseinandersetzen muß. Sie sind fast die einzigen, die so fühlen wie ich, aber sie sind weitblickender, vernünftiger und nicht so leidenschaftlich.

Sie bestätigen, was ich längst weiß, daß C.s Rede ihn in bestimmten Kreisen ganz besonders unpopulär gemacht hat. Die Rede war zwar nicht schärfer als die anderen, aber sie hat heftige Gefühle ausgelöst. Alle sind selber derart aufgewühlt, daß, wenn jemand gelassen bleibt, er gleich den Antichristen verkörpert. Ich kenne diese »Kreise« gut. Es ist meine Gesellschaftsschicht. Die, mit denen ich aufgewachsen bin. Es sind die von der Ostküste, die Sichergestellten, die Wohlhabenden, die Kultivierten, die Sensiblen, die Akademiker, die Gewissenhaften – diese wertvollen, intelligenten Menschen, die hinter einer Dornröschenhecke aufgewachsen sind, in einer Welt, die von der Realität weit entfernt ist.

Sue sagt, daß sie den Alliierten den Sieg wünscht, da sie ihre persönliche Welt repräsentieren, aber sie sei keineswegs sicher, daß dieser Sieg für den kleinen Mann auf der Straße Verbesserungen bringen würde. Die Leute sagen ihr immer: »Alles, was uns teuer ist, wird verlorengehen.« Auch ich denke das sehr oft. Ihre Antwort ist: »Alles, was *mir* lieb ist, wird *nicht* verschwinden. Ich hoffe, daß die Bilder im Louvre, die Bauten und Bibliotheken verschont bleiben, aber sollten sie zerstört werden, so wird die Inspiration, die Menschen zu solchen Werken befähigte, alles überdauern: die Welt, der Himmel, die Humanität.

Ganz so großherzig kann ich nicht sein. Es geht hier ja nicht allein um Sachwerte, sondern auch um den menschlichen Geist. Und es wird viel von dem, was mir lieb und wert ist, zugrunde gehen in diesem Krieg.

Das englische Expeditionskorps wird unter schweren Beschuß aus Flandern evakuiert, dabei hatte es noch Glück, da es zwei Tage lang nebelig war, wodurch das heftigste Bombardement unterblieb. Ich bin erleichtert, es wäre zu schrecklich gewesen.

Sonntag, 2. Juni

Die Zeitungen sind voll von Kriegsnachrichten, aber es gibt nichts Neues. Das englische Expeditionskorps wird immer noch evakuiert. Die Franzosen fragen sich, was die Deutschen als nächstes unternehmen werden und erwarten den Vormarsch auf Paris. Die Italiener sind drauf und dran, sich zu beteiligen...

Ein ungewöhnlich spannungsgeladener Augenblick, ehe das bereits in Flammen stehende Haus zusammenstürzt.

Montag, 3. Juni

Ich bin in diesen Tagen oft so apathisch und abgespannt. Liegt das nur daran, daß ich ein Baby erwarte?

Abends klettere ich auf den Hügel und fühle mich in der sanften Brise etwas leichter, kann atmen, denken, glauben und beten. Vielleicht genügen einige visionäre Augenblicke an einem Tag. »Wenn Sie ihrer Phantasie dreimal täglich freien Lauf lassen, so ist das ausreichend!« Ja, M. Despiau, aber was fange ich mit dem Rest des Tages an? Ich nehme an, daß er antworten würde, »Travailler, toujours travailler!« wie Rodin.

Nie ist es einem möglich, den bedeutenden Menschen, denen man im Leben begegnet, diese Fragen zu stellen, da man erst viel später und nach reiflichen Überlegungen ihre Aussage begreift und einem die Gegenfragen zu spät einfallen. Wenn ich ihn doch nur jetzt fragen könnte, denkt man sich, jetzt habe ich das nötige Verständnis!

Aber eine zweite Chance bekommt man nie.

Vielleicht würde man, sähe man sie wieder, feststellen, daß sie keine Idole mehr sind und sie einem die Fragen, die man jetzt so dringend an sie richten möchte, nicht beantworten könnten. Man würde erkennen oder erahnen, daß die Zeit begrenzt ist, in der die erkorenen Helden göttergleich vor einem stehen, damit man etwas ganz Bestimmtes – in eben diesem Augenblick – von ihnen lernt. Sie sind nicht dazu ausersehen, uns ein Leben lang als Orakel zu dienen.

Ich komme ruhig und gefaßt zu den Kindern hinunter, die eben dabei sind, ins Bett zu gehen, und höre im Radio, daß die Deutschen Paris bombardiert haben. Es ist kein großer Angriff, und offenbar haben sie hauptsächlich militärische Ziele außerhalb der Stadt angegriffen, aber ich finde es widerlich und verhängnisvoll. Das ist der Anfang vom Ende. Ich fürchte, wenn sie Paris bombardieren, gehört mein Denken und Trachten nur noch den Franzosen.

Dienstag, 4. Juni

Mittagessen mit Con in einer kühlen, überfüllten, dunklen italienischen Trattoria. Ich wollte nicht in ein französisches Restaurant gehen, da ich es nicht ertragen hätte, Franzosen zu begegnen. »Italien«, sagt sie, »ist noch neutral!« Dabei auch nicht mehr so ganz. Mit einem gewissen Vorbehalt diskutieren wir Mutters Rede. Dabei können Con und ich wirklich noch miteinander sprechen – das freut mich.

Ich höre mir Mutters Rede ganz alleine an. Ich bin froh, daß C. nicht da ist. C. wäre gewiß nicht verletzt gewesen – er sieht das sehr objektiv, und es macht ihm auch nichts aus –, aber für mich ist es so leichter. Es ist eine wunderbare, eine kämpferische Rede, die Mutters Vertrauen und ihre geistige Stärke ausdrückt, aber ich kann ihren Prämissen nicht zustimmen, bin traurig darüber und fühle mich von all diesen prächtigen Menschen isoliert.

Mittwoch, 5. Juni – angefangen

Liebste Mutter,
Ich werde Dich heute abend anrufen, aber ich möchte das zu Papier bringen, was ich am Telefon nicht sagen kann – alle Gedanken, die mir während und nach der Rede kamen. Es war eine wundervolle, mutige Rede[1], und sie entsprach Dir ganz – die

[1] E.C.M.'s Radioansprache hatte den Titel »Verdient Amerika ein Wunder?«

Lebensweisheiten, die Du vorbrachtest, waren so typisch für Dich – zum Beispiel über das Wunderbare. Deine Rede beinhaltet eine fundamentale geistige Wahrheit, der ich zustimme, auch wenn ich dem Wortlaut nicht beipflichten kann. Mit meinem Herzen und meinen Gefühlen stehe ich ganz zu dem Text, mit meinem Urteil aber keineswegs. Ich wünschte sehr, sie würden übereinstimmen, aber im Augenblick klaffen sie meilenweit auseinander.

Aber Du weißt das. Du weißt, daß ich mit Deinem Appell nicht einverstanden bin, da ich persönlich finde, daß sie diesen Krieg niemals hätten anfangen dürfen und daß sie, nachdem der Fehler nun einmal begangen war, ihn im letzten Herbst hätten beenden sollen; auch, daß sie jetzt so rasch wie möglich Frieden schließen sollten. Ich glaube persönlich, ob das nun richtig oder falsch ist, daß jeder Tag, an dem sie weiter kämpfen, für sie, ihre Kinder, Enkel und uns größeres Unheil bedeutet. Diese Ansicht ist nicht gar so pazifistisch, wie sie klingt. Sie ist ein Teilergebnis, zu dem ich mich durchgerungen habe; die Brücke, die ich mir notgedrungen zwischen C.s logischem und faktischen Urteilsvermögen und meiner eigenen Weltanschauung und Herzenspflicht gebaut habe. (Dabei weißt Du so gut wie ich, daß C. nicht allein »Logiker« und »Pragmatiker« ist.) Nichtsdestoweniger ist die Brücke aus diesen Bestandteilen errichtet. Menschen, Stätten, mein Glaube, meine Träume, die ganze westliche Lebensweise geht durch diese Menschen, die ich hasse, zugrunde. Ein Kampf gegen das Böse, das absolut Böse. Und wenn Menschen sich dafür einsetzen, so bin ich einfach gezwungen zu glauben, daß sie recht haben und ich in meinem Herzen auch. Ja, wir haben recht, von einer anderen Warte kann man es gar nicht betrachten. Dabei gibt es unterschwellig etwas, das mir sagt, du hast ebenso recht wie ich, aber doch lediglich in bezug auf deine Position; doch wenn ich an die menschliche Entwicklung im großen denke, bin ich meiner Sache nicht mehr so sicher.

Wie sehr wünsche ich mir, daß ich in irgendeiner Form rückhaltlos zu diesem Krieg stehen könnte. Entweder, daß er mir das Gefühl vermittelt, daß er für unsere Selbsterhaltung notwendig wäre, oder, daß der Krieg schlichtweg und einzig ein Kampf zwischen Gut und Böse ist. Viele Menschen – sehr viele *großartige* Menschen – sehen darin einzig, daß die Mächte des Bösen, die Mächte des Guten bezwingen. Auf diesen einfachen Nenner kann ich es nicht bringen. In der Zwischenzeit ist Paris bombardiert, London zu einem Bunker geworden, sind Lazarettschiffe versenkt und Flüchtlinge mit Maschinengewehren beschossen worden – alle schrecklichen Drohungen Görings, die die Gefangenen betreffen – und in diesen Hexenkessel geraten alle großartigen, toleranten englischen Menschen – die außergewöhnlichen, distanzierten, hochherzigen, idealistischen Engländer, die man bei Lady Astor traf. Und Long Barn, und der Friede englischer Felder in den Abendstunden, Kinder und wiederum ganz Frankreich, die wackeren »Kleinbürger« und alle »unsere« Leute – die Carrels, Mannets, die Boëls und die Männer wie Détroyat und Saint-Exupéry –, die Menschen in der Bretagne, die Savinas, die Pierres, die Keraudrens, alle dem Untergang geweiht und dabei die besten Menschen auf der Welt.

Liebe Mutter, das ist jetzt sehr lang geworden und vielleicht nicht ganz verständlich. Zwangsläufig muß es Unklarheiten geben, da es sich im wesentlichen um ein Dilemma handelt. Dennoch bin ich froh, daß Du gesprochen hast, und da Du Deine Gefühle zum Ausdruck gebracht hast, war es auch überzeugend. Vielleicht sollte sich in Zeiten wie diesen jeder, der eine fundierte Meinung hat und Autorität besitzt – und, was das wichtigste ist –, dessen Integrität außer Zweifel steht, zu Wort melden. Erhebt sich eine integre Stimme, so verhilft sie den Menschen zur Einsicht, und das ist sehr viel wert. Ich glaube, daß sogar die Menschen klarer sehen, die anderer Meinung sind, dennoch kommt die Wahrheit in dieser oder jener Weise ans Licht. Die Sachverhalte werden deutlicher. Zuerst müssen die Probleme erörtert werden, wie Daddy und Tschechow sagten. Und Du hast dazu beigetragen.

Ich bin froh, und wegen der Menschen im Ausland – sogar dankbar, daß Du gesprochen hast. Ich möchte, daß sie wissen, daß unsere Gefühle Deinen Worten entsprechen.

Und wenn es nun doch dazu kommen sollte, daß Kriegsmaterial in entsprechenden Mengen geliefert wird, dann trägt eine Rede wie die Deine dazu bei, daß sich das Verantwortungsbewußtsein Europa gegenüber verändert hat. Wenn dann die Zeit kommt, in der wir ein verwüstetes Europa wieder aufbauen müssen, werden die Menschen eher dazu bereit sein, widerspruchslos zu helfen. Keiner, wo immer er stehen mag, wird dann einen Sermon halten können, durch den er verhindern möchte, daß wir Lebensmittel, Medikamente und Hilfe durch das Rote Kreuz schicken – die wir in einem Ausmaß liefern müssen, wie sie in der Geschichte der Menschheit noch nicht dagewesen ist. Diese Hilfsmaßnahme ist überpolitisch. »Die Güte der Barmherzigkeit« etc. Und je tiefer diese ungeheure Verantwortung in das Bewußtsein der Menschen eindringt, desto besser.

Ich hoffe, Du wirst mir die Rede schicken. C. hat sie nicht gehört, da er mit Carrel zum Abendessen aus war (vermutlich betrachteten sie dasselbe Problem von einer anderen Warte). Carrel hat das Gefühl, es handele sich um einen Kampf um das Christentum. Und so denken viele.

Freitag, 7. Juni

Heute, ehe ich in die Stadt eile, lese ich Dorothy Thomsons Artikel im Tribune. Es handelt sich um ein Interview mit Saint-Exupéry. Die Sätze sind so großartig, daß ich einen Kloß im Hals verspüre und mir die Tränen kommen.

»Es kam mir geradezu frevelhaft vor, daß er täglich sein Leben in der gefährlichsten Kampfeinheit riskieren sollte ...«

»Ich sagte ihm das. Schließlich können auch andere Leute Flugzeuge fliegen. Doch Sie können schreiben ... Sie haben Augen im Kopf, sie blicken in die Zukunft. Frankreich wird Sie brauchen, ebenso Europa.

›Da haben Sie vollkommen unrecht‹, antwortete er. ›Niemand, der nicht bis zum Äußersten an der Agonie seiner Mitmenschen teilnimmt, darf sich heutzutage erlauben, ein Wort zu schreiben.‹

›Wenn ich nicht mein Leben dagegen einsetzen würde, wäre ich unfähig zu schreiben. Und was für diesen Krieg gilt, gilt auch für alles andere. Man muß der christlichen Idee dienen, denn das Wort ist Fleisch geworden. Man muß mit seinem Herzblut schreiben.‹«

»Er versucht das eher zögernd darzulegen. ›Der Grund, weshalb wir in diesem Krieg stehen, weshalb es einen Hitler gibt, weshalb unsere ganze Zivilisation dabei ist zu zerbrechen, ist der, daß wir nicht danach gelebt haben. Unsere Worte entsprechen nicht unseren Handlungen. Wir sprechen Dinge aus und tun so, als würden wir auch an sie glauben, aber wir setzen das, was wir sagen, nicht in die Tat um. Unsere Taten haben nichts mehr gemein mit dem Glauben an das fleischgewordene Wort. Und weil wir selber und in unserer Gesellschaft nicht mehr teilhaben, herrscht Zwietracht in unseren Seelen und in unserer Gemeinschaft. Um frei zu sein, muß man vertrauenswürdig sein. Ansonsten ist in der Freiheit jeder bedroht. Eine Demokratie muß eine Bruderschaft sein. Andernfalls ist sie eine Lüge.‹«

Was er sagt, ist eine fundamentale Wahrheit. Der Kernsatz ist: Das Wort muß Fleisch werden.

Das ist tief hinein in mein eigenes Leben gedrungen.

Es entspricht so sehr meinem persönlichen Dasein – meine Träume, die nicht in die Tat umgesetzt, meine Ideale, die nicht verwirklicht wurden, meine Ehe, die Kinder, das geistige Leben. Wie unzulänglich erfülle ich meinen Glauben. Aber wie, o Gott, kann in meinem kleinen Alltagsleben das Wort zu Fleisch werden? In C., in den Kindern, in dem Versuch, ein wahrhaft einfaches Leben zu führen, indem ich mehr an die Menschen in meiner Umgebung denke, ihnen Dinge abnehme, ihnen diene?

Auf meinem Weg in die Stadt war ich so erfüllt davon, daß es schwer war, nicht in Tränen auszubrechen.

7. Juni (Fortsetzung des am 5. Juni begonnenen Briefes an E.C.M.)

Ich habe das eben nochmals durchgelesen, nachdem ich Dorothy Thomsons großartige Veröffentlichung gesehen habe, in der Saint-Exupéry seine wunderbare Erklärung abgibt, weshalb er kämpft. Es ist schwer, daß man nach außen hin auf der anderen Seite wie diese prächtigen Menschen stehen muß. (Da bist Du, St.-Ex. und Carrel – D.T. möchte ich nicht zu dieser Schar zählen!) Die Wahrheit dessen, was er sagt, ist so profund, daß ich nicht umhin kann, ihm aus vollem Herzen zuzustimmen. Ich glaube fest, daß wir dem Bösen Widerstand entgegensetzen müssen, ich glaube, daß das Böse untergehen wird, ich glaube, daß das Gute, das durch Euch alle vertreten wird, triumphieren muß. Und daß das Wort Fleisch wird. Nur bin ich nicht so sicher, daß sich das alles so vollzieht, wie wir es uns in diesem Augenblick und in unseren Gebeten vorstellen. Man muß in jedem Fall beten, daß es überhaupt geschieht, und daß wir die Klugheit und Kraft besitzen werden, um zu wissen, wie wir unser Wort Fleisch werden lassen, damit unsere Gebete mit den Werken unseres Lebens im Einklang stehen und sich das Wunder vollzieht. Tatsächlich vertrittst Du denselben Standpunkt wie Exupéry.

Tagebuch *Sonntag, 9. Juni. Schwül und heiß*

C. und ich gehen zum Strand hinunter. Er ist nervös und voller Unruhe. Die Kriegssituation hat eine enorme Gefühlswelle in den Vereinigten Staaten ausgelöst. Hilfe für die Alliierten, sogar eventuell die Teilnahme am Krieg. Die Menschen sind sehr aufgewühlt (was kein Wunder ist). Es kann alles passieren. Mit Sicherheit stehen uns Schwierigkeiten bevor. C. wird in vorderster Front stehen, aber die Kinder – wo sollen wir sie lassen, wo werden sie sicher sein? Und diese ständige Publicity, ohne offiziellen Schutz, die wir niemals loswerden. »Wie ein Kreuz«, sagt C. »das wir unser ganzes Leben zu tragen haben.«

C. nimmt mich zu einem Nest von Wildenten mit, das er in einem hohlen Baumstumpf entdeckt hat. Die Ente sitzt auf dem Nest – mucksmäuschenstill, in wunderschönen, in einander übergehenden Brauntönen. Sie ist ganz Wachsamkeit, ihre Glasaugen sind unbeweglich auf uns gerichtet. Sie läßt uns nahe herankommen. (Und ich bitte C., nicht weiterzugehen. In einer gewissen verrückten Reaktion auf den Krieg kann ich es nicht ertragen, ein einziges Lebewesen in Angst zu versetzen oder womöglich ein Insekt zu töten. Das ist natürlich vollkommen unvernünftig. »Gewalt ist ebenso ein Teil der Natur wie die Harmonie«, sagt Whitehead.)

Montag, 10. Juni

Riesenhafte, ganzseitige Anzeigen in den (New Yorker) Zeitungen: *Macht jetzt ein Ende mit Hitler.* Amerika ist schrecklich aufgebracht – Leserbriefe an die Zeitung. Reden und Veröffentlichungen verlangen ziemlich unverblümt, daß wir uns an diesem Krieg beteiligen.

»Menschlich gesehen«, sagt der Papst in einem Satz, der mich sehr bewegt, »tritt der Friede immer mehr in den Hintergrund.«

Über die Deutschen wird berichtet, daß sie in der Nähe von Rouen, Soissons und Beauvais – alles Orte im Umkreis von 56 km von Paris – stehen und an einigen Stellen die Seine überquert haben. C. sagt: »Das ist eine Marschroute.«

Während des Mittagessens spricht Mussolini; wir hören ihn im Radio. Seine Stimme klingt ungeheuer pathetisch: »Die Stunde ist gekommen« etc. Den Franzosen und Engländern sind bereits die Kriegserklärungen übergeben worden. (Das bedeutet, daß Frankreich schon geschlagen ist, sagt C.) Und während der Phrasendrescherei, in den Pausen, hört man blutrünstige Hochrufe der Menge – donnernde Zustimmung. (C. sagt, das ist der Schrei nach dem Blut des schwer getroffenen Frankreichs.) »Ich weiß«, antworte ich, »ich kann es nicht ertragen.« Sœur Lisi weint. Die Welt verändert sich, während wir hier sitzen. Veränderte sie sich ständig, denke ich bei mir, durch solche zweitklassigen Männer, die derart verblendete und ignorante Massen anführen? Das trifft einen ganz besonders. Ich kann nicht finden, daß der Mann, der hier spricht, ein großer Mann ist. Er hat ein lügenhaftes, hinterlistiges Spiel getrieben und sich an den Höchstbietenden verkauft. Er beteiligt sich, wenn der Kampf gewonnen ist, um seinen früheren Verbündeten zu schlagen, der gefallen ist und darniederliegt, ihm selbst dabei durch Rasse, Geschmack und Kultur so nahesteht. Und er sagt, dies sei ein ihm aufgezwungener Krieg!

Abends gibt der Radioansager seine letzten Nachrichten aus Paris durch. Es ist sehr bewegend. Die Französische Regierung verläßt Paris und geht nach Tours. Paris wird evakuiert. Die kleinen Eisenstühle und Tische auf den Bürgersteigen sind leer. »Das Ende einer Ära.« »Abschied von Paris.«

Roosevelt spricht, beschuldigt Italien. »Die Hand, die den Dolch hielt, stieß ihn in den Rücken seines Nachbarn.« Stürmische Hochrufe! Wir sind gewiß nicht mehr neutral!

Mittwoch, 12. Juni

Das schwierigste bei der Versorgung von Kindern ist, daß sie einen nicht nur physisch beanspruchen, sondern sehr viel mehr noch geistig. Ich kann, wenn sie um mich sind, keinen Gedanken zu Ende denken. Doch sie sind eine Freude.

Die Deutschen stehen 19 Kilometer vor Paris. Sie haben Rouen, Reims, Compiègne und sind auf beiden Seiten von Senlis. Paris ist evakuiert und praktisch eine »militärische Stadt«. Dann wird es zerstört werden. Das ist unvorstellbar.

In den Nachrichten wird abends verkündet, daß die Franzosen Bullitt[1] beauftragt haben, den Deutschen mitzuteilen, daß Paris »eine offene Stadt« ist – nicht befestigt und kein Ziel für Bombardements. Die Deutschen geben von Berlin aus bekannt, daß sie die Bedingung annehmen und Paris als »offene Stadt« anerkennen.

[1] Bullitt, von 1936–41 US-Botschafter in Frankreich.

Ich bin über alle Maßen erleichtert. Mehr, als ich eigentlich sein sollte. Ich weiß, daß es vielen Franzosen lieber wäre, wenn Paris zerstört würde und nicht in deutsche Hand geriete – nichtsdestoweniger bin ich eine große Sorge los. Noch ist nicht alles verloren, Paris wird nicht dem Erdboden gleichgemacht. Ich habe das Gefühl, als sei das ein Symbol, daß es überleben und eines Tages wieder den wahren Franzosen gehören wird. Ich bin den Franzosen dankbar dafür, daß sie so viel Stolz geopfert haben, und selbst den Deutschen (oder auch dem Schicksal, wenn es dafür verantwortlich zu machen ist), daß sie so viel Disziplin bewahren. Bullitt ist geblieben, um die Stadt zu übergeben. Ich achte ihn deswegen.

Reynaud wendet sich in einem letzten – verzweifelten – Aufruf um Hilfe an die Vereinigten Staaten. Die Zeit ist gekommen, in der die anderen Demokratien Frankreich gegenüber ihre Pflicht zu erfüllen haben. »Ich erhebe Anspruch.« Er verlangt Flugzeuge, Panzer, Kriegsmaterial, und daß wir zum Ausdruck bringen, daß wir gegen Hitler sind, das heißt, daß wir dem Krieg beitreten und Frankreich retten sollen.

Der kleine Mann in Frankreich sieht in uns seine letzte Hoffnung, glaubt, daß es in unserer Macht steht, sie zu retten, und daß es unsere Schuld ist, wenn sie untergehen. Das ist zwar menschlich, aber weder fair noch wahr. »Es geschieht alles, was in unserer Macht steht.« (Roosevelt) Wir haben keine Flugzeuge, keine Panzer und kein Heer, das wir schicken könnten. Wir sind noch unvorbereiteter als Frankreich. Aber kein Franzose wird uns das jemals glauben.

Freitag, 14. Juni

Die Deutschen marschieren in Paris ein. Das Hakenkreuz weht auf dem Eiffelturm. In gewisser Weise ist es schlimmer, sich die Deutschen in Paris vorzustellen, als in New York. Für mich *ist* Paris Frankreich, und das ist verloren.

Schwarz umrandete Schlagzeilen verkünden: »Paris fällt.« Bullitt, wie berichtet, in deutscher »Schutzhaft«. Wird uns das in den Krieg hineinziehen?

Oh, wenn es doch nur *rasch vorbei* wäre!

Samstag, 15. Juni

Die Kriegsnachrichten sind unklar. Die Deutschen rücken schnell vor. Aber man hat, aufgrund zunehmend unbestimmter Nachrichten aus Frankreich, den vermehrten Gerüchten über einen Frieden, den immer häufigeren Verweigerungen eines Separatfriedens, das Gefühl, daß in dem vorläufigen Regierungssitz Frankreichs in Bordeaux viel Bedeutenderes geschieht. Ich bete um Frieden. Roosevelt antwortet Reynauds Bitten mit »unsere Anstrengungen werden verdoppelt werden ... ich kann sicher zusagen ... jede Woche ... mehr Material...« Während es physisch unmöglich ist, diese Schwärme von Flugzeugen, diese Mengen von Panzern zu senden, die Reynaud verlangt. Der Präsident muß das wissen. Weshalb erweckt er weiterhin falsche Hoffnungen? (Oder will er damit nur versuchen, uns in den Krieg hineinzuziehen, in der Hoffnung, daß unser Eintritt genügt, um das Blatt zu wenden?

Ich bin froh, daß C. heute abend reden wird. Was er ihnen zu sagen hat, ist schrecklich (wir haben nichts, was wir schicken können), wie bitterlich er auch deswegen gehaßt werden mag, so ist es doch besser, daß sie klar und deutlich erfahren, daß Roosevelt sie nur hinhält.

Das Thema von C.A.L.s Rede war »Wir treiben in den Krieg.« Das war eine Warnung, daß unsere Regierung einen Kurs einschlug, der zum Krieg führen mußte, und sollten wir uns beteiligen, müßten wir darauf gefaßt sein, einen ganzen Kontinent anzugreifen. Es würde Monate dauern, um dafür eine entsprechende Armee aufzustellen. Er trat für eine wirksame Verteidigung unserer Hemisphäre ein und dafür, daß Amerika sein Geschick frei bestimmen können muß.

Die Deutschen haben wieder »das Unmögliche« geschafft – sie überquerten vor der Maginot-Linie, in der Nähe der Schweizer Grenze, den Rhein. Sie behaupten auch, daß sie die Linie durchbrochen haben.

Ein klarer, strahlender, kühler Tag. Es ist »Juni« heute. Ich lese beim Frühstück die Zeitung (C.s Rede), als er lächelnd und energiegeladen hereinstürmt. Er schien kampfesmutig. Er sagt, er meint, daß die Krise vorbei ist, daß wir den Krieg nicht mitmachen müssen, wir aber dicht davor standen. Die Franzosen müssen in ein bis zwei Tagen Frieden schließen.

Am Abend hören wir im Radio, daß in Bordeaux die Regierung Reynaud gestürzt ist. Eine neue Regierung unter Pétain wurde gebildet. Der Radioansager gibt die Lebensläufe der Mitglieder bekannt: Pétain sympathisiert mit Francos Spanien; (Pierre) Laval, ein Opportunist, zwei Pazifisten und ein Mann, der ein Pamphlet in Umlauf gesetzt hat: »Weshalb für Danzig sterben?« Man kann sich den tieferen Sinn dieser Bewegung vorstellen. »Das bedeutet *Frieden*, sagt C. Mir hüpft das Herz im Leibe bei diesem Wort, und ich gehe hinaus in den Garten, hoffe und bete. Dabei bedeutet auch der Friede »Leiden«, schreckliche Leiden für Frankreich.

Senator Key Pittmans Antwort im Radio auf C.s Rede. Selbstverständlich ist sie ein Angriff, aber im Ton klingt sie eher wie eine *Verteidigung* der Regierungspolitik. Niemand hat auch nur die *geringste Absicht*, sich an dem Krieg zu beteiligen etc. Was nur beweist, wie sehr sie zurückstecken mußten und wie groß C.s Erfolg war.

In Wahrheit hatte ich unrecht. Die Regierung war in der Tat in einer sehr schwierigen Lage, nicht aufgrund von C.s Rede, sondern wegen einer stark isolationistischen Haltung im Land und im Kongreß.

Pétain bittet um Friedensbedingungen. Das Verhalten dieses alten Mannes in dieser Stunde ist sehr ergreifend. Sie können ihm vertrauen; er ist Frankreich ergeben, kennt Sieg und Niederlage. Ich bin erleichtert, daß sie in dieser schrecklichen Stunde so einen Mann haben.

Heute morgen gehe ich mit dem Gefühl umher, daß etwas Entscheidendes geschehen ist. Für Frankreich ist es nun vorbei, auch dem Sterben ist wenigstens ein Ende gesetzt. Vielleicht können wir jetzt darangehen, ihnen zu helfen.

In den 6.45 Nachrichten hören wir, daß Frankreich weiterkämpft. »Um seine Ehre.« Es ist keine bedingungslose Kapitulation. Pétain hat um die Bedingungen gebeten, also müssen sie weiterkämpfen. Und wieder wird es einem ganz übel davon.

Zum Abendessen zu den Foster Dulles. Wie auch früher schon beginnt der Abend ganz zwanglos. J.F.D. ist der bedächtigste, wohlüberlegteste Redner auf der Welt. Die Gedanken werden fallengelassen und im Schweigen zwischen den Sätzen begraben. Deshalb ist es besonders überraschend, wenn er auftaut und einem die erstaunlichsten und unkonventionellsten Ideen auftischt.

Auf meine Frage, »Wie können wir ihnen helfen?« antwortet er mit Wärme, daß wir sie nicht mehr zu weiteren Kämpfen ermutigen sollten, daß wir sie nicht mehr antreiben und ihnen keine falschen Hoffnungen mehr machen sollten, auf eine Hilfe, die wir ihnen nicht geben können. Wir stimmen ihm natürlich absolut zu.

Er versetzt einen sogar noch mehr in Erstaunen, wenn er anfängt, eine konstruktive, offensive Politik zur Verstärkung dieses Landes zu entwickeln. Er glaubt nicht, daß Verteidigung allein genügt. Hitler wird uns vielleicht nicht angreifen, wenigstens nicht gleich, aber er kann uns sehr leicht Schwierigkeiten machen und wird es auch tun, wenn wir nicht eine aggressivere Politik betreiben; wir müssen unser Land und unsere Hemisphäre zu einer Einheit machen. Was für Folgen hat das? Eine imperialistische Politik?

Er sagt über das Veränderliche – daß es eine Lebensbasis für

Menschen, Institutionen und Nationen ist. Daß, wenn man keine Maßnahmen ergreift, die Kräfte der Natur so aufgestaut werden und, wie jetzt, eine Feuersbrunst ausbricht (Überschwemmung wäre logischer). Er beschreibt auch, daß Völker den Tieren ähneln, die für bestimmte, nützliche Zwecke gezähmt wurden, wie die Kühe, um Milch zu geben, und die Hennen, um Eier zu legen. Sind sie gezähmt, umgeben wir sie mit einem Zaun und erwarten, daß sie sich gewissen Regeln fügen. Das gilt genauso für die Völker, die Gesetze sind gut und zweckmäßig, aber wenn der Zaun fehlt oder ein Tiger einbricht, ist es ganz sinnlos, auf den Bauernregeln zu bestehen.

Er hat das Gefühl, daß Roosevelt nie die Absicht hatte, uns in den Krieg hineinzuführen, wohl aber glaubte, daß er Hitler abschrecken konnte und, um sich populär zu machen, sich von seiner Leidenschaft für die große Pose und dramatische Szene hinreißen ließ. Das ist zu schrecklich, als daß man es glauben könnte. Ich möchte zu Roosevelts Gunsten annehmen, daß er ernsthaft glaubte, daß wir uns an diesem Krieg beteiligen sollten; sonst sind seine Handlungen unverzeihlich: Man kann nicht die anderen dazu anhalten, zu kämpfen und zu sterben, und nicht die Absicht haben, sich zu beteiligen – sich etwas einhandeln, ohne sich dafür einzusetzen, wie Mussolini.

Dienstag, 18. Juni

Verschiedene Menschen des öffentlichen Lebens haben sich wie Willkie[1] jetzt entschieden gegen den Krieg und gegen die Regierung ausgesprochen. Ein großer Meinungsumschwung. C. sagt, »Sie brauchten nur jemanden, der für sie ins Wasser sprang, um auszuprobieren, ob es vielleicht zu kalt ist«.

»Und immer mußt du derjenige sein«, sage ich leicht verbittert und denke dabei an andere Male, in denen C. das Eis gebrochen und die Hauptlast der Kritik zu tragen hatte, die ersten Pfeile sich auf ihn richteten.

»Das ist der Platz, auf den ich gehöre.« Er lächelt.

[1] Wendell L. Willkie, 1940 Präsidentschaftskandidat für die Republikaner.

Mittwoch, 19. Juni

Die Deutschen haben Bordeaux bombardiert. Warum haben sie das getan? Um die Regierung zur bedingungslosen Kapitulation zu zwingen? Ich empfinde das als eine unnötige Grausamkeit. C. sagt, die Deutschen haben den größten Teil der Bretagne eingenommen.

Jon ist ganz besorgt: »Haben sie auch Illiec?«

Ich: »Also, sie sind vermutlich nicht auf der Insel, haben aber wohl das Festland!«

»Wird Illiec dann nicht mehr uns gehören?«

»Also, das weiß ich nicht, Jon. Vielleicht werden du und Land eines Tages dorthin zurückkehren.«

»Und du nicht? Warum?«

»Vielleicht möchten wir das gar nicht.«

»Weshalb?«

»Es wird sich verändert haben.«

Jon: »Die Felsen und die Bäume werden immer noch dort sein!«

22. Juni, 34. Geburtstag

Der Waffenstillstand zwischen Frankreich und Deutschland ist unterzeichnet worden. Die Emissäre sind auf dem Weg nach Italien. Genaugenommen wird der Krieg erst sechs Stunden nach Abschluß des Waffenstillstandes mit Italien aufhören. Aber zum größten Teil ist das Feuer eingestellt worden.

Ein französischer General (Charles de Gaulle) in London fordert die Franzosen außerhalb ihres Landes – in den Kolonien auf, weiter Widerstand zu leisten. Er wird von Churchill und den Engländern dazu gedrängt.

Sonntag, 23. Juni

C. und ich gehen zum Strand hinunter und zurück – ein langer Weg! Wir sitzen auf den Felsen, bis es fast dunkel ist, ich blicke auf das Meer hinaus und hänge meinen eigenen Gedanken nach, so wie C. den seinen. Es kommt mir, wie schon so oft, in den Sinn, wie alleine C. ist. Dieser erste Alleinflug ist noch immer symbolisch für ihn. Er war und wird stets, so wie jetzt auch und weiterhin, allein draußen über dem Ozean sein, allein sein Ziel vor sich sehen, allein das Vertrauen haben, daß er es erreicht – während die Leute um ihn herum »Fliegender Narr!« rufen. Und einige werden ihn blind in ihren Herzen bewahren – wie ich.

Montag, 24. Juni

Détroyat und sein Freund tauchen in der Einfahrt auf. Ich komme später in meinem neuen rosa-blauen Négligée herunter. Ich komme mir sehr schön und grazil vor, doch die Männer sind derart aufmerksam, springen auf, um Türen zu schließen, damit ich mich nicht erkälte, eilen, um Dinge aufzuheben, die ich fallen lasse, daß ich fürchte, daß meine »Tarnung« nicht so gut gelungen ist, wie ich gehofft habe!

Es ist in jedem Fall ein großer Luxus und eine große Wonne in die französische Sprachwelt, die Gewandtheit der Formulierungen, die Exaktheit des Denkens und die entwaffnend warmherzige, scheue Zuneigung zurückzugleiten.

Ihre Objektivität überrascht mich, ebenso die schlichte, traurige Art, mit der sie die Niederlage akzeptieren. Sie sprachen ohne Bitterkeit, ohne Groll und ohne Ärger mit uns. Verbittert waren sie einzig wegen Italien und das, wie der Freund sagte, weit mehr als gegen Deutschland. Verübeln kann ich es ihnen nicht.

Détroyat und C. meinen, daß England kaum eine Chance auf Erfolg hat, und daß es rasch zu Ende gehen wird. D.s Freund (ein geistreicher, alerter Franzose) war sich nicht so sicher und erwähnte die britische Zähigkeit. Wir hatten es schön beisammen, analysierten gemeinsam die Charakteristika der Engländer (der Freund und ich waren zurückhaltender, während C. und D. sich ausgesprochen kritisch äußerten), bis sich gegen Ende des Abends herausstellte, daß die Frau des Freundes Engländerin war! Tiens!

Détroyat teilt C. mit, daß er vorhat, den ersten Clipper zu nehmen, der nach Frankreich zurückfliegt. Sein Freund beginnt mit ihm eine Diskussion, die unterschwellig vorhandene Tragödie des Abends ist damit offenbar. Sie sehen es nicht zu tragisch und machen auch kein Melodrama daraus. Man *konnte* sie *nicht* bemitleiden. Sie haben mit sich selber kein Mitleid. Doch die Tragödie ist da, und sie täuschen sich auch nicht darüber hinweg. Sie wollen lediglich wissen, da sie nun mal betroffen sind, was sie rein praktisch am besten unternehmen sollen.

Der Freund entwirft ein Bild von dem Frankreich, in das Détroyat zurückeilen will – von deutschen Truppen besetzt, regiert von einem Gauleiter, Geheimpolizei. Was für Aussichten für einen unabhängigen Menschen? »Wenn du redest«, sagt der Freund, »wirst du schnell erledigt sein, und sie wissen genau, wie sie das anstellen müssen. Dein Beruf wird ausgemerzt werden. Das Flugwesen in Frankreich wird eingestellt. Warum gehst du zurück?«

»Ich gehe wegen meiner Frau und meiner Kinder zurück«, sagt Détroyat ganz schlicht. »Es ist mir seit zehn Tagen nicht gelungen, Verbindung aufzunehmen. Ich muß sehen, ob sie in Sicherheit sind, ob sie zu essen haben ...«

Der Freund beschwört ihn, den Versuch zu machen, sie herauszuholen, was von außerhalb leichter ist – und nicht nach Frankreich zurückzugehen, ehe nicht die deutsche Besetzung beendet ist. Vorher kann man an einen Wiederaufbau Frankreichs nicht denken, die Franzosen brauchen dazu eine gewisse Unabhängigkeit, wenn auch nur auf einem kleinen Sektor. Und selbst dann?

Der Freund kommt freundlich und sich fast entschuldigend zu mir herüber und sagt, wir hätten nicht den ganzen Abend über solche Dinge sprechen sollen. Ich merke, daß mir das Sprechen schwerfällt, und versuche meine Gefühle zu erklären. Wir können nicht umhin ständig an diese Dinge zu denken; weshalb also nicht darüber reden?

»Aber die Menschen haben stets die Kraft besessen, sich darüber zu erheben, sich mit anderen Gedanken zu beschäftigen und eine Kultur zu erhalten...«

Ich sage, ja, *er, sie, die Franzosen* haben ein Recht über anderes zu reden; sie haben gelitten. Sie sind berechtigt, den Krieg hinter sich zu lassen, aber ich habe nicht das Gefühl, daß ich ein Recht dazu habe zu vergessen, und nicht weiterhin an die Leiden zu denken.

Er sagt, es ergehe ihm wie mir, da er weder gelitten noch gekämpft habe; er ist hier (in der Einkaufskommission) gewesen mit Frau und Kindern.

Und (auf eine Frage von C.) was er jetzt, da die Kommission beendet ist, für seine Pflicht hält, antwortet er, ich muß weiter Widerstand leisten. Er hat bis jetzt noch nicht sein Leben eingesetzt, muß nun nach England gehen oder auch in die Kolonien, wenn die sich weiter widersetzen. Ist das hoffnungslos? Was soll er tun?

Beeindruckt von ihrer Würde und Ritterlichkeit gehe ich bewegten Herzens zu Bett.

Freitag, 28. Juni

Willkie ist für die Republikaner nominiert worden![1] Ich weiß nicht viel über ihn, aber es kommt mir großartig vor, daß ein Mann, der kein Politiker ist, gewählt wurde, und nicht ein unnachgiebiger Konservativer. Wenigstens weiß er, daß es für uns keine Umkehr gibt, und hat eine Vorstellung von dem, was uns in Zukunft erwartet.

Während des Abendbrots schaut Thelma herein. Es ist schön, sie zu sehen, trotzdem fürchte ich mich vor dieser ersten Begeg-

[1] Wendell Willkie war von einer überwiegend isolationistischen, republikanischen Konvention als Präsidentschaftskandidat aufgestellt worden.

nung. Ich weiß, daß wir wegen ihres intensiven politischen Engagements und meinen Ansichten Schwierigkeiten haben werden. Ich habe das Gefühl, daß es nicht mehr so schlimm ist, wenn wir das ausgestanden haben.

Sie schießt gleich los, und zwar gewaltig, gegen Henry Ford. »Unsäglich«, »unmoralisch«, »solche Männer müßten unter Druck gesetzt werden...« Und das alles nur deshalb, weil Henry Ford sich geweigert hat, seine amerikanischen Fabriken auf die Produktion von Rolls-Royce Motoren für englische Flugzeuge umzustellen. (Seine Fabriken in Kanada und England *werden* zur Verteidigung dieser Länder herangezogen, und er sagt, er würde seine Fabriken auch zur Verteidigung *dieses* Landes zur Verfügung stellen.)

Bedauerlicherweise fühle ich mich zu seiner Verteidigung aufgerufen. Ich sage, man kann seinen Entschluß ablehnen, aber man kann sein Verhalten nicht als unmoralisch oder gemein bezeichnen. Er lehnt Aufträge ab und verzichtet dabei darauf, Geld zu verdienen, da er nicht glaubt, daß es zum Wohle dieses Landes oder Englands ist, wenn England weiterhin mit Waffen versorgt wird. Das ist seine heilige Überzeugung, und er macht keine Geschäfte, wenn sie seiner Anschauung widersprechen. Er hat genau solche moralischen Grundsätze, vielleicht sogar noch gravierendere, als die Menschen, die auf der anderen Seite stehen. Einem Pazifisten kann man seine Moral nicht absprechen, doch man kann anderer Ansicht sein als er.

»In gewisser Weise ist er ein Narr«, sagt Thelma. Es kommt die ganze Pro- und Kontrakriegssituation zur Sprache.

»Ich nehme bereits am Krieg teil«, sagt Thelma. Das glciche gilt für Brooks – er steht seit Monaten im Krieg!«

Sie kennt alle Berichte durch die fünften Kolonnen in Mexiko, Südamerika etc. und auch die Drohung Japans. Sie weiß auch von herzzerreißenden Einzelschicksalen der Flüchtlinge etc.

Verdrossen, traurig und sehr einsam gehe ich zu Bett.

C. wieder da. Wie üblich, ist er keine zehn Minuten im Haus, ohne mir nicht zu sagen, ich solle mich »beruhigen«. Ich weiß, daß man mich leicht aufziehen kann, daß ich erregbar bin, aber wenn man gesagt bekommt, man solle seine Freude und Aufregung »unterdrücken«, die auch nach einer kurzen Reise jedes Mal groß sind, so ist das eine kalte Dusche. Doch er sagt es zu meinem Besten und denkt an meine Gesundheit, daher sollte es mir nichts ausmachen. Er ist ebenfalls nervös, wenn er zurückkommt von einer Reise, aber hauptsächlich, weil er sich um mich sorgt.

Wir machen einen Spaziergang in die Wälder und an den Strand. Es ist köstlich – Kühle, Sonne und Schatten. Ich bin glücklich.

Jon hat jetzt zehn Schildkröten! Er hat die anderen Jungen mit seinem »Schildkrötenfieber« angesteckt, und jetzt sammeln sie alle. C. bringt eine kleine Schildkröte für Land mit, und während er seinen Koffer öffnet, nimmt er den Deckel einer Krawattenschachtel ab, in der eine gestreifte Gürtelschlange für Jon ist. Jon windet sie, nachdem er seine erste Verblüffung überwunden hat, um sein Handgelenk. Wir fassen sie alle an. Ich muß sagen, mir macht das wenig Freude, doch die Jungen sind sehr beeindruckt.

Ankunft der Smiths. Truman berichtet uns alles aus Washington. Er hatte den Auftrag, C.s Reden zu schreiben, und Morgenthau *verlangte seine Versetzung!* T. bot an, seine Entlassung einzureichen, aber die Armee (General Marshall) wollte nichts davon wissen. Dafür ist er für sie viel zu nützlich. Daher wurde er erst einmal – »bis der Sturm sich gelegt hat« – für eine Weile nach Fort Benning abgeschoben.

Was er uns über Frankreich mitteilte, freute uns sehr – die Zahl der Gefallenen war lange nicht so hoch, wie man zuerst berichtet hat. Er erzählt uns auch über die Einstellung der französischen Botschaft in Washington. Ein Franzose wandte sich an die Botschaft um Rat.

»Gehen Sie nach Frankreich zurück und nehmen Sie ihren Beruf wieder auf.«

»Aber ich arbeite in Paris.«

»Dann fahren Sie zurück und fangen wieder von vorne an.«

»Und wenn es dort keine Arbeit gibt?«

»Dann gehen Sie zurück und stellen sich mit Ihrer Hände Arbeit zur Verfügung – für Frankreich.«

Eine solche Haltung begeistert einen. Herrscht sie dort überall, wird Frankreich überleben. Im Innern meines Herzens bin ich glücklich.

Freitag, 5. Juli

Mutter zum Mittagessen. Sie ist sehr müde und mutlos. So habe ich sie noch nie gesehen – sie ist enttäuscht wie ein Kind. Sie wollte so gerne helfen, ist dabei in Komitees geraten, die sie für unsolide hält. Dazu kommt, daß alle Vorkriegskommissionen sich untereinander bekämpfen. Sie ist entsetzt und zermürbt. Die Tage sind vorbei, in denen es »gut« war, wenn man sich für eine »wohltätige Sache« einsetzte. Ich wollte, ich könnte ihr erklären, daß das eine Zeiterscheinung ist und nicht etwas, was zufällig nur ihr passierte. Dazu kommt, daß die Leute, die selber niemals auch nur einen Bruchteil von dem, was sie für andere getan hat, gemacht haben, sie in Tausenden von Fällen um Hilfe bitten, die sie nicht leisten kann. Sie hat im wahrsten Sinne des Wortes ihr Leben anderen gewidmet, hat Geld, Zeit und Arbeit geopfert. (»Aber *sie* sind anderer Meinung, Anne«, sagt sie traurig.) Ich versuche ihr zu erklären, daß das, was sie für das Smith College getan hat, weit wichtiger und nützlicher als alles andere war. Aber es ist schwierig. Früher hatte sie eine Art unerschütterlicher Position, die gefestigt, gut, ehrenhaft und von allen akzeptiert war.

Jetzt aber hat das niemand mehr. Das liegt an der Zeit. Man muß seine eigenen Maßstäbe setzen »und nicht zu viel Zeit und zu viel Mut darauf verwenden, anderen seinen Standpunkt zu erläutern«. (Rilke.)

C. und ich fliegen nachmittags vom Long Island Aviation Country Club aus über Long Island. Das Gedränge irritiert ihn. Wie sehr sehnt er sich nach Freiheit – aber für ihn ist sie wohl unerreichbar.

Montag, 8. Juli

Ein unfreundlicher Brief von Lady G., in dem sie C. wegen seiner Undankbarkeit England gegenüber rügt. Ich kann sie verstehen. Trotzdem bringt es mich aus der Fassung. Ihre Einstellung ist offenbar, daß man sein Land aus persönlicher Loyalität oder Dankbarkeit für ein anderes Land »verschleudern« sollte. Wir haben schließlich von England weder etwas verlangt, noch etwas erhalten, was wir nicht (sehr anständig) vergütet hätten; wir haben auch nichts bekommen, was nicht jedem, der dort lebt, und jedem gewöhnlichen Touristen zusteht. (C. hat ihnen sogar seine Dienste und seinen Rat angeboten und ist dafür lediglich ausgelacht und abgewiesen worden.)

Aber jeden bewegen eigene Vorstellungen. Keiner kann die leidenschaftliche Überzeugung von einem Mann wie C. verstehen. Niemand kann daran glauben.

Aber selbstverständlich nehme auch ich alles sehr persönlich.

Mittwoch, 10. Juli

Alles ist gepackt, und wir sind startbereit[1] – und erholt. Beim Abschied folgt mir Land, doch als er feststellt, daß er nicht mitkommen darf, verzieht er den Mund. Wie schwer ist es jedes Mal, die Kinder zu verlassen! Ich weiß, daß bei ihm in Sekundenschnelle alles vorbei und vergessen ist, aber mir hilft das nicht. Plötzlicher Kummer der Kinder trifft einen so unmittelbar. Jon

[1] Die Lindberghs fuhren nach North Haven, Maine, um an der Küste nach einem möglichen festen Wohnsitz Ausschau zu halten.

und ich stehen einander sehr nahe, verstehen uns gut und gehen ganz selbstverständlich miteinander um.

Wir fahren nach Boston. Es ist sehr heiß, aber wir sind erleichtert, daß wir weg sind, essen unterwegs Sandwiches, Eis und trinken Kirschencider! Etwa um 7.30 kommen wir zum Wayside Inn. Es ist nicht überfüllt, und es sind nette Leute da – die uns nicht stören. Doch nach dem Essen wollen wir spazieren gehen, Touristen folgen uns, rufen und laufen hinter uns her, Autos fahren heran. »Hallo, Oberst!« »*Dort* sind sie!« »Hallo, Lindy!« Wir versuchen weg und hinauf zur Kirche zu gehen, aber sie richten ihre Scheinwerfer auf uns und folgen uns. Schließlich kehren wir zum Gasthaus zurück, ich gerate in Panik, weiß ich doch, daß ich nicht schnell gehen kann und wünsche mir eine Tarnkappe, unter der ich mich verbergen kann. Mir ist der Gedanke, daß sie meine Figur anstarren und herausfinden könnten, daß ich ein Baby bekomme, schrecklich. In mir zieht sich alles zusammen. Aber noch mehr fürchte ich etwas anderes: daß sie herankommen und unerträglich grob werden und C. wütend zurückschimpft und wieder mißverstanden wird.

Endlich gelangen wir zum Gasthaus, gehen hinauf und schließen alle Jalousien. Es ist zum Ersticken heiß. Wir sind sehr deprimiert. Eine alte Wunde war wieder aufgebrochen.

Wie können wir leben, *wo* können wir leben? Wieder dreht sich alles um die alten Probleme.

Donnerstag, 11. Juli

Morgens ist das Gasthaus ruhig. Wir können in Frieden abreisen und sind wieder glücklich; Umgehungsstraßen um Boston, Gehöfte. Bei ihrem Anblick wird es C. wohler. An der Küstenstraße ist es wieder schrecklich: Alle paar Meter Hot-Dog-Buden, Straßenschilder – entsetzlich bemalt. Zum Ersticken.

Nach dem Essen erkunden wir auf dem Weg nach Rockland (Maine) die Umgebung Harpwells. Die Landschaft ist lieblicher als in North Haven, nicht so imposant und urwüchsig. Dazu sind alle Landzungen schrecklich verbaut und voller Touristen. Von Bath aus gehen wir zu einer Landzunge. Werden wir jemals einen Ort finden, der natürliche Schönheit, Abgeschiedenheit von den Touristen, Schutz vor Verbrechen und erreichbare Schulen und Ärzte bietet?

Wir sind ziemlich enttäuscht, und ich bin müde. Ungefähr um 8.30 treffen wir Quinn[1] in Rockland. Er ist ein junger, hagerer, gebräunter Kapitän, recht schmuck und tüchtig. Wir setzen im schwindenden Licht auf der *Mouette* über. Schwindendes Rot hinter den immerwährenden Camden Hills. Sie haben sich nicht verändert. Wie beruhigt kann man bei dieser stets gleichbleibenden Aussicht auf sein Leben zurückblicken. Als man jung war, zur Familie gehörte, Elisabeth noch lebte. Die Camden Hills. Dann C. – im Mai brachte ich ihn hierher, die Veilchen blühten. Ich wollte ihn hier haben, ihn vor diesem Platz prüfen, ehe wir heirateten. Vor den Camden Hills. Dann diese unglaublichen Reisen, bei denen das Baby hierblieb. Und dic Camden Hills. All die kummervollen Jahre, die in Schrecken gipfelten – der Verlust von Daddy, des Babys, von Elisabeth. Und bei der Rückkehr, nachdem schließlich alles überstanden war, fand man die unveränderten Camden Hills. Dann ohne Elisabeth. Der letzte Sommer. Der kleine Jon. Und wieder die Camden Hills.

Dann die Jahre im Ausland – ein gravierender Einschnitt in meinem Leben; wie sehr habe ich mich verändert. Die Camden Hills jedoch sind die gleichen geblieben.

Margot wartet am Dock an der Wasserstraße. Nichts hat sich verändert. Die stillen Straßen mit den Laternen vor dem Blattwerk. Zum Haus. Der Geruch, dieser wunderbare Geruch – wonach? Lediglich heute abend – morgen werde ich ihn nicht mehr wahrnehmen – heute abend rieche ich den besonderen Geruch des Hauses und fühle mich wie ein Kind – zutiefst befriedigt.

Ich verspüre das Wachstum des Kindes in mir – den Sinn des

[1] Kapitän Quinn, Bootsverleiher aus North Haven, der im Sommer das Boot der Morrows, die *Mouette*, führte.

Lebens. Dem sollte man sich anpassen und ihn nicht in der Hetze und den Mühen des Alltags vergessen – wie es mir kürzlich passierte.

Dienstag, 16. Juli

Der heutige Tag ist vornehmlich in einer Atmosphäre der Unschlüssigkeit vergangen. Wird sich die Plackerei, die ein Umzug hierher mit sich bringt, auch lohnen? Wird es uns gelingen, uns von dem hiesigen Leben unabhängig zu machen? Gesellschaftliche, familiäre und die allgemein üblichen Spannungen? Hinter diesen ganzen persönlichen Plänen gären unterschwellig die Probleme der heutigen Welt. C.s Unruhe deswegen. Sein Wunsch, ihnen zu begegnen und gleichzeitig eine gewisse Sicherheit für seine Familie zu erlangen, ehe die Woge hereinbricht.

Mittwoch, 17. Juli

C. und ich machen einen Spaziergang zur sonnenbeschienenen Landzunge. Wir sprechen alles noch einmal durch. Und inmitten aller Unklarheit kristallisiert sich C.s Überzeugung heraus, daß er gerne erfahren möchte, was drüben passiert – auf dem technischen und militärischen Sektor und ganz im allgemeinen, und daß jetzt vielleicht der Zeitpunkt gekommen ist, um seinen verschobenen Pan-Am Flug zu unternehmen.

Mir graut vor seinem Weggang, sowohl persönlich wie auch deshalb, weil ich nicht alle Zusammenhänge begreife und weil ich nicht möchte, daß er in etwas verwickelt wird, was seiner künftigen Arbeit und Position schaden wird. Doch andrerseits klingt es für mich plausibel. Es stimmt. Ja, er muß gehen, er muß an einer positiven Sache aktiv mitarbeiten, seiner Zeit vorauseilen – nicht hier in North Haven das Zeitgeschehen lediglich registrieren. Die Kenntnisse, die er erwerben könnte, würden ihm hier enorm helfen, sowohl technisch wie auch überhaupt.

Ich führe mit Mutter in dieser Sache ein langes Gespräch. Über Pläne und Jon und den Krieg – hauptsächlich über den Krieg –, meine Einstellung und die ihre. Wir haben uns über alles ausgesprochen, und das war eine große Wohltat. Sie sagt unter Tränen, daß sie das Gefühl hat, daß jemand stirbt, daß ein alter und lieber Freund im Sterben liegt und sie es nicht ertragen kann.

Es stimmt natürlich; es ist ihre Welt, die untergeht. Das ist unvermeidlich (glaube ich), aber auf *diese Weise* zu sterben, ist entsetzlich, und daß so vieles, was gut, tapfer, wahrhaftig und jung ist (das ist das schlimmste) mit dem, was alt und überholt ist, mit sterben muß, ist die wahre Tragödie. Für ihre Generation gibt es keinen Trost.

Was soll man sagen? Daß man für die *neue* Welt Hoffnungen hegt? Nein, das bringt ihnen nichts. Es liegt einfach daran, daß sie alt sind.

Und dabei ist es wunderbar, daß wir einen Weg gefunden, uns ausgesprochen und dadurch eine unbegrenzte Vertrauensgrundlage geschaffen haben. Sie kann sogar meinen Standpunkt verstehen – nur kann sie ihn nicht *nachvollziehen*. Wie *sollte* sie auch? Es ist ein Wunder, daß sie ihn überhaupt begreift.

Abfahrt auf der *Mouette* mit Kapitän Quinn. Während wir die Küste entlangfahren, versuche ich mir klarzumachen, was wir in dieser Woche erreicht haben. Wir sind der Hauslösung in keiner Weise nähergekommen. Aber wir haben einige negative Entscheidungen getroffen.

Donnerstag, 18. Juli

Kommen etwa um 5.30 zu Hause an. Die Kinder sind im Garten. Land kommt um die Ecke, blond und reizend, in einem grünblauen Sonnenanzug. »Vater ist *venu*«, sagt er schüchtern, als C. aussteigt. Dann mit einem breiten Lächeln und erhobener Stimme, »Mutter ist *venue*!«

Schrecklich heiß. Ich fahre in die Stadt, spreche Dr. Hawks, der sagt, daß er mich niemals so wohl aussehend erlebt habe und erklärt, daß alles gut stünde.

Nach Hause, wo ich C. und die Kinder vorfinde, die eben vom Strand zurückkommen. Jons Gesicht glüht. Er sagt: »Ich schwamm zum Leuchtturm und zurück.« Ich konnte es nicht glauben, aber sein Vater sagte, daß es wahr sei. Hinaus schwamm er gegen die Flut eine dreiviertel Stunde und zurück eine halbe. Als sie etwa beim Sockel des Leuchtturms angekommen waren, warf der Leuchtturmwärter ein Seil aus und zog Jon herein. Dann kletterten sie auf einer Eisenleiter in den Leuchtturm. Jon fror, daher frottierte ihn die Frau des Leuchtturmwärters mit einem Handtuch. Sie wollten Jon zurückrudern, aber Jon wollte schwimmen. C. ist sehr stolz auf ihn, und Jon wird das Erlebnis nie vergessen.

C. hat einiges diktiert und hat noch einmal alle Probleme durchdacht, die ihn beschäftigen. Er sagt, es sei ihm eine große Hilfe, daß er mit mir alles durchsprechen könne, daß es ihm früher nicht möglich war, jetzt aber schon (da ich mehr Verständnis habe und die Schwierigkeiten sähe). Das macht mich glücklich. Trotzdem habe ich das Gefühl, daß ich nicht gerade hilfreich bin oder aufgrund eigener Initiative neue Vorstellungen entwickele, mit denen man einer Welt im Chaos begegnen könnte.

Ich versuche mir vorzustellen, was ich täte, wenn ich alleine wäre. Ich sage ihm, daß ich nicht weiß, was ich tun *könnte*. Er wendet sich mir sehr ernsthaft zu und sagt: »Ich möchte, daß du mir jetzt gut zuhörst, und ich möchte, daß du immer an das denkst, was ich dir jetzt sage. Wenn du jemals allein und ohne mich sein solltest, und die Zeiten sind schwer, so kannst du immer und immer deinen Unterhalt mit Schreiben verdienen. Deine Fähigkeiten sind gut, unter welchem Regime du auch leben magst. Versuche niemals deinen Lebensunterhalt mit etwas zu verdienen, was du nicht beherrschst, da du doch eine außergewöhnliche Gabe dein eigen nennst.«

Samstag, 20. Juli

Ein bleierner Tag. Ich bringe tagsüber nichts zustande, kann weder denken noch schreiben, jede Bewegung bereitet Mühe, als müßte ich Berge versetzen. C. sagt, es ginge ihm genauso. Ich schiebe es auf das Wetter, auf mein zusätzliches Gewicht und meine Apathie. Er aber sagt, es läge an der Ungewißheit, in der wir augenblicklich leben. »Ich versuche ständig meinen Fuß da hinzusetzen, wo kein Treibsand ist.«

Die Deutschen, Hitlers Rede, ein Friedensangebot als letzte Chance für England vor dem Angriff (ein vages, lediglich theoretisches und kein realistisches Angebot. Keine ernstzunehmende Bedingung). »Als Sieger«, der Leben retten möchte. Die Engländer nehmen kaum Notiz von dem Anerbieten und ziehen es auch nicht in Erwägung.

Mir graust vor dem Leid, dem Terror und den Schrecken, die ihnen bevorstehen.

Außerdem sieht es so aus, als sei eine Hungersnot, wenn nicht gar eine Revolution in Frankreich unvermeidlich. Die Pétain-Regierung wird kritisiert, hauptsächlich in Paris und, wie ich annehme, im besonderen von den Kommunisten. Hier hat keiner mit den Franzosen Mitleid – und *keine Möglichkeit zu helfen.* Diese schreckliche Last liegt Tag und Nacht auf einem.

Andere Menschen steigen an so einem Tag in ihr Auto, fahren ins Kino, ins Theater oder essen auswärts, um einen Tapetenwechsel zu haben. Doch solche Art Ablenkungen sind uns – zumindest in Amerika – verwehrt.

Sonntag, 21. Juli

C. spricht vormittags mit mir über das, was ich tun soll, wenn er abwesend ist – sollte er tatsächlich fahren. Er tut es deshalb, weil er sich meinetwegen Sorgen macht, er möchte, daß ich zufrieden bin, möchte, daß ich schreibe und weiß, daß zwei unfertige Bücher schwer auf meinem Gewissen lasten. Er versucht mich zu ermutigen: Könnte ich nicht die Anthologie[1] bis zur Geburt des Babys fertig machen? Um etwas aus dieser Zeit vorweisen zu können. Er sagt, es genüge, nur das Baby zu bekommen (für ihn), aber er weiß, daß es mir nicht ausreicht.

Er nimmt sich das Register vor – neun Jahre, und lediglich zwei Bücher – und fragt sich, woran das liegt. Hat er mir nicht das geeignete Milieu geboten? Er untersucht unser Leben hier im Osten sehr genau, Hunderte von Menschen, die sich uns aufdrängen, Briefe, Forderungen, persönliche Freunde, Wohltätigkeitsveranstaltungen, Kriegsobligationen, Pflichten (diese Schublade im Bureau, die ich am Halse habe, auch wenn ich nicht hinsehe). Wir scheiden diese Dinge aus, verwerfen sie, wir führen ein abgeschiedenes Dasein – und warum? Um für »Wichtigeres frei zu bleiben«.

Führen wir diese wichtigeren Dinge auch tatsächlich aus? Nein, ich nicht, und weshalb nicht? Weil allein die große Mühe, die es kostet, diese Millionen anderer Sachen vor sich herzuschieben, so auf meinem Gewissen lastet, mich beunruhigt und zur Verzweiflung treibt, am Schreiben hindert und mich veranlaßt, Gegenmaßnahmen zu ergreifen, wie kleine Besorgungen, Beschäftigungen und Aufgaben, um so das Loch in meinem Gewissen auszufüllen.

Aber du verlangst zuviel, möchte ich am liebsten ausrufen. Ich kann nicht ein Baby bekommen und eine gute Hausfrau sein und über die jetzige Zeit (in meinem Tagebuch) schreiben und ständig präsent sein, um alles mir dir zu besprechen und den Kindern etwas geben und eine friedliche Atmosphäre in der Familie schaffen (der weiteren Familie, die jetzt so verstreut und verwirrt ist, da wir alle verschiedener Meinung sind) und dabei einen klaren Kopf behalten für den Tagesablauf und gleichzeitig ein Buch schreiben.

Ich habe das Gefühl, ich muß neu beginnen, da man jetzt im Leben einen neuen Anfang mit einem völlig neuen Konzept, neuen Idealen, ja selbst mit neuen Formulierungen machen muß. Wir sind eben dabei, sie zu lernen. Das neue Zeitalter fängt gerade

[1] A.M.L. stellte eine Anthologie ihrer Lieblingsgedichte und bevorzugter Prosazitate zusammen, die *O to Whom* heißen sollte. Sie wurde nie publiziert.

an. In Wahrheit ist das das Übergangsstadium. Die alte Welt stirbt dahin und eine neue beginnt, das ist die Qual, Unsicherheit und Angst, die wir alle empfinden. Wie kann ich in der neuen Sprache schreiben, ehe diese Welt geboren ist?

Montag, 22. Juli

Brief von Con. Sie legt einen Nachdruck zweier Briefe von Engländern bei, die sich zur augenblicklichen, verzweifelten Lage äußern. Es sind hinreißende Briefe, erfüllt von einer gewissen glühenden Opferbereitschaft, Tapferkeit, geistigen Schönheit, Überzeugung für die Sache und mutig, völlig unbekümmert in bezug auf Gefahr, Tod und Schwierigkeiten. Es ist, wie sie sagen, wahrhaft elisabethanisch. Ungestümer Eifer – Opferwein. Beim Lesen denke ich: »Oh, wenn sie so empfinden, können sie siegen!«

Dienstag, 23. Juli
(Im Zug nach Littleton)

Abendessen mit Con im Cosmopolitan Club; Aubrey kommt. Es ist schön, friedlich und ruhig. Er setzt mir den englischen Standpunkt auseinander. Wie in jenen Briefen – mutig, großartig, tapfer. Wie kann das falsch sein, denke ich. Schreckliche Geschichten über Dünkirchen und die Behandlung der Flüchtlinge durch die Deutschen. Wenn man dies hört, hat man das Gefühl, daß die Engländer recht haben, bis zum Ende Widerstand zu leisten, daß es hoffnungslos ist, mit den Deutschen zu verhandeln. Doch ich habe dabei immer das Gefühl, ja, aber ist es der Krieg oder sind es die Deutschen? Ich bin nicht sicher, ob es nicht einfach der Krieg ist, den man haßt. Sie glauben natürlich alle, es sind nur die »Deutschen«.

Wie er Frankreich schilderte, traf mich am meisten. Sie leisteten überhaupt keinen Widerstand, brachen einfach zusammen. Völlig demoralisiert – kein gutes Wort für die Regierung. Pétain lediglich ein vertrottelter alter Mann, Laval ein Betrüger. Laut Aubrey sind alle guten Franzosen im englischen Lager. Eve Curie, etc. St-Ex. wurde zuletzt in Bordeaux gesehen, wo er wie ein Wahnsinniger herumlief, so gebrochen war er vor Enttäuschung. Jean Monnet ist in London. Die Menschen benehmen sich wie bei einem Nervenzusammenbruch.

Ich bin über alle Maßen deprimiert. Ich hatte so sehr gehofft, daß aus Frankreich etwas Neues kommen würde. Handelt es sich um einen Kreuzzug und nicht um eine Revolution? Welcher Alptraum – sowohl im einen wie im anderen Fall. Entweder werde ich durch meinen eigenen Glauben getäuscht oder durch »mein eigenes Volk«. Ich stehe auf der falschen Seite – und das ein für allemal.

Samstag, 3. August

C. fährt nach Chicago ab.

Con und Aubrey kommen zum Tee und zu einem Spaziergang. Schön, sie zu sehen. Aubrey glaubt, daß die Engländer durch die Blockade siegen können; aber die Aufgabe ist so ungeheuerlich, daß ihnen wohl keine andere Wahl bleibt.

Ich widerspreche dieser Ansicht so behutsam wie möglich. Er sagt, selbst wenn wir garantieren, daß die Lebensmittel allein den Franzosen, Belgiern und Holländern geschickt werden, sich die Deutschen entsprechend mehr von den Lieferungen aneignen werden. Er sagt, er weiß auch, daß unsere Regierung strikt dagegen ist, Lebensmittel zu schicken oder sich in die englische Blockade einzumischen. Ich fürchte, er hat recht. Er meint, daß wir, wenn England den Sommer über durchhält, im Krieg sind.

Thelma und Brooke kommen gleich nachdem Con und Aubrey gegangen sind. Brooke sagt ebenfalls, daß wir nach den Wahlen, wie immer sie ausfallen mögen, am Krieg teilnehmen werden. Er meint, daß die Engländer uns zugestehen werden, daß wir Lebensmittel nach Europa schicken, wenn wir garantieren, daß sie in die rechten Hände gelangen. Doch Deutschland wird diese Garantie unterlaufen, und wir werden in den Krieg verwickelt sein, was er sehr befürwortet.

Abendessen allein auf der Veranda. Ich gehe mit Thor zur Landzunge. Denke an C. und blicke über das Wasser, auf den Leuchtturm und den Himmel, und versuche mit den Konflikten, die die widersprüchlichen Mitteilungen in meinem Herzen hervorgerufen haben, ins Reine zu kommen.

> »Wer auf den Spuren der Wahrheit wandelt,
> dem wird der Seelenfrieden nicht gewährt.«

Sonntag, 4. August

Ich sitze nachmittags auf der Veranda und mache das Radio an, um möglicherweise C.s Sitzung in Chicago zu erwischen, auch wenn sie nicht im Programm steht. Ich bekomme sie! C.s Stimme ist sehr gut zu hören. Sehr eindrucksvoll, Beifallsrufe aus der Menge. Ich bin gerührt, als er sagt: »Ich ziehe es vor, das zu sagen, was ich glaube...« (oder ganz zu schweigen). Das ist typisch ER – glühende Rechtschaffenheit – die Menschenmenge spürt das und applaudiert spontan.

Jon und Land sind in der Nähe. Jon ergriffen, Land neugierig. Jon sagt: »Weshalb spricht mein Vater so laut? Ich konnte ihn bis in den Keller hinunter hören!« Ich sagte, daß er zu einer großen Menge Menschen redete.

C.A.L. sprach in Chicago über »Unser Verhältnis zu Europa«. Er wiederholte die Umstände, die zum Krieg führten und meinte, daß seiner Ansicht nach die Lage in Europa dem bisherigen Verlauf des Krieges zuzuschreiben sei. Er stellte befriedigt fest, daß beide politischen Parteien sich gegen den Kriegseintritt ausgesprochen haben, und daß jetzt Schritte unternommen würden, um eine starke Selbstverteidigung aufzubauen. Er vertrat mit Nachdruck, daß die Unabhängigkeit, die die Soldaten in unserer Revolution gewonnen haben, gewahrt bleiben muß, und machte die Kriegsbefürworter lächerlich, die behaupten, daß uns allein die britische Flotte vor einer Invasion schützen könnte.

Mittwoch, 7. August

(John) Cudahy, unser Botschafter in Belgien, berichtet, daß Europa in diesem Winter, wenn wir nicht helfen, dem Hungertod ausgeliefert ist; er sagt, die Verwaltung der deutschen Truppen in Belgien sei beispielhaft, ja besser als bei manchen amerikanischen Einheiten im 1. Weltkrieg. Wegen diesen Aussagen wird er ganz bestimmt in Teufels Küche kommen.

Freitag, 9. August

Cudahy wird abberufen und zurechtgewiesen. Das Außenministerium teilt mit, daß es seine Ansichten nicht teilt, daß es keine Beweise dafür gibt, daß in Europa in diesem Winter eine Hungersnot ausbricht und daß er nicht befugt war, solche Äußerungen zu machen. Sie sind entschlossen, Europa verhungern zu lassen.

Sonntag, 11. August

(Herbert) Hoover legt einen Plan vor, durch den Belgien, Holland, Norwegen und Frankreich unterstützt werden sollen. Er berichtet, daß Europa in diesem Winter bestimmt hungert, wenn nichts unternommen wird und verübelt der Regierung ihre unverbindliche Haltung. Ich bin erleichtert und hoffnungsvoll. Vielleicht kann etwas getan werden, wenn er die Leitung übernimmt.

Alan[1], C. und ich morgens auf der Veranda. Alan spricht über C.s Reden. Er steht ganz zu ihm, kritisiert und analysiert aber sehr genau, woran es liegt, daß sie bei vielen Leuten unbeliebt sind. Wir diskutieren lange darüber. Schließlich kommen wir zu dem Ergebnis, daß es nicht allein daran liegt, daß C. unliebsame Wahrheiten sagt oder sich den vorherrschenden Gefühlen und der Propaganda widersetzt, oder, weil er seine »Zuhörer nicht

[1] Alan Valentine, alter Freund der Familie Morrow, Autor, Präsident (Rektor) der Rochester University.

erreicht«, und auch nicht, weil er keine ausreichenden Schilderungen abgibt – lauter Kritiken, die andere Freunde aussprechen. Alan geht der Sache weiter nach und sagt, daß die Öffentlichkeit spürt, daß C. nicht sein *Ganzes* gibt, er sich keineswegs »verkauft« (da er das verachtet), er seine »Persönlichkeit« nicht einsetzt, sondern lediglich seine Vernunft (da er sie für diesen *Fall* gewinnen will oder gar nicht). Sie haben das Gefühl, daß er mit einer Hand hinter seinem Rücken ficht. C. lacht und sagt, vielleicht ist das wahr, und er habe etwas Kostbares in der anderen Hand, daß er nicht preisgeben möchte!

Montag, 12. August

In den Zeitungen viele Pros und Contras, die die Lebensmittelsituation betreffen; die meisten Menschen führen an, daß wir, wenn wir Frankreich und England helfen, Deutschland mitversorgen. Cudahy sagt, er wußte, daß er bei seiner Heimkehr gesteinigt werden würde, die Wahrheit (über die Hungersnot in Europa) aber nicht verborgen bleiben durfte. Nach dem Abendessen ruft C. Hoover an, um zu fragen, an wen er sich in New York wegen der Lebensmittelunterstützung wenden solle. Hoover deutet an, daß eine gewisse Chance besteht, daß die Engländer sich, »nachdem der Krieg mit England vorbei ist«, vielleicht einverstanden erklären. Du lieber Himmel, demnach glaubt er, daß sie siegen werden!

Dienstag, 13. August

Hat der Blitzkrieg gegen England begonnen? Ungeheuer viele Flugzeuge über dem Kanal, der Küste, den Häfen. Beide Seiten behaupten, daß die anderen die größten Verluste hatten.

Kurz vor dem Abendessen zeigt mir C. zwei sehr ärgerliche Telegramme von alten Freunden. »Du hast Amerika im Stich gelassen.« »Du trittst für alle Greueltaten Hitlers ein.« Ich bin ausgesprochen erschüttert, verletzt und böse (ich weiß nicht wirklich weshalb, denn Hunderte sagen das gleiche, aber hier handelt es sich um Freunde). Ein Recht auf Kritik hatten sie – aber einen mit Schmutz zu bewerfen, einen wegen einer anderen Meinung zu beleidigen! Das trifft mich tatsächlich, da sie angeblich zur Intelligenz, den Gemäßigten, den Toleranten, den gut Unterrichteten gehören, zu den Menschen, die ihr Leben lang Vorteile hatten und von denen man annehmen möchte, daß sie gelassen, ruhig und unerschütterlich bleiben. Kritisch, ja – völlig ablehnend, vielleicht – aber niemals intolerant, beleidigend oder grausam.

Es ist so *leicht*, zu hassen und dabei zu glauben, daß man tapfer ist.

C. sagte, wir wußten, daß das passieren wird, und ich sollte mich nicht so aufregen. Je länger dieser Krieg dauert und je erbitterter er wird, desto häufiger werden wir solche Äußerungen hören. Außerdem sagt er, er verstünde so etwas – er ist auch leicht verärgert und weiß, wie das ist.

Doch ich bin tief getroffen, so als könnte ich ihnen *seinetwegen* niemals verzeihen. Ich sage wütend: »Sie werden diese Telegramme noch bereuen.«

Mittwoch, 14. August

Schreckliche Kämpfe und Luftangriffe über der englischen Küste, enorme Verluste auf beiden Seiten. Wie lange kann das so weitergehen?

Dienstag, 20. August

Ich gehe hinaus und pflücke in der frühen, klaren Morgensonne Blumen. Es ist köstlich, alle Blumen sind noch naß, haben sich noch nicht wieder aufgerichtet, und die Erde ist dunkel und duftet stark. Ich versorge die Blumen gerne jeden Morgen, bewundere sie beim Schneiden, beobachte die Bienen, die zusammengerollt auf einer Blüte schlafen, oder die Schmetterlinge, die ganz bewußt ihre Wahl treffen. Ich habe gewissermaßen Teil an der Schönheit der Welt, ehe ich mich in mein kleines Haus einschließe, um zu arbeiten. Ich erfreue mich an ihnen und an dem Morgen, es verbindet mich mit etwas Fundamentalem, Dauerhaftem und Ewigem. Es ist eine Art Gebet, nehme ich an, eine Art Loblied.

Wie sehr ist man in solchen Augenblicken dem Leben zugewandt – und wie viel bleibt im Leben unausgesprochen, für immer!

Gehe hinauf und an meinen Schreibtisch, arbeite an dem Artikel. Einer der Tage, an denen man sich das besieht, was man geschrieben hat, und alles, selbst an den besten Stellen, ins Wanken gerät. Wo soll man mit dem Flicken beginnen? Was ist zu retten, Was muß gestrichen werden? Was neu geschrieben? Ein desillusionierender, vergeudeter Vormittag.

Freitag, 23. August

Thelma, Brooke (beide tragen sie britische Abzeichen – »Bund für England« – im Knopfloch oder als Nadel, und Thelma hat »Bund für England« Steckohrringe an!), Con und Aubrey zum Abendessen, was schön ist, alles geht gut. Wir sind alle vergnügt und guter Laune. Trotzdem gehöre ich mehr denn je ins »feindliche Lager«; Brooke ist der engagiertere Interventionist als Aubrey und sagt: »Wir stecken bereits mitten drin, Anne.« Er sagt, wir werden mit Willkie *rascher* hineinverwickelt als durch Roosevelt. Aubrey ist in guter Form und die Lees auch. Sie sprechen alle die gleiche Sprache im gleichen Kampf. Nur ich stehe außerhalb. Ich lasse sie reden, freue mich als Gastgeberin darüber, daß sie gleicher Meinung sind und einer durch den anderen Mut und Hoffnung schöpft. Währenddessen fühle ich mich selber wie ausgelaugt und schrecklich verlassen. Obgleich ich ihnen den Löwenanteil am Gespräch überlasse, versuche ich nicht unaufrichtig zu sein und führe die Gründe auf, an denen mir sehr liegt. Außerdem bin ich gespannt auf ihre Antworten.

Brooke rechnet gar nicht mit der Möglichkeit, daß wir in einem Krieg keinen Erfolg haben, auch glaubt er nicht, daß uns hier eine Revolution bevorsteht. Wie auch immer, er ist ein vollkommen ehrlicher Interventionist, und ich mag ihn. Keiner dieser scheinheiligen »Jede Maßnahme ist recht – wenn es nur keinen Krieg gibt«. Nein, es ist lediglich ein Fall von: In einer Welt mit Hitler ist ein Leben auf freiem Fuß nicht möglich. Er ist dafür, in den Krieg zu gehen und Hitler aufzuhalten, wenn es sein muß, auch mit seinen eigenen zwei Fäusten.

Aubrey zitiert Jan Masaryk[1], der gesagt hat, daß der Unterschied zwischen dem Kommunismus und dem Nationalsozialismus folgender ist: Würde er im ersteren seine Hände maniküren lassen, würde er getötet (das bedeutet Klassenunterschied). Unter der Naziherrschaft aber würde er getötet, weil er ein Tscheche ist (das heißt, minderwertige Rasse). Die Tschechoslowakei würde mit einem kommunistischen Regime weiter bestehen, nicht aber unter einem nationalsozialistischen. Er würde es bei weitem vorziehen, umgebracht zu werden, weil er sich gelegentlich die Hände maniküren ließ. Mit anderen Worten: Klassenhaß ist nicht so grauenvoll wie Rassenhaß.

Ich glaube nicht, daß er da recht hat. Er würde bei den Kommunisten nicht deshalb umgebracht werden, weil er seine Hände maniküren läßt, sondern weil er *besser* manikürt wurde als andere. Weil er eine *bessere* Gesinnung hatte, weil er ein *besserer* Diplomat war. Es ist nicht allein eine *Klassenfrage.* In dem Punkt werden die Menschen irregeführt. Das ist zwar die *Aussage* der Russen, in Wahrheit aber wird nicht die Klasse, sondern die Qualität vernichtet.

Con, Thelma und ich führen oben ein gutes Gespräch, das damit endet, daß Thelma sagt, die Welt benötige größere *Furcht* und weniger Vermessenheit bei ihren hiesigen und ausländischen politischen Führern.

Sie meint nicht *Furcht*, sondern *Ehrfurcht* und *Bescheidenheit.*

[1] Von 1940–1948 Außenminister der Tschechoslowakei; von 1941–1945 Vizepremierminister der Exilregierung in London.

Darum handelt es sich in den griechischen Tragödien: Niemals vergaben die Götter freche Selbstüberheblichkeit, Stolz oder mangelnde Verehrung. Stolz ist die erste Sünde auf dem Sündenregister der katholischen Kirche.

Nachher denke ich mir, das ist das, was mich bei den Deutschen, selbst bei *netten* Deutschen, am meisten stört. Die Bescheidenheit fehlt ihnen in hohem Maße (»Wir sind so gute Organisatoren, nicht wahr?«). Bei den Engländern ist es im großen und ganzen auch nicht anders! Die Schotten, die Iren (die »Gott« nicht »versuchen wollen«), die Franzosen und die Waliser sind demütig. Die Amerikaner der alten Schule besitzen Ehrfurcht und Bescheidenheit wie zum Beispiel Carl Sandburg. Auch die Chinesen und Juden.

Allen diesen Menschen bin ich ganz unwillkürlich zugetan.

Samstag, 24. August

Ich gehe abends alleine mit Thor zur Landzunge. Es wird rasch dunkel, der Wind hat das Wasser der Bucht gekräuselt, die in tiefes, unheilvolles Purpurrot getaucht ist, alle Bäume sind durch den ersten Herbstwind bis in die Wurzeln hinab in Aufruhr. Ein Toben und Rauschen stürmt die Klippen hinauf und schlägt über mir zusammen. Eine Art *Listen, the Wind*-Sturm. Herbst und der plötzliche Wechsel einer Jahreszeit.

Ich habe irgendwo das Gefühl, daß sich die Kräfte verlagert, die Götter entschieden haben – wir müssen in diesen Krieg, müssen das alles durchmachen – den Krieg wie auch die Ernüchterung und die schlechten Zeiten. Wir müssen leiden und lernen – ein Entrinnen gibt es nicht (in Wahrheit habe ich das schon seit einer Woche gespürt), aber dieser Wind bestätigt es mir. Ich muß es hinnehmen.

Sonntag, 25. August

C. kommt rechtzeitig zurück, um mit uns das Frühstück zu beenden. Er ist wegen der Kriegsgeschehen sehr entmutigt. Eine starke Strömung, die auf den Krieg zusteuert, zeichnet sich ab.[1] Und es gibt niemanden, der sich mit der nötigen Strenge und Kraft widersetzt.

Der deutsche Vorstoß scheint verzögert; die Chancen für einen Blitzkrieg werden täglich geringer. Es sieht so aus, als würde es ein langer Krieg mit Blockaden und Gegenblockaden und mit der zunehmenden Wahrscheinlichkeit, daß wir hineingezogen werden. Selten habe ich C. so deprimiert gesehen – es ist nicht allein der Krieg, sondern *nach* dem Krieg, was dann?

Ich berichte ihm von meinem Essen mit den Interventionisten. Merkwürdig, daß wir aufgrund verschiedener Erlebnisse zu dem gleichen Ergebnis und Modus gefunden haben, als hätte uns der gleiche Wind angeweht. Unsere Bindung wird immer enger. Wenigstens das hat der harte Winter bewerkstelligt.

C. liest meinen Artikel, kommt anschließend sehr bewegt und begeistert herauf. Er sagt, er sei besser als »Prayer for Peace«, er sei es wert, daß ich den ganzen Winter darauf verwandt habe, und er müsse in ein Buch. Das kann ich mir jetzt überhaupt nicht vorstellen. Ich habe ihn abgenabelt. Er hat nichts Visionäres – besteht lediglich aus Worten.

Montag, 26. August

Sherwood[2] hat im Radio eine Rede gehalten, in der er C. und Ford unmittelbar angreift. Ford kommt dabei als Genie auf manchen

[1] Die interventionistischen Gruppen übten wegen der Übergabe überalterter Zerstörer an England einen zunehmenden Druck auf Roosevelt aus. Der Handel mit den Zerstörern, die als langfristige Leihgabe in englischen Marinebasen stationiert werden sollten, wurde im September, ohne Vorlage beim Kongreß, abgeschlossen.

[2] Robert Emmet Sherwood, amerikanischer Dramatiker, Romancier und Verfasser von Roosevelts Reden.

Gebieten, aber ansonsten als »ein sehr dummer Mann« weg. Doch die Hauptlast des Angriffs richtet sich gegen C., der einen »vergifteten Sinn und Verstand« hat – ein Verräter Amerikas ist – und dessen Stimme und Äußerungen von wahren Amerikanern ebenso verabscheut würden wie die von Goebbels, Göring und Hitler (für die er eintritt!).

Warum kann der sogenannte Intellektuelle keinen Angriff *publizieren?* Er müßte mehr als jeder andere dazu imstande sein, aber während dieser Krise bringt es offenbar keiner fertig.

C. ruft (Alfred) Harcourt (von Harcourt, Brace und Co.) wegen meines Artikels an. Harcourt ist sehr interessiert und sagt, er möchte ihn sehen. C. nimmt ihn mit in die Stadt. Ich arbeite oben im Bücherzimmer.

C. kommt aufgemuntert zurück, sein Kampfgeist ist größer als gestern, oder besser gesagt, er scheint mehr *Hoffnung* zu haben, daß dem Kampf Erfolg beschieden ist.

Er grinst von einem Ohr zum anderen, weil er mit Mr. Harcourt gesprochen hat, der den Artikel offensichtlich »wunderbar« fand und dem sehr daran liegt, ihn zu bekommen, um ein kleines Buch daraus zu machen. Kann es sehr rasch herausbringen – in einem Monat oder in drei Wochen. C. denkt bereits über das Layout und den Umschlag nach. Ich fühle mich wie die Gänsemagd im Märchen in ein Zimmer gesperrt mit einem Berg Flachs vor sich: »Flachs in Gold – Flachs in Gold.« C. sagt, vielleicht ist er der Zwerg, der es für mich verwandeln kann!

Dienstag, 27. August

London bombardiert. Offenbar kein großer Schaden angerichtet. Wie man das aufnimmt – jetzt.

Sonnig und wärmer; pflücke Blumen und richte eine Schale mit Herbstfarben, aber im Garten werden die Blumen weniger, und ich schneide sie mit Vorsicht. Ich nehme niemals eine Zinnie mit einer benachbarten Knospe, sie wirken zu sehr wie Mutter und Kind. Es ist mir sehr arg, wenn ich manchmal aus Versehen zwei statt einer schneide. Ich frage mich leicht erstaunt, ob der Tod gelegentlich – durch Zufall – einen zusätzlichen Menschen mitnimmt, weil die Schere zu lang ist?

Das ist eine schöne Schale geworden; ich freue mich. Es befriedigt mich – eine sinnliche Schöpfung, ehe ich meine geistige beginne.

Mache mit C. zusammen eine Menge kleiner Korrekturen und arbeite allein an den »umfangreichen« Änderungen – die Mr. Harcourts Vorschläge sind. Wie gut kenne ich diese Phase beim Schreiben. Man hat ständig das Gefühl: »Wenn ich doch *nur das* erreichen könnte, dann könnte ich es ändern. Ich könnte tatsächlich etwas aussagen.« Doch wenn man den Versuch unternimmt, erreicht man es eben *nicht*. Es rinnt einem wie Sand durch die Finger. Man kann den Wald vor Bäumen nicht sehen. Als man schrieb, konnte man natürlich die Bäume vor lauter Wald nicht sehen.

Lloyd Neck, 4. September

Geliebte Mutter,

Kürzlich bin ich nachts aufgewacht und habe Dir Briefe geschrieben. Briefe, die ich unter Tags nicht schreiben konnte, da ich an einem Artikel gearbeitet habe – die ganze aufgestaute Qual des winterlichen inneren Haders. Jetzt stellt sich heraus, daß er für die Zeitschrift zu lang ist, und Harcourt, Brace wird ihn als kleines Buch drucken. Das Schreiben entwickelte sich so unwillkürlich, daß es gar nicht schwerfiel. Ich mußte den Artikel schreiben, alle Argumente und Gegenargumente, meine eigene Überzeugung herausschälen, die Brücke bauen zwischen C.s und meinem Glauben und nicht zuletzt mein tiefes Empfinden, daß ihm und denen auf seiner Seite Unrecht geschieht – alles zusammen hat das Schreiben vorangetrieben. Ich konnte gar nichts dagegen tun.

Aber die Entscheidung, ob ich ihn publizieren sollte oder nicht, hat mich eine Menge schlafloser Nächte, Zweifel und Qualen gekostet. Wir haben ihn gestern zu Mr. H. gebracht und jetzt ist er in Druck gegangen. Heute ist mein erster freier Tag – und ich wollte Dir alles darüber schreiben.

Ich glaube, daß die deutlichste Erklärung des Artikels die ist, daß ich den Versuch gemacht habe, ein moralisches Argument für den Isolationismus anzuführen – was meines Wissens bisher niemand unternommen hat. (Die Argumente der Isolationisten sind so oft engstirnig, materialistisch, kurzsichtig und eigennützig – sie widern mich an.) Ich wollte das alles vorbringen, da ich das Gefühl habe, daß der Grund, weshalb man sich aus diesem Krieg heraushalten soll, sehr unzulänglich dargestellt, ausgesprochen ungerecht kritisiert und beschuldigt wurde, und weil ich denke, daß es lebensnotwendig ist, nicht mitzumachen.

Wegen meiner persönlichen Loyalität und dem verzweiflungsvollen Gefühl, daß man C. Unrecht tut, sehe ich mich genötigt, den Artikel zu schreiben, aber nicht allein deshalb. Ich würde es nicht tun, wenn ich nicht so sehr von seiner Integrität und der seines Standpunktes überzeugt wäre (ob ich nun mit den Einzelheiten oder der Art, wie sie vorgebracht werden, einverstanden bin oder nicht).

Auch wenn ich beim Schreiben gefühlsmäßig sehr engagiert war, so ist er weder heftig noch maßlos oder ungehalten und, wie ich glaube, auch nicht bedeutungslos oder defensiv. Aber das wird nichts daran ändern, daß er gewaltig oder auch zornig kritisiert werden wird. Obgleich ich lediglich dafür plädiere, daß wir an diesem Krieg nicht teilnehmen, wird der Artikel sicher so beurteilt werden, als sei er antienglisch und von Nazipropaganda verseucht (auch wenn ich nichts rechtfertige – und ganz *unverblümt* meine Abscheu über die Greuel in Deutschland – und meine Bewunderung für die Engländer zum Ausdruck bringe).

Heutzutage, in einer Welt der Leidenschaft *objektiv* zu sein, ist eine Sünde. Es wird als Selbstgefälligkeit, Unmoral, Dummheit und Blindheit ausgelegt. Vermutlich wird die Kritik dahin zielen, daß es sich hier um die Vorstellungen einer unnützen Träumerin und die Forderungen einer Vermessenen handelt. Was das betrifft, so finde ich von meiner Warte aus, daß die Tatsache, ob wir Krieg oder Frieden haben, keineswegs eine Angelegenheit ist, die allein die Experten des Auswärtigen Amtes, sondern jeden Bürger der Vereinigten Staaten etwas angeht. Es ist *mein* Mann, der kämpfen wird, *meine* Generation, die die Hauptlast des Krieges zu tragen hat – und *meine* Kinder, die darunter leiden werden.

Vielleicht sagst Du, daß jeder damit einverstanden ist, daß wir uns aus diesem Krieg heraushalten. Aber leider ist das nicht wahr. Wenn alle Kriegsgegner so aufrichtig wären wie Du, würde ich mir keine Sorgen machen. Brooke Lee sagt, wir sind bereits im Krieg – und öffentlich werden wir es mit Willkie rascher als mit Roosevelt sein. Ihre ganze Haltung (die mich zutiefst beunruhigt) ist diese: »Wir, die Intellektuelleren, Idealistischeren müssen das große, amerikanische Volk, das zu keinem Urteil fähig ist, in diesen Krieg führen – sind sie erst einmal daran beteiligt, werden sie sehen, daß es keine andere Möglichkeit gab.«

Es ist einfach, intolerant und ungehalten zu sein. Der Krieg dauert nun schon ein Jahr. Wenn ich zurückblicke, habe ich das Gefühl, es sind Jahre vergangen – was habe ich alles gelernt – wieviel besser verstehe ich die Menschen und kann ihnen verzeihen! Ich habe früher nie begriffen, was es heißt, zu einer Minorität[1] zu gehören, weshalb sie engstirnig, intolerant und verärgert ist. Man bekommt das so satt, es ist leichter hart zu bleiben.

Die Kritiken seit C.s letzter Rede sind sehr scharf gewesen, selbst von persönlichen Freunden. Ich muß sagen, daß meine Bewunderung für einen Mann wie Walter Lippmann neuerdings gestiegen ist. Er ist fast der einzige Intellektuelle, der vollkommen anders argumentiert als C., aber weder versteckt noch offen seinen Unmut zeigt, der prinzipielle Äußerungen kommentiert, sich niemals wegen unsachlicher Themen zu persönlichen Angriffen hinreißen läßt und seine Zunge wie seine Feder im Zaum hält. Ich lese seine Kritiken an C. immer, studiere sie und mache im Geiste meine Einwände. Meistens bin ich nicht einverstanden –

[1] In dieser und in anderen Passagen des Tagebuchs spricht A.M.L. von »unserer Seite« (den Noninterventionisten) als Minorität. Es stimmt, daß sie in New Yorks intellektuellen Kreisen und an der Ostküste eine Minorität bildeten, für das ganze Land traf das aber in keiner Weise zu. Vgl. Einführung.

doch auch wenn ich mir große Mühe gebe, bleiben Fragen offen, auf die ich nicht antworten kann. Trotzdem kann ich freier atmen, wenn ich seine Kritiken gelesen habe, so, als hätten wir mit Daddy an einem Tisch gesessen – argumentierend gewiß, mit verschiedenen Meinungen, ja, aber keineswegs haßerfüllt, verbittert oder ärgerlich – sondern in einer Atmosphäre der Toleranz.

Also, das teile ich Dir alles nur mit, weil mein Artikel zweifellos heftige Kritik auslösen wird, aber Du wirst Dich meiner hoffentlich nicht zu schämen brauchen, auch wenn Du der Sache noch so ablehnend gegenüberstehst. Du mußt wissen, das ist mein Standpunkt, ich gehöre an C.s Seite, was sich vermutlich auch niemals ändern wird. Es ist durchaus befriedigend, das öffentlich zu bekunden, besonders deshalb, weil es ihm unter Umständen hilft. Auch werde ich bei der Veröffentlichung – Anfang Oktober – diese ganzen Sorgen hinter mir haben und nur noch an die unmittelbare Zukunft denken. Ich glaube nicht, daß selbst die schärfste oder verächtlichste Kritik den reinen, wonnevollen Himmel einer Wöchnerinnenstation nach der Ankunft des Babies zu trüben vermag!

Der Titel ist *The Wave of the Future*, mit dem Untertitel »A Confession of Faith«.[1] Ich möchte das Verfahren – so eines ansteht! – den Quäkern übergeben, da sie anscheinend die einzigen sind, die *Gnade* wörtlich nehmen und entsprechend leben.

Lloyd Neck, Donerstag, 12. September

Mutter, liebe,

Dein Brief war eine große Freude und ein Trost. Du hast so mitten aus Deinem Leben heraus geschrieben und bist so unmittelbar zu mir gekommen. Ich hoffe nur, daß Dir die Kritik nicht zu sehr zusetzen wird. Ich hatte einen schrecklichen Abend mit Laura und George (Stevens). Ich zeigte George das Essay, und er

[1] C.C.M.M. korrigierte witzigerweise A.M.L. und benannte ihn »A Confession of Doubt«.

wollte, daß ich es zurückziehe, derart heftig war seine Reaktion. Er sorgte dafür, daß alle meine eigenen Zweifel und Ängste wieder zurückkehrten. Ich hätte lediglich Mutmaßungen vorgebracht – ich hätte kein Recht, so etwas zu schreiben ohne fundiertere Kenntnisse von Geschichte, Wirtschaft und Außenpolitik zu haben. Daß es in der Luft zerrissen würde. Daß es mit einem gewissen Recht als »Fünfte Kolonne« bezeichnet würde. Daß es C. niemals helfen und mir schaden würde. Nach alledem sagte er, daß es einen intuitiven Grundgedanken hätte, dem man seinen Wert nicht absprechen könne (daß ich aber keine ausreichend stichhaltigen Beweise aufgeführt hätte), daß es klar, durchaus ernsthaft und »selbstverständlich« wunderbar geschrieben sei! Und, daß er in bezug auf das Essay möglicherweise unrecht habe!

Sich das anhören zu müssen, war schwer, hauptsächlich deshalb, weil ich ihm recht geben mußte. Ich glaube, diese ganzen Kritiken sind wertvoll. Nur habe ich, nachdem ich mich dazu durchgerungen habe, das zuzugeben, immer noch das Gefühl, daß selbst wenn es unzureichend vorgebracht wurde, selbst wenn es nicht meine Aufgabe ist, dazu Stellung zu nehmen, selbst wenn es anfechtbar ist – es gesagt werden *muß*. Ich bedaure, daß ich es sagen muß, ich bedaure, daß in meinem Leben und auf der Welt im Augenblick die Zeit fehlt, um es besser vorzutragen. Vielleicht bin ich auch im Unrecht – aber der Versuch muß dennoch gemacht werden.

Wieviel Vertrauen besitzt man, um etwas zu unternehmen – und wie leicht schmilzt es in seiner Verletzlichkeit dahin! Die ärgste Pein ist, glaube ich – oder auch dic größte Versuchung –, wenn die Menschen Dein Urvertrauen unterminieren. Es ist so viel leichter, Vertrauen an den Maßstäben anderer zu messen – und auch sehr viel sicherer.

Tagebuch *Lloyd Neck, Sonntag, 27. Oktober*

Seit einer Woche bin ich mit dem neuen Baby – Anne! aus der Klinik zurück. Erfüllt von so vielen Gedanken – das Leben eilt vorbei, und man kommt nicht nach. Das Leben richtet sich nach den Zeiten des Babys – etwas köstlich Neues. Man ist physisch davon absorbiert. Stillen, ruhen, in der Sonne liegen, essen, trinken, stillen, ruhen. Das Leben selbst ist von gefährlicher Kostbarkeit – in der Sonne zu sitzen, die letzten, goldenen Wespen zu beobachten, Blätter, die einzeln herabfallen, der Himmel, der hinter dem verblassenden Rot der Bäume sehr blau ist. Ich kann lediglich dasitzen, ein Loblied singen, meine ausschwärmenden Gedanken sammeln, die von der Welt und dem Dasein losgelöst sind. Der Tag ist völlig zerstückelt, nichts kann man in einem Zuge erledigen, außer abends zwischen 8 und 10 Uhr, wenn ich zu müde bin.

Nachmittags, wenn ich schlafen sollte, produziert mein Geist und Verstand Briefe und Argumente als Antwort auf etliche kritische Besprechungen oder Stellungnahmen. Wenn die Kritik zu massiv wird, verliert man das Vertrauen in sein eigenes Vorstellungsvermögen. Wie kann man gegen so viele hehre, geistreiche und erfahrene Menschen im Recht sein? Die Besprechungen haben mich weniger verletzt als die wachsende Kluft, die sich zwischen mir und den Menschen auftut, zu denen ich mich bisher zählte. Die Künstler, Schriftsteller, Intellektuellen, Feinfühligen und Idealisten – von denen ich mich nun ausgeschlossen fühle. Ich bin ein für allemal und so ganz nebenbei tatsächlich ausgeschlossen. Meine Heirat hat mich aus meiner Welt hinauskatapultiert und so verändert, daß es kein Zurück mehr gibt.

Die täglichen Berichte in den Zeitungen: »Alle Schriftsteller, die diesen Namen verdienen...« bekämpfen den Faschismus, die Fünfte Kolonne etc. Und ich werde zu der letzteren gezählt! Claire Luce wird auf mein Buch »antworten«, das sie für »eine Gefahr für die Demokratie« hält.

Inmitten dieser Unerfreulichkeiten hält man sich an bestimmte sehr tröstliche Umstände. An Freunde, die die Kluft überspringen – ohne Rücksicht – und trotz allem, wie Mina Curtiss. Mary Hands Brief (wie köstlich ist es, über alle Meinungsverschiedenheiten hinweg geliebt zu werden – kostbarer noch als die Zuneigung aus den eigenen Reihen). Das Mädchen, das anderer Meinung war, aber meine Toleranz und meinen fehlenden Haß lobte. Und der Brief von Auden[1], der bis ins Innerste der schmerzlichen, augenblicklichen Situation vordringt.

Liebste Mutter,

Ich hatte vor, Dir heute nach Tisch ein Briefchen zu schicken, nachdem ich in der *Times* die dümmliche Veröffentlichung des W. A. White Komitees (über das Zerwürfnis in der Familie) gesehen hatte. Das Unerträglichste in diesem ungewohnten Leben in den verschiedenen Lagern ist die Entdeckung, daß in Deinem eigenen »Lager« Elemente vertreten sind, die Dir mißfallen. Was zu dieser Zeit gehört und wovor ich mich gefürchtet habe, ist, daß man »Partei ergreifen« muß und kein Platz bleibt für die Gemäßigten – beziehungsweise die Gemäßigten gezwungen werden, sich den Extremisten anzuschließen. Einen Mittelweg gibt es nicht. Ich nehme an, daß man das lernen und ertragen muß, daß es in jedem Kreuzzug unwürdige Elemente gibt. Da dem so ist, sind die Gemäßigten dazu bestimmt, sozusagen »benützt« zu werden. Ein scheußliches Gefühl, aber wehren kann man sich gegen die Tatsache nicht, und man muß sowieso seiner Überzeugung entsprechend weitermachen.

Ich habe das in diesem Jahr sehr stark und eindringlich gespürt und war deshalb unerhört erfreut – oder zumindest hat es mir sehr geholfen – einen Brief von Auden (W. H. – den ich gar nicht kenne) über mein Buch zu bekommen. Er findet so treffende Worte über die Qual der Ungewißheit, ob nun lediglich von einem »Gebrauch gemacht« wird oder nicht, daß ich Dir seine Gedanken gerne vermitteln möchte. »Als Schriftsteller weiß ich, daß weder Mißachtung noch Hohn einen in die Einsamkeit treiben, die man am schwersten erträgt, sondern es ist das Wissen, daß alles, was man schreibt, schutzlos in die Welt hinauszieht, um sowohl ins Gute wie ins Böse verwandelt zu werden, daß kein Kunstwerk gegen Mißbrauch gefeit ist; dennoch muß man das Wagnis eingehen und beten, daß das Gute überwiegt.«

[1] W. H. Auden, in England geborener Dichter, der die Kriegsjahre in den USA verbrachte und dann amerikanischer Bürger wurde.

Wenn man doch nur die Welt von sich abschütteln und aus der Verstrickung lösen könnte. Ich bin bestürzt über das Problem der Europahungerhilfe und habe das Gefühl, ich muß mich auf irgendeine Weise dafür einsetzen, auch wenn das nicht gerne gesehen wird. Ich glaube und hoffe, daß man etwas entsprechendes entwickelt, wenigstens in geringem Umfang. Komm bald wieder, und wir werden uns nur über die Kinder und das Schreiben unterhalten.

Lloyd Neck, Huntington, Long Island,
28. Oktober

Lieber Mr. Auden,

Haben Sie Dank für Ihren hochherzigen, geistsprühenden Brief über mein Buch. Was man fürchtet, wie Sie sagen, ist, daß man womöglich den »Mächten des Bösen« helfen könnte (ganz allgemein und fast im abstrakten Sinn) und umgekehrt, schreckt man vor der Trennung von den »Mächten des Guten« und den nahestehenden Menschen (auch das wieder im allgemeinen und abstrakten Sinn) zurück. Heutzutage möchte man mehr denn je so verzweifelt gerne »das Richtige« tun. Doch es fällt schwer festzustellen, was das »Richtige« ist. Manchmal erscheint es notwendig, fast blind voranzuschreiten, auch wenn man weiß, daß man vielleicht einen Fehler macht.

Ich denke an Despiau in seinem rußigen Pariser Atelier, der, während seine Hände zitternd über eine winzige Stelle am Bakkenknochen huschten, sagte: »Ich habe Angst, sie zu berühren, da ich befürchte, es wird schlechter.« Und dann: »Nun habe ich sie berührt und etwas verloren. Ich habe einen Fehler gemacht.« Und schließlich: *»Mais il faut reculer – il faut reculer – pour avancer plus loin.«*

Seien Sie bedankt dafür, das Sie mir ähnlich Hilfreiches gesagt haben.

Ich muß ein paar seltsame Leute, die wir in den letzten Monaten gesehen haben, aufzeichnen. Sie sind Teil unseres Lebens, unseres neuen Anti-Kriegslebens.

Einmal die Quäker. Ich hatte das Gefühl, daß ich bei ihnen aufatmen konnte – was für ein Trost, nicht gegen den Strom schwimmen zu müssen wie sonst meistens. Hier sind wenigstens ein paar »gute« Menschen auf unserer Seite. Was mich während dieses Jahres am meisten aufgeregt hat, war, alle »richtigen« Leute auf der falschen Seite zu sehen – und was noch erschreckender war –, alle »falschen« Leute auf der richtigen Seite anzutreffen. Die Quäker sind sowohl pragmatisch als auch gut. Ich kann ihnen fast »in allem folgen«. Aber C. kann das nicht.

Dann Libby[1], das Oberhaupt aller Friedensorganisationen, ein rundlicher, blankgeputzter, kleiner Mann, vital und eifrig, der Sicherheit ausstrahlt, untersetzt, säuberlich und rundum in Ordnung. Wie beneide ich solche Menschen – aber warm werden kann ich mit ihnen nicht. Sie sind ebenso hartgesotten wie eine hochgestochene weltmännische Persönlichkeit. Man findet nirgends einen Riß, wo man ansetzen könnte. Hart und glänzend – wie ein Knopf.

Dann Armstrong[2], ein zuverlässiger, ernsthafter, hart arbeitender ehrenhafter Mann, bescheiden und dabei unerschrocken – ohne jede Neurose oder pessimistischen Fatalismus, die die intellektuellen Oststaatler befallen. Er ist ein Mittelweststaatler, war in der *American Legion* und ist sehr amerikanisch. Er hat einen klaren Verstand und ist kompromißlos. Konflikte können ihm – jedenfalls sieht es so aus – nichts anhaben. Er macht sich sofort an die Arbeit, schreibt nachmittags eine Rede, hat bereits sechs zu Protokoll gegeben, die an die verschiedenen Posten in der *Legion*

[1] Frederick J. Libby, prominenter Pazifist, Verwaltungssekretär des Nationalkomitees zur Verhütung des Krieges.

[2] O. K. Armstrong, Schriftsteller, Journalist und Mitglied des Komitees der *American Legion* für auswärtige Angelegenheiten.

verteilt werden müssen! Er hat auf seine beharrliche Weise ganz allein, ohne Hilfe und Geld, mehr als jeder andere geleistet, sagt C. Ich nehme an, daß, wenn wir Erfolg haben werden, wir es Menschen wie ihm zu verdanken haben, doch sobald er weg ist, erfüllt mich eine ungeheure, unerklärliche Sehnsucht nach Europa und den Europäern.

Und ein Major K. – ein geheimnisvoller Mann –, gedrungen, rund, klein, in einem engen, zweireihigen Mantel. Aufrecht schlägt er die Hacken zusammen und beugt den Kopf, wenn er einem die Hand gibt. Er formuliert sehr präzise, schürzt seine Lippen, nachdem er geredet hat, so als wollte er damit andeuten, daß er einem noch sehr viel mehr berichten könnte, wäre er nicht zum Schweigen verpflichtet. Er hat sehr entschiedene Meinungen und ist, wie ich glaube, nicht immer im Recht damit. Aber das scheint unwesentlich – er legt in seinen Reden das nächste Mal wieder genausoviel Überzeugungskraft an den Tag. Ein Abend mit ihm zusammen, und ich habe das Gefühl, ich könnte es mit den »Pfadfindern« des Secret Service aufnehmen. Viele seiner Fakten sind authentisch, und er ist sehr intelligent und nimmt vieles wahr. In Fragen Lateinamerikas ist er eine Autorität, und er ist sehr Pro-Franco. Ich kann nicht glauben, daß alles so rosig ist, wie er es schildert. (»Die Mauren verübten keine Greueltaten.«)

Lawrence Dennis[1] ist bei weitem der Interessanteste dieser Gruppe, wir sind uns aufgrund der Kriegssituation begegnet. (Sie sind keine »Gruppe«, aber wir haben ein gemeinsames Ziel: Wir sind Kriegsgegner. In Wirklichkeit sind ihre Vorstellungen so verschieden wie nur möglich.) Aufgrund seines »Briefes« und dessen, was die Leute über ihn sagen, hatte ich die Wiedergeburt des Teufels erwartet (»Der größte Faschist Amerikas« etc.), einen schwierigen, geistreichen, anmaßenden Mann. Aber wenn er auch sehr geistreich war, schien er doch keineswegs schwierig zu sein in meinen Augen, und dazu in keiner Weise anmaßend, er war eher reserviert und ausgesprochen sensibel. Er schien sehr informiert

[1] Ehemaliger Offizier des Auswärtigen Amtes, der den rechtsorientierten *Weekly Foreign Service Letter* herausgab.

und einfühlsam, und das erste Gespräch war sehr interessant. Sein Scharfsinn riß einen mit, und zwar »ausgesprochen zwanglos«.

Mich stört nur dieser merkwürdig herabgezogene Schmollmund, der fast so schrecklich ist, wie bei den Masken der griechischen Tragödie. Dieser Mann hat gelitten, und man hat ihn sehr verletzt – weshalb, weiß ich nicht, geblieben ist ihm davon diese merkwürdige Grimasse (schrecklich indiskret und im Nu ein ganzes Gesicht verändernd), und er verachtet die Menschheit als solche. Vielleicht bin ich unfair und urteile zu rasch. Doch ich spüre in dem, was er sagt, eine tiefe Verbitterung – eine Nuance von »das Volk ist eine gewaltige Bestie«. Und damit wollen wir es bewenden lassen.

Eines Abends hatten wir sie alle zusammen, außer Dennis. Es war schrecklich komisch. Ich habe immer mal wieder ans Ende des Tisches auf C. geschaut, um sicher zu sein, daß ich mich noch auf dem Boden der Tatsachen befand. (Raymond J.) Kelly[1] saß auf meiner einen Seite und Armstrong auf der anderen. Kelly macht Bemerkungen, die wie Bomben einschlagen: »Sie kennen selbstverständlich seine Vergangenheit, er verdiente sein ganzes Geld durch einen vorgetäuschten Waffenstillstand – ja, ...« (Kelly kennt stets die Lebensumstände jedes einzelnen.) Armstrong zeigt mir ganz verschreckt ein langes Gesicht. Ich war einer Hysterie nahe. Konnten wir alle weiterhin den gleichen Weg verfolgen, wenn Kelly nach der einen Seite abschwenkte und Armstrong nach der anderen?

Armstrong ist meiner Meinung nach tatsächlich der Vernünftigste und vielleicht auch der Fähigste für die Antikriegsarbeit.

Ich habe in dieser Persönlichkeitschronik Kennedy[2] ausgelassen, den C. und ich aufsuchten. Da saß er in seiner Hotelsuite, um ihn herum Papiere verstreut, Briefe auf dem Schreibtisch, Tele fone klingelten, Ferngespräche, Kennedy schmetterte: »Also, ich werde ihnen sagen ...«

[1] Nationaler Befehlshaber der *American Legion*.
[2] Joseph P. Kennedy, von 1937–40 amerikanischer Botschafter in Großbritannien.

Als wir hereinkamen, nahmen wir ihm gegenüber Platz, während er in einem roten Damastgroßvaterstuhl saß, sein Bein hing wippend über der Armlehne (merkwürdige Stellung), und er sprach mit lauter, nachdrücklicher, unbekümmerter Stimme, die man viele Zimmer weit hören konnte. Wir redeten fast überhaupt nicht. Er gab uns seine anschauliche Schilderung, lautstark, unerschrocken, ohne Punkt und Komma. Ihn sprechen zu hören, war eine Wohltat, trotz aller Schrecken und aller Übertreibungen (die er in kühnen Strichen hinwarf) klang alles zutreffend. Man hatte das Gefühl, daß dieser große, lebhafte, ambitionierte, gesunde und auch nette Mann der Wahrheit näherkam als jeder andere überkultivierte und überzivilisierte Diplomat. Im wesentlichen sagte er das gleiche wie in seinem Interview – daß England am Ende war, daß die Häfen zerstört und die Bedingungen schlecht seien. Daß es auf der Basis, auf der sie gewinnen wollten, ganz hoffnungslos sei, einen Sieg zu erringen. Daß sie unsere Beteiligung lediglich deshalb anstrebten, damit sie einen Partner hätten, mit dem sie die Schuld teilen könnten, und daß sie den Krieg nur deshalb noch eine kleine Weile fortsetzten, weil sie von der wütenden Hoffnung erfüllt waren, daß »in der Zwischenzeit etwas geschehen könnte«. Daß man sich vollkommen über ihn hinweggesetzt hatte. Eine amerikanische Botschaft existierte nicht – lediglich eine britische.

Er sagte, Bullitt sei hier wie dort der Hauptverantwortliche für die Kriegsbemühungen. (Ich nehme an, daß ein Gutteil persönlicher Eifersucht mit im Spiel ist – wegen B.s Einfluß auf Roosevelt, die man bis zu einem gewissen Grad wieder abziehen muß.) Er ist offensichtlich über den Präsidenten sehr verärgert, bezeugt ihm aber eine Art persönlicher Loyalität, da der Präsident ihn (als Römisch-Irischen Katholiken) an das Gericht von St. James berufen hat. Er sagt, daß er alles, was ihm zur Verfügung steht, in die Waagschale werfen wird, um uns aus diesem Krieg herauszuhalten. Ich spürte, daß es ihm ernst war und daß er große Macht besaß. Man gewann allein dadurch Vertrauen, weil man mit einem Mann zusammen war, der ein solches Machtbewußtsein ausstrahlte – auch wenn man wußte, daß es teilweise oder womöglich zumeist Überheblichkeit war. Ich hatte das Gefühl, daß er in diesem Augenblick der mächtigste Mann der Vereinigten Staaten war (Das Land entweder in den Krieg oder in den Frieden hineinführen konnte). Er hatte ganz offensichtlich die gleiche Meinung.

Er erwähnte C.s Stellung in England und wie sehr er dort gehaßt wird. Und mit barschem, amerikanischem Humor kommentierte er den Grund, den sie für ihren Haß anführten. Das Ärgste, was sie über ihn sagen konnten, war: »Und ich hatte ihn in meinem Haus zum *Abendessen!*«

»Als wenn du *käuflich* wärst«, sagte ich rasch.

»Ja«, posaunte Kennedy, »Und für ein *Abendessen* – für ein *Abendessen!*«

Er sagte, daß die Königin nicht so denkt. »Ich kann gut verstehen...« Kann sie das? Sie ist eine großartige Person.

Ich möchte auch über Auden schreiben, der an einem Nachmittag zu uns herauskam. Es wird lange dauern, bis ich wieder einem Auden begegne, deshalb möchte ich ihn beschreiben.

Er ist, wie Mrs. Curtiss sagte, unverfälscht, gut und ohne Arg. Er ist wohl der weltfremdeste Mensch, der mir je begegnet ist. An ihm ist alles, oder doch weitgehend alles, gewichtig. Er hat alle Fesseln abgeworfen, ist mit sich allein, schwebt über den Dingen und ist trotzdem ganz intuitiv den Kernproblemen der Welt ganz nah.

Geistig bin ich ihm zu sehr unterlegen, um ein Gespräch mit ihm zu führen, und gefühlsmäßig zu aufgewühlt. Ich wollte vollkommen aufrichtig zu ihm sein – ganz ich selbst –, aber es geht nicht, jedenfalls nicht jetzt, da ich zu verwirrt und zu beschäftigt mit konkreten Problemen bin.

Ich war zu frustriert und zu kleinmütig und konnte ihm nichts geben.

Täglich scheinen die Schrecken des Krieges zuzunehmen, die Bombardierung Englands dauert bereits Monate, das Bild des qualmenden Coventry, das verbarrikadierte London, die Berichte der Kliniken, Amputationen, das Entsetzen der Kinder. Man möchte selber leiden, weil man glaubt, daß das leichter zu ertragen ist, als zuzusehen und nicht zu wissen, was man tun kann.

Montag, 16. Dezember

Weihnachten steht bevor, und ich habe nichts gemacht, weder Zeit noch Kraft lassen sich erübrigen, um Einkäufe zu machen, und die großen, üppigen glitzernden Geschäfte kommen einem angesichts des Krieges und der Not im Ausland so erschreckend vor. Ich kann es nicht ertragen, sie zu betreten. Selbst die Kataloge sind schrecklich. Ich habe sie gestern abend durchgeschaut und jedes Mal, wenn ich »Mary und Richard, Weinbrand-Pfirsiche« notierte, kam mir das wie eine Karikatur vor.

Ich habe versucht, für die Quäker an einem Artikel oder einer Rede über die Hungerhilfe für Europa zu arbeiten. Es ist schwierig. Ich möchte ihn ausgesprochen gut, klar, aufrüttelnd und schön machen. Ich schaffe es nicht. Weshalb? Ist an der Situation, über die ich schreibe, etwas unklar oder irreal? Bin ich feige angesichts weiterer Kritik? Natürlich verfolgt und quält mich das und drängt mich in die Defensive. In meinem tiefsten Inneren habe ich eine leise Vorahnung, daß alles ohne mich, ohne uns gequälte Sterbliche hier entschieden wird, und zwar durch Ereignisse, die sich außerhalb unseres Umfeldes, nämlich im Ausland, abspielen. Da dem so ist, und womöglich auch aus anderen Gründen, haben wir uns stets gegen den Strom bewegt.

26. Dezember

Ich habe keine Tagebuchnotizen gemacht bis zu dem Morgen, an dem C., während ich das Baby stillte, auf dem Weg in die Stadt hereinkam und mir sagte, daß Pickett[1] angerufen hat und doch wollte, daß ich meine Rede über die Hungerhilfe für Europa bald halten sollte (obgleich Hoovers Plan von den Briten abgelehnt worden war) – und das, nachdem ich eben aufgezeichnet und analysiert habe, weshalb ich es nicht gut machen könnte. Ich

[1] Clarence Pickett, ein Quäker.

wußte, daß C. mir nicht helfen konnte, da er mitten in der Antikriegskampagne steckt und alle Hände voll zu tun hat, damit die Leute, die zusammen arbeiten, friedlich bleiben. Da ich das spürte, konnte ich ihn weder um Hilfe noch um sein Verständnis bitten. Ich wußte, ich muß es tun – und zwar alleine. Und als ich dann fort und in die Hütte zum Arbeiten ging, fühlte ich mich seltsamerweise wie er – etwas von ihm war auf mich übergesprungen. In dieser Zeit mußte man seinen Gürtel enger schnallen. Und gerade diese Härte war stimulierend und hilfreich – wie die letzten Augenblicke im Flugzeug, wenn endlich der Gefahrenmoment erreicht war, vor dem man Angst gehabt hatte. Man fürchtet sich nicht mehr, man ist mit anderem beschäftigt – aber womit? Freude ist es nicht – man weiß, wie schrecklich es ist. Was dann? Mut? Mut kann es nicht sein, wenn man doch solche Angst hat. Ich finde keinen Namen dafür – am ehesten ist es wohl eine gewisse *positive* Hinnahme.

Und ich arbeitete, fing wieder von vorne an. Langsam wurde etwas daraus.

Diesen Nachmittag ging ich zur Landzunge hinaus. Es war still und wunderschön – nur eine leichte Brise. Die Möwen draußen, jenseits des Leuchtturms, zogen gelassen ihre Kreise in den Himmel hinauf, über den Leuchtturm, die Wellen und den Strand hinweg – eine langsame, ausgeglichene Spirale, hoch in den Lüften. Doch mein Herz konnte sich nicht mit ihnen emporschwingen. Es konnte nicht wie ein Sender über das Meer funken, wie es das meinem Gefühl nach manchmal vermochte. Es war der Erde verhaftet, festgezurrt wie die Boote mit ihren alten Tauen. Nachdem C. fort und in die Stadt zu seiner Versammlung gegangen war, konnte mein Herz ihn begleiten und um Kraft für ihn beten. So wie ich seine Kraft heftig, bestimmt und stark in mir spürte. Doch mit den Vögeln konnte es sich nicht aufschwingen.

Das ist die Ehe, dachte ich, diese alten, verschlungenen Hanfseile, die die Boote halten, grau und salzgetränkt, keineswegs schön, aber zäh und zuverlässig. Und die Liebe ist etwas anderes. Sie ist diese heitere Spirale der Seemöwen über dem Leuchtturm, unangreifbar, unberührt, gemächlich den eigenen Gesetzen folgend in den höheren Regionen der Lüfte. Ich fragte mich, ob ich je wieder mit ihr in Berührung kommen würde.

Dann die Arbeit – alles aufgeben, um zu arbeiten, die Kinder, Menschen, Weihnachten, alles außer einem täglichen Spaziergang, um einen klaren Kopf zu behalten. Die Bedeutung des Schreibens – jeglichen Schreibens. Man kann es niemals leichtnehmen, niemals. Stets kostet es dein Herzblut.

Samstagnachmittag, 28. Dezember

Liebe Sue,

Ich weiß nicht, wie es Dir nach unserem Abstecher in die unwirkliche Shellackwelt des Radios und Film[1] ergeht, ich komme mir leicht (wenn das je »leicht« möglich ist) prostituiert vor. Ich habe den starken Wunsch, davon reingewaschen zu werden. (Es ist mir klar, daß sie lediglich Agenturen dieser modernen Welt sind, und daß man sie benutzen muß; ich bin überzeugt von der Dringlichkeit und Wichtigkeit der Angelegenheit, für die ich sie verwendet habe – wenn auch nicht von der Bedeutung meines kleinen Beitrags.) Aber nichtsdestoweniger möchte ich davon reingewaschen werden. Die kleine Anne besorgt das für mich. *Sie* ist jedenfalls noch vollkommen rein.

Während ich gestern abend darüber nachdachte, bekam ich das Gefühl, daß es diese Prostitution der modernen Welt ist, der Verlust der Wahrhaftigkeit, dieses Bestehen auf der *Form,* der äußeren *Erscheinung,* die Protzerei und die Mode sind, die uns beide so krank machen. (Die ganze British-Bundles-Mischpoke ist davon infiziert, die eleganten Damen tragen britische Löwen deutlich sichtbar auf ihren Busen.) Man ist von Sehnsucht nach Reinheit erfüllt, möchte an sie glauben können und mit reinen Menschen verkehren – mit den Kindern oder denen, die kindliche Reinheit besitzen. (Dem Dichter Auden ist sie eigen und vielleicht auch St.-Ex. Ich habe das Gefühl, er kommt nur in dieses Land,

[1] Sue Vaillant begleitete A.M.L. zu der Verlesung ihrer Rede am Hl. Abend am Radio für die Quäker, in der sie dringend für die Hungerhilfe in Europa warb.

um nach England zurückzukehren, um zu kämpfen.) Charles gehört ebenso dazu, er hat sie sich trotz seiner Verbindung zur Welt erhalten. Dir und George war sie stets bewußt.

War es dieser Wunsch nach Reinheit, der mich veranlaßte, Dich zu bitten, mit mir zu diesen scheußlichen Institutionen zu gehen, damit ich weiterhin an etwas Gutes glauben konnte, das nicht in ihrem Bereich lag? Und weil Du das spürtest, hast Du mir deshalb die weiße Blume gegeben? Sicherlich habe ich das im Unterbewußtsein wahrgenommen, als ich sie auf dem Tisch im Radiosender liegen sah. Möglicherweise hat auch C. das empfunden und wollte Dich deshalb dorthaben, darum hat er auch – obgleich er in bezug auf Blumen eher ein Puritaner ist, es albern findet, wenn Frauen welche tragen und bei mir stets dagegen war –, als wir abends im Auto zurückkamen, zu mir gesagt: »Weißt Du, es war nett von Sue, Dir diese Blume zu geben.«

Tagebuch *Januar*

Die Rede ist längst gehalten. Vorbei sind Mühen und Kämpfe – und meine Angst vor der Kritik. (Kritik gab es keine, die Rede war vollkommen unbeachtet geblieben! »Erstickt«, sagte C.)[1] Ich finde, sie war gut. Ich habe sie gut vorgetragen, wenn ich auch die alptraumartige Vorstellung hatte, daß ich in ein Vakuum hineinredete und mich niemand hörte. Wieder dieses närrische Losschlagen auf eine Matratze wie das ganze letzte Jahr.

St.-Ex. ist in New York. Ich lese eifrig darüber in der Zeitung. »Hast du das gesehen?« sagte ich zu C. »St.-Ex. ist hier, aber er geht wieder zurück!« (Ich sehe das mit Freuden; ich bewundere ihn nun noch mehr, da er in sein Land zurückkehrt, wie Détroyat.)

»Ja«, sagte C., »Ich sehe es mit Neid.«

»Weshalb mit *Neid?*« (Möchten denn *alle* Männer kämpfen?)

»Weil du dich so für ihn interessierst.«

»Das stimmt auch, denn er ist ein Schriftsteller, und ich bewundere ihn, außerdem bin ich ständig auf der Suche nach Menschen, die noch aus meiner Welt sind, aus meiner Welt des Schreibens. Aber es ist niemand mehr da. Ich habe sie alle in diesem Jahr verloren.«

»Ja«, sagte C., »wie ein Schlachtfeld nach einem Bombardement.«

St.-Ex. wird in New York sehr gefeiert, interviewt etc. Ich lese die Interviews aufmerksam, da ich immer das Gefühl hatte, daß er mehr »Antworten« auf meine Probleme parat hat als jeder andere

[1] In der Wochenschau war die Überschrift: »Anne Lindbergh schlägt vor: Wir sollen Hitlers Europa ernähren.«

moderne Autor, neben Thornton Wilder und L. H. Myers. (Auch sie sind beide »auf der anderen Seite«.) Doch es trifft mich sehr, und ich bin enttäuscht, daß wir ihn nicht sehen werden (da ich jetzt die Beulenpest unter den Schriftstellern bin, und C. ist der Antichrist!) C. sagt zu dem allen: »Also, wenn du ihn sehen möchtest, machst du am besten den Versuch – wir könnten...«

»Ich *könnte* es nicht, ich *brächte es einfach nicht fertig*« (an eine Tür zu klopfen, hinter der man unerwünscht ist).

»Nun«, sagt C. »dann schiebe ihm nicht die Schuld zu. Vielleicht vertritt *er* denselben Standpunkt im Leben wie du!«

Wenn ich seine Kommentare über das Schreiben und das Leben in den Zeitungen lese, habe ich genau das gleiche Gefühl wie in Miß Delpits französischer Lyrikklasse, in der alle viel besser französisch konnten als ich und fließend drauflos plapperten, während ich stumm auf meinem Stuhl saß, da ich nicht flüssig reden konnte. Und zugleich rebellierte ich innerlich, *ich* verstehe *Lyrik*, die wahre Poesie, besser als alle anderen!

Es ist niemals gut, etwas erzwingen zu wollen, auch die Menschen kann man nicht »zwingen«. Das war das Ergebnis des Besuchs bei Whitehead, als wir über den Krieg verschiedener Meinung waren und ihn traurig verließen, und meiner Begegnung mit Auden, als mich zu viele Konflikte beschäftigten, um offen mit ihm zu reden.

Für mich ist es jetzt nicht die Zeit, die Saint-Exupérys der Welt aufzusuchen.

6. März. Im Zug nach Florida

Physisch habe ich diesen Winter der kleinen Anne gewidmet, geistig war ich für C. da, der arbeitet, ständig kämpft, Artikel und Reden verfaßt, mit Leuten zusammenkommt (und das mit großer Stärke, feurig, optimistisch und mit Geduld. Wie bewerkstelligt er das nur – er, ein Mann der Tat, sitzt da in diesem Büßergewand). Ich gehe alles mit ihm durch, passe auf, daß keine Fehler gemacht werden, achte auf Fallen bei schriftlichen Arbeiten und im Umgang mit Menschen. Bei den Menschen, die ihn benutzen wollen, denen, die in ihrem Kern nicht »gut« sind. Den Menschen, die dumm sind. Menschen, die unausgeglichen sind und ihren Standpunkt ständig wechseln. Ich kann lediglich aufpassen, mir meine eigenen Gedanken machen. Da ich ihn nicht mit meinen Ängsten und Zweifeln belasten darf, sondern nur dann, wenn ich sicher bin, hie und da ein Wort einflechte und ihn gelegentlich auf gewisse Dinge aufmerksam mache.

Wie sehr ähnelt das unseren früheren Flügen, als ich im Cockpit saß, schwieg, und ihn nicht anrühren oder ihm Fragen stellen wollte aus Furcht, ihn aus der Fassung zu bringen, oder schlimmer noch, sein Vertrauen zu erschüttern. Schweigend und vertrauensvoll dasitzend, nur hin und wieder eine Notiz oder ein Sandwich nach vorne reichend! Allein, das war eine physische Belastungsprobe – daher leichter. Es handelte sich dabei um ein physisches Symbol für das, was einen erwartete. Wie vieles im Leben ist symbolisch. Keats sagte: »Das Leben eines Mannes von Wert ist ein beständiges Gleichnis, nur sehr wenigen wird sein Geheimnis offenbar.«

Und wieder ist es C., der das Ganze genießt, dem der Kampf Freude macht, und ich bin diejenige, die Anerkennung zollt (Beifall spendet) und den Nebel in weiter Ferne sieht. Sehr gut ist das nicht, sondern eine Absage an das eigentliche Leben. Ich lerne dazu.

In diesem Winter habe ich einen gezielten Versuch unternommen, um das zu erreichen, was Meredith als die Aufgabe einer jeden Frau und Künstlerin bezeichnet: »Etwas Göttliches in dem zu finden, was die Welt pauschal als materielle Substanz ansieht.« Im katholischen Sinn mit und durch die »Freude« zu leben. Zeitweilig gelingt es. Morgens an meinem Fenster, abends, wenn ich Land etwas vorsinge und fast immer, wenn ich mit der kleinen Anne zusammen bin, sie stille, sie in meinen Armen halte, wenn ich ihr zuschaue, wie sie sich feucht, warm und rosig vom Schlaf reckt – dann genieße ich wahre Freude und wahren Frieden. Nur das existiert, und alles andere ist unwichtig. Ich habe Boden unter den Füßen.

Dann die Spaziergänge mit C. Der alte Weg zur Landzunge, dem Leuchtturm, der Wind und die Möwen, die steile Böschung hinunter, an dem kleinen Strandbaum vorbei, der sagt: »Was krumm ist, wird gerade werden«, an dem abgestorbenen Baum vorbei, der pfeift, den Strand entlang, den langgestreckten Hügel hinauf, über die Felder, durch unseren kümmerlichen Wald und hinunter durch das dichte abgestorbene, vom Reif verkrustete Eichenlaub zu unserer Türe und zum Tee. Unser ganzes Leben lang haben wir solche Spaziergänge gemacht. In Long Barn, Englewood, Illiec, selbst auf unserem komischen Rundgang durch den *Bois* in Paris. Ein Spaziergang, auf dem es von früheren Gedanken, alten Problemen wimmelt, über dem die Vergangenheit hängt. Welches Entzücken, wenn wir etwas Neues entdecken – einen aufgescheuchten Fasan, eine aufsteigende Möwe, gefrorenen Schaum auf den Felsen, einen köstlichen Wind im Gesicht oder Schnee oder einen glatten Stein.

Es war vergnüglich auf diesen Spaziergängen. Dann das Schlittschuhlaufen mit den Kindern. Auch eine Mondnacht, C. und ich gingen alleine, hinunter zum Teich, wir bahnten uns einen Weg über das glatte, dunkle Eis, das vor uns von den Schatten der kahlen Bäume gemasert war. Die Luft kalt, die Sterne, das kalte blaue Licht des Mondes. Und drüben, auf dem Hügel schwaches, gelbes Licht von Menschen und ihren Behausungen.

Ich lerne es besser, die Freude beim Schopf zu packen, Blakes Metaphern anzuwenden. Wenn man das tut, kann man es anderen, wie Land und C., vermitteln.

Und die Arbeit? Ich denke voller Neid an St.-Ex., der in seinem Hotelzimmer sitzt und nur schreibt. Er ist kein Politiker; er hat das Gefühl, daß er durch sein Schreiben soviel Einfluß wie möglich ausüben sollte. Er *kann* das – ich jedoch, ich kann es nicht. Ich bin verheiratet – und mehr als das –, ich habe mich der Ehe gewidmet. Und mir liegt etwas an dem Mann, mit dem ich verheiratet bin, mir ist sein Leben ausgesprochen wichtig, unser gemeinsames Leben, unsere Überzeugungen, sein Handeln, unser Handeln – an allem muß unablässig gearbeitet werden. Weil *er* daran teilhat. Er steht mitten drin, und das wird sich auch nie ändern. Ich bin so beschaffen, daß ich ihn nicht »seiner Wege« gehen lassen kann und ich meine eigenen Wege beschreite. Nein, unsere Ehe ist etwas anderes. Für einen Elfenbeinturm haben wir darin keinen Platz.

Ich hoffe, ich bete, daß St.-Ex. sich seine *Freiheit* erhalten kann, rein und unberührt bleibt in diesen Zeiten, in denen jeder angeschwärzt oder reingewaschen wird, in denen man gezwungen ist, Partei zu ergreifen. Ich hoffe, er kann darüber stehen und schreiben. Ich kann lediglich ein paar Gedichte machen und diese schrecklichen Tagebücher korrigieren, die C. jetzt abschreiben läßt.

Das dauert jetzt schon sechs Monate. In gewisser Weise ist das eine Belastung, aber ich glaube, es muß gemacht werden. Jeden Tag, wenn ich die Lügen über uns in der Zeitung lese, denke ich mir, es muß eine persönliche, aufrichtige Aufzeichnung geben, die zeigt, wie es wirklich gewesen ist. Sie muß vor der Zukunft bestehen können, wofür C. jetzt sorgt. Aber es belastet mich – besonders die Tagebücher aus meiner frühen Jungmädchenzeit. Wir hatten deshalb schreckliche Auseinandersetzungen. Ich wollte, ich hätte sie vor C. erwischt und sie alle verbrannt. Es bereitet mir Qualen, sie jetzt zu lesen und alle meine Fehler und Übertreibungen vor mir zu haben und zu erkennen, daß ich mich nicht geändert habe. Die Bewunderung für einen unmöglichen Er oder eine unmögliche Sie – was ist sie anderes als die *augisse inguérissable*, die mich mein Leben lang verfolgt? Aber das gilt nicht allein für eine Person. Nein, ähnelt eher Yeats Zeile:

»Bird sighs for the air,
Though for I know not where.«

Aber der Ausdruck, den man mit 14, 15, 16, 17 und 18 dafür findet, ist der bare Unsinn.

Dann denkt man: Und jetzt – schreibe ich jetzt etwas, was mir mit fünfzig wie barer Unsinn vorkommen wird? Doch das ist unwichtig, man muß schreiben, man schreibt nicht, um gelesen zu werden, sondern um zu atmen – auch damals. Man schreibt, um zu denken, zu analysieren, zu beten. Man schreibt, um einen klaren Verstand zu bekommen, um seine Ängste zu vertreiben, seine Zweifel zu erkennen, seine Fehler zu sehen, um sie auszumerzen. Man schreibt, um sich seiner Freuden zu versichern, sie zu konkretisieren, aber auch, um seinen Schwermut zu untersuchen und zu vertreiben.

Wie das Gebet – dem man sich eher sorgenvoll als freudig zuwendet, um Hilfe zu erlangen, eine Straße, die zur »Gnade« zurückführt. Doch das macht einen falschen Eindruck auf C. und jeden, der meine Tagebücher lesen wird. Darin besteht mein Leben nicht, zumindest nicht *nur*. Mein Leben ist nicht trübsinnig, sondern Freude – ständige Freude. Die Tagebücher jedoch sind eine Gedankenwelt, und die ist nicht »fröhlich«. Freude drückt sich in Taten aus, den Gedanken verleihen wir Worte. Und die Tagebücher sind Gedanken und nicht das Leben.

Am 7. März starteten wir zu unserer zweiten Bootsfahrt von Fort Myers Beach aus die Küste Floridas entlang, durch Everglades und von dort nach Süden zu den Keys. Unser Boot war ein kleines Segelschiff mit Motor und einem kleinen Heringskutter, der Jim Newton gehörte. Wir hatten keinen Lotsen, da das Boot kleiner war als das, das wir 1940 auf unserer Fahrt benutzt hatten, und da Jim von vielen Fischzügen alle Buchten und Landzungen kannte. In der Kabine waren drei Schlafkojen, eine Kombüse und ein Tisch über dem Schwert. »Stabil, zuverlässig und ein bißchen forsch«, beschrieb ich unser Fahrzeug. Mit diesem Boot, das wir »Aldebaran« tauften, erlebten wir etliche Abenteuer: sehr starke Brisen, wir liefen auf Sandbänke auf und machten bei Mondschein in Häfen fest, die nicht auf der Karte verzeichnet waren.

Wir machten vollkommen andere Erfahrungen als auf unserer Fahrt 1940, wir fühlten uns den Elementen, Wind, Meer und den Gezeiten näher, da wir Segel gesetzt hatten und nach Kompaß und Sternen navigierten. Gelegentlich schlugen wir unser Zelt, das uns gegen Insekten schützte, unter verkrüppelten Seetraubenbäumen am Ufer auf. Wir erforschten noch einmal Shark River, diesmal ganz in Ruhe, mit Klüver und Besan vor dem Wind und drangen in die zeitlose Welt der Wildnis und des wilden Lebens ein. Wir trieben sacht durch das Labyrinth der Ströme und Flüsse dahin, die sich vor uns auftaten, zwischen kahlen, geisterhaften Armen der Mangrovenbaumwurzeln, erschreckten gelegentlich einen großen weißen Reiher, einen rosa Ibis oder etliche Wassertruthähne. Schwalbenschwänzige Milane kreisten langsam über unseren Köpfen. Bei Sonnenuntergang rafften wir die Segel und stakten unter überhängenden Büschen durch die sumpfigen Flußarme.

Der Höhepunkt unserer Fahrt war unser Start nach Dry Tortugas, eine der südlichsten Inselgruppen, auf der nur ein riesenhaftes verlassenes Fort aus den Tagen des Bürgerkrieges stand. Die vierundzwanzigstündige Segeltour über den Golf war die schwierigste unserer Unternehmungen, aber auch die, die uns am meisten befriedigte. C. und Jim hatten den Kurs bestimmt, C. die »Wachen« auf Deck eingeteilt – »jeweils zwei Stunden bis Einbruch der Dunkelheit, dann vier auf Deck und acht unter Deck«.

»Die Nachtwachen«, schrieb ich, »sind die schönsten. Man ist allein auf dem kalten dunklen Deck, steuert das Schiff, beobachtet von Zeit zu Zeit mit einer Taschenlampe den Kompaß, den Kopf in den Sternen, sich nach den Sternen ausrichtend; zerrt kräftig am Steuerruder gegen den Wind, läßt wieder nach, läßt ihm seinen Lauf, während die Sterne zwischen dem Takelwerk und hinter dem Mast auf und ab tanzen. Ebenfalls in deiner Hand sind die Kabine unter Deck und seine Insassen, die im warmen Laternenschein Abendessen kochen oder auch vielleicht schlafen und dir wie Kinder vertrauen.«

Außerhalb der Keys versuchten wir unsere ersten Unterwasserausflüge mit dem Taucherhelm, der durch einen langen Sauerstoffschlauch mit der Pumpe auf dem Boot verbunden war. Ich fand das ein herrliches Abenteuer, »eine fremde Welt der Bewegung, wehende Tangbüschel und ein buntes Geflirr der Fische trieb vor einem her, und dabei ganz lautlos. Man war davon merkwürdig abgekapselt, obgleich man körperlich in sie hinabgetaucht war ... Das Zeitgefühl hat sich verschoben – man treibt sanft, ohne daß man einen Druck verspürt, dahin –, man schwebt unstet wie im Traum oder wie die leichte Prinzessin im Märchen, die keine

Schwerkraft besaß, auf und nieder. Eine neue, wunderschöne Welt – purpurrote Seefächer, leuchtend blaue Fische mit gelben und schwarz-weißen Streifen gleiten zwischen Farnkraut und Korallenzweigen hin und her und bewegen sich alle in einem Rhythmus, den wir weder kennen noch spüren.«

Dann wieder die Küste hinauf und zurück an Land: »Mir fehlt die praktische Einschränkung, die das Schiff bot, wo man auf kleinem Raum in festem Gefüge lebte und alles zur Hand hatte. Dabei fühlt man sich gar nicht beengt bei so wenig Platz. Man benutzt ein Boot wie ein Flugzeug, und außerhalb dieser Muschel hat man das ganze Meer oder den ganzen Himmel als Lebensraum zur Verfügung.«

Tagebuch *Freitag, 28. März*

Gestern abend und heute morgen habe ich mir überlegt, was ich durch diese Fahrt gewonnen habe. In welcher Haltung werde ich die alten Probleme, zu denen ich zurückkehre, angehen?

Zunächst scheine ich für eine Weile dem Verfolgungswahn entronnen zu sein, der das ganze Jahr so schwer auf mir lastete. Ich glaube nicht, daß mich *alle* hassen und meinetwegen verbittert, ungerecht oder ärgerlich sind (ich habe das auch vor meiner Abreise nicht *angenommen*). Viele Menschen hegen diese Gefühle, besonders in der Gegend von New York, vorzugsweise eine Gruppe Intellektueller, Schriftsteller und die sogenannte Elite. Doch sie sind nicht *alle*. Ich habe das *Gefühl*, daß das vorübergeht. Und im Augenblick ist es auch nicht mehr so wichtig.

In bezug auf den Krieg ergeht es mir so wie nach der Geburt des Babys, ich kehre aus einer anderen Welt zurück. Erfüllt von tiefem Erbarmen für die Leidenden, aber ohne Überzeugung, daß die eine Seite völlig im Recht und die andere völlig im Unrecht ist.

Für Amerika ist es meiner Meinung nach nicht wichtig, ob es letztlich an diesem Krieg teilnimmt oder nicht, ob wir Leid lindern können (ich glaube nicht, daß es uns gelingt). Sondern, daß wir durch dieses Fegefeuer gehen, ohne unsere Demut und Barmherzigkeit zu verlieren. Im Augenblick bewegen wir uns in eine ganz andere Richtung.

Wieder zu Hause, wo ich Land und Jon als große Knaben mit geröteten Wangen und Anne als neues Baby vorfinde – in einer Weise neu, als hätte ich mir eines aus der Luft gegriffen – und da war es. Groß, rosig und *blond!* Eine wunderbare Überraschung. Ihre Augen wirken größer und blauer, und sie ist vergnügt. Ich habe jetzt das Gefühl, daß man sie Elisabeth nennen sollte.

Land geht nicht mehr mit »Teddy-Bär und Kaninchen« ins Bett. Er hat sie in einen Schrankkoffer getan und sich von ihnen verabschiedet. »Ich bin jetzt größer geworden«, sagte er zu mir. Jon singt »Onward Christian Soldiers« und kennt die Geschichte dazu.

Über den ganzen Boden sind Muscheln verstreut, und Jon sagt: »Ist das alles?«

Donnerstag, 3. April.
Mild und windstill – Frühling

Jemand schreibt eine »Antwort« auf mein Buch. Eine Anzeige besagt »(Der und der) glaubt, daß die Demokratie und nicht der Totalitarismus unsere Zukunft ist«.

Solcher Mißbrauch ist schwer zu ertragen. Ich habe niemals gesagt, daß unsere Zukunft im Totalitarismus liegt, sondern habe entschieden zum Ausdruck gebracht, daß dem nicht so ist – und ich hoffe, daß wir in Amerika uns selber treu bleiben.

Sonntag, 6. April

Die Deutschen haben den Krieg mit Jugoslawien begonnen. Die Jugoslawen erklären, daß sie mit einem so mächtigen Alliierten wie England voller Vertrauen seien. Es wird einem übel – welche Verschwendung, welche sinnlose Verschwendung weiterer Menschenleben.

Köstlicher Frühlingstag. Die obersten Zweige der Bäume sind vergoldet. Gehe hinauf und arbeite an dem Essay über die Feministinnen. Lese alte Notizen durch und auch meine »Antwort« auf meine Kritiker. Ich wünschte jetzt, ich hätte sie veröffentlicht – dieser Gedanke bereitet mir einen unruhigen Vormittag. Wie schwer ist es, sich Yeats Worte in Erinnerung zu rufen: »Es ist nicht unsere Aufgabe, auf dieses oder jenes zu antworten, wir müssen ihrem Mitleid und ihrem Haß unsere Liebe und unsere Empörung entgegenhalten ...« Aber *Mißbrauch* ist so schwer zu ertragen. Ich frage mich, ob dieser Makel jemals von meinem kleinen Buch genommen wird.

Schreibe nicht – mache lediglich Notizen. Das Schreiben geht langsam, und es ist schwierig, nach der Maxime, die ich predige, zu leben: »Ein geringes Maß nur, jedoch reines Gold.« Das Problem der Frau und ihrer Arbeit ist immer noch ganz ungelöst. Es nagt ständig an mir. Schwester Lisi ist für meine Kinder genau die richtige, gibt ihnen alles, was sie brauchen. Und ich habe (morgens) Zeit zum Schreiben. Aber das ist trotzdem nicht in Ordnung, denn *ich* sollte ihnen das geben, was sie ihnen gibt (und von ihnen das erhalten, was sie bekommt!). Für ein Kind können nicht zwei Frauen zugleich wichtig sein. Entweder *ist* man diese Frau oder *nicht*. Ich weiß das, denn für Jon war ich lange Zeit dieses Wesen, und jetzt ist das vorbei. Für Land bin ich jetzt immer noch wichtig.

So wie es ist, sollte es klappen, es läuft folgendermaßen ab: Der Vormittag für die Arbeit, nach dem Essen Pläne schmieden etc. Der Nachmittag für den Ehemann, Flugübungen und Beruf. Von der Teestunde bis 7 Uhr sehe ich die Kinder, bringe sie zu Bett etc. Die Abende werden für die Korrekturen der Tagebücher (für die, die abgeschrieben werden) und für Niederschriften dessen, an dem ich augenblicklich arbeite, verwendet. Keine Briefe, es wird nicht gelesen, nur gelegentlich Gäste.

Unterbrochen ist die Woche durch Schwester Lisis freien Tag und einen Tag (oder Nachmittag) in der Stadt. Kann man gleichzeitig ein Buch schreiben und Kinder haben? Ja, wenn man damit zufrieden ist, daß es sehr, *sehr* langsam geht.

Ich fühle mich unter Druck gesetzt und enttäuscht, so, als würde ich ständig versagen und nicht das tun, was von mir erwartet wird. Das bedeutet wohl, daß ich versuche, zu viel zu machen.

Ich wäre gerne hauptberuflich Mutter, hauptberuflich Künstlerin, hauptberuflich kameradschaftliche Ehefrau und dazu eine »charmante Frau«! Ich möchte mir dessen bewußt sein und es auch festhalten. Aber es geht nicht. Etwas muß unterbleiben – wahrscheinlich sogar mehrere Dinge. Zuerst »die charmante Frau«!

Heute nachmittag mit C. einen Flug im Long Island Aviation Country Club. Ich übe das Landen und fliege Achter. Ich habe da meine Schwierigkeiten, aber die Übung ist gut und macht Freude. Ich denke an Despiau (das Fliegen wäre für alle Künstler gut), der sagt: »Das Problem der Kunst liegt darin, daß die völlige Freiheit in eine außerordentliche Disziplin gezwungen wird.« Das gilt auch für das Fliegen.

C. meint, ich könnte die »Antwort auf die Kritiken« veröffentlichen. Ich arbeite daran den ganzen Vormittag und Nachmittag in unterschwelliger Panik, die mich vom Leben, den Kindern und dem Frühling trennt. Dieser Schutzmantel, der über das Herz gestülpt ist, diese tiefe, vibrierende Konzentration und der Terror (in Wahrheit Bescheidenheit): »*Schaffe* ich es? *Kann* ich es durchhalten – gelingt es mir?« Und dabei weiß man letztlich, daß man es nicht in der Hand hat.

Dabei wird ohne diese Psychose der Angst nichts wirklich *Gutes* geschaffen. Sie *stellt* es zwar nicht her – lehrt einen aber, daß es etwas Großes gibt, das einem Demut abverlangt.

Ickes[1] holt wieder heftig, bösartig und völlig unfair zu einem Schlag gegen C. aus. Ebenso gegen mich (»Gefolgsleute Hitlers«). Denk dran: »Wir müssen unsere Liebe und unsere Empörung gegen das Mitleid und ihren Haß einsetzen.«

[1] Harold L. Ickes, von 1933–46 Innenminister.

Früh auf, arbeite *flüssig* bis 12.30. Einer der Tage, an denen sich alles zusammenfügt – man erfaßt alles, und keinerlei Nichtigkeiten trüben den Blick. Fein säuberlich ordnet man alle verschiedenen Fassungen und behält die übrigen im Gedächtnis und damit unter Kontrolle. Das bedeutet Arbeit. Der Vormittag verfliegt. Oh – ich sollte alles andere ausschließen, wenn die Arbeit so rasch von der Hand geht. Alle Probleme – die vielleicht einen ganzen Tag in Anspruch nehmen könnten – werden im Strudel der Arbeit mit fortgespült.

Kann abends C.s Rede im Radio nicht hören. C. ruft an – ich vermisse ihn. Offensichtlich war seine Rede in Chicago ein großer Erfolg – viele Menschen! Er ist selbstverständlich wieder angegriffen worden; ein Minister hat ihn als Pazifisten, Defätisten, Feigling und Verräter angeprangert, der »alles, was uns teuer ist« unterminiert.

In C.A.L.s Rede am 17. April bei einer America-First-Kundgebung plädierte er dringend für eine unabhängige Zukunft Amerikas. Er führte aus, daß die Aufgabe von America First darin bestünde, die Sachverhalte ins richtige Licht zu setzen. Er sprach auch davon, daß »die Gruppen, deren erstes Anliegen es war, uns in den Krieg zu treiben«, verlangten, daß man Schiffsgeleitzüge zusammenstellte, was unweigerlich den Verlust von Kriegsschiffen und Menschenleben zur Folge hätte, und was man gewiß nicht als eine »Lösung ohne Krieg« bezeichnen könnte. Er fügte hinzu: »Persönlich glaube ich, wenn das britische Weltreich zusammenbricht, wird das für die Welt – ja selbst für Deutschland – eine Tragödie sein!« Er glaubte jedoch nicht, »daß es heute in unserer Macht steht, den Krieg für England zu gewinnen«.

Dwight kommt herein, und wir unterhalten uns eine Stunde lang alleine. Er ist reizend und vergnügt und empfänglich für mich und meine Probleme. Er sagt, daß man mein Buch zum Amboß gemacht hat für die, die ihre Meinung daran auslassen wollen.

Und, daß C. wie ein Zaunpfahl draußen auf dem Feld sei, der unerschrocken Wind, Regen und Sturm trotzt und dem nichts etwas anhaben kann.

Es hat ein schrecklicher Luftangriff auf London stattgefunden – »als Vergeltungsmaßnahme«, wie die Deutschen sagen. Weshalb beschönigt man Brutalität mit einer Entschuldigung? Krieg ist eben Krieg. Die überall herrschende Unaufrichtigkeit macht mich zur Zeit verrückt. Die falsche Selbstgerechtigkeit der Deutschen, die verlogene Hoffnung und »Moral« der gefälschten Schlagzeilen hier bei uns.

Tagebuch *9. Mai*

Ich habe zwei Wochen lang nichts geschrieben. Dabei waren sie so emotionsgeladen, daß es schwer ist, sie noch einmal zurückzuverfolgen. Der Haß in der interventionistischen Presse gegen C. hat zugenommen, ebenso die Verbitterung, die Beschimpfungen und die Propaganda – dazu kommt eine immer stärkere Kriegstendenz.

Am 11. März wurde nach langen Auseinandersetzungen die Lend-Lease Bill vom Kongreß und Senat erlassen, um »der Regierung die Möglichkeit einzuräumen, den Staaten zu helfen, deren Verteidigung vom Präsidenten zum Schutz der Vereinigten Staaten als notwendig erachtet wurde«. In F.D.R.s Worten, »ein Plan für umfangreiche Hilfe für England ohne Krieg«.

Der Gesetzentwurf war mit zwei Zusatzanträgen durchgegangen:

»Dieser Vertrag darf nicht so ausgelegt werden, daß Geleitzüge der amerikanischen Kriegsmarine zusammengestellt werden können.«

»Dieser Vertrag darf nicht so ausgelegt werden, daß das Vordringen eines amerikanischen Kriegsschiffes in die Kampfzone als Verletzung des Artikels 3 des Neutralitätsgesetzes von 1939 angesehen wird.«

Am 6. Mai drang Minister Henry Stimson trotzdem in einer Radioansprache darauf, Maßnahmen zu ergreifen, die die Nachschublieferungen an Großbritannien sicherstellten und gab zu verstehen, daß der Land-Lease Act unzureichend sei.

Charles ist, was die Kritik anbelangt, widerstandsfähiger, entschlossener und lange nicht so betroffen wie ich. Er macht sich aus den Vorwürfen genau so wenig wie damals aus dem Ruhm. Er bleibt seiner eigenen Überzeugung treu, und das ist das Wichtigste.

Man versucht, ohne Haß auszukommen, aber jede Morgenausgabe der Zeitung liefert einem schmutzige Geschichten, schreckliche Lügen oder Verleumdungen, die man in seinem Herzen niederkämpfen muß.

Wie der Artikel von (Alexander de) Seversky – der Charles gedemütigt hat – und der von der *Times* und dem *Tribune* als redaktioneller Hinweis verwendet wurde: »Vergleiche wirken peinlich, aber...« etc. Es macht mich wütend, wenn ich sehe, daß ein zweitklassiger Mann auf der Welle von C.s Unbeliebtheit nach oben getrieben wird und die Gelegenheit benutzt, um selber Karriere zu machen. Dazu sind es immer die gleichen Leute, stellte ich mit Bitterkeit fest; die, die einst von seiner Beliebtheit profitierten, profitieren nun von seiner Unbeliebtheit.

Die Zeitungen haben alles getan, um die Versammlung (in New York) zu verleumden, ehe sie stattgefunden hat, sie bezeichneten sie als größte Zusammenkunft von Bundisten und Antisemiten in New York. So handeln die »Freunde der Demokratie«. Sie haben C. ein Telegramm geschickt und ihn aufgefordert, das zu dementieren. Er gab eine Erklärung ab, daß *America First* weder die Unterstützung der Bundisten oder Kommunisten noch irgendeine andere unamerikanische Hilfe benötige, aber selbstverständlich blieb das völlig unbeachtet, wurde weder in der *Times* noch im *Tribune* veröffentlicht. So etwas macht mich rasend.

Dann die eigentliche Veranstaltung, die Menschenmenge auf den Straßen – schlichte, einfache Leute, die riefen: »Zeig's ihnen, Lindy, sag uns die Wahrheit!« Die Wahrheit – sie wollen in jedem

Fall die Wahrheit, und Charles ist der einzige, der sie ihnen sagt. In die Menge eingekeilt, das Podium – mein erster Gedanke war Verzweiflung wegen des zweitklassigen Saals, der minderen Dekoration und der Leute. *Nicht* der beste Saal, *nicht* der »beste Geschmack«, *nicht* die »besten Leute«, wie das für die andere Seite sicher arrangiert worden wäre.

Dabei sind diese Leute intelligent. Ich hatte während der Sitzung das Gefühl, daß »sie« (die Interventionisten) ihre Führer aus der Vergangenheit beziehen, während wir die Anführer der Zukunft haben.

Walsh[1] redete und redete – hielt eine richtige Senatorenansprache –, rührselig und sarkastisch. Ich konnte nicht folgen, aber die Leute mochten das anscheinend. Kathleen Norris[2] war fröhlich, unbeschwert und voll amerikanischen Humors, dazu positiv – sehr gut (doch ihre Argumentation war lückenhaft).

Flynn[3] war tolerant und wurde glänzend mit der Menschenmenge fertig, ging nicht auf die Flugblätter ein, die vor den Türen verteilt worden waren, und sagte, er erwarte, daß die Versammlung sich höflich verhalte, und zwar als seine Gäste – sehr gut.

Dann um 10 Uhr C. nach einem langen Abend – (ich saß hinten, links von der Rednertribüne, beobachtete die Leute und die Presse in den ersten Reihen). Er gewann für sich die Zuhörer, sie kamen zur Ruhe, wandten sich ihm zu. Als er langsam und mit Nachdruck zu lesen begann, spürte ich seine ganze Willenskraft und Macht und beobachtete, wie die Zuhörer vertrauensvoll und aufmerksam zu ihm aufschauten und sich auf seine Kraft verließen (die er gar nicht forcierte und herausforderte. Er gebrauchte seine Kraft und seine Macht keineswegs *vorsätzlich*. Das war bei ihm immer so. Sie waren einfach da – steckten in *ihm*). Ich dachte an Tennysons Sir Galahad. »Ich besitze zehnfache Kräfte, denn mein Herz ist rein.«

[1] David I. Walsh, demokratischer Senator von Massachusetts.

[2] Schriftstellerin.

[3] John T. Flynn, Schriftsteller, Journalist, Dozent der Nationalökonomie an der New Yorker School of Social Research; Führer des liberalen Flügels der America-First-Bewegung.

Die Menschen waren davon so bewegt, daß sie immer, wenn sich eine Gelegenheit bot, applaudierten, und das auch ganz unerwartet bei zwei schrecklichen Passagen (»England verliert den Krieg«), wobei sich in meinem Innern vor Schreck und Ekel alles verkrampfte. C. versuchte rasch darüber hinwegzulesen, als er sah, was passierte, und hob seine Hand, um den Beifall zu beenden, aber die Journalisten in der ersten Reihe hatten, was sie wollten, genug, um die Zusammenkunft »in den Schmutz zu ziehen«. Der Applaus resultierte nicht unbedingt aus der antibritischen Haltung (obgleich viele Iren da waren), sondern wurde C.s Mut gezollt, weil er die Wahrheit sagte und einfach deshalb, weil die Leute es müde waren, ständig mit falschen Nachrichten in den Zeitungen versorgt zu werden. »Richtig«, bedeutete der Beifall. Trotzdem zeugte er von sehr schlechtem Geschmack, und ich litt darunter.

Der Rest der Rede verlief gut, und sie lauschten jedem einzelnen Wort. Am Schluß gab es lange und laut Hochrufe.

C.A.L.s Rede am 28. Mai in New York City vor einer America First-Versammlung beinhaltete folgende Erklärungen: »Ich habe es bereits ausgesprochen und wiederhole es nochmals, daß der Zusammenbruch des britischen Weltreichs eine Tragödie für die ganze Welt sein wird. Das ist einer der Hauptgründe, weshalb ich gegen den Krieg opponiert habe, noch ehe er erklärt war, und weshalb ich ständig für Friedensverhandlungen eingetreten bin.«

In gehobener Stimmung gehen wir durch ungeheure Menschenmassen zu Sues Haus, wo sich einige Leute einfinden. Was mich am meisten freute, war die Reaktion von zwei irischen Polizisten, die sich über das Verhalten der Menschen unterhielten. »Wenn man Leute in einer Versammlung ›Verzeihen Sie bitte‹ sagen hört, dann hat bei ihnen eine innere Wandlung stattgefunden!« Der gleiche Mann sagte respektvoll zu mir: »Wissen Sie, er hat recht, wenn er sagt, daß die Menschen zu hart arbeiten, um sich um Politik zu kümmern und um zu der Versammlung zu gehen.« Das sind die Leute, die keinen Krieg wollen.

Wir kommen spät zurück, sind aber von dem Erfolg begeistert.

Sonntag

C. von Washington zurück – er sagt, daß er sich zum Rücktritt entschlossen hat; der Präsident hat ihn praktisch darum ersucht – es würde in der Armee starke Kritik auslösen, wenn er unter den jetzigen Bedingungen bleiben würde. Ich sage, daß sich das (politisch) ungünstig auswirken könnte, aber er sagt, daß das nichts ausmacht und er dazu *entschlossen* ist. Er ist in seinem *Innersten* von der Sache vollkommen überzeugt.

Arbeite den ganzen Tag an meinem Artikel, C. hilft und korrigiert.

Ich kann nicht schlafen. Es liegt nicht allein an dem Artikel, der nicht gut und gewissermaßen ein Verzweiflungsakt ist, sondern weil ich tief unglücklich darüber bin, daß C. seinen Dienst quittieren will. Die Armee hat ihm so viel bedeutet. Die Welt stand ihm offen, es war seine erste Chance, er blühte dort auf. Er hatte mit mir darüber gesprochen. C. schilt mich, weil ich mir Gedanken mache.

Montag

Der nächste Tag war nicht so schlecht, wie man nach einer unruhigen Nacht vermuten würde. C. gibt seine Erklärung an die Zeitungen, nachdem die Briefe an Roosevelt und Stimson abgegangen sind.

Abends kommen die ersten Reaktionen auf C.s Rücktritt. Es wird gesagt, daß er sein Amt in der Armee der Vereinigten Staaten zur Verfügung gestellt, aber den deutschen Orden nicht zurückgegeben hat. (Ich hatte daran gedacht, aber daß man das als ernsthaftes Argument vorbringen würde, ist unglaublich.) Ich bin zutiefst unglücklich.

Mittwoch und Donnerstag Arbeit an C.s Rede. Er hat sie zu rasch geschrieben, und sie ist, finde ich, zu lang und zu technisch, aber trotzdem klar und deutlich. Ich bearbeite den Schluß, in dem, meinem Gefühl nach, etwas von dem Idealismus *enthalten* sein sollte, der in C.s praktischen Ausführungen nie zum Ausdruck kam. Es ärgert mich, daß man ihn als Defätisten und Materialisten stempelt, während er das genaue Gegenteil ist. Der Idealismus, der in ihm *steckt,* bewegt die Menschen, nicht die Tatsachen, die er vorbringt.

Freitag

C. geht mit Jim (Newton), der für die Nacht gekommen war, fort. Jim sagt, daß immer mehr Leute im Land das Gefühl haben, daß wir schließlich doch gegen Hitler kämpfen müssen, sich aber die Meinung zunehmend verbreitet, daß das am besten hier geschieht.

Ich bin nach den letzten Tagen erledigt. Doch ich nehme mich sehr zusammen und fahre in die Stadt, um mit Laura und George (Stevens) zusammen zu Abend zu essen – um die Kluft, die durch unsere Meinungsverschiedenheiten entstanden ist, zu überbrükken. Mit Laura zu sprechen, ist leicht. Aubrey und Con sind dort. Ebenso Miß (Amy) Loveman von der *Saturday Review,* sie ist eine wunderbare Person, kommt ganz *positiv* gestimmt auf mich zu und überbrückt die Schwierigkeiten großartig, indem sie über meine ersten Bücher spricht (das letzte ist selbstverständlich mit einem Fluch beladen).

Laura ist reizend, Aubrey vergnügt, aber mir ist schwer ums Herz, und ich bin nach der Arbeit, die hinter mir liegt, und durch die Wahrnehmung, daß George vor lauter Selbstbeherrschung völlig zugeknöpft ist, ganz flügellahm. Eine ernsthafte Unterhaltung ist nicht möglich – immer wieder landet man beim Krieg. Am Ende des Abends beschäftigen wir uns nur noch mit der Tragödie der Franzosen – ein Thema, bei dem man sich am ehesten einig sein kann. Miß Loveman berichtet, daß sie Saint-Exupéry getroffen hat, der offensichtlich derart verbittert über den Krieg ist, daß niemand mit ihm darüber sprechen darf. Er würde gerne zurückgehen und kämpfen, aber er ist zu alt. Er ist von seiner Familie »getrennt«, sitzt hier in New York und wartet lediglich – worauf? Er hat ihnen den ganzen Abend lang Kartentricks vorgemacht!

Die Vorstellung ist so schrecklich, daß ich nur bete, ernsthaft bete, daß er irgendwie einen Ausweg finden möge.

Im ganzen gesehen, ein sehr schwieriger Abend. Er ähnelte den Abenden in meiner Jungmädchenzeit, als man lächelte und eine gewisse unbekümmerte Freude zur Schau stellte, um tiefes Herzeleid zu verbergen.

Ich höre C. im Radio sprechen. Er ist sehr gut. Man versteht alles. Die Menschen scheinen begeistert – langer und lauter Beifall. Ich bin erleichtert. Spät mit Sue und George nach Hause – müde, aber glücklich für C.

C.A.L. sprach am 10. Mai in Minneapolis und erinnerte an den Widerstand seines Vaters gegen ein Eingreifen während des Ersten Weltkriegs. Er wies darauf hin, daß wir nach dem Krieg und Sieg nicht fähig waren, Europa einen erfolgreichen Frieden zu garantieren. Bei der letzten Wahl hatte er das Gefühl, daß das amerikanische Volk keineswegs eine echte Möglichkeit hatte, sich für »das Problem eines fremden Krieges zu entscheiden«. Seine Rede enthielt die Erklärung: »Ich habe niemals gewollt, daß Deutschland den Krieg gewinnt.«

Sonntag

Mache mit Sue und George einen Spaziergang. Sue beunruhigt mich durch ihren Bericht über einen Artikel, der behauptet, daß C. mechanisch, hart und gefühllos sei, und daß mein Buch ein sehr ungünstiges Licht auf C. werfen würde, und ich niemals offen über ihn berichtet habe. Wenn das wahr ist, so liegt das daran, daß ich sein ausgeprägtes Gefühl für seine Privatsphäre nicht verletzen wollte – seine geradezu leidenschaftliche Abneigung gegen jede öffentliche Erörterung seiner Haltung. Seine Abneigung ist ebenso stark wie meine Absicht, ihn vor derartigen Belästigungen bewahren zu müssen – daß zumindest seine Frau diesbezüglich nichts über ihn schreiben sollte –, daß ich lieber anstelle eines *falschen* Bildes ein unvollständiges zeichne, das dann ebenfalls nicht stimmt. Es ist schmerzlich, so zu denken. Aber ich hoffte, ich hoffte sehr, daß die Wahrheit durchschimmerte, daß meine Liebe ihm Leuchtkraft verleihen würde. Bei einigen Menschen ist das gelungen.

Lloyd Neck, Donnerstag, 13. Mai

Heute abend kommt C. zurück, und ich habe das Gefühl, daß ich das niederschreiben muß, was ich in diesen zwei Wochen, in denen er fortgewesen ist, empfunden habe, ehe ich wieder ins Alltagsleben eintauche – ich muß aufzeichnen, was ich in der kurzen Zeit, in der ich ohne Schutz war, gelernt habe. Denn nach C.s Rückkehr, wenn ich mich wieder täglich voller Leidenschaft für alle Geschehnisse interessiere, wenn ich alle Hochs und Tiefs in den Zeitungen mitmache – dann ist mir der Blick getrübt. Das ist das Grundproblem im Leben – der essentielle Konflikt zwischen Sehen und Sein, zwischen Vorstellungsvermögen und Handlung, zwischen Kunst und Leben, zwischen Unsterblichkeit und Ewigkeit. Sie zielen in verschiedene Richtungen und man muß versuchen, sie beide in die Hand zu bekommen. Aber es ist schwierig – fast unmöglich (wie für die zwei Streitrosse Platos, deren Rosselenker die Seele ist).

Charles ist das eigentliche Leben, die Kraft – deshalb habe ich ihn geheiratet und fühle mich gebunden –, ihm gilt meine beständige Sorge und dem, was ihm zustoßen oder ihn beschäftigen mag. Aber monatelang war ich jetzt voller Leben – kämpfte, war ärgerlich, verteidigte, schlug mich herum und war ganz Fürsorge. Aber ohne *Wahrnehmungsvermögen* – ohne von der Warte herabzublicken, die man einnimmt, wenn man »sorglos« ist, wenn einen das Leben nicht bekümmert und man alles aus der Sicht der Ewigkeit betrachtet.

Um das zu erreichen, habe ich Tage gebraucht. Als mir der »Schutz« zum ersten Mal genommen – der Artikel abgesandt, C.s Rede stattfand, C. fort war –, war ich vollkommen erledigt, *déséquilibrée*, weil das Leben fehlte. Ohne dieses gewohnte Leben machte ich ziellos »Besuche« und »nahm mir etwas vor«.

Aber nach und nach habe ich mir meine Sehweise wieder zu eigen gemacht und habe meinen leidenschaftlichen und verzweifelten Lebenshunger wieder gezügelt.

Als erstes wurde mir klar, weshalb ich die Menschen derart verbittert hatte – was für mich so schmerzlich war, daß ich selber bitter zu werden begann. Ich glaube, das lag daran, daß ich bei dem, was ich sagte und schrieb, eine Verbindung herstellen wollte zwischen meiner Phantasie (die entschieden der eines Künstlers entspricht) und C.s Vorstellungsvermögen (das sehr realistisch ist). Zusätzlich waren mein Leben und meine Kunst unerklärlicherweise darin verwoben – sowohl meine objektiven wie auch meine subjektiven Anschauungen. Ich beginne ein wenig zu ordnen, und da trennt sich das, was meinen Vorstellungen entspricht – das ist unantastbar – von dem, was ich aus persönlichen Gründen, persönlicher Verehrung, persönlichem Gekränktsein und persönlichem Stolz als C.s Glauben zu rechtfertigen versuche.

In dem Artikel, den ich gerade geschrieben habe, ist das alles noch ganz miteinander verflochten und wird Ärgernis erregen.

Wie merkwürdig, daß das Vorstellungsvermögen erst auf die Tat folgt, nachdem man den unwiderruflichen Schritt bereits getan hat. Nachdem ich das Buch geschrieben hatte, rückte meine Ansicht über den Krieg in ein anderes Blickfeld, die sich zum Teil in dem Artikel niederschlägt. Und jetzt, nachdem ich den Artikel abgeschickt habe, sind mir wieder neue Erkenntnisse gekommen. Aber es ist zu spät – zumindest zu spät für den *Atlantic*! Vielleicht sogar zu spät für diesen Kampf um Krieg oder Frieden, der sich dem Ende nähert. (Liegt es daran, daß ich endlich anfange, klar zu sehen?)

Ich erkenne zum Beispiel, daß die Interventionisten die grundlegende Wahrheit unserer Epoche vertreten – die Wahrheit, der wir so lange aus dem Weg gegangen sind, nach der wir uns alle sehnen, und zu der wir zurückkehren müssen – *Man muß sein Leben lassen, um es zu gewinnen.* Diese Reaktion auf ein realistisches Zeitalter, diese inständige Bitte um etwas Höheres, für das es sich zu sterben lohnt, ist so aufrichtig und so unverrückbar, daß sie vielleicht deshalb gewinnen werden und müssen. Churchill beansprucht eben diese elementare Wahrheit für sich, Willkie spürt sie im stillen, Roosevelt ist auf der Suche nach ihr.

Charles zeigt in seinen Reden kein Ideal auf, für das es sich zu sterben lohnt – zumindest drückt er es nicht in Worten aus. Er bringt Tatsachen vor, und das macht er sehr gut – *weshalb* es ungünstig für uns ist, in den Krieg einzutreten etc. Aber das, davon bin ich überzeugt, ist nicht das Eigentliche, was seine Reden so wirksam macht. Die wahre Begeisterung erweckt er durch den Idealismus, *der in ihm steckt.*

Manchmal habe ich das Gefühl, daß Charles und die Interventionisten an der gleichen Wahrheit teilhaben – verschiedene Speichen in einem großen Rad – aber voneinander getrennt; es ist uns verwehrt, den ganzen Reif zu sehen, so wissen wir nicht, daß sie verbunden sind – eine Speiche folgt der andern, während sich das Rad dreht; wessen Wahrheit wird zuerst oben sein?

22. und 23. Mai

Charles ist seit fast einer Woche zurück. Das Leben hatte uns wieder, die nervöse Spannung in unserem Dasein und in der Welt war groß. Man hat das Gefühl, so kann es nicht mehr lange weitergehen – der *Knall muß* kommen. Entweder Krieg oder Friedensverhandlungen.

Die Tendenz, Geleitzüge zu schicken, nimmt zu, doch in Washington zögert man wegen der gefährlichen Auswirkungen im Pazifik-Japan. Davon haben lediglich die gescheiten Interventionisten Kenntnis. Bis in die Menge der »Getreuen« ist das noch nicht durchgesickert.

Roosevelt steht offensichtlich unter starkem Druck und ist davon ganz krank, was ich gut verstehen kann.

Am nächsten Morgen gehen C. und ich zu Norman Thomas[1] und Mrs. Thomas, um dort zu frühstücken. Er ist sehr eindrucksvoll.

[1] Amerikanischer Führer der Sozialisten, Reformator und Autor.

Angenehm, liebt die Menschen, ernsthaft, liebenswürdig, idealistisch. Mrs. T. war rundheraus Neu-England – eine beharrliche Loyalität. Sie erinnerte mich in ihrer Hingabe an ihn ein wenig an Mutter. »Wissen Sie, ich war mir immer *vollkommen* sicher, daß Norman recht hatte.« (*Immer?* War ich versucht zu fragen. *In allem?* Was waren das für Ehefrauen!) Während C. mit ihm über das Judenproblem und die Notwendigkeit der Toleranz sprach, redete sie mit mir darüber, daß sie einer Minorität angehören. Ich war für diese ruhige, bescheidene, kleine Frau voller Bewunderung, die durch ihre lebenslange Zugehörigkeit zu einer Minderheit keineswegs verbittert war (sie weiß, worauf es ankommt, ist intelligent und sensibel). Sie berichtet vom letzten Krieg, über Freunde, die auf die andere Straßenseite gingen, um ihr nicht zu begegnen. Dann über den wiedergewonnenen Respekt zwischen den beiden Kriegen und davon, daß die ganze Sache sich nun wiederholt. Aber sie ist nicht schwierig – liebenswürdig, freundlich und hochherzig im Umgang mit Menschen. Für die, die noch nicht bekehrt und erleuchtet sind, empfindet sie das Mitleid der Berufenen. (Ich werde das für mich nie erreichen. Ich bringe das Überlegenheitsgefühl und diese Sicherheit nicht auf. Ich kann lediglich denken: Sie huldigen einer anderen Wahrheit als ich, und irgendwann und irgendwo werden sie den Anschluß finden.) Sie freute sich so, als ich über N.T.s letzte beiden Reden sprach, die ich gut fand. Sie strahlte. Oh, diese selbstlosen Ehefrauen – sie machen Geschichte.

Ich hatte das Gefühl, daß ich eine Menge von ihr lernen konnte, und daß sie uns mochte. Doch den ganzen Tag über gab es schlechte Nachrichten. Mein *Atlantic*-Artikel war veröffentlicht – die Besprechungen waren sehr kontrovers. »Mrs. L. gegen Hilfe für Großbritannien.« Von der *Times* und dem *Tribune* erwarte ich keine Fairneß mehr. Dazu ein langes Telegramm von Kirk an C., in dem er dessen Standpunkt öffentlich anprangert.

C. beendet seine Rede. Sie ist *vorzüglich!* Positiv und tolerant – bisher die beste. Ich bin sehr erleichtert und C. ist es ebenso.

Donnerstag

Heiß und schwül. Der *Tribune* druckt in seiner Buchspalte, die von Lewis Gannet ediert wird, einen Artikel gegen mich (in dem er mich einen Feigling nennt), erschienen in einer West-Zeitung. L.G. hält die Verlautbarung für Pulitzer-Preis-würdig. Der Feigheit bezeichnet zu werden ist hart, nachdem ich etwas gemacht habe, daß mir mehr Mut als alle Flüge zusammen abverlangte. Sicher bin ich zaghaft – ich fürchte mich fast vor allem – aber ich erinnere mich nicht daran, irgend etwas unterlassen zu haben, *weil ich Angst hatte.* Dabei ist das mit dem Mut eine unsichere Sache; man darf sich dessen niemals rühmen, man kann nur beten: Wenn die Prüfung naht, *laß mich mutig sein.*

Freitag, 23. Mai, C.s Rede

Im Auto in die Stadt. Im Waldorf ein langer Tisch, hauptsächlich Frauen: Mrs. Taft, Mrs. Alice Longworth, Adelaide Marquard, Mr. und Mrs. Flynn, Miß Flynn, Senator und Mrs. Wheeler, Mrs. Kathleen Norris, Norman Thomas, Mrs. Thomas (klein und ganz in Schwarz – eine wirklich nette Frau), und Bob Stuart,[1] ein netter, freimütiger junger Mann – mit ausgeprägtem Kinn.

Ich sitze zwischen Senator Wheeler und Mrs. Longworth. Er redet ständig – angenehm schleppend. Er strahlt gesundes, amerikanisches Vertrauen, Mut und ein gewisses »Take-it-easy« aus. Ich mag ihn sehr und vertraue ihm. Er besitzt, wie C., Integrität.

Er sagt mir, ich solle mir die Kritik nicht so zu Herzen nehmen, und erzählt mir, was man alles während der verschiedenen Kampagnen über ihn gesagt hat – wie er verleumdet, aus der Stadt gejagt wurde, geschlagen war und in den Schmutz gezogen. Und

[1] Frau von Robert A. Taft, republikanischer Senator aus Ohio; Mrs. Nicholas Longworth (Alice Roosevelt), Tochter von Präsident Theodore Roosevelt; Burton K. Wheeler, demokratischer Senator aus Montana; R. Douglas Stuart jr., ein führender Organisator und später nationaler Direktor der America-First-Bewegung.

wie seine Frau stets zu ihm gehalten hatte, ihn anspornte und selber niemals beleidigt war. »Wenn du durchhältst, kann ich das auch.« Er war sehr stolz auf seine Frau.

Amerikanisch – amerikanisch – amerikanisch spürte ich während unseres Gespräches.

Mrs. Longworth gehörte zu denen, über die man erst einmal erschrickt, wenn man sie in America First antrifft. Sehr englisch in ihrer Auffassung, Erziehung und Stubengelehrsamkeit, sehr hausbacken. Ganz selbstverständlich tendiert sie erst einmal zur anderen Seite, ist dabei aber völlig unabhängig, mutig und keineswegs konventionell (wie ein englischer Blaustrumpf – *das trifft's genau*). Was für eine Wohltat, in diese Atmosphäre einzutauchen und die gleiche Sprache zu sprechen. Mrs. Taft – gescheit, tüchtig, wachsam, sensibel (erinnerte mich an Mutter – ich bin sicher, daß sie eine gute Rede halten wird). Mrs. Wheeler – blond, (ein bißchen) übertrieben angezogen, nett, aufrichtig, loyal, freimütig, »amerikanisch«. Auch sie gefiel mir.

Mrs. Norris – eine großartige Dame mit Charme, Schwung und mit guten amerikanischen Eigenschaften.

Stuart, jung, hager, offen, fröhlich, mit dem irischen Gespür für das Dramatische und die Spannung. (Auf eine merkwürdige Weise erinnert er mich an Daddy. Wie schockiert wäre Mutter darüber! Seine Gesten, seine Freundlichkeit, sein Charme, seine Bestimmtheit und sein ansteckender Humor. Ist er vergnügt, ähnelt er ihm – lediglich seine Augen sind anders. Darin liegt auch schon der ganze Unterschied. In Flynns Augen verbirgt sich keine Tiefe, keine Vision, keine wahre Schönheit, sie sind nicht träumerisch. Trotzdem fühle ich mich zu ihm hingezogen. Er ist ein ausgesprochen netter Mann – ein *Liberaler* –, eine große Hilfe.

Wir fahren hinter jaulenden Sirenen – einer ganzen Prozession – zum Madison Square Garden, alles bleibt bewegungslos auf den Straßen, während wir vorbeifahren. Medusenhaft, furchterregend. Sehr schnell durch die Hintertüre. Labyrinthische, unterirdische Wege (schattenhafte Erinnerungen an Zirkus und Kindheit). In ein Büro hinein, wo wir warten und anderen Leuten begegnen. Lampenfieber. Das Haus ist voll.

Dann ziehen wir los (wieder eine Prozession, die Gänge hinab), Mrs. Thomas und ich gemeinsam. Sie sagt, »Ich bin so froh, daß Sie hier sind, ich kenne niemanden von den *anderen*«.

Plötzlich stehen wir im Hellen, die Menschenmenge, die Leute auf der Tribüne, Menschen ringsum, hinauf zu den Rängen im Halbdunkel.

Donnernder Applaus – und ich wußte, daß C. und Senator Wheeler uns gefolgt waren. Ich saß in der zweiten Reihe genau hinter C., Mrs. Norris, Thomas und Flynn. Tosender Applaus und vereinzelte Rufe, »Lindy« und »unser nächster Präsident«.

Presse und Kameras tauchen vor C.s Nase auf; Komiteemitglieder rennen hin und her. Ich entdecke einen Polizisten in der ersten Reihe, genau vor C. Wie gut, denke ich, dann kann ihm niemand nah genug kommen, um ihn zu erschießen! (Panische Alpträume.)

Flynn eröffnet die Sitzung mit einem Bittgebet von Kardinal O'Connell. Dann – und das hat den Schluß der Rede über den Haufen geworfen – fällt er über die Verleumder unserer Zusammenkünfte und über die Anhänger, die bei uns unerwünscht sind, her (Kommunisten, Faschisten, Bundisten, christliche Frontisten etc.). Indem er die Stimme erhebt und die Hand über der Zuhörerschaft schüttelt, beginnt er: »Und hier sitzt heute abend, nicht weit von mir ein Mann – ein Joe McWilliams[1] ...«

Der Schluß des Satzes ging in Buhs und Rufen unter, eine Welle der Erregung schlug über dem Haus zusammen, Menschen standen auf, und ein gewisses verdrossenes Gemurmel des Mißfallens ertönte von allen Seiten wie Donnergrollen. Ich hatte das Gefühl, daß der Blitz jeden Moment einschlagen würde. Flynn, der jetzt wirklich aufgeregt und ärgerlich war, schrie weiter gegen diesen Tumult an, sein Gesicht war gerötet, und seine widerspenstige Haartolle (Daddys erstaunlich ähnlich) fiel ihm über die Stirne: »Ich weiß nicht, *wessen Strohmann er ist*, aber ich *weiß*, daß die Photographen der interventionistischen Zeitungen immer wissen, wo er zu finden ist!« Die Buhs, das Gebrüll, Murren und Rufen nehmen kein Ende. »Jagt ihn raus!« Gezischel. Alle Menschen im

[1] Führer der American Destiny Party, angeblich eine naziorientierte Organisation.

Haus stehen auf; die Mittelgänge füllen sich, Polizeitrupps in blauen Uniformen versammeln sich.

Ich bin zu überaus kontrollierter Wachsamkeit gefroren. Ich kann an C.s Schulter vor mir (wie vertraut) erkennen, daß es ihm nicht anders geht. Miß Flynn, die an meiner Seite sitzt, hat Schweißperlen auf dem Gesicht, Mrs. Flynn (auf der anderen Seite) fleht die Leute ringsum an: »Bitte, setzen Sie sich, bitte, *bitte setzen* Sie sich hin – sehen Sie denn nicht, daß Sie es nur noch schlimmer machen.« Aber die Versammlung ist dabei, aus den Fugen zu geraten.

Ich versuche, McWilliams zu entdecken, kann aber nicht sehr gut sehen. Mein Blick fällt auf einen großen grämlichen, finsteren Mann (offensichtlich einer seiner Partner), der sich langsam in den Gang zurückzieht, dabei hat er den Blick auf die Polizei gerichtet, die auf ihn zugeht. Genau wie ein Hund, den man in die Ecke geprügelt hat, denke ich bei mir. Ich konnte den unterdrückten Ärger des Mannes, seine düstere »Ich-erwische-Sie-schon-noch-einmal«-Haltung erkennen. Die Polizei folgte ihm langsam, beherrscht, starr – ebenfalls wie Hunde. Währenddessen die ganze Zeit das verhängnisvolle Grollen im Haus, die Zwischenrufe, das Gezischel – aber das schlimmste war das Grollen, wie der Donner kurz vor Ausbruch des Sturms.

Als ich in das Gesicht des umdüsterten Mannes blickte und das Tierische der Menge verspürte, begriff ich zum ersten Mal in meinem Leben – lebhaft – die Drohung der Revolution. Wird sie jetzt ausbrechen?

Oder war dies lediglich einer der Augenblicke, in denen zufällig ein Körnchen Zukunft in die Spreu des Augenblicks gefallen war? Es überfällt einen die blitzartige Erkenntnis: So wird die Zukunft aussehen.

Das währte nur wenige Sekunden. Flynn rief ins Mikrophon: »Meine Freunde, lassen sie es zu, daß fünf bis sechs Leute diese Versammlung sprengen?«

Dieses Mal hatte er Erfolg; die Rufe erstarben, das Grollen legte sich. Die Versammlung war wieder unter Kontrolle. Die Grube zugeschüttet, aber nicht eher, als ich in sie geblickt hatte.

Ich weiß nicht, was Flynn weiter gesagt hat.

Norman Thomas sprach. Er ist ein kraftvoller Redner, wirft sich ins Zeug – gestikuliert und drischt mit bewährter, altmodischer Rhetorik Phrasen. Es war eine gute, klare Rede, sehr überlegt, ich stimmte in allem zu, da es sich um lauter Punkte handelte, die ich gerne erwähnt wissen wollte. Sie wurde von der Menge gut aufgenommen, doch während ich zuhörte, hatte ich das merkwürdige Gefühl, daß mir klar war, weshalb er kein »großer« Mann war. Zwischen seinem Intellekt und seiner Leidenschaft spürte ich eine Diskrepanz, die sich wie eine Kluft zwischen ihm und seinen Zuhörern auftat. Und in diese Kluft fiel er. Seine geistige Auffassung gefiel mir; seine flammende Leidenschaft jedoch – war sie echt? Kam sie aus tiefstem Herzen?

Mir kam es vor, als ob er für die »Humanität« Feuer gefangen hatte, aber nicht für die einzelnen Menschen, die er lediglich als Arbeiter, Unterdrückte und Klassen sah. Mit anderen Worten, er war ein Theoretiker. Er liebt die *Menschen* nicht wirklich, nur die »Menschheit«. Das klingt für einen Mann, der sein ganzes Leben dem Sozialismus geweiht hat, so phantastisch, daß es nicht wahr sein kann. Trotzdem kam es mir so vor.

Dann wieder Flynn, der C. einführte. Dann C.. Langanhaltender Applaus, der das Haus erschütterte. Seine Schulter vor mir, leicht gebeugt, so vertraut – sein Lächeln, das der Menge galt. Das ist der »Oberst Lindbergh«, dem ich als Mädchen meine Heldenverehrung zollte. Kann das mein Ehemann sein?

Er spricht langsam und überlegt. Es klang nach N.T.s Oratorium so ruhig und nüchtern. Dabei hing die Menge an seinen Lippen und brach bei jeder Gelegenheit in Hochrufe aus. Ich wartete auf all die Punkte, die ich wichtig fand und dachte an Jon, der sie zu Hause im Bett hörte.

Doch in der Mitte der Rede, die mir genauso gefiel wie die anderen, vielleicht sogar noch etwas besser, hatte ich das merkwürdige Gefühl, daß die Leute nicht mehr mitgingen. Ich wußte es nicht *gewiß*, und trotzdem war es mir klar. Vielleicht war der Abend bereits zu aufregend gewesen. C.s ruhige, präzise Gedanken waren ihnen eine Spur zu hoch. (Thomas, der Intellektuelle, nickte dazu.) Sie wollten eine Zirkusvorstellung – Flynns irisches Temperament und seinen Sinn für Dramatik, Thomas' Redegewandtheit – (was noch bevorstand) Wheelers (fast) zur Revolte aufstachelnde Forderungen.

Doch gegen Ende vergaß ich meine Skrupel, da sie wie verrückt applaudierten (aber sie applaudierten *ihm* – und dem, wofür *er* eintrat – nicht der Rede). Die impulsivste Beifallsbezeugung während der Rede galt den Stellen, an denen er sagte, daß die Menschen Aufklärung darüber forderten, wie diese Situation in Washington zustande gekommen sei (und wieder stört mich das Gepolter).

Dann war Mrs. Norris an der Reihe – was mich aufregte, denn sie drückte nur auf die Tränendrüsen (Mütter, die ihre Söhne verlieren), dabei kann sie sehr viel positiver sein. Aber die Menschen mögen sie.

Schließlich Wheeler. Wheelers Rede war nicht annähernd so gut wie die von N.T. oder von C. Seine Vortragsweise war nicht hervorragend, aber ich faßte Vertrauen, während er redete. Sein Intellekt und seine Emotionen decken sich. Er hat einen Draht zu den Menschen und ihr Vertrauen. Er ist in ihnen verwurzelt.

Nach Beendigung seiner Rede hatte ich ein besseres Gefühl für Amerika. Wheelers Urempfinden ist Liebe und nicht Haß, obgleich er amerikanisches Selbstvertrauen ausstrahlt, fehlt ihm, wie ich glaube, jede persönliche Eitelkeit.

Dann »The Star-Spangled Banner« und rasch hinaus zum Auto – die Menschenmengen, die Straßen und dann noch zitternd vor Erregung zu Websters, wo Hunderte von Menschen waren – die alle indirekt mit America First oder der Antikriegsgruppe in Verbindung standen. Alle Fäden meines Lebens laufen hier zusammen und wieder auseinander, und ich versuche mich im Bruchteil einer Sekunde krampfhaft daran zu erinnern, wohin sie geführt haben.

Die Sikorskys – es ist schwierig, einem Russen in einem überfüllten Raum zuzuhören. Selden Rodman[1], mit träumerischem

[1] Selden Rodman, Dichter, Mitherausgeber des *Common Sense Magazines.*

Blick und einer Pfeife. »Ich habe lange nach Ihnen Ausschau gehalten – Ich bin Selden Rodman.« Fleming Macleish[1] der im *Common Sense* den Artikel geschrieben hatte; Cushman Reynolds vom *Uncensored;* Oswald Garrison Villard[2] – altes Schlachtroß des Liberalismus. Mühsam erhob ich mich, um mit ihm zu reden, er war gerührt und sagte, »Oh – Sie erinnern sich an mich –, dabei ist es so lange her«. Er ist ein wunderbarer alter Mann. Die Pinchots – Amos Pinchot[3], jetzt ein eindrucksvoller alter Mann, das Rückgrat von America First. Bill Thomas (Normans Sohn) besorgt mir einen Stuhl. C., Flynn und Webster sind im Mittelpunkt festgefügter Gruppen. Ich rede zu viel, nehme zu viel wahr, spüre, was alle am nötigsten haben, bei den meisten handelt es sich um Lob.

Sehr spät, noch immer ist der Höhepunkt nicht erreicht, gehen wir.

Montag, 2. Juni

Katrina McCormick zum Mittagessen. Sie ist in Washingtons America First Bewegung. Sie ist intelligent, sensibel und wohlerzogen. Von ihrer Sorte sind nur wenige auf unserer Seite. Wir führten gute Gespräche, und ich hatte das Gefühl, daß wir uns noch mehr zu sagen haben. Sie hat, glaube ich, genau die gegenteilige Erfahrung wie ich bei dieser Arbeit gemacht. Sie hat dadurch Menschen kennengelernt, die ihr ähnlich waren, es hat sich ihr eine neue, aufregende Welt geöffnet – die Schriftsteller des *Uncensored.* (Alle leicht links orientiert, etwas unsichere Kandidaten, aber bei weitem die interessantesten Menschen auf unserer Seite.)

C. und ich sehen sie nie, zum Teil deshalb, weil wir keine Zeit haben, Menschen zu sehen, die nicht leicht erreichbar sind, und zum Teil deshalb, weil C. »unklare Gestalten« nicht besonders

[1] Fleming Macleish, Dichter und Schriftsteller im *Common Sense.*

[2] Oswald Garrison Villard, Autor, Journalist und von 1932–1935 Herausgeber von *The Nation.*

[3] A. R. Pinchot, Mitglied des Exekutivkomitees von America First.

liebt. Zweifelsohne sind die Menschen, die »rechts« stehen, geschickter als die »Linksstehenden«. Die »Linken« sind idealistischer und sehr *viel* verständnisvoller – finde ich. Aber die Zeiten verlangen Taten und keine Träume.

Dienstag, 3. Juni

Ich mache einen Spaziergang im Wald, sitze lange an der Landspitze und beschließe, nicht mehr zu Hause zu bleiben, und nicht mehr so viel Aufhebens zu machen, mich weniger aufzuregen und meine Zweifel zu begraben. Ich werde – auch wenn es mir davor ein wenig graut – mit C. auf seine Vortragsreise nach Kalifornien mitgehen. Ich werde meinen Ewigkeitsanspruch aufgeben und werde mich in sein Leben stürzen, wie damals, als wir gemeinsam flogen. Nachdem ich diesen Entschluß gefaßt habe, bin ich glücklich, und die Apathie der letzten Monate fällt von mir ab.

Als C. nach Hause kommt, berichte ich ihm. Aber er ist sehr dagegen! Er möchte, daß ich mein eigenes Leben lebe und schreibe und mich nicht an seinem beteilige, ich soll auf die Zukunft hinarbeiten und nicht in der Gegenwart stecken bleiben. Schreiben – aber stets mit langem Atem.

C. hat den Horizont weit gesteckt. Werde ich danach leben können?

Mittwoch, 4. Juni

Kingman Brewster[1] kommt uns besuchen. Er trifft früh ein und findet C. im Salon, wo er Jon das Schießen mit dem Gewehr beibringt (er hat eine Metallkiste, die die Kugeln auffängt!).[2]

Kingman ist sensibel, sehr intelligent, präzise und geht den Dingen auf den Grund. Ich muß mich anstrengen, um mitzukom men. Er fragt C. nach dem Krieg und nach der Nachkriegssitua-

[1] Organisator einer Studentengruppe, aus der später das nationale America First Komitee hervorging. Dann Präsident der Yale Universität – von 1963–1977.

[2] Er entsann sich C.A.L.s Bemerkung: »Wenn Dorothy Thompson mich doch jetzt sehen könnte!«

tion. Bei uns und im Ausland. Er ist (wie ich) besorgt wegen der Reaktionen, die hier gegen die Partei, die augenblicklich an der Macht ist, und gegen die Juden einsetzen könnten.

Er wünschte, wir könnten jetzt etwas tun, um diesem Kummer und dieser Reaktion zuvorzukommen. Für die Zukunft planen – für eine gewisse Annäherung der opponierenden Parteien sorgen – und einen konstruktiven Reformplan für die Vereinigten Staaten erstellen.

Ich *mag* ihn – ich mag sein Feingefühl, seine Ernsthaftigkeit, seine geistige Integrität (hart wie Stahl) und auch etwas Gewinnendes, eine Liebenswürdigkeit, die über seine strenge Denkweise hinausgeht. Ich glaube, daß er von C. eine Art kraftvollen Vertrauens bekommt, das außerhalb des akademischen Lebens erwächst und von ihm die Kraft bezieht.

Freitag, 6. Juni

Ich habe vor, in die Stadt zu fahren, um Adelaide Marquand zum Mittagessen zu treffen (hauptsächlich deshalb, weil ich ihr erklären möchte, weshalb ich nicht mehr für America First tun *kann*).[1] C. hält mir einen Vortrag, daß ich entschlossener sein und *nein* sagen soll – was mir sehr schwerfällt. Trotzdem versteht er aber doch wohl, weshalb ich gehe.

Adelaide Marquand diktiert ihrer Sekretärin eine Rede, als ich hereinkomme. Zwischendurch packt sie und schaut nach ihrem Baby (ganz zu schweigen von dem, das sie erwartet!). Ich bin voller Bewunderung. Wir sprechen über C.s letzte Rede und die ständigen Mißdeutungen und Verleumdungen. (Sein Ruf nach einer neuen Führung ist als Anklage oder auch als revolutionär gedeutet worden). Mrs. John Gunther tritt ein – eine vergnügte Kinderfrau, rundäugig und blondgelockt.

Dabei ließ sie eine ganze Reihe übler Klatschgeschichten vom Stapel, die Adelaide ebenso leicht parierte, die mir aber wie stets das Gefühl gaben, ein unschuldiges Kind in einer fremden Welt zu

[1] A.M.L. wurde nie Mitglied von *America First.*

sein. Der So-und-So hat angeblich eine Affäre mit einem Hindu, daraus mag seine Antikriegseinstellung resultieren. »Marianne hält sich in Reds Nähe auf, zusammen mit ihrer Mutter, somit hat alles seine Richtigkeit.« »Marianne« ist, wie mir Adelaide erklärte, die neunzehn Jahre alte Schauspielerin, mit der Sinclair Lewis sich augenblicklich amüsiert. Eine Menge Klatsch über Willkie (nach den ganzen Beilagen mit den Bildern eines perfekten Familienlebens!), soweit ich weiß, ist das alles nur üble Nachrede – armer Mann. Doch selbst, wenn dem nicht so ist, wie kann man das Leben eines anderen Menschen beurteilen?

Die Frivolität erschüttert mich dabei mehr als die *Unmoral*. Verliebtheit – auch Untreue, selbst in einer Ehe – waren für mich vorstellbar, wenn Einsamkeit und Leidenschaft übermächtig würden. Aber sich in der Liebe »lediglich zu amüsieren« oder über seinen geschiedenen Mann mit seiner jetzigen Frau zu sprechen – nein, das kann ich nicht verstehen.

Samstag, 7. Juni

Auf der Titelseite des *Tribune* ist ein Bericht über das Treffen in Chicago, auf dem C. von Willkie und Carl Sandburg angegriffen wurde. Willkies Kritik ist ärgerlich und empört, aber absolut fair und annehmbar – soweit es das *Problem* betrifft. Aber Carl Sandburg erklärt, daß C. stolz darauf ist, Eis statt Blut in seinen Adern zu haben.

Ich bin sprachlos. Carl Sandburg, mit dem wir vor einem Jahr zusammen waren, mit dem wir gesprochen haben, den wir begrüßten, der uns mit Herzlichkeit und Wärme begegnete, der mir so tüchtig, so bodenständig, so amerikanisch vorgekommen war. Ebenso amerikanisch wie Charles. Carl Sandburg, der C.s Vater kannte, der wußte, was er während des letzten Krieges durchgemacht hat. Ein Dichter, ein Philosoph, ein Historiker, ein Mann, der sich mit Lincolns Biographie beschäftigt hatte, der Lincoln lobte, weil er seiner Überzeugung treu blieb, selbst als ihn alle Freunde verließen. Der die harte und unfaire Kritik einer anderen Seite erkannte. Ein Mann, der großzügig, gebildet, lebensnah und gütig war und den Menschen Verständnis entgegenbrachte.

Natürlich habe ich in der Illusion gelebt, daß ein Mann, der die Dinge erkennt, der wunderbar, aufrichtig und klug schreiben kann, selbstverständlich auch selber großartig, wahrhaftig und weise sein muß, aber das ist natürlich absurd. Mein Leben entspricht auch nicht meinen Worten. Weshalb sollte ich den Unzulänglichkeiten anderer gegenüber so unduldsam sein? (So wie C. liebenswürdig über die ganze Sache sagt: »Aber ist es nicht noch viel erstaunlicher, daß etwas Vollkommenes aus etwas Unvollkommenem hervorgehen *kann?* Gehört das nicht zu den wunderbarsten Dingen im Leben? Eine behinderte Frau kann ein wohlgeformtes Baby gebären.«)

Dienstag, 10. Juni

C. verkündet beim Frühstück, daß wir daran denken sollten, aus dem Osten wegzuziehen. Er hat das »Gefühl«, daß die Zeit für uns gekommen ist, einen Schlußstrich zu ziehen. Wir haben es satt, und zwar schon lange. Laß uns wegziehen und das Leben wieder finden.

In ihm haben sich Gefühle aufgestaut, auf die mein Inneres ohne Zögern die richtige Antwort gibt. Ich nehme mir vor, mit ihm in den Westen zu fahren und mich dort umzusehen.

Das Leben bekommt wieder Schwung. Nur bin ich enttäuscht, daß ich Jon verlassen muß und nicht mit ihm ins Lager gehen kann. Ich hatte in der letzten Zeit sehr wenig von Jon, da ich so viel mit C., mit dem Schreiben und mit dem Krieg beschäftigt war.

Donnerstag, 12. Juni

Dunkel und kalt. Die *Robin Moor,* ein amerikanisches Schiff, ist von den Deutschen versenkt worden. Ist das nun der »Zwischenfall«, auf den jeder gewartet hat? Ich wollte, ich hätte nicht das Gefühl, daß alles derart leicht aus dem Gleichgewicht geraten kann.

Montag, 16. Juni

In den Zeitungen sieht es für unsere Seite keineswegs rosig aus. Der Präsident schließt alle deutschen Konsulate, aus Spionagegründen etc. Hanson Baldwin erklärt, daß gewisse Schritte unerläßlich sind, denen gewisse Aktionen folgen müssen.

Ich habe C.s Rede gelesen, ich finde sie sehr gut, vernünftig und klar. Keineswegs Propagandarummel. Wird sie in Hollywood Bowl gefallen?

Mittwoch, 18. Juni

Früh aufgestanden – letzte Einzelheiten und um 8.15 ab nach La Guardia Airport und Los Angeles. Jon und Soeur Lisi winken zum Abschied an der Türe.

Es ist sehr merkwürdig, diesen Flugplatz zu verlassen, von dem aus wir in der Sirius zu unserem Flug in den Orient und nach Grönland gestartet sind (damals war es North Beach – eine umgeschichtete Müllkippe), jetzt sind wir in einer silbrigen Flugzeuglimousine, weiche Sitze, schmale Fenster mit Gardinen, gedämpfter Lärm, Klimaanlage, Stewardessen. Und in einem marineblauen Taftkostüm, Strohhut, Handtasche, hochhackigen blauen Sandalen, statt in Khakihosen, Helm und Segeltuchschuhen!

Ich kann mich nicht daran gewöhnen, und mir kommt es nicht so vor, als flögen wir. Ich schiebe den Vorhang zurück, spähe aus dem winzigen Fenster hinaus und blicke auf die Erde unter dem silbernen Flügel. Doch sie ist losgelöst von mir. Ganz unwirklich, wie ein Film. Ich möchte am liebsten an das Fenster klopfen, möchte hindurch und ins Leben hinaus gelassen werden. Wie merkwürdig. Hätte ich C. nicht geheiratet, *wäre* diese komfortable, unbeschwerte, sichere Welt eines Verkehrsflugzeugs für mich Realität. Vielleicht wäre sie sogar aufregend. Ich wäre niemals ausgebrochen – doch jetzt – da er sie für mich geöffnet hat – bin ich mit ihr unzufrieden. Selbstverständlich jammerte ich, als er mich zwangsweise da herausholte. Auf jenen Flügen, als wir stundenlang gegen Hitze, Staub, Angst, Stürme ankämpften, ich müde und vom Wind durchgeblasen, kalt, schläfrig und ängstlich, da beschwerte ich mich häufig. Doch da handelte es sich um die Wirklichkeit. Und jetzt bin ich mit weniger nicht mehr zufrieden. Es ist keine Frage des Abenteuers; es ist eine Frage der *Realität*.

Ich wünsche mir ein *wirkliches* Leben, *wirkliche* Kontakte zu Menschen; Unwirklichkeit erscheint mir unerträglich.

Auf winzigen Kissen wurde uns auf unserem Schoß ein köstliches Mittagessen serviert.

Alle Piloten kommen nach hinten, setzen sich zu C. und unterhalten sich mit ihm. Er ist noch immer einer der ihren, sehr angesehen und beliebt. Er kennt ihre Sprache. Ihr offenes Vertrauen und ihre Kameradschaft sind durchaus aufrichtig und schön. (Die Zeitungen werden das nicht ändern.)

Wir werden von Mr. Jeffrey und Senator Worth Clark[1] abgeholt und fahren durch unbekannte Straßen voll greller Lichtreklamen zum Hotel, das mit »Löwen«-Emblemen geschmückt ist. Bereits jetzt empfinde ich das Billige und das Glitzernde von Los Angeles.

Die Abendzeitungen sind voller Gerüchte über deutsche Truppen an der russischen Grenze.

Donnerstag, 19. Juni

Ich habe mich erkältet. Kommen mit Mr. Jeffrey zusammen, flott, rationell, intelligent, hartgesotten, leitet die Zusammenkünfte. Dazu der junge John Wheeler (Sohn des Senators). Nach dem Mittagessen, mit Mrs. Senator Clark, fahren wir zu einem Club auf dem Land hinaus, um dort zu schwimmen. Es wimmelt von gepflegten jungen Frauen mit wundervollen Figuren, Fingernägeln und Frisuren, die zwischendurch Modejournale lesen. Man könnte meinen, daß in Europa kein Krieg stattfindet und mitnichten gewaltige Veränderungen in der Welt bevorstehen.

[1] Earl Jeffrey, Organisator von America First; D. Worth Clark, Demokratischer Senator aus Idaho.

Mir wird klar, wie sehr wir mit dem Krieg und den Kriegsproblemen leben, wenn ich sehe, wie wenig sich andere darum kümmern.

Freitag, 20. Juni

Miß Lillian Gish und Mrs. Wheeler zum Mittagessen. Miß Gish ist reizend – fragil und intelligent. Wie konnte sie mit der zarten Konstitution dem Ansturm und den Querelen in Hollywood trotzen? Sie erzählt mir, daß sie sich bewußt war, daß es das Ende ihrer Karriere bedeuten könnte, wenn sie diesen Standpunkt (gegen den Krieg) bezöge. Alexander Woollcott sagte ihr, daß niemand mehr mit ihr reden würde.

Als wir vom Hotel zu unserem Auto gehen, rennt eine gut angezogene Frau mit scharfen Gesichtszügen heraus und schreit lachend, »Da ist er! Lindbergh – Philip Nolan – der Mann ohne Heimat!« und »Kathleen Norris – auf den Müll mit ihnen.« Ihr böses Lachen und ihre bösartige Stimme verletzten mich. Dabei war das eigentlich gar nicht so schlimm, lediglich ein Einblick in die verhärtete Gedankenwelt mancher Menschen.

Lange Fahrt nach (Hollywood) Bowl. Wir kommen dort gerade rechtzeitig an, gehen hinein und sehen plötzlich unzählige emporgerichtete Gesichter. Wir sitzen auf einer beleuchteten Bühne beziehungsweise einem Gerüst. Ein gewitzter alter Ire leitet schwungvoll und mit Humor die Zusammenkunft. Mrs. Norris hält die erste Rede. Wir können kaum etwas verstehen, denn der Ton geht über das Auditorium hinweg und wird bei uns undeutlich. Doch es ist eine überzeugende Rede, und sie erhält großen Applaus. Dann spricht Senator Clark, er ist ein guter und wirkungsvoller Redner, aber nicht gerade bedeutend. Auch er erntet Beifall. Dann Lillian Gish mit ihrem verborgenen, rührenden Charme. Sie spricht sehr persönlich und gut. Sie zitiert Scott Fitzgerald: »Frankreich ist ein Land, England ist ein Volk und Amerika ein Herz des guten Willens.« Ihre dringende Bitte nach einem Volksentscheid über den Krieg wird mit Beifall bedacht. Dann C., seinen gedankenvollen Ausführungen wird aufmerksam zugehört, man hat großes Verlangen nach der Wahrheit. Der Schluß der Rede wird sehr bejubelt. Ich bin froh, denn das ist der einzig vernünftige Annäherungsversuch – kein Propagandarummel. Die ganze Hollywood Bowl reagiert darauf – das Meer von Gesichtern seitlich auf dem Hügel und die Autos in den Hügeln unter den Bäumen. Ich kann einen Stern erblicken.

Am Schluß rufen einzelne: »Wir wollen *Sie* als Präsidenten«, und »Unser nächster Präsident!« (Mrs. Norris sagt, wie mir berichtet wurde: »Nein, er ist eine Jeanne d'Arc.«)

Dann hinaus in die Menge, Fahrt durch Gesichter, winkende Arme, davonströmende Menschen. Der alte Ire sagt, er habe in all den Jahren, in denen er in Kalifornien ist, niemals so ein Schauspiel erlebt. Uns allen hat der Erfolg des Abends Auftrieb gegeben. (Ganz im Gegensatz zu den Kommentatoren, die meinten, wir würden die Bowl nicht voll bekommen – dabei quoll sie über.) Ich denke, wie stets, *dies* muß eine Veränderung herbeiführen – daß die Hollywood Bowl zum Bersten voll war, daß die Menschen eine Friedensvermittlung begrüßten und den Vorschlag einer Volksabstimmung mit Jubel bedachten. Das *muß* bis nach Washington dringen, und sie müssen dort die Einstellung der Menschen erkennen.

Samstag, 21. Juni

Nachmittags beschließt C., sich auf den Weg zu machen und Hearst zu besuchen, dessen Einstellung positiv ist. C. ruft ihn an. Er ist in oder in der Nähe von Oregon – wir werden morgen hinauffliegen. (Ich renne los und besorge einen Pullover.)

Abends möchte C. einen Brief eingeworfen haben, und ich nehme ihn mit. Die Zeitungen sind voller Schlagzeilen: »Deutschland erklärt Rußland den Krieg.«

Offenbar stimmt es. Am nächsten Morgen bringen die Zeitungen Hitlers Rede, in der er seine Truppen zum »heiligen Krieg« aufruft und die russischen Forderungen aufführt (deren Erfüllung er verweigert hatte): alle Freiheiten in Finnland, Rumänien etc. und die Dardanellen.

Hoover gibt eine gute Erklärung ab. »Jetzt müssen wir nicht in den Krieg eintreten.«

Jetzt wird sich die kommunistische Propaganda in diesem Land gegen uns richten.

Der Krieg zwischen England und Deutschland wird dadurch in den Schatten gestellt. Steht jetzt die große Teilung bevor, die ich immer befürchtet habe, das Auseinanderfallen der Welt in *»links«* und *»rechts«?* Zwei Parteien, die kein Maß kennen. Und wo wird England stehen? Und wo Amerika? Ich habe das Gefühl, daß sich die Fronten verhärten und diese Zeit ihr wahres Gesicht zeigt.

Sonntag, 22. Juni
(Mein Geburtstag)

Ab zum »Lockhead Airport« zum Flug nach Medford, Oregon.

Medford, grüne Felder und Obstgärten, Nieselregen. Dann fahren wir drei Stunden in Regen und Nebel zu Mr. Hearsts »Ranch«, zuerst Obstbäume und Farmen, dann hinauf in die kiefernbestandenen Berge – wie in Bayern, nur sind die Kiefern sehr groß.

Ich frage mich, wie Hearst sein wird. Bei dieser Auseinandersetzung steht er rechts. Weshalb? Ich weiß es nicht. Ist er klug? Oder lediglich gerissen? Ist das eine zufällige Laune? Die Motive sind in dieser Situation sehr unterschiedlich.

Endlich kommen wir an, noch immer regnet es, zwischen den großen Kiefern rauscht ein Fluß – ein kleines bayerisches Dorf umsäumt einen grünen Rasen, in dessen Mitte eine vergoldete Barockmadonna steht. Die kleinen Landhäuser (oder Schlößchen) sind zum Teil aus Holz und zum Teil verputzt und mit Märchenszenen bemalt. Vor einem halten wir an, und ein Wagen kommt herangefahren – Mr. Hearst. Er steigt langsam aus und kommt zu uns herüber. C. und ich steigen aus. Er ist ein stattlicher Mann in einem bräunlichen Regenmantel, sein Haupt ist vom Alter gebeugt und hängt etwa im gleichen Winkel auf den Mantel herab wie der Kopf einer Schildkröte aus ihrem Panzer. Sein Gesicht ist gefurcht und schlaff und verbreitet den Eindruck einer allgemeinen Freundlichkeit, ja sogar Güte. Es ist bis auf die Augen ganz ausdruckslos – blasse und sogar wäßrige Augen, denen aber nichts entgeht und die alles beobachten.

Er nimmt uns mit ins Haus. »Ein Märchenhaus!« sage ich, »Ja«, sagt er, »wir nennen es das Aschenputtelhaus«. Überall Bilder aus dem Märchen – Aschenputtel läuft ohne ihren Pantoffel die Treppe hinab.

Wir gehen durch die Halle, in der ein mittelalterliches Gemälde der Kreuzigung über einem Kamin hängt, in zwei große, mit alten bayerischen Möbeln ausgestattete Schlafzimmer. Die Zimmer sind getäfelt und mit sorgfältigen Schnitzereien versehen. In jedem stehen große Nürnberger Kachelöfen. Ein prasselndes Feuer brennt, und das Zimmermädchen beginnt bereits, meine Kleider auszupacken.

Miß Marion Davies tritt ein, sie sieht unglaublich jung und hübsch aus (sehr zurechtgemacht), ihr langes, strohblondes Haar umrahmt das rosige Gesicht, sie ist wunderbar angezogen, Kulijackett, weiter Rock, rote Schuhe. Sie plappert ohne Unterlaß wie ein Kind. Aber wie ein sehr *reizendes* Kind. Bei den meisten Menschen irritiert es mich, wenn sie übertreiben und einem schmeicheln. Bei ihr nicht. Man hat das Gefühl, daß sie wie ein Kind Unsinn redet, aber eben wie ein *braves* Kind. Sie fragt, ob ich gerne Tee hätte, da erst um neun Uhr gegessen wird. Da wir um 11.30 gegessen haben, sage ich ja.

Sie nimmt C. mit in das andere Schlafzimmer hinüber, um ihm einen Quilt zu zeigen, den sie gemacht hat. (Ein *riesenhaftes* altes Bett, das für sechs Leute ausgereicht hätte!) Auf dem Quilt sind pausbäckige Puppen, die nach *Good House keeping* und gar nicht bayerisch aussahen und ein Vers »Wäsche am Montag« etc. Er war auf irgendeiner Messe ausgestellt worden! Sie sagt, daß sie zum Abendessen meist einen langen Rock »und noch irgend etwas« anziehe.

Das Stubenmädchen (sehr nett, schwedisch oder deutsch) fragt mich, wo mein Beautycase ist und sagt, daß man meistens zum Abendessen ein feierliches Kleid trägt, als ich sie danach frage – ich glaube ihr aufs Wort! Ich nehme mein schwarzes Crêpe de Chine-Kleid heraus und hoffe, daß es offiziell genug ist. Ein anderes reizendes Mädchen bringt den Tee in alten, kostbaren Tassen.

Ich trete auf den Balkon vor unserem Zimmer hinaus. Er ist *direkt* über dem Fluß, der mit herrlichem Getöse vorbeirauscht. Ich lehne mich über die Brüstung und komme mir wie eine Prinzessin vor – als wäre ich mit dem Dorf hierher gezaubert worden. Würde man lange genug verweilen, käme eine Ente vorbei, die Ente wäre ein Fisch und der Fisch wäre ein Ring...

Ich wünsche mir etwas.

Um neun Uhr steht ein Wagen für uns bereit. Miß Davis in blauweißem Teekleid mit einem weißen Turban auf dem Kopf. Wir gehen die Straße entlang, über die Brücke zu einer weiteren Reihe von Häusern, ein großes Landhaus, in dem wir essen. Vor einem großen steinernen Kamin sind in einem weitläufigen Raum etwa fünfzehn Leute versammelt. Die Damen sind wunderbar angezogen, die Gesichter durch Make-up emailliert. Zwei sehr junge Mädchen um die zwanzig. Eine mit platinblond gefärbtem Haar, eine Reklameschönheit, der das Haar bis auf die Schultern reichte; sie ähneln sich alle, auch Miß Davies. Die andere ist brünett. Ihr dunkles Haar fällt aus einem strengen Pompadour bis auf ihre Schultern. Herrliche, weit auseinanderstehende Augen, zarte Gesichtszüge. Sie ist trotz ihres dick aufgetragenen Lippenstiftes sehr hübsch, noch nie habe ich, außer auf einem Journal, einen solchen Mund gesehen.

Mr. Hearst kommt herein. Wir gehen in einen langgestreckten Eßsaal, wunderbar getäfelt, Balkendecke, die von kleinen geschnitzten Zwergen gehalten wird. Ein Lüsterweibchen, wie man sie in Bayern sieht. Herrliche altdeutsche Anrichten und Truhen – alte Bierseidel, Glas etc. auf den Regalen. Die Holzplastik eines Ritters mit Zepter thront auf einem Büffet. Direkt davor steht eine billige moderne Porzellanfigur in rotem Mantel. Kuckucksuhren an den Wänden. Alles ist bis in die Details mit erlesenem Geschmack ausgeführt und dann ist ein solches Mittelmaß wie die Reiterfigur aus Porzellan (und der Quilt mit den aufgenähten Puppen in unserem Zimmer) obenaufgepropft.

Und die Menschen – während ich mich am Tisch umsehe und die Gesichter studiere (ich kenne niemanden), gewinne ich den Eindruck von unsinniger Intensität. (C.s Finesse erstrahlt wie ein Diamant.) Doch sind die Leute meinem Dafürhalten nach gut. Es mangelt ihnen nicht an Güte, aber an Finesse.

Aber vielleicht irre ich mich auch darin, denn der Mann, neben dem ich sitze, verfügt über Finesse. Er ist der junge Conan Doyle – Engländer – und hier auf einer Vortragsreise. Er ist empfindsam und aufmerksam. Er beginnt mir in seiner leicht gedämpften englischen Stimme von unseren »gemeinsamen Freunden« zu erzählen und erwähnt Harold Nicolson. Er gehört nicht mehr zu meinen Freunden, aber ich meine, wenn er (Conan Doyle) so tolerant sein kann, sich mit mir zu unterhalten, muß ich großzügig sein in bezug auf Harold Nicolson, und ich spreche ganz aufrichtig über ihn – über seine bittere Enttäuschung (*Friedensstiftung* etc.) und über alle Ideale, die in diesem Krieg, in dem seine beiden Söhne kämpfen, zerstört werden.

Mr. Hearst sitzt still – wie ein Buddha – zusammengesunken zu meiner Linken. Miß Davies, uns gegenüber, schnattert strahlend und vergnügt immerfort und lächelt dabei ausgesprochen freundlich, wann immer man sie ansieht. Der Mann mir gegenüber (ein Redakteur) starrt mit offensichtlichem Vergnügen in seinen halbgeschlossenen Augen auf die wunderschöne Brünette, die zwei Stühle weiter von mir sitzt.

Ich frage mich, wie ich mit dem Engländer vorankommen soll. Ich glaube, daß Hearst unnahbar ist und die Basis mit dem Engländer recht unsicher. Ich erzähle von Long Barn, Italien, und dann streifen wir leicht – ganz behutsam – das Thema des begonnenen russisch–deutschen Krieges. Ich sage, versuchsweise – als Brücke – »Wenn er nur *eher* gekomen wäre!« Worauf, zu meinem Erstaunen Conan Doyle und der Engländer voll zustimmten: »O ja, vor zwei oder drei Jahren.«

Trotzdem kommen wir mit dem Thema nicht recht weiter. Offensichtlich erwartet man im Hearst-Haushalt nicht, daß die Frauen intellektuell sind. Der Redakteur mit dem geröteten Gesicht sagt mit beglücktem Blick, den er über den Tisch wirft,

»Ganz gleich, was passieren wird, Schönheit und Romantik wird es immer geben«!

Wir stehen vom Tisch auf, und die Damen verschwinden in ein Boudoir, um sich zu erfrischen. Der Flur dieses Gemachs ist mit einer Reihe üppiger Titelblattschönheiten aus der ganzen Welt verziert; mit dem Akzent auf Busen und Hüftkurven. (Die japanische Schönheit, die kreolische Schönheit, die Schönheit aus Hawaii etc.)

Nachdem ich wieder Lippenstift und Puder aufgetragen habe (ich sehe neben diesen Passionsblumen immer noch farblos und förmlich aus), unterhalte ich mich mit Mrs. Conan Doyle; einer Weißrussin und Antikommunistin. Im Gespräch treffen wir uns in einer anderen Welt. Einer abstrakten Welt, die für diese Schönheiten, die im Kreis um uns herumsitzen und wie Kinder zuhören, nicht existiert.

Doch bald holt man uns zum Kino ab. Mr. Hearst wartet gebeugt und höflich an der Tür. »Er möchte Sie auf ihren Platz führen, liebe Mrs. Lindbergh«, säuselt Marion Davies zaghaft in mein Ohr. »Er sah sich um, um festzustellen, wer das hübscheste Mädchen war und sagte, er wollte Sie begleiten!«

Diese offenkundig total übertriebene Schmeichelei ist mir schrecklich. Nicht, daß man sie deshalb weniger mag. Aber es ist so völlig übertrieben – wie das Make-up – und ein Teil ihres Lebens, und daher nichts weiter als eine Angewohnheit.

Wir steigen in ein Auto, Marion Davies wirft eine Pelzstola über ihre Schultern, und wir fahren zu einem großen Landhaus, in dem sie jeden Abend Filme ansehen. Mr. Hearst sitzt zusammengesunken und unbeweglich auf dem Vordersitz, während Marion Davies ständig weiterbabbelt und von ihrer Reise nach Mexiko erzählt, auf der sie in Cuernavaca gegen unsere Haustüre getrommelt haben. Hin und wieder protestierte Mr. Hearst freundlich amüsiert (wie ein liebevoller Vater bei den Mätzchen seines verwöhnten Lieblings), *»Marion!«*

»Wieso!« (Unschuld mit großen Augen) »Ich lüge doch nicht, oder?«

»Oh, nein« (leicht belustigt), »Du *schmückst* lediglich *aus.*«

Wir sitzen auf Sofas und Stühlen vor der Leinwand. Jeder tut sich mit seinem oder ihrem jeweiligen Partner zusammen, der Redakteur mit dem geröteten Gesicht folgt der schönen Brünetten. Ich bin neben Marion Davies, genau in der Mitte, und habe C. Gott sei Dank – auf meiner rechten Seite. Mr. H. sitzt auf der anderen Seite von Marion Davies. Ich betrachte gewissermaßen verblüfft und erstaunt sein Profil. Er sieht nicht wie ein Zeitungspapst oder ein sehr mächtiger Mann aus, der alles, was er wollte, erreicht hat. Sein Gesicht wirkt nicht gefühllos oder verschlossen. Es hat keine groben Züge. Auf der anderen Seite fehlt ihm eine gewisse Festigkeit, was mich stört. Ich liebe ausgeprägte Züge wie zum Beispiel die Dr. Carrels. Ein geziemend undurchdringliches Gesicht, das erschreckte Auge verrät es aber. Wenn ich nicht wüßte, woran es liegt, würde ich sagen, es ist das Auge eines Mannes, der ängstlich, ständig auf der Hut ist, und dem nichts entgeht. Der Mund ist das beste Charakteristikum, gütig, wohlwollend, sensibel. Doch das Gesicht im Ganzen macht nicht den Eindruck von Zufriedenheit, weder physisch noch geistig. Es könnte das Antlitz eines enttäuschten Mannes sein. Nirgends sind Zeichen der Macht, der Disziplin, des Weitblicks und des Mutes zu entdecken, die er in seiner Redaktion in den Kriegsausgaben präsentiert.

Wir schauen einen Film über zwei Mädchen aus einer Cafeteria an, die nach Miami gehen, um sich dort reiche Männer zu angeln. Die Heldin ist, wie mir Marion Davies sagt, Jackie Coogans erste Frau, von der er eben geschieden wurde.

Die ganze Geschichte ist so billig und vulgär und verschiebt die Gewichte dermaßen, daß ich an den schamvollen Schrecken denken muß, den mir der erste amerikanische Film, den ich nach meiner Rückkehr aus Europa sah, eingejagt hat. (»Ist das *wirklich* Amerika?«)

Es ist ungefähr 1.30, als wir aufstehen und zu unseren Autos gehen. Als C. und ich endlich in unserem wundervoll geschnitzten Zimmer mit der Balkendecke sind und die schwere Türe geschlossen haben, sagt er, »Man berührt wieder die Erde, wenn man dich anfaßt«.

Mir geht es genauso.

Was für eine ungemein wandelbare künstliche Welt. Tatsächlich glaube ich, daß Marion Davies eine der beständigsten Gestalten darin ist. Sie und Mr. Hearst haben, so scheint mir, eine gewisse schlichte Beziehung zueinander, so seltsam und unkonventionell das auch sein mag.

Doch wie kann man das Leben derart vernunftwidrig in eben dem Alter aufhalten, in dem der Zauber des Liebesabenteuers eine so wichtige Rolle spielt? Marion Davies' Porzellangesichtchen und ihre Tricks einer Neunzehnjährigen. Wieviel interessanter könnte sie sein, wenn es ihr vergönnt wäre, sich darüber hinaus zu entwickeln. Hier ist das Alter verbannt – und ebenso die Kinder.

Ich liege in dem riesenhaften Bett und denke an das Märchen vom Kaiser und der juwelenbesetzten Nachtigall.

23. Juni

Wir wachen ungefähr um 9.30 auf und verlängern die Anziehzeit durch Gymnastik, ein langes Bad und den Genuß von Obst bis 10.30; dann gehen wir zum Essen hinüber. Es ist leer und still wie in einer Gruft. Offensichtlich sind wir zu früh da. Die Kuckucksuhren lassen ihre reizenden Kinderlieder ertönen. Sie klingen so rein und klar wie die Glocken in manchen bayerischen Alpenkirchen. Doch hier sind sie merkwürdig fehl am Platz. Wie sonderbar ist die Sucht nach Reinheit bei Menschen, die sie verloren haben. Diese ganze Anlage weist diesen Hunger nach der Reinheit auf, die sie gerade vermissen läßt.

Nach und nach tröpfeln die Menschen herein. Zuerst ein junges Paar – sie sind schlicht und nett. Dann die Conan Doyles und ziemlich bald auch die wunderschöne Brünette und der Redakteur, beide strahlend vor Freundlichkeit. Sie sind offensichtlich zufrieden mit der Nacht, die sie zusammen verbracht haben.

Als das Frühstück vorbei ist, machen C. und ich einen Spaziergang in die Berge, unter großen Kiefern, und blicken zwischen ihnen zu den verschneiten Gipfeln des Mt. Shastas hinüber. Wir setzen uns und betrachten die Rinde eines Baumes neben uns und die fernen Gipfel, und wir haben zum ersten Mal das Gefühl, mit dem Land in Berührung gekommen zu sein.

Wir versammeln uns um 3 Uhr wieder – essen aber erst ungefähr um 4 Uhr.

Dann kommen siebzig Schulkinder aus dem Dorf herauf, um C. zu sehen (Marion Davies hatte dafür gesorgt. »Sie sind ja *so* aufgeregt – lieber Oberst Lindbergh!«). Ich sehe, wie es C. von dieser öffentlichen Heldenrolle, die sie ihm zugedacht hat, ganz übel wird. Aber er hält sich gut. Die Kinder sind nett, aber die Lehrer und Marion Davies machen einen großen Rummel daraus (wenn auch durchaus wohlwollend). Sie singen das schauerliche Lied: »Amurrica I luv jou . . . / Just like a little bebbie / Climbing its Mothers knee . . .« Dann geben ihnen die Lehrer waggonweise Eis und Kuchen.

Die Conan Doyles fahren ab, und ich bin enttäuscht, da sie die einzige ist, mit der ich mich unterhalten kann.

Beim Abendessen versuche ich Mr. Hearst – dieser grauen und leblosen Maske zu meiner Linken – mitzuteilen, wie gut und wie wichtig sein letzter Leitartikel ist. Er schaut mich lediglich mit seinem ausdruckslosen Gesicht an und gibt kein Zeichen von Freude von sich. Jemand anderes nimmt die Unterhaltung auf, und ich verfalle fröstelnd wieder in Schweigen.

Wir sehen einen sehr schlechten Film – eine Komödie – über einen verrückten Mann; C. sagt, das reicht, um jemand verrückt zu machen.

24. Juni

Das Mittagessen ist besser. C. bekommt die Gelegenheit, mit Mr. Hearst zu sprechen, und er lächelt über einige meiner Geschichten aus Illiec.

Zur Tischzeit haben wir alle ein herzliches Verhältnis zueinander. Die Frau des Karikaturisten sagt zu mir: »Wenn es ihnen *hier* gefällt, sollten sie San Simeon sehen – weshalb? Zwei Zimmer dort kosten ein Vermögen!«

Hier werden die Maßstäbe anders gesetzt. Ich glaube, sie

mögen uns, und es tut ihnen leid, daß wir abreisen. Aber sie werden nicht klug aus uns. Mr. Hearst erzählte mit einem gewissen skeptischen Humor die Geschichte über C., der eine sagenhafte Summe ablehnte, als man ihm einen Schauspielervertrag anbot. Die Menschen am Tisch betrachteten uns in einer Art verwirrter Neugier.

»Aber er konnte doch gar nicht Theater spielen«, verteidigte ich ihn unter Protest. Ich glaube, sie freuen sich, daß wir gekommen sind. Marion Davies ganz besonders, und zwar auf eine rührende, kindliche Weise, vielleicht, weil sie wegen ihrer unkonventionellen Haltung einen Verweis erteilt bekommen hatte.

Sie gibt mir eine riesige Flasche Parfüm als Abschiedsgeschenk, und Mr. Hearst gibt C. eine Photographie von sich unter dem Madonnenbrunnen.

Das kleine bayerische Stubenmädchen tritt ein, um sich zu verabschieden und fragt, ob sie uns photographieren darf. Sie hat ein freundliches Gesicht, und ich finde sie mit ihren grauen Haaren hinreißend. Ihr Gesicht strahlt einen Frieden und eine Schönheit aus, die auf keinem der anderen Gesichter hier zu sehen ist. Sie segnet C. für seine Antikriegsarbeit und sagt, »Möge Gott Sie begleiten, wo immer Sie auch hingehen«.

Wir gehen im Regen zum Bahnhof und nehmen den Nachtzug nach San Francisco.

Zurück in die Normalität!

Juli

Die letzten Wochen sind so rasch vergangen und waren so voller Geschäftigkeit, daß ich sie nur skizzieren kann.

Das Treffen in San Francisco – C.s beste Rede, humorvoll. Die Toleranz der Menge – *keine* Buhs, man hat die Engländer hochleben lassen! (Als Senator Clark sagte, »Ich habe nichts gegen die Engländer – ich bewundere sie sehr«.) Die Menschenmassen draußen auf den Straßen, die Begeisterung.

Aber am nächsten Tag, wie üblich die verleumderischen Zeitungen; auch haben sie das aus C.s Rede hochgespielt, was ich befürchtet hatte und was er meiner Meinung nach hätte weglassen müssen, da ich die Gefahr sah: »Ich würde es tausendmal lieber sehen, wenn sich mein Land mit Deutschland als mit Sowjetrußland verbünden würde.« Nur haben sie selbstverständlich gestrichen, daß C. auch gesagt hat, *»mit England oder sogar* mit Deutschland *trotz all seiner Fehler«*. (Mein Satz, nur wollte ich eine gravierendere Verurteilung Deutschlands.)

Dann unser eiliger Flug nach Chicago zurück – nachts. Mir gefielen alle Leute, die ich getroffen habe. Der Prozentsatz »netter Leute« ist im Mittelwesten sicher größer, wo sie Interventionisten sind. Doch die Gegend ist flach, und das Binnenland kommt mir leicht salzig vor. Wir könnten dort nicht leben.

Zurück nach Long Island – heiß und schwül und *viele* Menschen. Ich gehe höchst ungern an den Strand. Wir besuchen Conger Goodyear[1] in seinem herrlichen Haus – ein schöner Abend. Conger ist auf unserer Seite – erstaunlicherweise! – und sagt, wir gewinnen selbst im Osten Amerikas Anhänger. Ich bin begeistert.

Doch einige Vormittage später erklärt der Präsident ohne Vorwarnung, daß er als Sicherheitsmaßnahme Island besetzt hat, und daß er beabsichtige, weitere strategische Stützpunkte zu besetzen, um alle dorthin führenden Schiffsrouten abzusichern!

Das bedeutet einen Schritt *in* den Krieg. Wenn die Deutschen schießen wollen, können wir in einer Woche Krieg haben.

Das aber deprimiert mich *weniger* als die Tatsache, daß es sich dabei um die völlige Absage an unser repräsentatives Regierungssystem handelt. Der Wille des Volkes zählt nicht. Der Präsident tut, was er will, ohne Rücksicht. Eine stärkere Mehrheit, die gegen den Krieg ist, ist kaum erreichbar. Alle Wahlen beweisen, daß das Gros der Bevölkerung sich nicht beteiligen will. Es gibt keine Bewegung, die eine größere Popularität erreichen könnte als die unsrige. Kein Treffen würde erfolgreicher sein. Und dabei sagt der Präsident, daß er nicht an Wahlen glaubt. Die Interventionisten lachen über jede Erwähnung eines Volksentscheids. Sie täu-

[1] Ein Mäzen, einer der ersten Förderer des Museum of Modern Art in New York.

schen die Leute und ziehen sie *gegen ihren Willen* immer weiter in den Krieg hinein.

Selbst Charles, der stets ein Optimist gewesen ist, sagt, daß dieser Schritt die ganze Lage verändert.

Birkhead[1] sagt, daß er für zehntausend Dollar mit Charles »das Gleiche machen könnte« wie das, was man mit Coughlin gemacht hat. Mit anderen Worten, man kann jeden Mann, wer es auch sein mag, verleumden. Das ist lediglich eine Geldfrage. Geld kann für eine richtige oder eine falsche Darstellung sorgen.

Eines Abends besuchten wir die Norman Thomases. Er ist geistreich, tüchtig und schlagfertig, und wenn er redet – was er präzise, klar und mit Nachdruck tut –, ist er sehr gebieterisch. Das ganze Zimmer wendet sich ihm zu und lauscht. Er ist nicht geneigt, anderen Menschen zuzuhören und schon gar nicht der eigenen Familie – seiner hoch zu verehrenden Frau und seinen Söhnen. Ich höre ihm gerne zu, aber wenn ich sehe, daß er seine Frau unterbricht und über seine Söhne lacht, dann werde ich zur grollenden Feministin. Es ist ihm nicht klar, daß er der arrogante Mann ist, aber er ist es dennoch. Sie ist eine einsichtige und gescheite Frau, die eigene Meinungen vertreten könnte, aber man hat sie nie angehört; und jetzt erwartet sie es auch gar nicht mehr. (»Ich lese diese Artikel nie; das macht Norman ...« »Ich weiß darüber natürlich nichts; Norman sagt ...«)

Und er widmet sein Leben unterdrückten Völkern!

Seine Familie ist natürlich nicht unterdrückt, das wäre lächerlich. Sie führen ein ungewöhnlich glückliches Familienleben und haben ein gutes Verhältnis zueinander, das mich an meine Familie in Englewood erinnert. Ich betrachte hier nicht so sehr den einzelnen, sondern mehr eine allgemeine, weitverbreitete Tendenz – Norman Thomas ist da keine Ausnahme –, die zu einer Ungleichheit zwischen Männern und Frauen führt, auch in Amerika. Ein gestörtes Gleichgewicht in der Familie, das als selbstverständlich hingenommen wird.

C. wendet das in bezug auf mich äußerst selten an. Er ist ein

[1] Der Geistliche Leon M. Birkhead, Gründer und Direktor der *Friends of Democracy*, einer antitotalitaristischen Propaganda-Agentur.

größerer Feminist als ich! Er will immer, daß ich sein Leben, seine Probleme, seine Entscheidungen mit ihm teile, daß ich meine eigene Karriere verfolge – und schreibe. Er überläßt es mir, ein Gespräch zu führen, auch wenn nur Männer anwesend sind, außerdem erkennt er meine Ideen an, verwendet sie und zitiert mich: »Wie meine Frau sagt...« oder »Ich glaube, daß meine Frau das genauso gut vorgebracht hat wie jeder andere...« oder »Meine Frau nimmt diese Dinge ganz besonders gut in die Hand...«

Mr. Johnson war da (Lebensmittelhilfe für Europa), eben mit Dr. Carrel aus Frankreich und Spanien zurück. Er berichtet, daß C. bei den Deutschen unbeliebt ist, da er nicht will, daß Deutschland den Krieg gewinnt... Gebe Gott, er würde das verbreiten!

Ebenso Dorothy Dunbar Bromley[1] – eine kluge Frau *mit eigener Meinung!* Sie ist Sozialistin, und sie macht sich um die Beendigung des Antisemitismus größere Sorgen als um die Beendigung des Krieges. *The Wave of the Future* wird rein sozialistisch sein!

An einem herrlichen Morgen kam ich in aller Gemütsruhe zum Frühstück herunter und entdeckte, daß Ickes das Treffen der »Free-French-Bewegung« als Vorwand benutzt hatte, um C. in einer Rede zu beschimpfen, die von Anfang bis Ende mit Lügen, falschen Anschuldigungen und Anspielungen gespickt war. Jede einzelne Behauptung über C. und mich war falsch, Sätze aus seinen Reden und aus meinem Buch waren verstümmelt und Worte verdreht.

C. schrieb dennoch einen ausgezeichneten Aufruf an den Präsidenten. Er war weder verärgert noch haßerfüllt – was ihm tatsächlich fremd ist.

Am 16. Juli widerlegte C.A.L. in einem offenen Brief an Präsident Roosevelt Ickes wiederholten Vorwürfe, daß er mit einer ausländi-

[1] Liberale Schriftstellerin, Schirmherrin der New Yorker Ortsgruppe des America-First-Komitees. Ihr Mann, James Wood Johnson, ein Freund Dr. Carrels, war 1939 Organisator und Direktor des American Volunteer Ambulance Corps in Frankreich.

schen Regierung in Verbindung stünde und die Kritik, weil er »1938 einen deutschen Orden angenommen hatte«. Er erinnerte den Präsidenten daran, daß er »den Orden in der amerikanischen Botschaft und im Beisein seines Botschafters erhalten hatte ... und daß er auf sein Ersuchen in der amerikanischen Botschaft gewesen sei, um dabei behilflich zu sein, eine bessere Beziehung zwischen der amerikanischen Botschaft und der deutschen Regierung herzustellen, wie es seinerzeit dem Wunsch ihres Botschafters entsprach«. Er erklärte, daß er, seit er 1939 Europa verlassen hatte, keinerlei Beziehung zu irgendeiner ausländischen Regierung hatte, und daß er weder in Deutschland noch in Italien mit jemandem indirekt oder direkt in Verbindung stünde. Er erbot sich, dem Präsidenten seine Akten für eine Untersuchung zur Verfügung zu stellen und war bereit, alle Fragen, die der Präsident in bezug auf seine Tätigkeit stellen wollte, zu beantworten. Der Brief blieb unbeantwortet.

Wir kommen mit den (Bernhard) Knollenbers zusammen. Er ist Bibliothekar in Yale und ein Spezialist in amerikanischer Geschichte – steht durchaus auf unserer Seite, ist intelligent und hat eine gute Auffassungsgabe. Seine Frau, Mary, ist Bildhauerin und recht hübsch – eine Freundin von Mina Curtiss und Helen Hooker. Sie ist sensibel, aufmerksam und sehr intelligent. Ich spüre, daß ich mit ihr reden kann, und wünsche es mir auch. Meine Sinne sind geöffnet – für einen Weg, der *hinausführt.*

Dazu »Phil« La Follette[1], der einen besseren Verstand hat als alle anderen, die ich in diesem Kampf getroffen habe, jedenfalls kommt es mir so vor. (Vielleicht ist General Woods[2] ihm ebenbürtig und dazu *standfester.*) Er ist leidenschaftlich, forschend, tolerant und fortschrittlich. Ich wollte nur, ich wäre nicht eben mit dem Schlafwagen angekommen und hätte die Dinge, über die er sprach, etwas gründlicher überdacht. Unsere Gespräche waren reichlich unkonzentriert, und C. meinte, daß manche nicht zu

[1] Rechtsanwalt und Politiker, zweimal Gouverneur von Wisconsin.
[2] General Robert Wood, Vorsitzender des America-First-Komitees.

Ende geführt wurden. Ich habe dieses Gefühl *immer* und mit *allen Menschen.*

C. hat es kürzlich große Freude gemacht, Land das Schwimmen beizubringen. Zuerst spornte er ihn an, als er zaghaft war. Doch als Land herausfand, daß er alleine schwimmen konnte, war er ganz trunken vor Vergnügen! Hüpfte vom Floß, schwamm um es herum. Und wenn er auf den Schultern seines Vaters zum Floß schwamm, stieß er sich ab, zog alleine los und kam zurück, wenn er müde war.

Aber ich habe diesen Ort satt. Wir haben hier kein Privatleben mehr; Menschen rufen den ganzen Tag über an – sie haben herausgefunden, wo wir sind. Sie kommen sogar heraus, ohne vorher anzurufen, und suchen uns im Haus und im Garten. Der Strand ist so überfüllt mit Menschen (die uns erschaudern lassen), daß ich mich nicht mehr überwinden kann, hinunterzugehen. An den Wochenenden komme ich mir wie eine Gefangene vor und will nicht mehr spazierengehen aus Angst, Menschen zu begegnen, bei denen ich Entschuldigungen vorbringen muß, weil ich nichts tue und hier herumlaufe.

Ich fahre nach Martha's Vineyard, um ein Haus zu besichtigen, es ist viel zu klein für uns und nicht halb so bequem wie dieses, aber es steht auf einem windigen, kahlen, freien Platz und hat einen eigenen Strand, an den man sich flüchten kann. Jetzt werden wir auf jeden Fall aus dieser Gegend fortziehen. Wieder muß ich die Last des Packens, des Umziehens und des Pläneschmiedens auf mich nehmen. Aber ich habe das schreckliche Gefühl, daß wir weg *müssen.*

Ein abscheulicher Artikel in *True Story:* »Die geheimen Gedanken von Anne Lindbergh«, von einer »intimen Freundin« geschrieben, von der ich nie etwas gehört habe. Darin wird behauptet, daß ich vollkommen von meinem Nazi-Ehemann beherrscht werde, lauter Lügen und verdrehte Sätze aus meinen Büchern, um diese Thesen zu bestätigen, aus *North to the Orient* wird zitiert, daß C. (mit unendlichem Stolz) von mir gesagt hat, »Sie ist Besatzung!« (Niemals bin ich so stolz gewesen wie in diesem Augenblick. Er behandelt mich als Gleichberechtigte – in *seiner* Welt!)

Lloyd Neck, 28. Juli

Allerliebste Mutter,

Wir haben für zwei, drei Monate ein Haus in Margots Nähe auf Martha's Vineyard gemietet und haben vor (was ganz geheim ist), uns umzusehen, ob wir vielleicht den ganzen Winter über bleiben können. Wir müßten wieder in ein Haus ziehen, das heizbar ist, dort gibt es eines, ja sogar zwei, die brauchbar erscheinen. Natürlich klappt es womöglich nicht. Aber deshalb probieren wir es zuerst im Spätsommer und Herbst aus und nehmen die Sache auf die leichte Schulter. Wir werden hier nur ein bis zwei Monate bleiben und hoffen, daß nicht allgemein bekannt wird, daß wir es lediglich als Übergangslösung betrachten. Ich dachte, wir könnten Lloyd Neck so einrichten, daß es unsere Basis wird, es ist im Winter ausgezeichnet, aber wir haben den Druck aus New York so satt, da er ständig schlimmer wird und zunimmt, ganz gleich, was C. auch tut.

Tagebuch *Samstag, 2. August*

Unser letztes Wochenende. Wir schließen alle Türen und Fenster an der Außenseite, lassen die Rouleaus herunter und sagen Mary, daß wir »am Wochenende verreist sind« für *jeden*, der anruft. Wir bleiben den ganzen Tag im Haus, und es gelingt uns trotz der vorbeifahrenden Autos uns ganz heimelig zu fühlen. Es ist sehr heiß, aber wir gehen nicht zum Strand, wo wir Leute treffen würden.

Zusätzlich hatte der Tag einen bitteren Beigeschmack, da ich gestern abend nach Englewood fuhr und Mutter mir (Du *mußt* ihn sehen! Ich muß schon sagen, ich glaube, *ich* bin besser weggekommen als du, mein Liebes!«) einen schrecklichen Artikel im *Who* über uns beide zeigte. Ich, die schwächliche, empfindsame, verängstigte, verwirrte Dichterin, die zwischen den starken Persönlichkeiten meiner beherzten Mutter und meines ruchlosen Ehemanns in der Falle saß. »Von den Nazis eingeschüchtert«, »philosophisch unreif«, »wird sich niemals befreien können.« Es ist unerfreulich zu lesen, aber noch beunruhigender ist, daß die Familie dabei so gelassen bleibt.

Donnerstag, 7. August

Die letzten Tage vergingen mit packen. C. und ich sahen alle Kisten, Möbel etc. im Lagerhaus durch; die meisten Dinge habe ich seit Hopewell nicht mehr zu sehen bekommen. Was für ein Berg von Erinnerungen, Hoffnungen, Plänen ist unter jenen Teppichfetzen begraben, diese einzelnen Zinngeräte, die wir auf dem Tisch verwendeten, diese Riesenmöbel, die in einem dunklen, dumpfen Raum zusammengepfercht sind, der wieder neben einem anderen dunklen, dumpfen Raum liegt. Es war wie ein Besuch in einem Mausoleum. Widersprüchliche Gefühle zerrten an mir – ich wollte diese ganzen Sachen und allen anderen materiellen Besitz loswerden, der einen erdrückt. Und ich schaute auf diesen ganzen leblosen Haufen und dachte, unglaublich: Daraus haben wir einst ein gemütliches, lebensvolles Zuhause gemacht!

Wieder ein entsetzlicher Artikel in *Look:* »Weshalb Lindbergh *angeklagt* werden soll.«

Seven Gates Farm, Vineyard Haven, Martha's Vineyard
15. August

Mutter, liebe

Wir sind seit zwei Tagen hier, und ich erwarte C. heute morgen. Ich bin sehr froh, daß er nicht früher gekommen ist, denn die ersten Tage habe ich versucht, ein kahles Sommerhaus in ein persönliches Zuhause zu verwandeln. Einer Frau macht das großen Spaß. Die Freude ist groß, wenn man sieht, wie ein Haus Wärme und Farbe gewinnt. Man überzieht den scheußlichen rosa Chintz mit einem japanischen Handtuchstoff (aus dem Lager hervorgeholt). Entfernt die Hälfte der Korbstühle. Schafft alle gelben Caféhauskerzen weg. Holt bunte Tischdecken und Bettüberdecken heraus. Das große Zimmer ist jetzt wunderbar verwandelt. Milchschokolade und Rosa sind nun in Blau und Weiß umgeändert.

Ich wollte, Du hättest hier sein können, und wir hätten es gemeinsam gemacht, da Du verstehst, in welche freudige Erregung man dabei gerät. Aber ich bin froh, daß C. nicht da war. Männer verstehen nicht, weshalb man sich dabei solche Mühe gibt. »Du bist nur für wenige Monate hier!« Das stimmt schon, aber wenn man bei allem dementsprechend handeln würde, würde man nie etwas tun. Die Unbeständigkeit des Lebens verlangt es um so mehr, daß man ihm eine gewisse Sicherheit und Stetigkeit durch die eigenen Besitztümer verleiht, selbst dann, wenn sie nur bunt und billig sind.

Ich habe das *nächste* Haus noch nicht in Angriff genommen (dabei weiß ich, daß das große verlockend warme zu haben ist). Oder die Nachfolgerin für Soeur Lisi (die nach Hause in die Schweiz zurückkehrt). Ist es nicht merkwürdig, daß es Perioden in Deinem Leben gibt, die einfach *nur* aus Aufgaben bestehen, das Haus, die Familie, der Haushalt. Und Du weißt, daß die nächsten Wochen oder Monate auch dran glauben müssen. Dann beruhigt sich die Geschichte wieder für eine Weile. In Long Barn war das so, und hier wird sich das wiederholen.

Aber hier fühle ich mich davon nicht so erschlagen, da all der andere Druck wegfällt – keine Telefonanrufe, keine Menschen, keine bevorstehenden Verabredungen. Ich fühle mich wunderbar allein und hoffe, daß sich das nicht ändert!

Dieser Brief berichtet nur von Arbeiten, aber Du wirst verstehen, in welcher Verfassung ich bin – ein Hund dreht sich und dreht sich im Gras, um sich ein Nest zu machen, in dem er sich einrollen kann.

C. trifft etwa um die Mittagszeit mit dem hochbepackten Wagen ein. Wir tragen alle Taschen und Bündel ins Haus und setzen sie im schönen Wohnzimmer ab, wo sie für zwei Tage bleiben, bis sie langsam und sorgfältig von C. sortiert werden.

Wir gehen über das Grundstück, um einen Platz für das Zelt zu finden. C. sagt, es ist wunderbar, und er kann hier arbeiten.

Roosevelt und Churchill treffen sich auf See und machen einen Friedensvertragsentwurf. Wie üblich, großartige Worte, Ideale – *wie* sind sie durchführbar?

Sonntag, 17. August

Heftiger Wind weht, die Fensterläden klappern. C. und ich sehen uns nach einem neuen, geschützteren Platz für das Zelt um.

Ich gehe den Hügel hinauf und lege mich auf die Erde. In dieser Schönheit geborgen denke ich an alles, was mir teuer ist. Ich mache mir bewußt, wie sehr ich am Leben, an seiner Flüchtigkeit der Jugend und ihrer romantischen Liebesabenteuer, an der Zeit, an den gut beleumundeten Freunden hänge.

Hier ist es einfacher, alles auf die »leichte Schulter« zu nehmen, das Herz nicht daran zu hängen, »wo Motten und Rost Verderben bringen«. Dabei ist die vollkommene Askese lebensfeindlich. »Zwischen Anspruch und Ablehnung« gibt es eine Position, die es zu finden gilt.

Ich habe das Gefühl, daß hier ein neues Leben beginnt, aber im Augenblick ist noch alles verschwommen, und ich weiß nicht, wo der Anfang ist.

Montag, 25. August
(auf dem Weg nach North Haven)[1]

Felder voller Gänseblümchen, roter Scheunen, Kiefern, weiße Kirchturmspitzen und kleine Häfen. Werde ganz aufgeregt, als wir uns dem Alamoosook Lake nähern. Das Motorboot kommt rasch und bringt uns zu der kleinen Insel hinüber, die winzig und von Kiefern bedeckt ist, unter den Bäumen verborgen die Zelte. Unten am Wasser, an der kleinen Mole entdecke ich Jon in einer Gruppe Kinder, er trägt einen grauen Anzug und eine weiße, dreieckige Armschlinge. Er ist schüchtern, lächelt und möchte gleich erzählen. »Ich fing einen Barsch – obgleich ich meinen Arm in der Schlinge tragen muß.« – Mark und Quintus (Dreir, Margots Neffen) ebenfalls in Grau.

Beladen den Wagen. Die Buben hinten, Jon vorne und ab geht es. Jon beginnt scheu, »Wirklich schön fand ich die Briefe. Ich habe auf sie gewartet«. (Was für eine Überraschung für mich und eine wahre Wonne. Ich schrieb jede Woche und hatte immer mehr das Gefühl, daß er sie nie las.) »An welchem Tag hast du geschrieben?« Ich sagte: »Ich schrieb immer sonntags.« Jon erfreut: »Ich schrieb auch immer sonntags.«

Wir erreichen North Haven rechtzeitig zum Mittagessen. Tante Annie, Amey (Aldrich), grau und schmal, Mrs. Rublee, Mr. Rublee[2], die (Learned) Hands und Mr. Louis Dow. Alle auf einmal sind fast zu viel. Amey und meine geliebte Mrs. Hand. Und sie scheinen sich auch über uns zu freuen. Ich war wegen dieses Wochenendes so verunsichert – im Lager der Interventionisten!

North Haven, Samstag, 30. August

Liebste Con,

wie unrichtig kommt mir das vor, daß Du nicht hier bist, und wir uns nicht über die leicht stickige Atmosphäre unterhalten

[1] A.M.L. und Margot Morrow fuhren nach Maine, um Jon abzuholen, der dort im Ferienlager war, und reisten dann weiter nach North Haven.

[2] Freunde der Morrows, siehe *Blume und Nessel.*

können, die wegen der Fülle der Aufregungen allen North-Haven-Wochenenden eigen war, geändert hat sich daran nichts – »überreiche Mahlzeiten«, wie Du bemerktest. Aber ich vermittele einen falschen Eindruck, denn in der momentanen Erregung hat es auch Freude gemacht, wieder mit Menschen zusammenzusein, was ich lange unterlassen habe. Es gab viel zu beobachten. Das Hand-Rublee-Dow-Grüppchen beherrschte das Feld. An diesem Wochenende war die jüngere Generation nicht der Mittelpunkt, und Margot und ich machten unsere Beobachtungen.

Nur Du hättest noch hier sein sollen, denn noch hat man den Geschmack vergangener Sommer auf der Zunge.

Mrs. Hand war wieder für alle »Mutter Erde«. Sie ist eine »Mrs. Ramsay«[1], nicht wahr? Sie windet den grauen Schal um die Schaufeln des Elchs, um die verschreckten Kinder zu beruhigen. Richter Hand ist der stürmische, fröhliche, galante Troubadour und heftet dabei seine Augen auf Margots lachendes Gesicht. Mrs. Rublee läßt ihre feuerrote Boa stolz über uns allen wehen. (Sie ist unglaublich. Alles in Rot – selbst die Schleife an ihrem Haarband – oder *ganz* in Gelb mit gelben Schmetterlingen auf ihrem Haarnetz – perfekt bis ins letzte Detail.) Mr. Dow liest Mrs. Hand und Mr. Rublee abends auf der Landspitze Wordsworth-Gedichte vor, liebevoll, sanft und wie ein Kind. Ringsum Friede und Harmonie – bis auf die rote Federboa. Warum muß es im Leben immer eine rote Federboa geben?

Ameys Hund bellt laut, nibbelt an *allen* Bluejeans, die im Haus ein und aus rennen. Alle Jungen laufen zu den Mahlzeiten herein, und um mit Mr. Grant zu fischen, wieder hinaus. Sie bewegen sich wie eine taumelnde, schreiende Lawine und rufen regelmäßig »Sauber!« Mark erschreckt mich von Zeit zu Zeit mit einem Ruf: »Wo ist Lindbergh?«

Als auswärtige Gäste hatten wir Mr. und Mrs. Lamont (Père), Mrs. L., die um 9.30 aufstand – »Schlag zehn Uhr verwandele ich mich in eine alte Hexe«. Und die goldenen Valentines (Lucia und Alan). Dazu Eve Curie.[2]

[1] Die Hauptfigur in Virginias Woolfs Roman *Die Fahrt zum Leuchtturm.*
[2] Musikerin, Schriftstellerin, Tochter von Pierre und Marie Curie.

In Eve Curie habe ich mich verliebt. Ein derart schönes, prächtiges, empfindsames, stolzes, schmerzliches Gesicht. Erwartet hatte ich die Schönheit, die Frau von Welt, den Charme, den Geist und den Schick. Aber irgendwie nicht das gekränkte Kind, auch nicht die leichte Unbeholfenheit, mit der sie vom Stuhl aufsteht und ihre schmalen Schultern halb ehrerbietig hebt, was eine frühere und immer noch unvergessene Scheu aus der Jungmädchenzeit verrät. Und ihr Gesicht vom Leid gezeichnet.

Alles zusammengenommen verkörpert eine gewisse Reinheit, die ich nicht erwartet hatte. Es ist äußerst selten, daß man eine derart mönchische Hingabe bei einer Frau antrifft.

Doch Ihr seid Euch schon begegnet, also weißt Du Bescheid. Wir sahen sie dreimal. Beim ersten Mal, als ich das alles an ihr entdeckte, sah sie müde und traurig aus. Das zweite Mal war sie einfach die schicke Französin mit vollkommen sicherem Auftreten. Das dritte Mal war sie ganz verspielt, wunderschön und vergnügt – in pergamentfarbenen »langen« Shorts, einem Stirnband in gleicher Farbe, und kehrte eben mit Alan von einer Bootsfahrt rund um die Insel zurück. Alan sah erhitzt und müde aus, aber sie war munter wie ein Fisch im Wasser. Sie sagte lediglich mit reizender Unbekümmertheit: »Ich weiß jetzt, weshalb man gewöhnlich ohne Boot auf den Schultern spazieren geht!«

Die Unterhaltung war bis auf das letzte Mal sehr konventionell, als wir in eine sehr theoretische Diskussion darüber gerieten, was links und was rechts sei. Ich schämte mich nachher einigermaßen, da ich so viel geredet hatte. Als würde man darüber debattieren, ob man lieber an perniziöser Anämie oder lieber an Krebs sterben würde, während der Vater des Gastgebers oben unter einem Sauerstoffzelt liegt. Aber ich *nahm an,* daß Eve Curie nichts dagegen hatte.

Jedenfalls hat es mich außerordentlich ermutigt, daß ich die Gelegenheit hatte, mit ihnen allen zu sprechen.

Französinnen sehen *niemals* ungepflegt aus, nicht wahr? Und ihre Nasen glänzen nie.

Die Buben haben unverdrossen drei Tage lang gefischt und

haben eben jetzt entdeckt, daß Golf (auf der Schafweide) ebenfalls ein gutes Spiel ist! Ich hoffe, daß das Golfspielen bis Dienstagmorgen anhält, dann fahren wir ab. Der Apfelbaum ist auch eine Hilfe gewesen – Schlachten mit den grünen Äpfeln haben ebenfalls ihren Reiz gehabt.

Tagebuch *11. September, Seven Gates Farm*

Wieder zurück – eine Woche lang Haushaltsdurcheinander –, beinahe ein jeder in Tränen, was daran liegt, weil alles und alle gleichzeitig eintrafen. C. (unerwartet) für fünf Tage, um seine Rede zu schreiben. Hilma, von ihrem Beau kommend und jetzt in dieser Wüstenei, wo sie mehr Arbeit vorfand, als sie annahm; Christine von ihren Ferien; und das neue Ehepaar leicht verschreckt und alles falsch anfangend. Packe die Kisten aus, die Köchin braucht einen Kartoffelkorb. Die beiden Sekretärinnen sind eifrig damit beschäftigt, ihr kleines Haus in Ordnung zu bringen, was ich ihnen besorgte, da dieses Haus als Wohnhaus und Büro zu klein ist.

Es ist immer noch zu klein. Land wirft hundertmal täglich die Haustüre zu. Und C. versucht eine Rede zu schreiben und ist meinetwegen beunruhigt. Das Zelt ist seit einem Monat aufgebaut – und zwar *hauptsächlich*, damit ich dort schreiben soll –, und was habe ich getan?!

Ich versuche, den Haushalt in Schuß zu bekommen. Ich wollte, auch wenn das ganz unlogisch ist, ich müßte das nicht alles vor C.s Perfektionistenaugen machen, dann wäre alles einfacher. Ich wollte, es wäre bereits alles reibungslos gelaufen, ehe er eintraf.

Dann seine Rede, die mich in tiefe Schwermut stürzte. Er nennt die Kriegsagitatoren beim Namen – hauptsächlich die Briten, die Juden und die Regierung. Er macht es wahrheitsgemäß, vernünftig, ohne Haß und Bitterkeit – aber mir ist es schrecklich, daß er die Juden erwähnt. Ich fürchte mich vor der Reaktion, die für ihn nicht ausbleiben wird. Kein anderer erwähnt dieses Problem laut (auch wenn es in Manchen unterschwellig brodelt). C. muß, wie üblich, die Hauptlast auf sich nehmen, da er freimütig und offen ist. Was er öffentlich sagt, ist weder intolerant noch demagogisch oder unfreundlich, dazu entspricht es genau dem, was er auch im privaten Kreis vertritt, während die anderen, tuschelnden, vorsichtigen Leute, die bei Freunden schlimme Dinge von sich geben, es niemals wagen würden, in der Öffentlichkeit so aufrichtig zu sein wie er. Sie wollen den Preis dafür nicht bezahlen. Und der Preis wird hoch sein. Schreiende Schlagzeilen werden verkünden, »Lindbergh greift die Juden an«. Er wird als Antisemit, als Nazi, als dem Führer hörig etc. gebranntmarkt werden. *Ich kann es kaum ertragen. Denn er ist ein Gemäßigter.*

Ich versuche, ihm einiges davon zu sagen und ihm zu erklären, daß sich die antisemitischen Kräfte triumphierend um ihn scharen werden (dann werden sie maßvoller in ihren Forderungen, sagt er). Ich fürchte mich vor den Folgen seiner Rede – vor dem, was dadurch in Bewegung gesetzt wird – und vor den Folgen für ihn und das ganze Problem. Er sagt, daß das, was für ihn daraus entstehen kann, so *unerheblich* ist wie das, was man in seine Worte *hineininterpretiert.* Wichtig ist allein nur, daß das, was er sagt, *wahr* ist und daß es uns womöglich vor diesem Krieg bewahrt. (Ich bezweifle letzteres und habe das Gefühl, daß die negativen Auswirkungen überwiegen.) Wenn ich sage, daß es als Judenhetze aufgefaßt werden wird, sagt er, daß er die keineswegs im Sinn habe.

Ich bearbeite daraufhin den Absatz über die Juden, schreibe ihn um und füge Erläuterungen hinzu, an die er glaubt, die er aber nie erwähnt – um jede Spur von Haß und Verbitterung zu vermeiden. Er nimmt fast alle Vorschläge an, aber werden die Menschen die Artikel zu Ende lesen und nicht an den Schlagzeilen hängenbleiben?

Schweren Herzens lasse ich C. ziehen. Er ist zuversichtlich, wenn ihn die Menschen doch auch nur richtig sehen würden! Wenn sein wahres Ich deutlich hervortreten würde, mehr wünsche ich mir gar nicht. Wenn *er* sich verständlich machen könnte und *sie* ihm zuhören wollten...

Ich höre mir die Rede[1] des Präsidenten an, in der er erklärt, daß unsere Schiffe »bei Sichtkontakt schießen« – eine hundertprozentige Kriegserklärung auf See. Eine erstaunliche Rede – was ist er für ein Hexenmeister, der die These glaubwürdig vertritt, daß wir den Feinden Hitlers jede mögliche Unterstützung zusichern, aber gekränkt sind, wenn Hitler unsere Rechte der »Neutralität« nicht anerkennt!

C.s Rede höre ich ebenfalls – direkt und aufrichtig bis zum Äußersten. Der frenetische Beifall der Menge erschreckt mich. Wird er über das, was er in Händen hält, die Kontrolle behalten können? Besonders, da er diese Kontrolle und diese Macht gar nicht wirklich will.

In C.A.L.s Rede am 11. September in Des Moines sagte er: »Die drei wichtigsten Gruppen, die dieses Land immer weiter in den Krieg hineingetrieben haben, sind die Briten, die Juden und die Roosevelt-Regierung. Hinter diesen Gruppen stehen andere, die aber weniger wichtig sind, nämlich etliche Kapitalisten, Anglophile und Intellektuelle (...)« Er führte weiter aus, daß die Hoffnung der Engländer dahin zielte, uns »finanziell und militärisch für diesen Krieg verantwortlich zu machen (...) Wären wir Engländer, würden wir es genau so machen. Doch unsere Interessen gelten in erster Linie Amerika.« In bezug auf die jüdische Gruppe fuhr er fort wie folgt: »Es ist durchaus zu verstehen, weshalb die jüdischen Menschen die Niederlage Nazideutschlands herbeiwünschen. Die Schikanen, die sie in Deutschland zu erdulden haben, würden ausreichen, um bei jeder Rasse erbitterte Feindschaft zu erwecken. Niemand, der ein Gefühl für die Menschenwürde verspürt, kann die Verfolgung der jüdischen Rasse in Deutschland

[1] Der US-Zerstörer *Greer* wurde am 4. September vor Island von einem deutschen U-Boot mit Torpedos beschossen, die ihr Ziel verfehlten. Am 11. September verkündete Roosevelt seinen Befehl »Schießen bei Sichtweite« im Radio in einer weltumfassenden Gemeinschaftssendung. Er erhob den Vorwurf, daß der Angriff auf die *Greer* ein Teil der deutschen Bemühungen sei, »die absolute Kontrolle und Oberhoheit über die Meere zu gewinnen«, und zwar als Auftakt für die Vorherrschaft der US und der westlichen Hemisphäre.

entschuldigen. Aber kein Mensch, der aufrichtig und weitblickend ist, kann ihre hiesige und heutige Vorkriegspolitik betrachten, ohne die Gefahr zu übersehen, die eine solche Politik für sie wie für uns birgt.«

Samstag, 13. September

Ich gehe nach draußen unter den funkelnden Sternenhimmel. Ich muß nach der Zeitungslektüre wieder Ruhe finden, da meine ärgsten Befürchtungen in bezug auf die Reaktionen auf C.s Rede bestätigt wurden. Er wird von allen Seiten angegriffen – von der Regierung und den Juden öffentlich als Nazi, der die Nazidoktrin befolgt, hingestellt.

Ich lege mich ins Gras auf das Steilufer und blicke durch die wehenden Grashalme, die sich über mir vor den glänzenden, verstreuten Sternen abzeichnen. Der Unterschied zwischen Juden und Christen ist verschwindend klein, wenn man die Sterne betrachtet – ebenso wie alle irdischen Sorgen. Es ist mir unerträglich, fortzugehen, zum Haus zurückzukehren – mit dem morgigen Tag und dem Leben konfrontiert zu werden.

Ich erkenne vage, daß die Beziehung zu den Sternen die Beziehung zur Ewigkeit und dem Tod bedeutet. Ich sehne mich in meinem tiefsten Inneren danach, mir diese Erkenntnis zu bewahren, als ich aufstehe, doch wenn das so wäre, würde sich mein Verhältnis zu C., den Kindern und dem Leben von Grund auf ändern.

Während ich hier in Entzücken verweile, fürchte ich wie Lazarus – die morgigen Emotionen, die mit C.s Rückkehr verbunden sein werden. Ich werde so aufgeregt sein, weil ich ihn wiedersehe, so begierig sein, zu erfahren, wie alles gegangen ist, und werde mich so oder so leidenschaftlich dafür einsetzen. Ich werde von Sehnsucht und Enttäuschung erfüllt sein.

Sein Kommen wird das Haus mit Wärme, Feuer, Wind und Leben erfüllen.

Aber auch mit Problemen. Wieviel Zeit hat man, wenn man

alleine und von seinem Mann getrennt ist. Wieviel Zeit die Ehe doch beansprucht – aber sie bedeutet Leben. Ohne sie wäre es der Tod.

Ein Gang ums Haus mit der Laterne, um nach den schlafenden Kindern zu sehen, ihnen eine zusätzliche Decke aufzulegen. Die streng gehütete Stunde der Mutter – sie betrachtet ihren Schatz und weidet sich daran!

Sonntag, 14. September

C. kommt ungefähr mittags. Wir haben bereits eine lange Diskussion über das Judenproblem und die Rede geführt – und auch über die Folgen –, die mich so tief beunruhigen. Ich kann meinen Gefühlsumschwung nicht logisch erklären. Liegt es an meinem Mangel an Mut, mich mit diesem Problem auseinanderzusetzen? Oder an meinem Mangel an Voraussicht, der mich die Dinge nicht richtig erkennen läßt? Oder ist meine Intuition begründet und stichhaltig?

Ich weiß es nicht und bin lediglich sehr verstört, was ihn bestürzt. Ich habe in ihn als Person das größte Vertrauen – in seine Integrität, seinen Mut, und seine essentielle Qualität, Fairneß und *Güte* – die in Wahrheit seine Würde ausmachen. Weil er unfähig zu Gemeinheiten ist. Wie ist dann mein tiefer Kummer über sein Tun zu erklären? Wenn das, was er sagt, der Wahrheit entspricht (und ich neige dazu, das zu glauben), warum war es dann falsch, sie zu äußern? Er nannte die Gruppen beim Namen, die für den Krieg sind. Keiner nimmt es ihm übel, daß er die Engländer und die Regierung aufgeführt hat. Aber die »Juden« zu erwähnen, ist unamerikanisch – selbst dann, wenn es ohne Haß, Bitterkeit und Kritik geschieht. Weshalb?

Weil man sie als Gruppe absondert und damit den Grund zum Antisemitismus legt.

Und weil es bestenfalls ein ungewollter Anstoß zum Antisemitismus ist. Es ist ein loderndes Streichholz neben einem Stapel Holzwolle. Selbstverständlich ist es nicht seine Absicht, er will die

Holzwolle nicht anzünden, aber sein Streichholz, das er entzündete, um den Boden zu erhellen, kann unter Umständen die Holzwolle in Flammen aufgehen lassen.

Er sprach – wenn ich das richtig analysiere – nicht, um Antisemitismus zu erzeugen oder ihn womöglich gar als Waffe auszuspielen (was ich ihm zuerst vorwarf). Sondern aus zwei Gründen:

1) Um das amerikanische Volk über die Propaganda und ihren Ursprung aufzuklären, die es in den Krieg führen – wovor er es bewahren wollte. Um nicht etwa seine Leidenschaften zu schüren, sondern seine (wie es ihm schien) fälschlich aufgestachelten Emotionen zu ersticken. Offen gesagt, um ihm die Möglichkeit zu geben, die Situation objektiv zu beurteilen. (Ich will nicht behaupten, daß das erreicht wurde, aber das war sein Thema.) Tatsächlich ist genau das Gegenteil eingetreten – es sind zusätzliche Leidenschaften erwacht.

2) Um die Juden davor zu warnen, daß es nicht allein für uns, sondern auch für sie verhängnisvoll wäre, wenn ihre Aktion erfolgreich verliefe und es Krieg gäbe.

Aber wie dem auch sei, ganz gleich, was er damit bezwecken wollte, er war derjenige, der das Streichholz entzündete – und selbst wenn die Holzwolle nicht augenblicklich Feuer fängt, so wird er doch, sollte es passieren, trotz seiner möglichen Unschuld dafür zur Verantwortung gezogen.

Ich sage, daß ich diesem Land lieber den Krieg als eine große Woge des Antisemitismus wünsche. (Diese Menschen machen bei einer einmal ausgebrochenen Judenverfolgung eine schlimmere Wandlung durch als auf dem Schlachtfeld.) C. sagt, das ist keine Alternative. Ich schließe daraus, daß wir lediglich die Wahl haben, unser Land in einen äußerst verhängnisvollen Krieg ziehen zu lassen, da der Mut fehlt, die Gruppen bei Namen zu nennen, die dieses Land in den Krieg führen, denn nimmt man das Risiko auf sich, wird man allein durch die *Namensnennung* zum Antisemiten abgestempelt. (Doch ich glaube, das Risiko ist noch größer. Es besteht die Gefahr, daß ungewollt ein offener Antisemitismus ausbricht.)

Es ist eine schwierige Auseinandersetzung, da ich meine

Gefühle nicht definieren kann und C. dadurch die Möglichkeit gegeben ist, sie der Suggestion, der Propaganda oder fehlendem Mut, mangelnder Voraussicht und unklarem Denkvermögen zuzuschreiben; er spricht das nicht aus, aber er ist verwirrt.

Armer C., wie ungern vermehre ich seine Schwierigkeiten um ein weiteres Problem, wo er doch die ganze Welt gegen sich hat. Ich habe zu ihm als Mensch, zu dem, was er wahrhaft darstellt und wofür er eintritt, ein tiefes Vertrauen. Meine Kritik und meine Zweifel ähneln denen der übrigen Welt keineswegs. Es ist nur mein innigster Wunsch, daß der wahre Mensch klar hervortritt.

Und ich glaube, er weiß es. Wir verbringen – trotz der langen Diskussion – einen wunderbaren Tag am südlichen, breiten, vom Wind aufgewühlten Strand und springen mit den Kindern über die Sturzwellen.

Zum Schlafen in C.s kleines Zelt, das in einer Mulde auf dem Hügel unter den Sternen angepflockt ist.

Montag, 15. September

Der Sturm nimmt gewaltig zu. America First ist in Aufruhr. Telegramme treffen ein. Das »Komitee zur Verteidigung Amerikas durch Hilfe für die Alliierten« prangert C. öffentlich an. Er wird allgemein von allen Gemäßigten verurteilt. (Lewis Douglas erklärt, er habe das Recht der freien Rede durch Erwähnung der Juden verletzt.) Die Juden verlangen einen Widerruf. Mrs. Curtiss telegrafierte mir mit der Bitte um einen Telefonanruf. Quincy Howe (er ist ein Gemäßigter und ein Interventionist) sagt in seiner Rundfunkrede, daß alle wahren Amerikaner sich in der Mißbilligung von C.s unglückseliger Rede einig sein müssen.

Ich fange an, mich zu ärgern – nicht deshalb, weil ich selber das Gefühl habe, daß die Rede verhängnisvoll war, sondern weil mir klar wird, daß C. genau so gehaßt wird wie die Juden – einfach deshalb, weil er Lindbergh ist. Johnson[1] kann dasselbe im *World*

[1] Ehemaliger Vorsitzender der National Recovery Administration; seit 1934 Zeitungs- und Rundfunkkommentator.

Telegram sagen. Aber er wird nicht gesteinigt, weil er kein Lindbergh ist.

Ich überlege mir, wie zutreffend meine Vorstellung von ihm war, als er unbeirrt alleine mitten über dem Ozean schwebte, ein unglaubliches Ziel vor sich – während ihn alle Welt als »fliegenden Narren« bezeichnete und nur vereinzelte Menschen – die ihn nicht verstanden, ihm unmöglich folgen konnten – zurückbleiben mußten, ihm mit einem gewissen blinden Vertrauen nachblickten und ihn in ihren Herzen bewahrten.

Ich begreife, daß dies der Beginn eines Kampfes ist und daraus eine Einsamkeit und Isolation resultieren wird, die wir bisher nicht gekannt haben.

Ich stelle fest – auch wenn es mich ernüchtert – daß es mir nicht so schwerfällt, mich damit abzufinden. In gewissem Sinn ist es haargenau das gleiche wie bei meiner Eheschließung – zumindest glaubte ich das damals. (Wie seltsam, daß die Wahl, die bei der Heirat ganz selbstverständlich mit inbegriffen ist, nicht nur einmal, sondern immer wieder getroffen wird. Bist du oder bist du nicht? Ja oder nein?)

Ich finde, daß es ganz eindeutig ja ist. Dies ist mein Leben. Und alle anderen Literatenträume, jegliche literarische Ambition, ihre Freuden und Befriedigungen, die aus diesen Kontakten resultieren – sie schmelzen letztendlich als Belanglosigkeit dahin.

Die Wahl würde mir allerdings schwerfallen, wenn ich sie für einen Mann treffen müßte, dem ich nicht bedingungslos vertraue. Ich muß mich einfach dafür entscheiden, ihm zu folgen, hoffe und bete und mache den Versuch, seinem Edelmut zum Durchbruch zu verhelfen – damit er wahrhaft zum Ausdruck kommt.

Daran muß ich denken, wenn es für mich schwierig wird.

Denn ich bin den weltlichen Dingen weit zugetaner als er, es fällt mir viel schwerer, auf Freunde und Popularität zu verzichten, ich leide mehr unter der Kritik, der Kälte und der Einsamkeit.

Wir schlafen wieder in dem kleinen Zelt draußen auf dem Hügel, wo der Wind weht. C. sagt, er schläft tief und fest, aber ich liege wach und denke nach.

Dienstag, 16. September

C. ruft General Wood an und entschließt sich, nach Chicago zu fahren, um mit ihm und dem Komitee zu sprechen. Er fährt um 4 Uhr.

Mittwoch, 17. September

Mutter ruft mich an, aber wir sprechen nicht über die Rede. Sie würde das nie tun. Sie würde Verständnis haben.

Um 3.30 sehe ich mit Margot ein Haus an, das wir vielleicht für den Winter mieten; es ist heizbar.

Schreibe abends Mrs. Curtiss und Thelma.

Seven Gates Farm, Vineyard Haven, Massachusetts, 17. September

Liebe Mina [Curtiss],

Ich hatte das Gefühl, daß ich Dich wegen C.s Rede in Des Moins nicht anrufen konnte. (Um auf Dein Telegramm zu antworten.) Ich habe am Telefon mit niemandem darüber gesprochen – selbst nicht mit meiner eigenen Mutter, die mich gestern abend anrief. Da ich fand, daß ich mich nicht an einem praktisch öffentlichen Telefon über meinen Mann und sein Vorgehen auslassen konnte, besonders, weil ich ihm nicht zustimmen kann.

Ich hatte das Gefühl, und ich habe es ihm auch gesagt, ehe die Rede gehalten wurde, daß sie in vielerlei Hinsicht verhängnisvoll ist. Doch jetzt scheint es mir, daß sie für ihn weitaus verheerender ist als für die Juden. Tatsächlich glaube ich, daß sie den Juden unter Umständen sogar hilft und damit dem Antisemitismus entgegenwirkt.

Mir ist es besonders arg, daß man ihn in diesem Land zum Symbol des Antisemitismus gemacht hat – daß er als Führer einer antisemitischen Bewegung angesehen wird. (Was er nicht vorhat und auch niemals sein wird.)

Ich werde ihn nicht verteidigen und werde mich nicht für ihn entschuldigen. Ich werde nicht mitteilen, was er sagen und was er nicht sagen wollte. Ich habe irgendwie das Gefühl, daß das weder ihm noch Dir noch der Situation gerecht würde. Er muß auf all das selber und auf seine Weise antworten.

Doch es drängt mich, Dir zu schreiben – sogar ehe ich weiß, was Du mir sagen wolltest. Ich muß gestehen, daß, wenn mein Mann so wäre, wie ihn sich die Mehrzahl der lesenden amerikanischen Öffentlichkeit heute vorstellt (soweit man das aufgrund der Zeitungen sagen kann), es mir unmöglich wäre, mit ihm zusammenzuleben. Wenn er so wäre, wie er wegen seiner Worte vielen Menschen erscheint, ich könnte es nicht. Da die meisten Menschen, die diese Worte anwenden, sie lediglich als Fassade für Übles und unterschwellig Schreckliches benutzen – was sie verbergen, aber später vorbringen wollen.

Die Worte meines Mannes sind keine Fassade. Es verbirgt sich nichts dahinter. Er sagt im privaten Kreis das, was er auch in der Öffentlichkeit ausspricht. Er haßt nicht und es steht ihm auch nicht der Sinn danach, Haß hervorzurufen. Es steckt weder ein Komplott noch eine politische Intrige dahinter. (Leider ist er keineswegs ein Politiker, sonst würde er sich nicht in der augenblicklichen Situation befinden.) Für mich ist es traurig zu sehen, wie er aus dem Hinterhalt von Politikern salbungsvoll verurteilt wird, von denen ich weiß, daß sie Antisemiten sind, es aber undiplomatisch finden, darüber zu sprechen – oder aber von den Leuten, die vielleicht keine Antisemiten sind, aber bei dem Thema eine ungute Sprechweise anschlagen oder in hysterisches Lachen ausbrechen, was ihr schlecht verborgenes Überlegenheitsgefühl und damit ihre miese Gesinnung offenbart.

Nie habe ich gehört, daß mein Mann einen jüdischen Witz erzählt hat. Nie hat er über einen Juden eine niederträchtige Bemerkung gemacht. Niemals ist mir zu Ohren gekommen, daß er gesagt hat: »Das ist ein jüdischer Trick.« Wenn er sagt, daß er die Juden bewundert, so meint er das auch; wenn er sagt, er hat das Gefühl, daß er den einzigen Weg beschreitet, der den Antisemitismus in diesem Lande verhindern kann, so ist er davon überzeugt.

Das bedeutet nicht, daß er klug gehandelt hat – es soll lediglich zum Ausdruck bringen, daß in ihm eine Integrität, ein Mut und eine grundlegend vornehme Denkungsart stecken, wie ich sie in solchen Ausmaßen noch nie in einem anderen menschlichen Wesen vorgefunden habe. Daß eine solche Gesinnung in irgendeiner Hinsicht – wenn auch ganz unbeabsichtigt – zum Antisemitismus beitragen sollte oder von üblen Kräften ausgenutzt wird, ist mir schrecklich.

Du wirst sagen, daß ich unrealistisch bin, und zweifellos bin ich das auch. Ich schreibe aus dem dringenden Bedürfnis, meine Gefühle zu offenbaren, und ohne die praktischen Möglichkeiten, die sich jetzt bieten, zu erwägen oder zu berücksichtigen. Selbstverständlich weiß ich nicht, was Du mir mitteilen wolltest. Wenn Du meinen Mann zu bestimmten Aktionen bewegen möchtest, so ist es besser, Du schreibst ihm direkt und nicht durch mich (dabei möchte ich Dich schon selber sehen, wenn Dir danach ist). Er mag und bewundert Dich und würde, glaube ich, auf das hören, was Du ihm zu sagen hast.

Ich hoffe, Du wirst diesen Brief so diskret und privat behandeln, wie Du es immer getan hast. Was den Antisemitismus betrifft, mache ich kein Geheimnis aus meiner Haltung, aber ich möchte nicht, daß mein Mann gleichzeitig ein Opfer privater und öffentlicher Skandale wird, und es könnte leicht eine Geschichte daraus entstehen, daß ich ihn verlasse, weil wir wegen seiner letzten Rede verschiedener Meinung waren.

Ich stimme ihm *nicht* zu, aber ich habe das größte Vertrauen in seine grundsätzlich gutartige Gesinnung... Ich hoffe, daß dieses Vertrauen, das wie ein Fels seinen Platz in meinem Leben hat, mich nicht daran hindert, Dich zu sehen, doch wenn dem so wäre, würde es mich um einen Großteil dessen bringen, was mein Leben bereichert.

Seven Gates Farm, Vineyard Haven, Massachusetts,
17. September

Liebe Thelma,

Als ich Deinen Brief öffnete, hatte ich gewisse Zweifel (die Post war in der letzten Zeit so schauerlich), ich dachte bei mir, wenn sie schreibt »*Warum* hast Du ihn diese Rede halten lassen?«, dann kann ich das nicht ertragen.

Natürlich hast Du das nicht getan. Weshalb hatte ich den Verdacht, daß Du kein Verständnis aufbringen würdest? Ich nehme an, daß es daran liegt, das es nur sehr wenige gibt, die dazu fähig sind: Du kannst Dir nicht vorstellen, wie erleichtert ich war. Ich hatte das Gefühl, da ist sie – sie ist noch vorhanden! Es war mir, als hörte ich Deinen Namen, Deinen lieben, schlichten Kindernamen in einem Raum mit lauter Fremden. Sei dafür gepriesen.

Ja, ich möchte Dich sehen. Ich bin von Long Island nach Martha's Vineyard gezogen. Es ist weit außerhalb, verweht, einsam und sehr ruhig. Es ist besser, denn ich habe mich in der Nähe von New York so aufgeregt, geärgert und war sehr verletzt. Ich konnte nicht mehr klar denken oder vernünftige Gefühle entwickeln – und ich war in dem Zustand für niemanden zu gebrauchen. Hier ist es viel leichter, mein Gleichgewicht zu wahren. Und weiß Gott, die Dinge stehen immer schlechter!

Ich bin hier viel allein, was sehr geruhsam ist – beinahe so klösterlich wie in Illiec.

Ich hätte Dich zu gerne hier, aber Du mußt kommen, wenn C. nicht da ist. Es wäre Dir nicht möglich, politischen Diskussionen auszuweichen, und ich muß die Politik in meinem Verhältnis zu Dir ausklammern. Sie wäre mir da im Wege. Wenn er wieder fortgeht, kannst Du vielleicht kommen. Es ist wie in der Bretagne.

Heute Abend kann ich nicht lange schreiben. Mir ist schwer ums Herz, wenn ich an die Folgen von C.'s Rede denke. Ist das nicht seltsam, er ist niemals haßerfüllt, und dabei erweckt und verbreitet er Haß.

Hast Du jemals *Dem Himmel bin ich auserkoren* von Thornton Wilder gelesen? Es handelt von einem sehr gutartigen jungen

Mann, der keinerlei Kompromisse kennt. Infolge seiner Gutartigkeit landete er dreimal im Gefängnis, weil ihm tätliche Bedrohung, Kidnapping und Mißachtung des Gerichts vorgeworfen wurden. Als das schließlich klargestellt wird, sagt der Richter zu ihm: »Mein Junge, Sie sind der *einzige vollkommen logisch denkende* Mensch, der mir je begegnet ist!«

Natürlich war der Junge ein Narr. C. ist das nicht. Aber ich habe manchmal das Gefühl, daß es an seiner Güte und seiner ausgesprochenen Makellosigkeit liegt, daß er in Schwierigkeiten gerät.

Ich schreibe so leichthin, aber mir ist gar nicht danach zumute.

Tagebuch *Donnerstag, 18. September*

Ein ruhiger, warmer, wolkenloser Tag, der sich golden vor den Herbst geschoben hat.

Land geht mit Soeur Lisi Schuhe kaufen. Christine besorgt Decken. Ich kann mit meinen Kindern nie einkaufen gehen, denn dann wären sie keine gewöhnlichen Kinder mehr, sondern würden angegafft. Jetzt wird es sogar noch ärger werden.

Werde ich jetzt in New York überhaupt Einkäufe machen können? Ich werde immer angestarrt – aber jetzt haßerfüllt angestarrt zu werden, durch ein Spalier von Haß zu wandeln!

Seven Gates Farm, Vineyard Haven, Massachusetts,
27. September

Liebe Mina,

Unsere Briefe haben sich gekreuzt. Danke Dir sehr für Deinen, der mich mehr bewegte, als ich Dir sagen kann. Ich habe vor, für etwa eine Woche nach New York zu kommen, werde vermutlich am 3. oder möglicherweise am 2. eintreffen. Mein Ausgangspunkt wird Englewood sein. Könntest Du mich dort anrufen, und wir könnten ein Treffen planen?

In dieser Woche versorge ich alle drei Kinder und versuche ein anderes Haus zu finden, in das wir ziehen können, wenn es kalt wird. Meine wunderbare Schweizer Kinderschwester meint, daß sie nach Hause muß, ehe der Krieg ausbricht. Ich bin im Augenblick durch den Haushalt ziemlich belastet und muß womöglich die Fahrt nach New York aufgeben. Ich hoffe aber nicht.

Hast Du die Nordlichter gesehen? Wie ist es nur möglich, daß es Auseinandersetzungen, heftige Auseinandersetzungen zwischen aufrichtigen Menschen (die, wie ich glaube, ernsthaft nach dem Rechten trachten) unter so einem Himmel geben kann?

Ich hoffe, daß es mir möglich ist, Dich zu sehen.

Tagebuch *Montag, 29. September*

Eine ganze Woche seit C.'s Heimkehr vergangen. Sie ist rasch voller emsiger Betriebsamkeit mit Planen und Einrichten vergangen. Wir haben schließlich das Webb-Haus genommen – altmodisch, bequem und viktorianisch. Außen weinberankt, Veranden, und Kiefern, düstere Tapeten, dunkle Balken, Bilder vom Colosseum, Metallornamente, goldene Spiegel etc. im Inneren. Es ist stabil genug für den Winter und wird uns Schutz bieten. (Werden wir den ganzen Winter über hier sein? Werden wir nach Kalifornien ziehen? Werden wir in den Krieg verwickelt? Wird C. seine Arbeit bei der America-First-Bewegung beibehalten? Keine dieser Fragen kann im Augenblick beantwortet werden, und so scheint dies jetzt der beste Schritt zu sein, den wir tun können.) Man muß nun abwarten, ob man es gemütlich machen kann – ein Heim, das eine Zuflucht für die Seele ist.

Doch das bedeutet eine ganze Menge Arbeit und Planung, denn ich kann es nicht ertragen, in einem kalten, düsteren Haus zu wohnen. Es muß zum Leben erweckt werden. Meine ganzen kreativen Gedanken und meine Kräfte werden für eine Weile hier investiert werden. (Ich wollte, es handelte sich um etwas Dauerhafteres. Wir machen anscheinend immer das gleiche – wir gestalten ein Haus wohnlich, machen es zu dem *unseren* – nur um dann wieder auszuziehen und es jemandem anderen zu überlassen. Es geht nicht so sehr um den *Umzug*, aber es ist einem arg, etwas zurückzulassen, was man geschaffen hat – oder vielmehr um etwas, das im Nichts verschwindet, obgleich das nicht ganz stimmt. Man bereichert sein Leben und das der anderen in der unmittelbaren Umgebung.)

Seven Gates Farm, Vineyard Haven, Massachusetts
30. September

Liebe Mina,

Entschuldige meinen Brief, der ungerecht geklungen haben muß. Er sollte das nicht sein, aber er wurde unter großer emotionaler Belastung geschrieben und wurde streng durch die unterdrückten Gefühlsregungen. Was Du da hineingelesen hast, hatte ich nicht beabsichtigt. Obwohl ich mir *vorstellen* konnte, daß Du mich möglicherweise weder sehen noch sprechen wolltest (was ich verstehen würde). Ich hege keinen Zweifel an meinen Freunden, aber mir fehlt irgendwie der Glaube, daß sie zu mir Vertrauen haben könnten.

Ich stehe dem Leben skeptisch gegenüber und erwarte eigentlich jeden Augenblick, daß es über mir zusammenstürzt. (Daß es mir um die Ohren geschlagen wird?) Im großen und ganzen bin ich erstaunt, wenn ich merke, daß Menschen mich wieder sehen möchten. Und ich wäre nicht verwundert oder gar gekränkt, wenn sie – unter dem fadenscheinigsten Vorwand – ganz aus meinem Leben verschwinden würden. Das ist immer so gewesen und liegt nicht an unserer augenblicklichen Unbeliebtheit sondern an meinem tiefsitzenden puritanischen Instinkt. Ich bin darauf gefaßt, daß alles Gute vergänglich ist – ich weise es fast von mir, um dem verhängnisvollen Augenblick zuvorzukommen. (»Wir suchen zu oft den Stachel – o weh, und finden ihn.«)

Und das ist nun wegen der jetzigen Unpopularität und des Mißtrauens meiner Meinung nach, ausgeufert, und ich will wieder einmal die Schwierigkeiten vorwegnehmen. Ich kann gar nicht weit genug ins Schattenreich vordringen und erwarte das

Schlimmste. (»So werd' ich gleich zu Anbeginn grausam des Schicksals Macht verspüren.«)

Das ist jetzt ebenfalls übertrieben, denn ich sehe einige Menschen und erlebe die Welt hauptsächlich aus den Zeitungen etc. Durch diese Brille sieht die Welt unvermeidlich feindlich und eher düster aus. Und ich stelle fest, daß ich davon ausgehe, daß die meisten Menschen, die politisch auf der anderen Seite stehen, Gefühle gegen mich hegen wie etwa Dorothy Thompson! Was natürlich albern ist. Dann bin ich rundheraus erstaunt, wenn ich gelegentlich Interventionisten begegne, die sich anscheinend gerne mit mir unterhalten!

Dank und Grüße – bitte versteh'.

Tagebuch *Montag, 13. Oktober*

Nach einer Woche New York wieder zurück in Marthas Vineyard. Die Fahrt im Zug gemeinsam mit C. Die Anzeichen des Krieges, die sich selbst auf diese entfernte Insel einschleichen, sind, wenn man sie verläßt, grell und unübersehbar. Soldaten im Zug, Scheinwerfer am Himmel, Flugzeuge manövrieren in Dreierformationen. Alle Anschlagbretter zeigen »verteidigungswütig« Bilder von Soldaten und Matrosen. *Vogue* fotographiert seine Modelle vor Bundles-for-Britain-Flugzeugen. Longchamps hat seine Gemüse im Fenster als V (victory) dekoriert. Elizabeth Arden bringt ein V für einen Victory-Lippenstift heraus.

Nicht zu vergessen: Der Zugschaffner, der auf dem Hinweg schüchtern vor C. stand (er hatte uns durch das Fenster gesehen), er nahm seine Schirmmütze ab, glättete sein Haar, setzte die Mütze wieder auf, schlug C. auf die Schulter und platzte heraus: »Junge, Sie haben eine Menge guter Ideen – lassen Sie nicht locker«, dann machte er sich wieder davon und ich blieb begeistert zurück.

Einkäufe, Zusammentreffen mit Freunden, Bewerbungsgespräche mit Kinderschwestern. Letzteres war das schwierigste Unternehmen. Es ist ausschlaggebend, die richtige Person zu finden, fast wie bei einer Heirat, dabei muß man seine Entscheidung nach ein bis zwei Unterredungen fällen. Man sollte Monate darauf verwenden, Hunderte sehen und die beste ausprobieren (aber das ist für die Kinder unzumutbar). Denn Harmonie im Hause erscheint mir als das allerwichtigste für die Kinder – Harmonie unter den Erwachsenen.

Mutter zeigt mir den schrecklichen, gegen C. gerichteten ganzseitigen Nachdruck des Leitartikels aus der New Bedforter Zeitung in der *Times* (der, wie ich annehme, von der Fight-for-Freedom-Gruppe finanziert ist). Er ist lang, gut geschrieben und nicht nur Schwulst. Aber er führt seine Anschuldigungen auf falsche Sachverhalte und ungenaue Tatsachen zurück – Behauptungen, die C. niemals ausgesprochen hat. Der Artikel ist vernünftig und wirkungsvoll abgefaßt. Er ist voller Mitleid, Hohn und Vorwürfen – nicht haßerfüllt. Ich glaube, er ist das Schlimmste, was bisher herausgekommen ist, und trifft mich tief – noch mehr als Ickes' Verdammungsurteil.

Das hinreißendste an dem Besuch war der Anruf von Mrs. La Follette aus Wisconsin, die mir nach C.'s Rede mitteilte, daß sie alle davon derart bewegt waren, daß sie es mir sagen müßte, daß seine Worte über alle Anwürfe erhaben wären und Klarheit schafften. Auch Sue rief mich an in dem Moment, als C. zu sprechen aufhörte, um mir das selbe zu sagen.

C. A. L.'s Rede am 3. Oktober in Fort Wayne beschäftigte sich mit dem Problem der parlamentarischen Regierung. Er warf der Regierung vor, daß sie dieses Land ohne Zustimmung des Kongresses und ohne Kriegserklärung in einen Krieg treibe. Er beschuldigte Roosevelt und die Regierung »ihren Wahlversprechungen den Rücken gekehrt und die vom Volk gewählten Vertreter im Kongreß nicht konsultiert zu haben«. Er sprach die Warnung aus, daß das Land von einem Mann, »der immer mehr diktatorische Macht in seinen Händen hält«, regiert wird.

Ich war glücklich, ja überglücklich – für C. (Denn die Zuhörerschaft am Radio war groß, und was immer die Zeitungen aus der Rede machen würden, C.'s Ernsthaftigkeit erreichte die, die ihn gehört hatten.) Auch als Ehefrau war ich gerechtfertigt, denn ich habe um diese Rede gerungen – habe sie gekürzt, sie flüssiger gestaltet (Äußerlichkeiten), aber das Wichtigste war, daß ich das eingeflochten habe, was er meiner Meinung nach über sich selber sagen sollte – die ganze Wahrheit, und daß er niemals sagt:

»Ich bin nicht vom Haß getrieben ...« etc.

Es ist so ungeheuer selten, daß man den Menschen, die man liebt, *wirklich* helfen kann. Der Vormittag im Zelt, an dem ich voller Verzweiflung, weil ich davon besessen war, daß er ausgesprochen werden mußte, den Absatz über C. bearbeitete, den er verwarf, da er kein Spiel mit der Menge spielen wollte und fand, »die Feder sei mit mir durchgegangen« – da war ich zutiefst entmutigt, weil ich spürte: »Ich habe getan, was ich konnte, aber ich vermag ihm nicht zu helfen.«

Dienstag, 14. Oktober

Das ist ein recht unglücklicher Tag gewesen. Es war Soeur Lisis letzter bei uns. Ich gehe hinauf, um mir ihr zu sprechen, gebe ihr ein Geschenk und eine Nadel von mir, die ich in dem glücklichen Winter in Paris kaufte, weil ich weiß, daß auch ihr Paris viel bedeutet. Ich sprach mit ihr über ihre Heimkehr und darüber, wie recht sie habe, ihrer Eingebung zu folgen. Dann über ihr Leben und unseres, und daß wir uns womöglich in Europa wieder begegnen würden. Ich erwähnte alles, was sie für die Kinder getan hatte. Es war schön, wir waren einander ganz nahe, und ich fühle mich jetzt bei ihrem Fortgang besser, und auch ihr ist, so glaube ich, wohler zumute.

Samstag, 18. Oktober

Soeur Lisi früh fort – ihr Gesicht tränenverschwollen, einen Hut, der ihr überhaupt nicht steht, auf dem säuberlich gescheitelten, reizenden kleinen Kopf. Jon möchte ihr den Baum, den er beschnitten hat, zeigen, also rennen sie gemeinsam die Straße entlang und zum See. Mein letzter Blick auf Soeur Lisi – wie typisch für sie, Jon bei dem, was er vor hat, zu begleiten.

Diese Verbindung von Alter und Frohsinn werde ich bei niemandem mehr finden. Einem Kinde ähnlich und dabei erfüllt von Weisheit und europäischer Reife. Mit ihr ist meine letzte Bindung zu Europa, zu Frankreich abgerissen. Sie wußte darum, und ihr erging es genauso.

Samstag, 25. Oktober

Dann folgte eine lange Woche, in der ich die Kinder für mich hatte. Es war eine herrliche Woche, aber eine sehr schwierige Aufgabe. Das lag zum Teil daran, daß ich es nicht gewohnt war und weil ich dazu noch einen argen Schnupfen hatte. Ich fand, daß ich richtig schwer arbeitete den ganzen Tag – ein volles Programm – denn ich verrichtete nicht allein Soeur Lisis Arbeit, sondern auch einen Teil von Hilmas: die Windeln, die Wollsachen und die Betten. Es war erstaunlich befriedigend, nicht allein das enge Zusammensein mit den Kindern, das eine reine Freude ist – Land berichtete mir, als er nach der Schule in meine Arme rannte, jeden Gedanken, Jon paßt mit mir zusammen auf die kleineren Kinder auf. Und die stumme Verständigung mit Anne, die auf Händen und Knieen herumkrabbelt, mir lächelnd ein winziges Blatt oder einen Wollfitzel bringt, den sie vom Boden aufgesammelt hat, die aber auch lediglich gerade dasitzt und schelmisch »Da!?« sagt, ehe sie etwas, was sie nicht soll, in den Mund steckt!

Dazu kommt die Befriedigung, schwere körperliche Arbeit zu leisten – zu lernen, wie man sie anpackt –, die Erfahrung, daß jede Minute zählt.

Ich entdeckte erstaunlicherweise jetzt, da ich die Arbeit täglich verrichtete, daß die Frustration ausblieb, die mich gewöhnlich überfiel, als ich die Kinder wöchentlich nur einen Tag betreute und mein Kopf ständig andere Dinge lösen wollte.

Jetzt konzentrierten sich Gedanken und Kräfte *völlig* auf die Kinder, und dadurch änderte sich tatsächlich etwas.

Webb House, Seven Gates Farm, Donnerstag, 6. November

Die letzten zwei Wochen sind in einer Orgie des Umzugs, des Planens und Ordnens vergangen. Ich kann mich abends nicht einmal dazu aufraffen zu lesen, und schon gar nicht zu schreiben. Alles muß vorher perfekt sein, und zwar nicht nur äußerlich, es muß auch komfortabel sein. Ich möchte, daß alles gut läuft (es war mir nicht klar, daß ich so viel von meiner Mutter habe!).

Die Kinder und die Kinderschwester haben einen separaten Flügel. Der Kindertrakt gehört ganz ihnen, wie damals in dem alten Haus in Englewood bei uns. Offen gesagt erinnert mich das ganze Haus an das alte in Englewood – in seiner Bequemlichkeit, seiner Ausführung und seiner gemütlichen Schlichtheit. Ich komme mir vor, wie meine Mutter in der Zeit, in der wir heranwuchsen – matronig, und plötzlich als Mittelpunkt einer großen Familie. Mir scheint, daß ich jetzt den möglichen Kindertraum von meinem Erwachsenendasein mit einem Haus voller Kinder verwirkliche. Ich spiele »Mutter«, »Hausfrau«, »Ehefrau«. Doch wo befindet sich mein wahres Ich? Es ist vollkommen verschüttet. Ich möchte keine gute Hausfrau mehr sein (es befriedigt einen, wenn man es einmal gemacht hat). Ich möchte wieder in den Zustand zurückkehren, in dem ich meinen Haushalt *schlecht* versorgt habe und eine *gute* Schriftstellerin war!

C. erkennt meine Wandlung und möchte mir helfen, zurückzufinden. (Dabei ist er sehr liebevoll und bewundert, was ich aus dem Haus gemacht habe.) Er hat das Zelt aufgebaut, hat wegen der Wärme einen Erdwall darum aufgeschüttet, Zweige geschnitten wegen der Aussicht und den Ofen hinausgetragen. Nun sehe ich mich dazu veranlaßt wohl oder übel jeden Morgen zu kommen und dort zu arbeiten, selbst wenn es nichts bringt.

C. selber ist mitten in seiner Biographie *(The Spirit of St. Louis)*, die ihn voll und ganz gefangen nimmt. Er arbeitete während des ganzen Umzugs im kahlen Wohnzimmer am großen Schreibtisch, den ich als allererstes für ihn dort aufgestellt hatte. (Das ist jedenfalls wunderbar!) Ich beobachte ihn und erinnere mich neiderfüllt an die Besessenheit, die einen ganz gefangen hält, wenn man bei der Arbeit auf eine »Goldmine« gestoßen ist. Aber ist einem das beschieden, wenn man – sogar beim Mittagessen – von den Kindern und den Haushaltsproblemen gestört wird? War das der Grund, weshalb ich in Lloyd Neck am freien Tag der Kinderschwester immer so frustiert war, weil ich unterbrochen wurde? Ein anderer Mensch war gefordert. Ich mußte die Schriftstellerin und Träumerin hintanstellen und die praktische, aufmerksame und präsente Mutter-Hausfrau sein. Der Übergang vom einen zum anderen ist schrecklich schwer, vielleicht sogar unmöglich. Kann man eine gute Mutter sein *und* schreiben? Kann man eine Halbtagsschriftstellerin sein? Ich pendele zwischen beiden Polen hin und her. In Englewood *(North to the Orient)* schrieb ich, war aber eine unmögliche Mutter und Ehefrau. In Lloyd Neck *(Wave of the Future)* schrieb ich und war eine gute Ehefrau, aber weder eine gute Mutter noch eine gute Hausfrau. In Illiec war ich eine gute Ehefrau, eine ausgezeichnete Mutter und Hausfrau, und in gar keiner Weise eine Schriftstellerin.

Das Colgate House (im ersten Sommer) war das beste. Der Haushalt ist in dieser kurzen Zeit reibungslos gelaufen, die Kinder waren bei Soeur Lisi in guter Hut. Es war herrlich – ich war frei – und das Wetter war wunderbar. Ich hatte ein eigenes Haus, in dem ich arbeitete. Das waren nur wenige Monate – dann brachen der Krieg, der Winter, der Umzug und die Schwangerschaft über uns herein.

Vielleicht wird dieser Sommer ein Höhepunkt in meinem Leben gewesen sein. Ich habe jetzt das Gefühl, daß er eine gewisse Freiheit, Unschuld, Jugend und Leichtigkeit besaß, die wir nie wieder erlangen können. Die Welt ist gealtert.

Wir können keine Vollkommenheit mehr erwarten, sondern uns in kurzen Augenblicken der Entspannung verbissen an die Arbeit machen. Das bedeutet, daß ich mir – meinen beiden Ichs – Disziplin auferlegen muß.

Donnerstag, 20. November

Ein Brief von Sue, in dem es heißt, daß sie von Galantière[1] gehört hat, daß St.-Ex. weder für de Gaulle noch für die Vichy-Regierung Partei ergriffen hat, obgleich man ihm beides vorwarf. Galantière: »Selbstverständlich war er ein zu großer Mann, um sich für eine der beiden »Seiten« stark zu engagieren, und daß er gegen niemanden »feindlich gesinnt« ist und weiter in der Mitte steht. Darüber bin ich froh und ich bete, daß es so bleiben möge.

C. entschließt sich plötzlich, das Zelt draußen auf dem Felsen aufzustellen. Es ist sehr windig und für mich flattert es zu sehr, um schlafen zu können, aber es ist erstaunlich gemütlich und bequem. C. sagt, daß er, wenn er einmal eingeschlafen ist, sehr gut schläft.

Samstag, 22. November

Es ist herrlich, in einem Zelt aufzuwachen und zu sehen, wie es in der Sonne erglüht, und somit noch, ehe man hinaustritt, weiß, daß schönes Wetter ist.

Abends sehr müde. Schreibe Mutter und korrigiere Briefe, ich habe mir angewöhnt, solche Arbeiten zu machen, wenn ich deprimiert bin.

Ich bin – und das ist der Grund meines Elends – durch zwei Hinweise auf C. (im *Common Sense* und in Irwing Edmans letztem Buch) verärgert und gekränkt: »Er zieht im Land umher und trägt einen Märtyrerkomplex zur Schau«, dazu: »Seine hartgesottenen Beschimpfungen des Idealismus«. Das trifft auf ihn in gar keiner Weise zu. Mein Kummer sitzt tief. Ich denke mir: Wie unzureichend hat er sich ausgedrückt, wie kläglich habe ich ihm geholfen, wie niederträchtig (und das ist die Hauptsache) haben sie ihn mißbraucht, daß ein derartiges Bild von einem fairen Menschen entstehen konnte.

[1] Lewis Galantière, Freund und Übersetzer Saint-Exupérys.

Er ist so »idealistisch«, schaut weit voraus, ist diesen kurzsichtigen Idealisten derart hoch überlegen, daß es Generationen dauern wird, ehe die durchschnittlichen unter ihnen ihn eingeholt haben.

Ein Märtyrerkomplex! *Ich* habe den Märtyrerkomplex – und zwar für ihn – er bestimmt nicht. In ihm stecken weder Haß noch Selbstmitleid.

Sonntag, 23. November

Starker, stürmischer Regen. Nach dem Mittagessen schlafen alle. Auch ich, aber ich stelle fest, daß der junge Hund fort ist. Den ganzen Nachmittag pfeifen und suchen wir bei heulendem Sturm und in einem Regen, der in großen grauen Wänden draußen über die rauhen Böschungen fegt, ich stürze wieder in den Abgrund »Etwas ist verloren«. Er ist abhanden gekommen– wo ist er? Er ist einsam, er ist kalt und naß. Er braucht mich – wo ist er – er ist verschwunden. Der bodenlose Abgrund.

C. sagt, er schläft vermutlich in einer trockenen Ecke, und geht mit Jon, Land und Anne zum Austernfangen; ich setze mich in mein Zimmer an den Kamin. Anne sitzt auf meinem großen Bett und spielt mit Luftballons und kleinen Spielsachen. Ich baue für Land ein Kartenhaus auf. Er ist begeistert! Im großen und ganzen ein gelungener Nachmittag. Und ganz besonders, als ich vor dem Dunkelwerden noch ein letztes Mal nach Kelpie ausschaue. Ich rufe und pfeife rund ums Haus und schaue mit einer Taschenlampe unter der Veranda nach. Aus einem Loch, in der Nähe der Verandastufe, lugt ein schwarzer Kopf heraus. Ich locke ihn mit rohem Fleisch hervor und wir sind alle hocherfreut. C. kommt mit Austern zurück – die Jon zum Abendbrot ißt – und sagt, »Nun, wer hat sich seinetwegen Sorgen gemacht?«

Montag, 24. November

C. und ich diskutieren über einen Zeitungsartikel, die Rede eines Rabbiners, der auf einer jüdischen Konferenz gesagt hat, das erste, was nach dem Krieg in der Friedenskonferenz festgelegt werden müsse, sei eine großzügige Wiedergutmachungszahlung an die Juden wegen ihrer Leiden. Er spricht auch von einem Stück Land, das ihnen gehören soll, wofür ich Verständnis habe.

C. nagelt mich auf »ein eigenes Land« fest, von dem ich meine, daß man es ihnen zugestehen sollte. Er sagt, so einfach ist das nicht. Wessen Land willst du übernehmen? Von wem? Alle guten Landstriche sind vergeben. Ich gebe zu, daß es keine einfache Sache ist, aber selbst eine Teillösung oder auch eine schlechte Lösung ist besser als gar keine. Er stimmt mir zu, und sagt, daß man daran arbeiten muß. Aber er ist pessimistisch und glaubt nicht, daß das ohne große Leiden möglich ist. Es ist vermutlich dieser Pessimismus oder auch Realismus, gegen den ich mich so sträube. Ich kann ihn nicht ertragen. Und dabei ist C. zumeist optimistischer als ich. Doch was er sagt, entspricht genau meinen Gefühlen, es geht nicht allein darum, was mit den Juden passiert, sondern auch mit den Antisemiten. Wie sehr degradiert das einen Menschen oder einen Staat. Der Krieg ist eine anständige Sache, aber das andere ist krankhaft. Im Krieg gibt es einiges, was gut ist, aber im Antisemitismus ist alles vom Übel. Das empfinde ich auch und bin erleichtert, daß wir gleicher Meinung sind.

Montag, 8. Dezember

Nach einer Woche New York wieder im Zelt. Eine Woche, die jetzt vollkommen in Vergessenheit geraten ist – Teil einer versunkenen Welt. Es war eher eine vergnügliche Woche. New York in Vorweihnachtsstimmung, herrliches Wetter, und ich ging im Fünf-Uhr-Dämmerlicht in meinem Pariser Mantel, meinem Renoir-Hut und mit frischen Locken durch die Straßen, auf denen mich keiner erkannte!

Die Geschäfte waren mit ihren Warenangeboten allerdings schwindelerregend. Was mich entsetzte, war nicht so sehr die Ahnungslosigkeit der Menschen, die auf der dünnen Oberfläche des Materialismus dahinschlitterten, als vielmehr der heuchlerische Versuch, durch Reklame den Materialismus mit patriotischen Motiven zu vergolden. »Seid tapfer mit Diamanten«, »Verteidigung des guten Geschmacks – Kauft das XY – und Bier«, »Für den Dienst an Amerika...«

Etliche herrliche Bilder – Bernard Lamottes Paris. So wahrhaftig, so feucht, so grau – ein Himmel, schneeträchtig und rosa, sanftes Schwarz-Weiß der alten Pariser Gebäude – man konnte das Pflaster riechen. Und die »Journey of the Magi« von Sassetta. Ein Ballett, zusammen mit Mutter und Con.

Und Kinderschwestern – eine nach der anderen, bis mein Mund trocken war – reden, Zuneigung, der Versuch, sie zu durchschauen, endlose Gespräche am Telefon; und nachts erschienen sie in meinen Träumen. Sehr müde abends, fragte ich mich verwundert, ob eine von ihnen geeignet wäre, damit ich mein müdes Haupt an ihre Schulter lehnen könnte.

Schließlich nahm ich für den Übergang eine alte bretonische Bäuerin (während ich versuche, eine junge Finnin zu bekommen). Sie war erdverbunden und fröhlich, und ich hoffte, daß sie gut ist, wenn auch in keiner Weise perfekt.

Am Sonntag fuhr ich nach Woods Hole – ein herrlicher Tag, strahlend und kalt und stürmischer Wind.

Ich hörte am frühen Nachmittag Radio – und erfuhr, daß Japan Pearl Harbour, Manila, Guam Island und Wake Island angegriffen hat. Ist das der Grabgesang der alten Welt? Alle Armeeoffiziere in den Vereinigten Staaten haben Befehl, ihre Uniformen anzuziehen. (Wenn C. nochmals redet, werden sie ihn sofort ins Gefängnis stecken, glaube ich.) Ich höre den ganzen Nachmittag über Radio. Die Philharmoniker spielen ein wunderbares Konzert von Brahms. Doch es ist alle zehn Minuten durch Bulletins über den Krieg unterbrochen. So, glaube ich, wird von jetzt an das Leben aussehen.

Komme in Woods Hole eineinhalb Stunden zu früh an. Sitze

am Hafen und betrachte den Sonnenuntergang. Selbst unsere ferne Insel wird damit in Berührung kommen.

Der Mann auf dem Bootsdeck sagt zu mir: »Nun, ich glaube, wir wollten es nicht anders – und jetzt sitzen wir schön in der Tinte.«

Komme um 6.30 zu Hause an. Jon und Land rennen mir aufgeregt in ihren Nachthemden entgegen, C., Thor und Kelpie. C. sagt: »Hast du die Nachrichten gehört?«

»Ja.«

Das war ein unruhiger Vormittag. Ich bringe die Kinder in die Schule. Land erzählt mir die Weihnachtsgeschichte. »Und der Engel sagte: »Fürchte dich nicht, New York City!« Wo hat er das her? (»Der neugeborene König«?)

Als ich zurückkomme, hört C. Radionachrichten über die Ereignisse im Osten, weitere Orte wurden angegriffen. Churchills Rede (voraussichtlich weniger Hilfe von den USA). Gerüchte, daß zwei Kriegsschiffe im Pazifik gesunken sind. Daß Deutschland und Italien den Krieg erklärt haben. Daß Pétain den Deutschen die französische Flotte übergeben hat.

Zwischen Ferngesprächen aus Chicago und New York etc. machen C. und ich einen Spaziergang. C. sagt, das ist das wichtigste Ereignis in unserem Leben. Ich versuche mir klar zu machen, was das alles bedeutet. Krieg – Revolution – Armut – Leiden? Wo werden wir – unser Privatleben – in den Malstrom geschleudert? Unsere letzten vier Friedensmonate sind vorüber.

Wir hören am Radio beim Essen am Tisch die Erklärung des Präsidenten über den Kriegszustand. Großes Tam-Tam und Aufregung wegen des dramatischen Ereignisses, und dabei wird mir hauptsächlich ein verzweiflungsvoller Mangel an Würde, Ernsthaftigkeit und Bescheidenheit bewußt. Der Präsident sagt, »mit Gottes Hilfe« werden wir den Feind besiegen. Aber man spürt, daß er sich ihrer ziemlich sicher ist. Die ganze Überheblichkeit, die Hochrufe und Aufregung (»Wir werden's ihnen *zeigen*!« ist die Einstellung) kommen mir bei der Bedeutung dieses wichtigen Schrittes, den wir unternehmen, unbedacht und ungehörig vor. (Wie die Hochrufe und Reden vor einem Fußballspiel, wie C. sagt.)

Anne sitzt rosig und blond in ihrem Kinderstühlchen und muß ruhig gehalten werden, indem man ihr eine Traube nach der anderen in den Mund steckt! Ich betrachtete sie und fragte mich, ob sie das Ende dieser Sache erleben würde. Land, den wir gebeten hatten, während der Rede still zu sein, kam nachher auf Zehenspitzen zu mir, nachdem die Rufe am Radio verhallt waren und flüsterte mir ins Ohr: »Und immer mehr Engel kamen und sagten, ›Fürchtet Euch nicht‹ ...!«

America First hat sich entschlossen, alle Zusammenkünfte abzusagen. C.s Rede ist brillant und eine seine allerbesten. Ich war ganz niedergeschmettert, daß sie nicht gehalten wurde, aber jetzt ist es unmöglich. Er gibt eine Erklärung ab. Wie ich glaube, ist sie sehr gut.

In diesen vier Monaten haben wir ein enges und glückliches Familienleben geführt, wenn ich auch wenig erreicht habe. Doch diese Zeit allein ist wertvoll und wird sich in Zukunft vielleicht nicht mehr oft wiederholen.

Dienstag, 9. Dezember

Um 10 Uhr hören C. und ich den Präsidenten reden. Es ist eine sehr dramatische Rede, gut geschrieben und gut vorgetragen. (Trotz einiger armseliger Widersprüche. Weshalb, wenn doch so viele Länder »ohne Vorwarnung« angegriffen wurden, waren wir im Osten so erschreckend schlecht vorbereitet, wie es aufgrund des angerichteten Schadens den Anschein hat?) Ganz offensichtlich ist im Pazifik alles sehr unglücklich verlaufen. »Bis jetzt sind alle Nachrichten schlecht.« Er läßt durchblicken, daß das ein langer, harter Krieg werden kann. Er hat das sehr gut gemacht.

Nach der Rede wird »The Star-Spangled Banner« gespielt. Ich habe das Gefühl, als gehörte alles, an das ich für Amerika glaubte, der Vergangenheit an, alle Erinnerungen, die ganze Geschichte – und alle marschieren nun nichtsahnend, völlig nichtsahnend, fröhlich dem Abgrund entgegen.

Mittwoch, 10. Dezember

Die Briten haben ein großes Kriegsschiff und einen Zerstörer, die *Prince of Wales* und die *Repulse* verloren. Auch unsere Kriegsmarine ist schwer getroffen. Japan schneidet immer noch am besten ab. Es wird über Ermittlungen bei der Marine gesprochen. Wie konnten wir so überrascht werden? Die Interventionisten schieben uns die ganze Schuld zu. Und die Fight-for-Freedom-Gruppe hat eine hämische, frohlockende, ganzseitige Anzeige aufgegeben, deren gewaltige Schlagzeile mit den Worten beginnt »Jetzt ist America First an der Reihe«! Das macht mich ganz krank.

Donnerstag, Freitag, Samstag und Sonntag

Freitagmorgen erfahren wir beim Frühstück durch Pat[1], die Radio gehört hat, daß Deutschland und Italien uns gestern den Krieg erklärt haben, und daß der Kongreß mit einer Gegenstimme[2] die Kriegserklärung erwidert hat. Ein Schock ist das nicht. Jetzt sind wir mitten drin.

Samstagabend habe wenigstens ich die Möglichkeit, das anzuhören, was C. überlegt und in Gedanken erörtert hat. Er möchte dringend eine Arbeit, und zwar eine konstruktive Arbeit übernehmen – auch eine handwerkliche –, auf seinem Gebiet wieder etwas leisten, er möchte, daß sein Beitrag, seine Erfahrung, seine technischen Fähigkeiten und seine Ausbildung wieder anerkannt werden; und zwar ganz sachlich. Er wünscht sich keinen Rummel und möchte kein Strohmann sein. Es muß sich um eine wahre Aufgabe, die eine echte Hilfe ist, handeln. Wir sprechen alle Möglichkeiten durch. Ich stimme ihm voll zu.

Und ich – was kann ich tun? Es sieht so aus, als käme nichts für mich in Frage, da ich glaube, daß ich wieder ein Kind erwarte. Ich

[1] Patricia Troy, eine neue Sekretärin.

[2] Die Nein-Stimme war von der Abgeordneten Jeanette Rankin abgegeben worden, einer Republikanerin aus Montana und langjährigen Pazifistin.

wünsche mir noch eines, selbstverständlich, aber es kommt mir physisch wie auch mental ein bißchen zu früh vor. Ich habe das Gefühl, daß ich das letzte eben erst überstanden habe. Ein wenig fürchte ich mich auch vor der Einschränkung, die mir die Schwangerschaft auferlegt – drei bis vier Monate Unpäßlichkeit, fünf Monate lang häßlich, schwerfällig, dumm und müde und fünf Monate lang durch das Stillen an das Baby gebunden. Die Last des Krieges, bevorstehende Entscheidungen, Konflikte, Haß, erscheinen mir schwer genug. Man sollte bei bester Gesundheit sein, um sie auf sich zu nehmen, sie zu verstehen und sich nicht davon erdrücken lassen.

Montag, 15. Dezember

Mlle. Olivier trifft ein. Sie ist herzlich, freundlich, einfach und findet das Haus wunderschön. Sie setzt sich sofort zu den Kindern auf den Fußboden. Ich beobachte, wie sie mit Jon und Land auf die Wiese läuft, dabei hat sie eine zerfetzte alte Pelzkappe über ihr Haar gestülpt. Sie ist eine alte *grandmère* und gibt es auch zu. C. sagt, sie ist so bretonisch wie nur möglich!

Montag, 22. Dezember

Nach den Zeitungsnachrichten sind die Deutschen noch immer auf der Flucht vor den Russen. Ist das die Zurücknahme der Truppen bis an eine winterliche Kampfstellung oder handelt es sich um einen Rückzug? Trotz des Kommunismus geht es hier vom traditionellen russischen Standpunkt gesehen um ein sehr erregendes Ereignis. Ich denke an »Krieg und Frieden« – an Napoleon und Kutuzow.

Seven Gates Farm, Vineyard Haven, Massachusetts,
2. Februar

Liebe Sue,

Ich würde Dich gerne sehen, aber ich bin zu nichts zu gebrauchen. Ich kann außer für ein bis zwei Stunden morgens nicht aufstehen, und jede zusätzliche Aufregung macht mich krank. Ich habe das Gefühl, daß ich nie mehr schreiben werde, auch möchte ich nichts mehr unter meinem Namen veröffentlichen. Ich bin auch wegen C. entmutigt, denn es sieht jetzt so aus, als würde er in dieser Zeit weder eine richtige Arbeit finden noch sich irgendwie wirklich nützlich machen können. Die Regierung geriet offensichtlich durch Arnolds Bekanntgabe von C.'s Hilfsangebot[1] in große Verlegenheit. Und sie mußten sich irgendwie dazu äußern. Ich mache ihr keinen zu großen Vorwurf, daß sie ihn nicht in der Armee haben wollen. Das ist vielleicht nur gerecht. Aber es sieht so aus, als wollte die Regierung ihn daran hindern, *irgendeine* Arbeit in *irgendeinem* Unternehmen, das auf *irgendeine* Weise mit der Kriegsproduktion zu tun hat, zu bekommen. Den Firmen liegt allen sehr daran, C. einzustellen, aber ihre Antworten laufen immer wieder auf dasselbe hinaus:

Die Regierung mißbilligt die Sache.

Tagebuch *18. Februar*

»Wenn die Krankheit kein Verfahren zur Wiederherstellung ist, werde ich dafür sorgen ...« Ich bin fast zwei Monate lang im Bett gewesen. In der ersten Zeit ging es mir sehr schlecht, und ich

[1] Nach Kriegsbeginn bot C. A. L. General Henry H. Arnold, von 1938–40 Oberkommandierender der Luftwaffe, seine Dienste an. Während des 2. Weltkrieges war Arnold der Oberkommandierende der U.S. Luftstreitkräfte.

konnte meinen Kopf nicht von den Kissen heben; es war mir lediglich möglich, flach dazuliegen, Radio zu hören und nachzudenken, lange Selbstgespräche zu führen oder wild zu träumen. In der Zeit wurde mir die Wahrheit des alten französischen Briefschreibers voll bewußt – *»Le coeur plus ferme accepte les obstacles, les chagrins, les dégoûts même«!* (»Ein stärkeres Herz nimmt Hindernisse, Kummer und selbst den Ekel in Kauf...«) Wie genau wußte er, daß das die Dinge sind, die man am schwersten erträgt. Wie ich eines Tages protestierend zu Mrs. Loines[1] gesagt habe: »Im Leid und selbst im Schmerz wird der Geist gestählt, aber bei einer solchen Übelkeit schwindet er dahin. Ich bin lediglich ein schwerfälliger Lehmklumpen, eine Gefangene meines Körpers und ohne Hoffnung, mich je wieder in geistige Höhen aufschwingen zu können.«

Sie antwortete sanft, daß ich Verstand und Geist verwechselte, und daß auch der Körper ein Instrument des Geistes sei und vielleicht ebenso wichtig, und daß es mir möglicherweise beschieden sei, nichts weiter zu denken als: »Wie schön und flach ist das Bett, wie schön ist es zu atmen – so als nähme man ein Glas Wasser zu sich!«

Dann ging es mir langsam besser. Es hat sehr lange gedauert und war sehr stumpfsinnig. Dabei sind in dieser Zeit wunderschöne Dinge passiert – C.'s Glück (und meines) über das Baby, seine Hilfe und seine Stärke, die auf mich überging. Die Liebe und Fröhlichkeit der Kinder, die mir offenbar alles zurückgaben, was ich ihnen je Liebes erwiesen hatte. Land, der, als ich ihm sagte, daß ich ihm nicht vorlesen könnte, meinte: »Dann werde *ich dir* vorlesen!« Das Draußensitzen in der Sonne, ein Vogel an meinem Fenster, Musik – besonders Bach. Und ein Artikel von Saint-Exupéry im *Atlantic*, der mich sehr berührte.

[1] Mutter von Margot Morrow, die in Marthas Vineyard lebte.

Seven Gates Farm, 26. Februar

Liebste Margot,

Dein wunderbarer Brief war eine sehr treffende Antwort auf meinen. Ich bin immer noch sehr gekränkt, wenn ich, was gar nicht zu umgehen ist, sehe, wie meine Worte *Wave of the Future* und mein Name als Synonym für meine stillschweigende Billigung des Totalitarismus und seiner Greuel mißbraucht wird. Ich bin verschreckt und verschanze mich, um nicht getroffen zu werden. Es gibt Zeiten, da schmilzt der Schutzwall völlig, wenn ich mit Dir oder Deiner Mutter spreche, Bach höre, ein Gedicht oder ein Gebet lese – Pater Zosimas Worte oder die des Heiligen Franz von Assisi oder von Pascal – sie sind eine Gnade.

Ich habe gerade die letzte Fortsetzung von Saint-Exupérys Buch (*Flight to Arras*) im *Atlantic* gelesen. Mein Eindruck ist, daß er ein durch und durch aufmerksamer Mensch ist. Das Buch zeugt im persönlichen wie im allgemeinen von der ganzen Qual unserer Zeit, bezieht alles mit ein und lehnt selbst die Sünde nicht ab. Es nimmt alles auf sich, wie ein Heiliger Christopherus. Ich war sehr bewegt und spürte plötzlich und zusammenhanglos am Schluß – »Es ist mir vergeben.«

Ich meine das selbstverständlich keineswegs persönlich. Es ist so, daß ich irgendwie, während ich dieses großartige geistige Credo las, Verzeihung erlangte. Ich war wieder in eine Gemeinschaft aufgenommen, aus der ich verbannt war. Das Exil war beendet.

Dies ist natürlich nur die überlieferte religiöse Erfahrung vom »Stande der Gnade.« Man sollte sie, und das weiß ich, direkt von Gott, in der Meditation oder im Gebet empfangen, und nicht durch einen Vermittler wie einen Dichter, Schriftsteller oder Musiker. Aber ich stelle fest, daß ich, mit wenigen Ausnahmen, dazu nicht in der Lage bin. Die Sprache und die Schemata der verschiedenen Religionen bringen mich aus der Fassung. Meine Christusbilder aus der Sonntagsschule waren mir im Weg, meine Erinnerungen an die Kirchenstühle, die unschöne und unmystische Ethik jener Pfadfinderpfarrer, und die Gebete vor Roßhaarsofas. Und je orthodoxer der Glaube, auch wenn er mir in seinem

Mystizismus zusagt, desto mehr verwirrt mich die Sprache – diese Majuskeln, die Symbolik von Blut und Wein, diese Rosenkränze und farbigen Madonnenstatuen. Sie beleidigen und befremden mich – wie die Sprache der modernen Erneuerergruppen – mit ihren »Zeiten der Einkehr«, der »völligen Wandlung«, dem »Keuschheitsgelübde« und »Belehrung«. Die östlichen Religionen machen es nicht anders. Ich werde durch diese »Erleuchteten« und ihr »Karma« etc. ganz wirr und benommen.

Die Schwierigkeit liegt wirklich im wahrsten Sinn des Wortes, sowohl bei literarischen wie auch bei anderen Texten in der Auslegung. Geistiges, die großen geistigen Meister und ihre Schriften sollten in reines Kristall verwandelt werden. Man betrachtet sie durch minderwertiges, bemaltes Glas. Die Worte Christi sind selbstverständlich kristallinisch.

Nachdem ich den Artikel von St.-Ex. gelesen und auch C. dazu veranlaßt hatte, ihn zu lesen, sagte ich leicht umnebelt, »Es ist wundervoll, Charles, seit Wochen habe ich zum ersten Mal das Gefühl, daß mein müder, verunstalteter und lästiger Körper schier keine Rolle spielt!«

»Aber ich finde das *schrecklich*!« protestierte C. mit Wärme. »Und ich meine, es ist schlimm, wie er von seinem Körper spricht. Schließlich hat ihn dieser Körper getreulich überall herumgeführt und am Ende wirft er ihn, ohne ihm zu danken, einfach fort wie einen alten Schuh. Wäre *ich* sein Körper gewesen, ich hätte Windpocken bekommen, damit wir wieder quitt wären!« Und ich mußte, weil er mir solches Vergnügen machte, lachen und zugeben, daß da etwas dran war und ich wohl den Boden etwas unter den Füßen verloren hatte.

C. möchte wissen, wann dieser Brief fertig wird. Jetzt. Ich vermisse Dich sehr. Der letzte und der kommende Sommer scheinen in weiter Ferne zu liegen. Ich weiß nicht, wo wir sein werden. C. hat keine Arbeit. Es handelte sich nur um eine vorgetäuschte Stelle auf dem Papier[1], um das Gerede zum Schwei-

[1] Das Kriegsministerium hatte bekanntgegeben, daß C.A.L. an einem »Projekt, das für die Regierung höchst wichtig ist« arbeitete, eine Erklärung, die C.A.L. in seinen *Wartime Journals* als erstaunlich und irreführend bezeichnet.

gen zu bringen. Er sieht sich weiter um, aber alle Türen sind durch die Regierung noch verschlossen. Und ich finde es, gelinde ausgedrückt, scheinheilig, zu behaupten, daß sie ihm eine Stelle angeboten haben und dafür das Lob einheimsen, daß sie großzügig sind, wenn sie doch in Wahrheit genau das Gegenteil getan haben.

Tagebuch *3. März*

Seit Weihnachten – seit ich mich ins Bett gelegt habe – scheint die ganze Welt verändert. Manila und die Philippinen sind bis auf die Halbinsel Bataan und Corregidor gefallen. Singapore (das Britische Empire) ist gefallen. Die Briten haben alles verloren, was sie in Libyen wieder erobert hatten. Jetzt ist auch Niederländisch-Indien gefährdet. Der U-Boot-Krieg hat sich unglaublich verstärkt. Die Flottenkrise steht für England offenbar unmittelbar bevor.

Nach dem Fall von Singapore und nachdem die deutschen Kriegsschiffe sicher durch den Kanal und in ihren Heimathafen entkommen konnten, brachen in England Zwistigkeiten aus. Doch Churchill machte Pearl Harbour für den Verlust von Singapore verantwortlich.

5. März

Gestern bekam ich von der Buchhandlung St.-Ex.'s *Flight to Arras,* das ich bereits im *Atlantic* gelesen habe. Während ich beiläufig einen Blick auf die rückwärtige Umschlagklappe werfe, sehe ich, daß darauf sein anderes Buch angezeigt ist, aus dem man offensichtlich mein Vorwort gestrichen hat, mein Name und mein Lob sind sorgfältig ausgemerzt, aus Angst, sie könnten diesem Buch schaden. Ich mache weder dem Autor noch dem Verleger wegen dieser durchaus verständlichen Reaktion Vorwürfe. Ich würde, läge es in meiner Macht, ebenso handeln, und habe auch tatsächlich alles getan, indem ich mich geweigert habe, über das neue Buch eine Besprechung zu schreiben, um einem Autor, der bisher in keine politische Kontroverse und Verleumdungskampagne verwickelt war, nicht zu schaden.

Aber diese unbedeutende Sache hat mir lächerlicherweise zusätzlich zu meiner aufgestauten Verzweiflung über mein Buch, das derart mißbraucht wird, den Rest gegeben. Auch dieser Mann meint (natürlich), daß ich mich auf gemeine Weise zwangsläufig einer totalitaristischen Strömung unterwerfe. Das ist einfach zu viel.

12. März

C. ist fort – sieht sich wieder nach Arbeit um. Es tut mir für ihn weh, wenn er wieder von einer Gesellschaft, die ihn gerne haben möchte, einen Anruf bekommt, daß sie ihn wegen Mißbilligung der Regierung nicht nehmen können. Mir ist klar, daß sein Ausschluß aus der Welt des Fliegens noch weit unfairer ist als meine Verbannung aus der Bücherwelt. Dabei ist er weder verärgert noch entmutigt, und sein tägliches Leben und das, was er für andere tut, scheinen davon ganz unberührt zu sein, denn er strahlt Gesundheit, Fröhlichkeit und Unbeirrbarkeit aus. Für mich ist das immer wieder ein Wunder und zugleich eine Lektion.

Abends ein Brief von C., in der Hauptsache mit geschäftlichem Inhalt. Ich vergesse jedes Mal, wie wenig er in einem Schreiben von sich zu vermitteln vermag. Wärme, Charme und Leben gehen verloren. Und ich kann nichts weiter tun, als sie aus dem letzten kleine Satz »Ich wollte, Du wärest hier« herauszulesen. Dann werde ich an den schüchternen, zurückhaltenden, introvertierten Jungen erinnert, der er war, als ich ihn zum ersten Mal traf.

Als C. zuletzt hier war, gab er mir sein Rohmanuskript über seinen Parisflug[1]. Er sagte, es sei nur ein sehr oberflächlicher (unkorrigierter) Entwurf, der völlig *umgeschrieben* und bei dem

[1] Dies war der erste Entwurf von *The Spirit of St. Louis*, das später von Charles Scribner's herausgebracht wurde.

noch vieles ergänzt werden müßte, und er zögerte, ihn mir zur Ansicht zu überlassen.

Ich habe ihn in einer Nacht ganz gelesen und war unfähig, ihn aus der Hand zu legen. Das Manuskript war so lebendig und so bewegend geschrieben, daß ich keine Worte fand, um C. zu sagen, wie mir zumute war. Ich *durchlebte* die gefühlsstarke Erfahrung eines anderen, ich habe sie nicht nur gelesen. Ich war danach ganz verwirrt und erschüttert – nicht mehr auf dem Boden der Tatsachen. Auch war ich nach dem Lesen von Demut erfüllt, nachdem ich fast bis in die letzte Faser meines Herzens nachempfunden hatte, was dieser Mann durchgemacht hatte. Ich selbst habe niemals Ähnliches ertragen (außer vielleicht die Geburt eines Kindes).

Ich sagte ihm, daß es ein großartiges, sehr umfassendes Buch sei, und daß es, wenn seine Zeit gekommen ist, als solches gewürdigt werden würde. Ich kann mich nicht erinnern, daß etwas Ähnliches bisher geschrieben wurde. Ich sagte ihm, daß es besser sei als St.-Ex. Dabei ist es schwer zu beschreiben, was ich damit meine. Es ist selbstverständlich nicht besser »geschrieben«. Aber das bedeutet fast noch eine Steigerung. Die Glätte war entfernt worden. Und die Glätte, wie schön sie auch sein mag, trennt einen vom Leben. C.'s Geschichte *ist* Leben, so lebendig wie er selbst. Die Worte bedeuten keine Trennung zwischen ihm und dem Leben. Sie existieren lediglich, um das Leben zu interpretieren. Ich denke an die Zeit, in der ich ihn an einer Wendung der Tragfläche am Himmel erkannt habe. Zwischen ihm und der Tragfläche gab es keine Worte. Sie waren eins, wie seine Hand die seine ist. Das trifft auch auf das Geschriebene zu. Es hat die flammende Intensität, die Integrität und die Liebe zum Leben, die C. eigen ist.

Ich bin zutiefst dankbar, daß er das geschrieben hat. Es liegt für die Zukunft bereit. Ein gehorteter goldener Schatz, ganz ihm selber gehörend.

Vineyard Haven, 2. April

Liebe Con,

Ist Aubrey *immer noch* fort (auf einer kriegswichtigen Reise nach England)? Ich habe angenommen, daß er seit Wochen zurück ist. Es ist ausgesprochen scheußlich, in Spannung – überhaupt in Spannung zu leben. Es ist in Wirklichkeit überhaupt kein Leben, sondern ein merkwürdig »zeitloser« Abschnitt, der einem unwichtig erscheint.

Überdies ist das Leben ohne Ehemann sehr seltsam. Ich bin drauf und dran, das zu spüren. Ich habe mich mit der Stellung bei Ford[1] abgefunden, denn es scheint, daß C. dort wirklich entscheidend von Nutzen sein kann, zumal er für die dortige Arbeit die Genehmigung der Regierung bekam. So kann er der Armee sehr helfen, indem er die Verbindung vom einen zum anderen aufrechterhält. Im ganzen scheint das rundum ein sehr guter Schritt zu sein, und ich freue mich darüber. Aber, ich habe das Gefühl, daß ich nach Detroit ziehen muß. So reizlos diese Stadt ist und so schwierig es ist, in der Mitte einer Schwangerschaft einen Umzug zu bewerkstelligen (*Du* hast es gemacht!), glaube ich doch keinesfalls, daß wir diese ständige Trennung aufrechterhalten können (wie viele Frauen müssen das!). Würde es einem als Notwendigkeit auferlegt, brächte man es selbstverständlich fertig. Aber in Martha's Vineyard zu sitzen (weil man sich das ausgesucht hat), während C. in Detroit arbeitet – das kann ich, glaube ich, nicht. Ich vermute, das bedeutet, daß ich das Baby dort bekomme und meinen verehrten Dr. Hawks verlassen muß, ich werde nicht sofort umziehen, es hängt auch davon ab, wie die dortige Situation ist und wie oft C. zurückkommen kann.

Doch wenn man getrennt ist, sind die kurzen, dazwischenliegenden Wochenenden zu kostbar, ähnlich wie das Zusammensein vor der Hochzeit. Das Wissen darum, daß man unter Druck steht, wirft alles über den Haufen. Das Gespinst ist fort – zerrissen. Es ist keine Ehe mehr. Es ist etwas anderes. Vielleicht ist man eine

[1] C.A.L. war im März von Henry Ford aufgefordert worden, nach Detroit zu kommen, um bei seinem Luftfahrtprogramm mitzuarbeiten.

Geliebte. (Ein wenig beneidenswertes Los, habe ich mir immer gedacht!) Ich frage mich, ob unserem Leben von jetzt an viele solcher Trennungen bevorstehen? Es kann sein.

Als C. für drei Tage hier war, haben wir unablässig über die alten Probleme gesprochen, nämlich, wo wir uns niederlassen sollen. Ich habe nicht das Gefühl, daß ich im Augenblick dazu in der Lage bin, »unser bescheidenes kleines Zuhause im Westen« zu finden. Aber ich blicke erstaunt und mit Stolz auf Dich (Con bewältigte es!). Ich glaube, daß man, während man ein Baby erwartet, sein Selbstvertrauen verliert. Zumindest verliert man das Vertrauen in seine Fähigkeiten, irgend etwas anderes fertigzubringen als Babys zu bekommen. Vielleicht soll das so sein.

8. April

C. war gekommen und ist wieder fort. Die drei Tage, an denen er hier war, waren so erfüllt und intensiv, daß sie wohl gewichtiger waren als alle vorangegangenen und folgenden. Und es ist schwierig, darüber zu schreiben. Sie ähnelten in ihrer Intensität und Köstlichkeit unserer Verlobungszeit, und das ist kaum einzufangen. Mit der dumpfen Qual der Abfahrt – die wie ein drohendes Gewitter über dem Nachmittag hängt. An so einem Nachmittag ist das Licht schöner, das Grün intensiver, die Erde lebendiger. Aber es ist ein trügerisches Licht.

Aber ein Eheleben führt man an diesen Tagen nicht. Es sind Tage des Verliebtseins, doch nicht im zwanglosen Geben und Nehmen der wunderbaren Mischung aus Schweigen und Verbundenheit. Gemeinsamkeit und Einzeldasein, von Langerweile und Stimulanz, der Debatten und Übereinkünfte, des Täglichen und des Außergewöhnlichen, des Nah- und Fernseins – diese wunderbare Mischung, die den unglaublichen Reichtum –, die Abwechslung, Harmonie und Selbstverständlichkeit der Ehe ausmachen.

Die Ehe ist schwierig, da sie aus all diesen verschiedenen Stoffen, den schwachen und den starken, gewebt ist. »Das in Liebe« ist etwas Zartes, da es lediglich aus den Altweibersommerfäden der Schönheit gewebt ist. Ich finde es absurd, von »glücklichen« und »unglücklichen« Ehen zu sprechen. Wahre Ehen sind beides gleichzeitig. Doch wenn sie wahre Ehen sind, sind sie stets von diesem unglaublichen *Reichtum* erfüllt, für den man unablässig froh und dankbar ist.

Es ist seltsam, ich kann mir vorstellen, daß man sich immer wieder neu verliebt. Aber die »Ehe«, dieses reiche Leben, erscheint mir so unwiederholbar – auch nicht mit jemand anderem. In diesem Sinne ist die Ehe für mich unauflösbar.

Es wäre unmöglich, alles wiederzugeben, über das wir gesprochen haben. Das tut mir leid, da es so lebendig ist und wohl unser ganzes Leben und – wie bei wahren Gesprächen üblich – auch unsere Probleme beinhaltet. Aber ich kann es nur flüchtig skizzieren, um es nicht zu vergessen und dann darüber nachdenken.

Von C.' Anstellung – seiner Arbeit in Fords neuer Bomberfabrik. Ich habe den Eindruck, er hat das Gefühl, daß es sich um eine neuartige Aufgabe handelt, die anregend und fesselnd ist, und das ist gut.

Doch er macht sich – jetzt, da seine Aufgabe in diesem Krieg einstweilen gesichert ist – Gedanken um mich. Wie wird sich meine Zukunft in diesem Krieg gestalten? Werde ich mit den Kindern hier bleiben und schreiben? Oder soll ich nach Detroit ziehen und an seinem dortigen Leben teilnehmen?

Ein anderer Ehemann würde voraussetzen, daß ich mit ihm nach Detroit gehe, aber er sieht meine Lage zu deutlich. Er wünscht sich so vieles für mich. Er möchte, daß ich mein eigenes Leben lebe. Und er hofft so leidenschaftlich darauf, daß er ärgerlich ist, wenn er sieht, wie es oft scheitert. Haushaltspflichten, Köchinnen, die nicht kochen können, Kinderschwestern, die mir keine Ruhe lassen. Freunde und Familienpflichten, die meine Zeit beanspruchen. Depressionen, die mein Zutrauen mindern. Ich glaube, daß beinahe alle unsere Auseinandersetzungen auf diesem leidenschaftlichen Wunsch basieren, daß er mich frei sehen möchte, damit ich das ausführen kann, was in mir schlummert.

Und wie äußere ich mich zu all diesen Fragen? Ich habe keine schlagfertigen Antworten parat. Die Fragen berühren mich zu tief. Ich weiß, daß ich von Natur aus passiv bin – jedenfalls scheint es so –, ich bin geneigt, das Leben auf mich zukommen zu lassen und mich ihm nicht zu stellen. C. wartet ungeduldig auf die Antworten. Ich kann sie nur langsam – in großer Ruhe, allein und geduldig erarbeiten, nicht aber mit dem Gefühl, unter Druck zu stehen. Wie soll man einem Mann erklären, daß, wenn man ein Baby erwartet, das die einzige Frage ist, die man klar vor sich sieht und auch die einzige Antwort, die man zu geben vermag. Weiter als bis zu der Geburt des Babys kann man nicht vorausschauen – und auch das nur mit großen Schwierigkeiten. Man kann sich zwingen, *vernünftige* Antworten zu geben – aber die einzige Antwort, die einem gemäß ist, ist das Kind.

Mein Verstand sagt mir – nein, ich kann nicht während des Krieges in einem Elfenbeinturm sitzen, ich möchte an seinem Leben teilhaben, ein Heim mit ihm zusammen bewohnen, wenn es möglich ist. Meine augenblickliche Kriegsarbeit ist meine Schwangerschaft. Daß ich glaube, mein Schreiben sei stets »eine Randerscheinung«, die sich anfallweise einstellt. Daß man nur »gewinnen« kann, wenn man seinen Kindern alles gibt, sie betreut, stillt und ernährt, und wenn man seinen Mann und sein Zuhause liebt.

Wenn ich ihm das entsprechend behütete Leben in Detroit bieten kann, möchte ich dorthin gehen. Wenn er mehr davon hat, hierher an das Meer entfliehen zu können, wo er von Schönheit, Frieden und Ruhe umgeben ist, dann möchte ich hierbleiben und nur gelegentlich nach Detroit fahren.

Handelt es sich um das Schreiben, sind die Fragen zu schwerwiegend, wie Rilke sagte, »die Fragen erst durchleben« und dann vielleicht eines Tages die Antwort finden. Doch kann ich diese geistige Pilgerfahrt noch niemandem erklären, und sie ist auch noch keineswegs deutlich. Ich komme mir dabei sehr isoliert und alleine vor. Aber ich erkenne Parallelen bei den Besinnlichen und den Empfindsamen und überall unter den Künstlern. Ich entdecke es in Audens langem Gedicht[1] und ebenfalls in *Flight to Arras*.

[1]*New Year Letter* (1. Januar 1940)

Ich habe den Nachmittag mit Sue noch nicht festgehalten; vier Stunden lange Gespräche, nachdem ich wochenlang alleine meinen Gedanken nachhing. Es war ein herrlicher Tag. Wir berührten so vieles, sowohl Schwerwiegendes wie Oberflächliches.

Sue und ich sprachen über die Amerikaner und die Romantik, über Bücher und den Krieg, über den Mystizismus und über Kinderschwestern, über Falten, Gartenarbeit und die Ehe, über Köchinnen und die Ewigkeit, über Kinder. Es war sehr befriedigend. Der Faden, den ich in Gedanken immer weiter verfolgt habe, ist die Frage nach dem Amerikaner und der Romantik.

Fast jeder junge Mensch ist ein romantischer Idealist. Ich war es gewiß – und bin es in gewissem Sinne immer noch. In meinem Leben hat es immer eine »Traumgestalt« gegeben – natürlich war das nicht jedes Mal ein bestimmter Mensch. Aber manche Menschen lernen es, das Leben zu akzeptieren, und daß es besser als »der Traum« ist. Jedenfalls habe ich geheiratet und Kinder bekommen.

Ich sprach mit C. darüber (als wir das Thema der Idealisierung von Menschen behandelten), und er sagte, »Du kannst deinen Helden nicht gegenübertreten, wenn du solche Gefühle hegst«. Und ich antwortete: »Ich weiß nicht – mir ist *mein* Traum nicht abhanden gekommen, weil ich ihn geheiratet habe!« Er sagte: »Das ist das Netteste, was du mir jemals gesagt hast.«

Doch in Wirklichkeit habe ich das falsch formuliert. Denn ich habe nicht meinen »Traum« geheiratet. C. war nicht mein »Traum«. Ich habe ihn niemals idealisiert, ehe wir uns trafen. Ich liebte nicht den Helden in ihm. Es war der Mann – der Mann, der mich niemals enttäuscht hat. Ich hatte meine »Träume«, und die waren ganz anders als C. Das war der Urgrund aller inneren Kämpfe, daß ich meine »Träume« für diesen Mann auf Fleisch und Blut, den ich weiß Gott liebte, aufgeben mußte.

Ich habe manchmal das Gefühl, daß ich mir das hoch anrechnen kann und auch wahrhaftig stolz darauf sein darf, daß ich den Mut und das Wissen besaß, meinen »Traum« dem wahren Leben zu opfern, daß ich erkannt hatte, daß das Leben mehr bedeutet als »Träume« und daß C. das Leben war.

8. April

Ich habe die Bilder aus Chartres in das Zelt zurückgebracht und gehe jeden Vormittag hinüber. Ich habe eine wunderbare mittelalterliche Darstellung von Adam und Eva aufgehängt und möchte sie Dir gerne bald zeigen. Sie ist das Sinnbild der Ehe. Adam hält ganz vorsichtig Evas Handgelenk. Und Eva hat ihm ihr Gesicht zugewandt. Ihre andere Hand ruht ganz leicht auf ihrem Leib, als würde sie ein Kind darin verspüren, das sich regt. Ich habe das kaum bemerkt, als ich es das erstemal ansah. Das hat sich alles erst durch die Betrachtung entwickelt. Heute morgen kam mir das sehr symbolträchtig vor. Die Frau *blickt* auf die Gegenwart und *berührt* die Zukunft.

Liegen zwischen dem und einer Ford-Bomberfabrik Welten und unwirkliche Fernen? Vermutlich. Wir vermissen Dich.

Sonntag, 12. April. Im Zug nach New York

Lieber C.

Ich finde es ausgesprochen abscheulich, daß Du fort bist. Wie bringen glücklich verheiratete Leute das fertig, so lange getrennt voneinander zu leben? (Und es gibt viele.) Woran kann man sich lehnen, worauf seine Hand legen? Annes seidiges Haar ist ein Trost.

Ich habe Pat öfter gesehen (die ich immer lieber mag), das war schön, sowohl für mich als auch für sie. Wir haben uns über G. unterhalten, der eine richtige Dostojewski-Gestalt ist. Es wird mir immer klarer, daß Leid allein nicht genügt, um wahrhaft zu lernen, zu verstehen und zu erkennen. Bisher war ich der Meinung. »Man lernt, indem man leidet.« Doch das stimmt nicht. Man lernt durch Leid *und* Schönheit. Eines *allein* genügt nicht. Man muß beides haben. Ich brauche beides. Es ist schwierig festzustellen, wie man beides erlangt, da das Leid einen ständig begleitet und die Freude sich von außen dazugesellt. Man kann sie nicht herbeirufen oder sich nach ihr auf die Suche begeben. Sie ist ein Akt der Gnade. Alles, was man tun kann, ist, sich nicht zu verschließen – sondern bereit sein. Man muß sich öffnen – verletzlich bleiben.

Weißt Du, daß ich froh wäre, wenn Du mir eine Karte schreiben würdest, daß du diese Briefe erhältst, wenn sie Dich erreichen. Ich habe das höchst ungern, wenn ich sie so ins Leere hinein schreiben muß. Ich weiß, daß Du nicht schreiben kannst, keine Zeit hast und Dir das Schreiben nicht leichtfällt. Aber Du könntest ein paar Postkarten kaufen und Deine Sekretärin veranlassen, wie in der Smith College Registratur »Brief 14 und 15 erhalten«, oder vielleicht sogar »Ich freue mich über Deine Briefe!« darauf zu tippen. Ich weiß es doch nicht, verstehst Du, ich habe Dir bisher noch nie geschrieben. Ich beschwere mich ja deshalb nicht unbedingt. Es ist lediglich ein Vorschlag. Und während der nächsten zehn Tage brauchst Du Dich auch nicht zu plagen, denn da werde ich in New York und beschäftigt sein, und Du wirst mir nicht so sehr fehlen.

Magst Du nicht für ein Wochenende mit mir nach New York fliegen? Nein, wohl eher nicht. Englewood bietet keinen zu großen Anreiz.

Dearborn, Michigan, 10. April

Liebe Anne,

Deine Briefe kamen gestern beide mit der Nachmittagspost. Während ich sie abends las, wurde mir der Unterschied zwischen dem Leben, das wir bisher geführt haben – unserem Leben, unserem freien Leben –, und diesem konventionellen, künstlichen, industriellen Leben, das ich eben begonnen habe, bewußt. Ich merke dadurch, wie weit ich mich in den langen – den kurzen Jahren, seit ich Dich geheiratet habe, davon entfernte. Es wurde mir auch klar, daß ich keinerlei Wunsch verspüre, das Leben, das ich damals hinter mir gelassen habe, wieder aufzunehmen.

Nicht, daß ich dieser Arbeit nichts abgewinnen könnte, daß ich hier keine Chancen hätte oder ich die Kollegen nicht schätzte. Ganz im Gegenteil: Das Interesse und die Möglichkeiten sind unbegrenzt, und das Team in dieser Firma ist großartig. Wie leicht verliert man sich in diesem weiten Bereich des Krieges und der Industrie. Nein, es ist etwas anderes. Es ist die Tatsache, daß ich weitgehend durch Dich mit etwas in Berührung gekommen bin und wahrgenommen habe, das wichtiger ist als diese Welt der Industriemacht und der emsigen Tüchtigkeit, die im Vergleich dazu als unwesentlich zurücktritt. Gewaltige viermotorige Bomber, die die größte Flugzeugfabrik der Welt verlassen, werden zu Objekten, für die sich die eingesetzten Kräfte kaum zu lohnen scheinen – nicht, weil ich ein Kriegsgegner bin – Du kennst meine Einstellung – aber der ganze Arbeitsaufwand, wozu auch immer, den ich hier mitansehe, und den ich in der knappen Zeit nicht näher erklären kann, erscheint mir, selbst wenn mir das gelänge, als eine Art Perversion des Lebens und sogar des Krieges. Ich habe das Gefühl, daß ich Zeit vergeude, daß ich das hinter mich bringen und mich an etwas beteiligen möchte, das darüber hinaus geht – etwas, das noch vage und unbestimmt ist, an das ich aber glaube.

Als Deine Briefe eintrafen, habe ich sie mit großer Freude gelesen, ebenso die Tagebucheintragungen – doch dann, als ich darüber nachsann, wie ich sie beantworten könnte, beschlich mich das Gefühl, daß zum Antworten gar keine Zeit ist – jedenfalls nicht in dem Sinne, wie es ich mir gerne vornähme, und ohne wachsame Uhrzeiger, die mir Grenzen setzen. Mir fehlte die Zeit zum Überlegen und zum Schreiben, was für mich zum wichtigsten im Leben überhaupt gehört. Ich hatte einen besetzten Tag und war um 7.28 für einen Flug nach Kalifornien eingeplant. Wegen schlechten Wetters wurde der Flug gestrichen. Ich freute mich darauf, heute zu schreiben, obgleich auch der Tag sehr angefüllt war, doch ich fand ein paar Minuten, ehe ich zum Flugplatz mußte. Und nun habe ich wieder keine Zeit, den Brief zu Ende zu bringen oder ihn nochmals durchzulesen. Zum Glück habe ich gepackt und den Umschlag an Dich im voraus adressiert.

Du weißt, was ich Dir mit diesem Brief alles sende.

C.A.L.

Englewood, Freitagabend, 17. April

Lieber C.

Wie seltsam, heute abend Deinen Brief zu bekommen, der ganz zusammengeklebt und tintenverschmiert war, und mich dann gerührt über Deine Zeilen nach einem Stadttag auf dem Bett auszuruhen, in Gedanken damit beschäftigt, daß du meilenweit fort in Kalifornien bist. Während ich in meinem Kopf eine Antwort formulierte, klopften sie zwanzig Minuten nach der Lektüre an meine Tür, um mir zu sagen: »Ein Anruf aus Detroit.« Mein erstes ungläubiges Gefühl sagte mir: »Er *kann* noch nicht zurück sein« (dann in Panik), »Sie rufen an, weil das Flugzeug verunglückt ist!«

Jetzt haben Intensität und Wirklichkeit des Gesprächs alles aus meinen Gedanken gefegt, was ich Dir als Antwort auf Deinen wunderbaren Brief sagen wollte (wunderbar, trotzdem Du, wie Du schreibst, unter Zeitdruck standest). Ich habe ihn in mein Tagebuch gelegt. Ich hatte nach dem Lesen das Gefühl, wenn Dir meine Briefe so viel bedeuten und Deine mir so viel geben können, dann ist die Trennung nicht so schrecklich. Ich hatte mir, typisch Frau, Sorgen gemacht, daß in Deiner völlig anderen Welt die Dinge und Gefühle, über die ich schrieb, im Vergleich zu Deinem Leben durchaus belanglos wären. Und ich würde umgekehrt Deine Welt nicht verstehen – und wir uns geistig voneinander entfernen. Allein die geistige Trennung erschreckt mich. Doch Dein Brief gibt Antwort auf alle meine Befürchtungen. Und die kleinen Ärgernisse – wie soll ich in bezug auf das Hausmeisterpaar, die Kinderschwester, das Haus ohne ihn entscheiden – schwanden dahin. Sie waren nur durch die scheinbare geistige Entfernung von Bedeutung. Nachdem Du Dich durch Deinen Brief wieder zu uns gesellt hast, spüre ich: Aber sicher kann ich wegen des Ehepaares, der Kinderschwester, des Hauses, Dr. Hawks ... Entscheidungen treffen – vielleicht mache ich einen Fehler, aber das ist belanglos, da unsere Verbindung nicht abreißt. Gute Nacht.

Samstag vormittag

Im Augenblick sehe ich keinen Grund, weshalb Jon und ich nicht am Donnerstag- oder Freitagabend nach Detroit fahren können. Wir haben drei Tage, und Jon wird im siebten Himmel sein.

Dearborn, 28. April

Liebe Anne,

Ich bin wieder an meinem Schreibtisch und blicke über den grünen Rasen auf Frühlingsblüten, über dem Horizont schwebt ein fast voller Mond. Du bist irgendwo in Kanada; etwa eine Stunde vom Detroiter Bahnhof entfernt. Ich habe das Gefühl, als wärest Du nicht hier gewesen. Die Blätter sind ein wenig größer; ein paar Blütenblätter liegen auf dem Boden; sonst ist alles genau so wie vier Abende zuvor, ehe Du kamst. Wohin die Zeit dazwischen geraten ist, weiß ich nicht – es war *gestern* abend, als ich hier an meinem Fenster saß; wie konnten seither vier Tage vergangen sein? Die Stunden, in denen Du hier warst, sind mir wie Wasser zerronnen und vorbei. Deine Abwesenheit umgibt mich, und mir wird der Ablauf der Zeit bewußt. Als Du hier warst, umgaben mich durch Deine Anwesenheit Wärme und Zufriedenheit, daß die Zeit unbemerkt verstrich. Ehe Du kamst, warst Du mir ganz gegenwärtig, und es ist jetzt auch nicht anders, da Du wieder fort bist. Aber ich kann mir nicht vorstellen, daß Du *hier warst.* Möglicherweise gelingt das morgen oder nächste Woche, aber im Augenblick kann ich nur daran denken, wie wenig mir von Deinem Besuch geblieben ist. Unsere Haussuche, unsere Gespräche über die Zukunft und diese üblichen Einzelheiten sind klar und greifbar. Wenn ich daran denke, heben sich diese letzten vier Tage wie Säulen vor dem Himmel ab. Aber Du – Dein wahres Ich – sind aus dieser Landschaft verschwunden. Ich glaube, es liegt daran, daß Du hier nicht hergehörst, da Dein innerstes Wesen nicht teilhat an diesen Alltagsproblemen – da Du sie weit überragst, und wenn Du mit dem Leben in Berührung kommst, ein Gefühl der Unsterblichkeit hinterläßt, das tiefer und stärker als die Erinnerung an Deine Anwesenheit ist. Daran habe ich gedacht, als ich Dir schrieb, daß Deiner Feder ein Hauch von Göttlichkeit entspringt. Ich habe das, seit ich Dich kenne, stets verspürt. Und es gewinnt an Deutlichkeit mit jedem Jahr, das verstreicht.

Nachdem ich Dich und Jon am Bahnhof zurückgelassen habe, kam ich abends hierher, um zu lesen und zu arbeiten; aber ich stellte fest, daß ich Dir diesen Brief schreiben mußte, daß ich Dir das schriftlich sagen wollte, was mir mündlich bisher nie gelungen ist. Nicht, daß es mir hinlänglich gelungen wäre, aber ich konnte Dir mehr sagen und es anders formulieren, und dadurch warst Du mir näher, denn irgendwie schienst Du mir in der Stunde Deiner Abreise ferner als in den Tagen vor Deinem Kommen.

Von ganzem Herzen schicke ich Dir sehr viel Liebes,

C.A.L.

Seven Gates Farm, Sonntag, 3. Mai

Lieber C.

Jon und ich sind gestern abend nach einem langen, aber nicht zu mühsamen Tag im Zug hier angekommen. Ich schrieb Dir im Zug, aber seither scheinen schon wieder Ewigkeiten vergangen. Land, Anne und Mademoiselle begrüßten uns im Abendsonnenschein an der Türe – Land rotwangig, mit großen Augen, schlang seine Arme um mich. Anne war freudig, aber ruhig und zurückhaltend und sehr hübsch in einem frisch gestärkten blauen Kleid mit goldenen Locken, die sich wie nach innen gekehrte Tulpen auf ihren Schultern ringelten. Sie umkreist mich mit einer bestimmten damenhaften Förmlichkeit, wohl erkennend, daß es sich hier um eine Fremde handelte, die ihr bekannt war, und der sie eine gewisse Aufmerksamkeit schuldete. So gut sie konnte, versuchte sie Lands aufrichtige und unbekümmerte Freude nachzuahmen, aber es gelang ihr lediglich, *ausgesprochen* weiblich und spröde zu sein!

Als ich sie sah, fehltest Du mir sehr – denn ich hatte das Gefühl, Charles sollte sie sehen! Charles müßte hier sein!

Es ist ein Tag gewesen, wie Du sie liebst – wenn Du nur hier gewesen wärest. Jon hat den Vormittag über eine Festung aus Treibholz am Strand gebaut. Land und ich haben einen »Spaziergang« gemacht. Wir machten im hohen Gras auf dem Hügel über dem See auf der Staße zu den Leavitts Halt und spielten »Haus«. Das bestand darin, daß ich im warmen Gras ein Schläfchen hielt und Land mich von Zeit zu Zeit aufweckte, um mich mit Moos-Salat und gebackenen Äpfeln aus wilden Weißdornblättern zu füttern.

Wir haben alle früh zu Abend gegessen, dann noch ein bißchen gelesen, und anschließend kam das Gute-Nacht-Sagen; ich habe auf den Verandastufen gesessen, auf die drei Kiefern vor dem Himmel und dem Meer geblickt, die Nebelfetzen, die unter dem rosa Himmel heraufzogen, und die duftenden Narzissen (die bei zunehmender Dunkelheit immer weißer wirken) von dem unter mir liegenden Feld genossen, und nun denke ich hauptsächlich an Dich – und frage mich, ob Du bei Deiner Mutter oder in dem Zimmer in Dearborn bist und auf das frische Grün der Bäume schaust oder in einem Auto im dichten Verkehr steckst.

Jetzt werde ich einen Apfel essen, die Hunde hinauslassen und beim sanft pfeifenden Wind schlafen gehen. Ich wünschte, Du wärest hier, um an dem Frieden des nächtlichen Schlafes teilzuhaben.

P. S. Ich habe noch immer nicht Deinen Brief beantwortet. Es war ein Liebesbrief. Für einen Liebesbrief sagt man nicht einfach »danke«. Man denkt lediglich: »Weshalb sollte ich jemals etwas wünschen, da mir diese Zuneigung zuteil wird?«

Tagebuch *13. Mai*

Weitere drei Wochen, die Huxley als »gottverlassenes Treiben« bezeichnen würde. Mit Jon in Detroit. Montag (Jon bleibt bei Mrs. Lindbergh im Garten, und beide sind sehr glücklich) besichtige ich Häuser und überlege, wie man eine Familie mit vier

Kindern (und was für *vier*!) in einem Haus unterbringt, in dem nur für zwei Kinder Platz ist. Überlegungen, Überlegungen, Überlegungen – bei denen immer wieder neue Beschränkungen unserem bereits sehr begrenzten Leben Fesseln anlegen. Wird C. hier nach seinen Pflichten Erholung finden? Können wir hier ein Privatleben führen? Können die Kinder von hier aus in die Schule gehen? Wird die Kinderschwester mit einem, mit zwei oder mit drei Kindern zusammen schlafen?

Es ist sehr heiß, man ermüdet rasch. C. sagt: »Ich frage mich, ob wir nicht einen Fehler begehen, wenn wir bei der Sommerhitze und zwei Monate vor der Geburt des Babies umziehen.«

Fahre schließlich zurück, bin noch immer unschlüssig. C. wird Häuser besichtigen, wenn sich etwas bietet. Plane, wenn möglich, Mitte Juni umzuziehen. Gebe das Haus in Vineyard auf. Engagiere eine neue Kinderschwester. Schicke Jon ins Lager etc.

Seven Gates, 18. Mai

Lieber C.

Wenn du mit mir gesprochen hast, fühle ich mich immer ganz obenauf. Ich ging glücklich und ermutigt zu Bett.

Heute morgen ist es wieder bewölkt – mir kommt es so vor, als habe sich das seit Wochen nicht geändert. Wenn die Sonne nicht scheint, ist das für mich kein Frühling. Ich nehme an, daß es Frühling *wird*, wenn sie hervorkommt; wie schön wird das sein! Mir kam heute morgen der Gedanke, daß das genau meiner Einstellung zum Leben entspricht, wenn Du abwesend bist. Ohne Dich ist das kein »Leben«, jedenfalls nicht *mein* wahres Leben. Es ist merkwürdig – für mich unterliegt es einer anderen Zeitrechnung: Das Leben wird erst dann wieder anfangen, wenn ich mit Charles zusammen bin. Es ist auch kein mangelndes Glücksgefühl. Ohne Dich bin ich leer, aber glücklich kann ich sein – ich bin für alles offen. In Wirklichkeit kann ich mein Bewußtsein gar nicht ausschalten.

Ich weiß, und blicke der Tatsache auch ins Auge, daß wir unter Umständen lange getrennt sein werden, möglicherweise den ganzen Sommer über. (Da ich nicht sicher bin, ob es *klug* sein wird) Mitte Juni oder im August nach Detroit zu ziehen. Eventuell könnte ich für längere Zeit zu Dir kommen, nach einem Haus Ausschau halten etc. Aber mit einem ganzen Hausstand in der ärgsten Hitze und im achten oder neunten Schwangerschaftsmonat *umzuziehen,* ist vermutlich verrückt. Und doch sind Umstände möglich, die eine Veränderung herbeiführen.

Das wollte ich alles mit Dir besprechen. In der Zwischenzeit geht hier alles gut. Wir bekamen Mahlzeiten, die mit einer gewissen *Fürsorge* zubereitet waren, von der mir gar nicht klar war, daß sie mir so viel bedeutete. Ich rede nicht von bombastischem Essen, sondern ich meine, daß diejenige, die gekocht hat, *Freude* an ihrer Arbeit hatte und stolz darauf war. Das beruhigte mich am ersten Abend, als es mir bewußt wurde, sehr, und die Haushaltsführung fällt leichter und macht mehr Spaß.

Seven Gates Farm, 26. Mai

Lieber C.

Nachdem ich gestern abend mit Dir gesprochen hatte, war ich so ermutigt und voller Hoffnung. Das hat den ganzen Tag über vorgehalten – und ich war energiegeladen.

Ich platzte gestern abend natürlich vor Neugier – daher all die Fragen. Ich bin ganz begeistert von dem Haus und der Gegend um Bloomfield Hills – deshalb habe ich zuerst danach gefragt, und auch, weil es auf den Bildern sehr schön aussah, dazu hatte ich eine vage Vorstellung von den Cranbrook Schulen und daß es sich hier um ein modernes Künstlerviertel außerhalb Detroits handelt. Ich glaube, daß Carl Milles (schwedischer Bildhauer) dort lebt. Es gibt dort auch eine Akademie für Bildhauer. Ich hatte es mir allerdings als sehr abgeschiedenen Ort vorgestellt – ohne Stadt und sonstige Möglichkeiten in der näheren Umgebung – als abgeschlossene Kolonie interessanter Menschen. Deshalb habe ich Dich gestern abend immer wieder nach Fahrmöglichkeiten, Schulen, Ärzten etc. gefragt. Doch wenn für Dich eine Fahrmöglichkeit (zu Ford in Willow Run) besteht, dort ein gewisses lebendiges Zentrum existiert – habe ich tatsächlich das Gefühl, ja eine Vorahnung und Hoffnung, daß du womöglich für uns den besten Ort im Land gefunden hast, wo wir während der Kriegszeit leben, wieder Atem schöpfen und womöglich sogar arbeiten können, um nach eigenem Vermögen unserem Land und der Welt in dieser schweren Zeit eine Hilfe zu sein.

Selbstverständlich möchte ich unglaublich gerne mit Dir darüber reden.

Ich wollte, Du hättest Anne heute sehen können, wie sie goldglühend und flachsblond durch das hohe Gras über das Feld lief. Ich traf sie ganz unerwartet und breitete meine Arme aus – und sie lief – ein wenig unsicher – lachend auf mich zu. Ein Renoir-Schauplatz und eine Renoir-Szene – das sonnendurchglühte Gras und die rosige Gestalt.

Gute Nacht – morgen ist unser Hochzeitstag. (*Nicht wahr*?!!)

Seven Gates Farm, 1. Juni

Liebe Sue [Vaillant],

C. hat mir berichtet, daß er ein Haus gefunden hat! Es ist nicht in Ann Arbor, sondern im Bezirk der Bloomfield Hills (Cranbrook Schulen etc.). Ich glaube, es wird schön – da es modern ist, gute Schulen und ein Künstlerviertel gibt. Es ist meilenweit weg von Willow Run und Detroit, aber offenbar das einzige, was er bekommen konnte. Die Kinder können jedenfalls zur Schule gehen, und ich kann mich hinsetzen und das Baby stillen!

Die heutigen Zeitungen berichten schadenfroh und triumphierend über den gräßlichen Luftangriff auf Köln. Ich kann über keine Bombardierung jubeln, auch dann nicht, wenn es Deutsche oder Japaner trifft. Habe ich Dir berichtet, was C. sagte, als jemand ihm vorschlug, Tokio zu bombardieren? Er erklärte, er hätte nichts dagegen, ein Kriegsschiff mit Bomben zu belegen, dem könnte er möglicherweise sogar etwas abgewinnen – keinesfalls aber, wenn er Zivilisten bombardieren müßte. Er sagte: »Ich dachte an den kleinen Vers, den Du gefunden hast, von der Mutter, die ihr Kind verloren hat:

›Wie erfolgreich,
so möchte ich wissen,
war heute mein Libellenjäger?‹«

Seven Gates, abends, nachdem Du fort bist,
13. Juni

Lieber Charles,

»Ist es nicht traurig, daß Vater weg mußte«, gab Land von sich, bevor wir anfingen, Aschenputtel zu lesen.

Nach dem Essen ging ich im Nebel zum Leavitt-Plateau hinauf, setzte mich und beobachtete die Schwalben – dabei ging mir das Stück von Bach, das Du gestern abend gespielt hast, durch den Kopf, und ich fragte mich, was es aussagen mochte. Heute abend womöglich den Flug der Schwalben – wie gerne hätte ich Dich gefragt, wie Du es interpretierst.

Auch hätte ich gerne gewußt, ob eine Libelle nur einen Tag lebt?

Aber eine Hauptfrage war, wie man es fertigbringt, die köstliche und schreckliche Abhängigkeit, in die man durch seine Ehe gerät, mit der Unabhängigkeit, die einem eine Trennung auferlegt, zu vereinen. Ich *sollte mir,* so dachte ich auf den Stufen, *nicht* »gottverlassen« vorkommen, nur weil Du fort bist. Ich sollte nicht das Gefühl haben, daß alles Blut und mein Vertrauen ins Leben gewichen ist, lediglich weil Du abgereist bist. Ich sollte nicht meinen, daß ich eine zu perfekte Kinderschwester engagiert habe, daß William den Rasen nicht mäht, daß Miß Waddington[1] zu teuer sein wird, daß der Sommer heiß werden wird...

Bloß weil Du gerade abgereist bist! Es war albern. Das war alles so unmaßgeblich. Es war irrelevant. Mein Trübsinn hatte nichts mit den Tatsachen zu tun, zu denen ich ihn in Beziehung setzte, er

[1] Eine gelernte Kinderschwester, die das Baby versorgen soll.

hing lediglich mit Deiner Abreise zusammen. Ich möchte in bezug auf meine Kräfte – meine geistigen Kräfte – von Dir nicht so abhängig sein, doch es ist schwierig, nicht vor lauter Glück, über die physische Nähe und Abhängigkeit nicht aus dem Häuschen zu geraten und den Unmut zu unterdrücken, wenn sie einem genommen werden.

Natürlich weiß ich, daß eine geistige Nähe existiert, ich weiß, daß es eine geistige Unabhängigkeit gibt, und daß ich Dir im Geiste nah sein kann, wenn ich ihren Hauch verspüre. Mit anderen Worten, wenn es mir gelingt, mit mir selber im Einklang zu sein, fühle ich mich auch mit Dir verbunden, sogar inniger, als wenn ich mich bei Deinem Hiersein wie auf eine physische Krücke auf Dich stütze. Heute abend konnte ich nicht bis in mein Innerstes vordringen. Ein körperlicher Schmerz. Ich frage mich, ob man bestimmte, unsichtbare Bande knüpft, wenn man Menschen nahe ist und sie unter Schmerzen wieder löst, sobald man sie verläßt. Geistige Nähe ist etwas anderes, direkteres, und sie ist weder auf ein Zwischenglied noch auf körperliche Nähe angewiesen. Sie wird nicht über einen Draht vermittelt, sondern ähnelt eher den Wellen im Radio (leuchtet auf).

Ich fühle mich jetzt besser – finde die geistige Nähe wieder. Vermutlich entfernt man sich in der Zwischenperiode am weitesten voneinander, in der die physischen Bande gelöst und die geistigen noch nicht errichtet wurden.

Gute Nacht.

Bloomfield Hills, 18. Juli

Am 27. Juni verließ ich die Insel, um nach Englewood zu fahren. Es war sehr merkwürdig. Als ich in Oak Bluffs und in Woods Hole an Bord ging, waren das ganze Kap entlang behoste Mädchen und Knaben unterwegs, zogen Segel auf und bereiteten alles für die Sommersaison vor. Strandwagen und Immobilienmakler waren an allen Anlegestellen und Haltestellen. »Ja, ich habe ein Haus für Sie, aber Sie brauchen es nicht vor August, oder?«

Die Sommersaison begann. Für mich fing der Winter an, das neue Leben in Detroit und der Krieg. Deshalb zog ich jetzt um – um einen guten Start für meinen Winter zu haben. Ich konnte nicht bis nach der Geburt des Babys im September warten, denn das hätte für mich einen verzögerten und schlechten Anfang bedeutet.

Aber schließlich war das alles doch nicht gar so ungewöhnlich, wenn ich mein Eheleben betrachtete – lediglich, wenn ich an mein Leben als Kind dachte, mit den gewohnten »Sommern an der See«, die endlos und friedlich wie ein Gänseblümchenfeld waren. Selbst das, was so unverrückbar für die bestimmten Jahreszeiten gegolten hatte, war, wie so viele Genüsse des früheren Lebens, vorbei. C. und ich haben uns stets außerhalb der Saison bewegt, sind im Sommer zu Winterferienorten gefahren und im Winter zu Sommerfrischen, haben im Juli Wollsachen eingekauft und im Februar Tropenausrüstungen besorgt. Teils, weil wir uns so entschieden hatten, und teils, weil es sich so ergab.

In den Wochen in Englewood wurde wie stets zu vieles in zu wenig Zeit und in einem zu engen Raum gepackt. Dazu wollten die Menschen und die Familie, die durch ihre verschiedenartigen Leben in unterschiedliche Richtungen getrieben waren, alle beisammen sein. Ein jeder versuchte, Pläne für seinen Tagesablauf, für seine Geschäfte, für seine sozialen Engagements und seine Pflichten von einem Ausgangspunkt aus zu machen, wofür auch kaum genügend Autos zur Verfügung standen. In diesem Durcheinander kristallisierten sich lediglich gewisse Glanzpunkte. So sagte Dr. Hawks mir bei meinem Abschied überraschend und ganz unvermittelt (er ist ein ausgesprochen verschlossener Mann): »Ich weiß nicht, wie Sie das alles durchgestanden haben – seit der Entführung –, ich verstehe nicht, wie Sie so gut durchhalten konnten« (dabei betrachtete er mich mit einer gewissen Neugier und taxierte mich mit väterlichem Stolz). »Sie haben Sinn für Humor – das weiß ich.«

Jon ab ins Camp – mit Strahleaugen, stolz, selbständig und sehr besorgt, daß ich auch rechtzeitig den Zug verlasse und nicht aus Versehen mitfahre!

Land und Anne zockeln den langen zementierten Bahnsteig entlang, kommen mit Miß R., die neben ihnen sehr groß wirkt, aus dem Zug von Grand Central Station, Anne winzig, in rosa Piquémantel und Sonnenhäubchen. Land in einem grauen Anzug mit Etonmütze, die ihm viel zu klein ist. Dann diese überstürzte Eile, damit wir den Zug noch erreichen. Es gelingt trotz des siebenminütigen Spielraums – doch das Gepäck bleibt zurück. Ich schäme mich sehr und ärgere mich über mich selber. Habe lediglich einen Regenmantel und einen Hutkoffer mit, weder Bücher noch Schreibblock noch Zahnbürste.

C. holte mich (in Detroit) ab, doch wir verpaßten uns, da es zwei verschiedene Eingänge gibt. Ich löse das Gepäckproblem und nehme ein Taxi in die Lakepointroad 508 (E.L.L.L.s Detroiter Adresse), dort erwartet er mich zusammen mit Mrs. Lindbergh. C. sieht glänzend aus und ist guter Laune. Wir fahren nach Bloomfield Hills, um das Haus zu besichtigen. Es wirkt recht hübsch, hat ein herrliches Grundstück, das ein Gärtner ziemlich zurechtgestutzt hat, und einen hübschen, sehr konventionellen und von Hecken umgebenen Garten.

Die Wände im Erdgeschoß sind einigermaßen hell, nicht übertrieben, aber mit leicht elegantem Einschlag. Ich bin ziemlich entsetzt, als ich sehe, daß »unser« Schlafzimmer in verschiedenen *Grüns* gehalten ist (die einzige Farbe, die ich niemals trage). Goldener Satin auf den Betten, goldgrün – weiße Satinvorhänge, ein grüner Teppich, grünes Plüschsofa und hinter den Betten große, überschäumende, weiße Buschen von Seerosen auf einen grünen Hintergrund gestreut. Die beiden anderen Zimmer im Obergeschoß haben rosa Tapeten mit weißen Sträußen, kunstvolle modernistische crème- und blaufarbige Möbel, runde verchromte Spiegel und fuchsien- oder malvenfarbige Teppiche! Ich versuche, mir meine Kinder darin vorzustellen!

Ein ausgesprochen unangenehm rosa, satinbespannter Boudoirsessel mit passendem Spiegel an der Rückseite, der sich automatisch dreht, wenn man sich bewegt! Frei nach Hollywood!

Der Wohnraum ist groß mit üppigen braunen Teppichen, aprikosenfarbig getönten Wänden mit tiefaprikosenfarbigen Vorhängen und Renoir- und Milletsreproduktionen, alle in Aprikosen- und Braunschattierungen.

Im Eßzimmer liegt ein heller Teppich mit aprikosenfarbenen, erhabenen Blumen – eine Orientimitation –, und es stehen dort aprikosenfarbene Stühle mit Samtpolstern.

Ich bin durch diese Pseudoeleganz reichlich deprimiert. Ich sehne mich nach Illiec, das so lauter ist wie das weiße Treibholz oder wie jene Felsen, auf denen die bretonischen Frauen ihre Wäsche klopfen. Ich sehne mich sogar nach der Schäbigkeit von Mrs. Webbs Haus – heruntergekommener viktorianischer Stil –, denn es war irgendwie »anständig«, und ich habe Sehnsucht nach der vergammelten Üppigkeit von Long Barn.

> »Dieser Pomp birgt etwas,
> das meiner puritanischen Seele
> zutiefst verhaßt ist.«
>
> (Elinor Wylie)

Für mich ist das fremdartiger als Frankreich. Ich habe das Gefühl, daß Europa für mich in verzweiflungsvolle Ferne gerückt ist. Dabei ist dieser Ort typisch für Menschen, die eben dabei sind, sich hinaufzuarbeiten und Schönheit und Kultur schätzen zu lernen. Allein die Bemühungen sind rührend und berechtigen zu Hoffnungen. Die Renoirreproduktionen, der nachgemachte konventionelle Garten, das überladene englische Silber, die Reihe der Harvard Klassiker, die erlesenste russische Belletristik etc. Ich sollte nicht snobistisch, sondern verständnisvoll sein. Was mich stört, ist die Pseudowelt. Man wünscht sich Qualität – in jeder Form –, aber eine Qualität, die echt und nicht aufgesetzt ist.

Lediglich in der Küche – lauter glänzende Metallspülsteine, schimmernder Eisschrank und verchromte Tische – spürt man »Qualität«, die nicht aufgesetzt ist. Der Mann, der sie geplant hat, wußte, wie man eine gute, ja, die beste Küche mit allen modernen Errungenschaften installiert.

Der Mann – oder die Frau –, die unser Schlafzimmer eingerichtet hat, hatte weder Geschmack noch ein Gefühl für Eleganz. (Die

Pariser Wohnung war ausgesprochen elegant. Ich mochte sie nicht. Es war nicht »mein Stil«, aber sie repräsentierte wahre moderne Eleganz.)

Kann ich das hier in »mein Zuhause« umwandeln, es glaubhaft ummodeln? Oder muß ich alles so lassen, darin leben und mich daran gewöhnen?

Aber ich *möchte* mich nicht daran gewöhnen!

Die letzte Woche war so wie alle ersten Wochen in einem gemieteten Haus. Ich packe täglich einiges aus. Man möchte alles auf einmal machen. Es ist schrecklich, im Chaos zu leben, doch es ist ein großer Triumph, wenn man sieht, wie sich in diesem Chaos Ordnung abzeichnet. C. sagt, es sei geistige Prostitution, wenn ich mir über dieses Haus den Kopf zerbreche – es sei vergebene Liebesmühe. Allein mir fehlt die geistige Disziplin, um die Sache aufzugeben.

Ich nehme an, daß er recht hat, aber es ist schwer. Ein Haushalt muß funktionieren, niemand außer dem Haushaltsvorstand kann das bewerkstelligen. Man setzt Steinchen auf Steinchen, um es dann später *leichter* zu haben, um *frei* zu sein. Funktioniert das Haus nicht, fehlt einem die Freiheit. Wenn die Bewohner in ihren Zimmern nicht glücklich sind, wenn für die Kinder nicht richtig gesorgt ist, wenn die zerbrechlichen Gegenstände nicht weggeräumt sind. Von den ästhetischen Werten gar nicht erst zu reden. Da werde ich Kompromisse schließen müssen, und das weiß ich. Das bedeutet keine unbillige Härte, da das Haus luxuriös möbliert ist. Aber es ist erstaunlich lästig. Es heißt, daß ich mit Dingen leben muß, die einen Standard symbolisieren, der nicht der meine ist.

Wenn es doch leer stünde und nicht diese falsche Eleganz aufwiese!

Außerdem ist es mit Vorrichtungen vollgestopft, lauter Spezialsystemen, für die man einen Fachmann braucht, wenn etwas kaputt ist. (Pat hat eine entsprechend lange Liste.) Die Sprinkleranlage für den Garten, der Wasserenthärter im Keller, der Kühlventilator im Speicher. Eine besondere Haustelefonanlage und eine Möglichkeit, alle auswärtigen Gespräche abzuschalten. Gar nicht zu reden von den Lampen auf der Veranda, die die Insekten anlocken und versengen (äußerst störend!).

Ich finde diese ganze mühselige Technisierung sehr lästig. Liegt das daran, weil ich selber technisch unbegabt bin? Aber sie macht mich unsicher – wie die Plüschsessel und die Gobelinvorhänge letztes Jahr in dem T.W.A. Flugzeug.

Von Sicherheit kann hier überhaupt keine Rede sein. Ich habe das Gefühl, ich sitze auf einem Plüschsessel oben auf einem Vulkan. Autos sausen an der Tür vorbei und die Landstraße entlang. Benzinknappheit existiert nicht, und die Gummiknappheit scheint niemanden zu kümmern. Wissen sie hier etwas vom Krieg? Offenbar geht das Leben hier genauso weiter wie bisher. Wissen Sie etwas über Lidice? Wissen sie, daß Ägypten in Gefahr ist und die Deutschen in Rußland weiter im Vormarsch sind?

Es ist hier sehr heiß gewesen. So heiß, daß man bis zehn Uhr durch und durch naß ist und abends um zehn Uhr noch immer an den Stühlen klebt. Ich schließe alle Fensterläden um neun Uhr morgens. Und meine dann zu ersticken. Es ist lediglich in den lange verschlossenen Kammern kühl.

Montag, 20. Juli

Kelpie ist heute morgen von einem Auto vor unserem Haus überfahren worden. Hilma berichtete es mir. Ich ging hinaus und fand C. bei Kelpie, der im Todeskampf auf dem Rasen ausgestreckt lag. C. sagt, er würde ihm Morphium geben, aber es ist vorbei.

Er ist dem Wagen nachgerannt; der Mann hatte keine Schuld. Mir ist schrecklich zumute. Ich hätte Kelpie im letzten Winter, als C. fort war, erziehen müssen. Er war Autos nicht gewöhnt, er hatte keine Gelegenheit zum Lernen. Er ist kaum vierundzwanzig Stunden hier gewesen. Kelpie war so voller Leben. Er jagte alles – Bienen, Wanderdrosseln, Kaninchen und die Strudel im Bach, Schmetterlinge und seinen eigenen Schwanz, wenn er aus lauter Freude auf dem Rasen im Kreis herumlief – wie gestern. Es kommt einem so ungerecht vor, daß so viel Lebendigkeit ausgelöscht wurde, während Thor alt, verkrüppelt und traurig zurückbleibt.

Als C. und ich loszogen, um im Wald einen Platz zu suchen, wo wir ihn begraben konnten, sah ich einen Mann in den Garten gehen. Er ging schnurstracks die Wege entlang, als wollte er das Grundstück taxieren und blickte sich überall rasch um. Er sah nicht, daß wir ihn hinter dem Haus im Schutz des Waldes dabei beobachteten. Ich hoffte schreckerfüllt, daß er nicht um das Haus herumgehen und den kleinen Kelpie finden würde, einen kleinen, unbekannten, toten Hund, der im Gras ausgestreckt dalag. Ich konnte mir vorstellen, wie er seinen unbeschwerten Gang unterbrechen würde, verstört, an diesem makellosen Tag auf diesem makellosen Rasen durch so etwas aufgehalten zu werden.

»Wer ist das?« sagte C. und erstarrte. »Ich weiß nicht«, sagte ich. »Ich nehme an, es ist der neue Gärtner.« Aber er sah so vertraut, so durchaus vertraut aus, wie ein Mann in einem Traum. Nachdem er an der schicksalhaften Ecke vorüber war – ohne etwas gesehen zu haben – und den Garten Kelpie und uns überlassen hatte, begriff ich, wer er war.

Er war »Der Fremde«. Am Rande jeder Tragödie gibt es immer einen »Fremden«.

Wir begruben Kelpie im Wald, C. grub ein tiefes Grab und polsterte es mit Blättern aus. Wie hinreißend von C., daß er zu Hause blieb, um diese Arbeit zu verrichten. Das beweist ein gewisses Feingefühl, für das ich sehr dankbar bin. Er geht spät zur Arbeit. Ich sitze auf der Sonnenveranda und hole meine Papiere heraus. Es ist ein herrlicher, kühler Vormittag, ein frischer Wind weht – fast wie in Maine –, doch ich kann lediglich an den Tod denken und an die überschäumende Lebendigkeit, die Kelpie tötete. Es ist nicht fair – aber instinktiv laste ich Kelpies Tod der Übermechanisierung dieses Hauses an. Es hätte natürlich überall passieren können, doch mir erscheint es irgendwie symbolisch für diesen Ort.

Thor schnüffelt traurig herum, hält beständig nach allen Seiten nach der kleinen schwarzen Gestalt Ausschau, die für ihn Augen,

Ohren und Pfoten war, dann gibt er sich wieder melancholisch den Beschwerden des hohen Alters hin und schläft den ganzen Nachmittag über auf seiner Matte.

Dienstag, 21. Juli

Konnte gestern Abend nicht einschlafen. Natürlich ist es verrückt, sich durch den Tod eines Hundes so erschüttern zu lassen, während Männer und Frauen an der russischen Front so viel Grauenvolles durchmachen müssen. Wird ein junges Leben grundlos dahingerafft, bedeutet das den wahren Tod. Der Tod ist eine Art niedrigster gemeinsamer Nenner – der alle Tode einschließt. Lidice repräsentiert alle Schrecken des Krieges. Es zeigt die Grausamkeit, den Wahnsinn und alles Böse auf, zu dem Menschen durch die Brutalität des Krieges fähig sind. Denkt man an Lidice, hat man das Gefühl, daß es nicht sein konnte, daß es nicht geschehen durfte. Man meint, daß man den Deutschen niemals wieder trauen kann. Dabei sind andere Völker ebenso grausam und brutal gewesen. Es sind andere Grausamkeiten – von den Engländern und den Amerikanern im Krieg verübt worden. Muß man diese Möglichkeit bei der menschlichen Rasse miteinbeziehen? Wie bringt man das fertig?

C. früh zu Hause – er hat einen Wohnwagen als ständiges, bewegliches Arbeitszimmer für mich!

Freitag, 24. Juli

Heute morgen spricht C. mit mir über die Möbel, die ich bestellt habe. Er bemerkt sehr klug, daß es albern ist, Möbel für ein Haus, das eine solche Übergangslösung ist, anzuschaffen (ich bin froh, daß er es als solches betrachtet!). Er wünscht *keinen Ballast* – will aus Kisten und Koffern leben und holt alle seine Sachen aus dem Schrank, verschließt sie in einem Koffer, um zu demonstrieren, daß ihm das möglich ist. Ich weiß, daß er im Grunde recht hat.

Man trägt schwer an der Last des Eigentums, und weiß der Himmel, ich habe auch gelernt, aus Kisten und Koffern zu leben. Ich habe in meinem Schrank zwei Koffer und zwei Kartons, die nie ganz ausgepackt wurden, seit ich Europa verlassen habe. Sie sind bewegliche Kommoden, die ich mit mir herumtrage.

Was hat man mit drei Kindern *und* einem Baby – allein schon für das Baby – für einen Wust von Sachen. C. sagt, wir müssen lernen, unbeschwert zu leben, doch mit Kindern ist das schwer. Kinder sind nicht dafür gemacht, viel umzuziehen.

Die Zigeuner machen es aber.

Samstag, 25. Juli

Jetzt steht mir der letzte mühsame Monat der Schwangerschaft bevor, und dann geht es in den »Tunnel« hinein (stillen, Milch trinken, Rekonvaleszenz und der Dunstkreis, in den man für etliche Monate untertaucht, in denen einzig und allein das Baby wichtig ist). Aber ich bin Lebenskünstler genug, um dem Leben, ebenso wie der Umzieherei, den Babies, den Ehemännern und der Liebe hin und wieder zu grollen. Lebenskünstler genug, mich darüber zu ärgern, aber doch nicht so, daß ich sie missen möchte.

Ich lese die Briefe von George Sand und Flaubert. Sie zeigen den ewigen Konflikt zwischen Kunst und Leben auf. Flaubert wies das Leben zurück und entschied sich für die Kunst. Er ließ es zu, »daß sein Leben überwucherte wie eine alte Straße« – nach Rilkes Worten. G. Sand entschied sich für das Leben, und ihre Kunst ist zweitrangig. Sie sagt ihm: »Die *hochheilige Literatur*, wie Sie sie bezeichnen, spielt in meinem Leben nur die zweite Rolle. Stets habe ich einen anderen inniger als sie geliebt und meine Familie wiederum mehr als jenen anderen.«

So bin ich, nur habe ich nicht die erstaunliche Energie und das Talent von George Sand, um trotzdem beides zu tun.

Abends hören wir Bach-Choräle.

Und er hatte zwanzig Kinder!

Doch nicht er – sondern seine Frau, denke ich mit einem gewissen Zynismus – und in der Tat waren es zwei Frauen!

Sonntag, 26. Juli

Schreibe morgens auf der Veranda. Hinüber zur Lakepoint Road, 508, um mit Mrs. L. und ihrem Bruder Mittag zu essen.

Die Fahrt dorthin ist scheußlich und deprimierend – ganz eben, unordentliche Wohnwagenplätze und reihenweise neue »Verteidigungs-Wohnbauten«, die meisten sind billig und häßlich (doch ein gutes Bauwerk entdecke ich). Ich nehme an, daß Detroit in gewissem Sinn einen Aufschwung erlebt durch die Arbeiter, die für die Verteidigung tätig sind – eine neue, rasch wechselnde Bevölkerung, die kommt und wieder verschwindet und darauf aus ist, so lange es geht möglichst viel zu verdienen. C. sagt, rund um die Fabriken stehen riesenhafte Wohnwagenstädte. Verlieren die Arbeiter bei Ford ihren Arbeitsplatz, ziehen sie weiter zu Chrysler.

Ich finde das schlimm. Keine Sicherheit, kein Zuhause, und Ford verficht ein neuartiges, föderalistisches Wohnungsprojekt, das der notwendigen Grundlage entbehrt und verschwenderisch ist! Ich *vermute*, daß die Planung ungut ist, die Sache im wesentlichen aber stimmt.

Apathisch ruhe ich mich in der Hitze nach Tisch aus. Dieses Baby beginnt so schwer zu werden und mir Schmerzen zu bereiten, daß es mühsam ist, mit der Hitze, dem Überdruß und der Häßlichkeit von Detroit fertig zu werden.

Montag, 27. Juli

Gehe zum Arzt im Ford-Krankenhaus. Es ist so groß wie ein Hotel – allerdings kein schickes, eher wie ein riesiger Kopfbahnhof.

Ich gehe in das Wartezimmer für ambulante Patienten hinauf. Mindestens zwei schwangere Frauen außer mir. Eine Negerin, die ihr Kind viel besser trägt als ich meines.

Dr. Pratt machte auf mich einen äußerst zuverlässigen Eindruck.

Er glaubt, daß das Baby eine Woche früher kommt als Dr. Hawks annahm. Er mißbilligt es eher, daß C. bei der Geburt und beim Stillen dabei sein will, aber ich denke, daß beides möglich sein wird.

Dienstag, 28. Juli

Mrs. B. (unsere Vermieterin) ruft mich an und möchte kommen, um sich zu überzeugen, daß ich mich wohl fühle! Sie kommt morgen zum Tee.

Ich lege die goldenen Stoffdrapierungen wieder auf das Klavier zurück und hänge den falschen Ingre wieder an die Stelle von unseren Vlaminck-Blumen im Eßzimmer.

C. kommt abends mit dem Wohnwagen hinten an seinem Auto nach Hause und fährt ihn über den Rasen in den Wald hinter dem Haus! Er macht das meisterhaft mit dem gewaltigen braunen Elefanten, mit dem er zurückstoßen und wenden muß. Er nimmt die Räder ab und bockt ihn auf.

Der Wohnwagen ist innen sehr schön – ruhig, stabil und adrett. Ein Tisch und die Fenster in der richtigen Höhe zum Schreiben.

Wir kommen uns ganz ungestört und fern von allem vor und sehr viel heimeliger als in Mrs. B.s Haus.

Freitag, 31. Juli

Früh auf und mit William zum Bahnhof, um die Kinder abzuholen. Wir kommen sechs Minuten zu spät, und ich sehe Miß R.s hochgewachsene Gestalt und Annes rosa Winzigkeit sowie Land in seinem grauen Anzug. Land umarmt mich stürmisch, doch Anne schaut mich unter ihrem rosa Sonnenhäubchen mit runden erstaunten Augen an und verzieht den Mund, als Miß R. fortgeht, um das Gepäck zu suchen.

»*Sie* ist deine *Mutter*, Anne!« erklärt Land leidenschaftlich.

C. kommt früh von der Arbeit nach Hause. Im ganzen Haus

herrscht Freude. Man kann sich unmöglich vorstellen, wie Kinder ein Haus und seine Atmosphäre verändern können und damit alles wieder ins Lot bringen. Land macht auf den Teppichen Purzelbäume und läßt, während er auf dem Klavierstuhl sitzt und fröhlich und zusammenhanglos die Tasten bearbeitet, Fetzen aus *Aidas* Chören erklingen. Thor schnüffelt während des Essens an den Eßzimmerfenstern herum oder sitzt in dem genau davor liegenden Gartenbeet, um in unserer Nähe zu sein. Durch die Kinder ist neues Leben eingezogen.

Ich gehe sehr glücklich ins Bett, mir geht es rundherum viel besser.

Sonntag, 2. August

C. muß Thor morgens wieder hinausbringen, da er nicht aufstehen kann. C. legt ihn auf den Rasen. Später versucht Thor aufzustehen und robbt sich in den Schlick unter der Hecke. Ich hole ihn zurück. Mir ist es unerträglich, ihn in diesem Zustand zu sehen. Er hat offensichtlich keine Schmerzen, verliert aber zunehmend und vollkommen die Fähigkeit, seine Hinterläufe zu gebrauchen. Wir haben überlegt, ob wir ihn einschläfern sollen, da C. sagt, daß er sich nicht mehr erholen, sondern es ihm zunehmend schlechter gehen wird – doch ich lehnte ab, außer, er würde Schmerzen bekommen. Der Tod erscheint mir – selbst bei einem Tier – zu gewaltig zu sein, als daß man daran rühren dürfte. Aber er macht jetzt keine Anstalten mehr, um zu leben, sondern verfällt rasch. Er will weder fressen noch sich rühren und sitzt nur noch im Gras und beobachtet uns mit seinem herrlichen Kopf, wenn wir über den Rasen gehen. Manchmal liegt er nur da und hechelt ganz leicht. C. sagt, er stirbt, und es wird nicht mehr lange dauern. Er will Thors Grab ausheben und das keinem Fremden überlassen. Also geht er und macht das. Das dauert bis spät in den Abend. Ich liebe C. wegen des Feingefühls und der Fürsorge, mit der er das unternimmt. Eine Zeitlang stehe ich bei ihm, aber er schickt mich zu Thor zurück, um ihn in seinen letzten Stunden glücklich zu machen, also gehe ich, kraule ihn hinter seinen Ohren, streichele sein Fell, und er scheint glücklich zu sein. C. muß ihn nachts auf seine Matratze heben, wir streichelten ihn und verlassen ihn dann. Aber ich bin traurig.

Montag, 3. August

C. kommt zum Mittagessen zurück, dreht Thor um, um seine Lage zu ändern, streichelt ihn noch ein letztes Mal und geht.

Ich bewache Thor am Nachmittag. Er ist bei Bewußtsein und ganz munter, kann sich aber nicht rühren und hechelt leicht. Mir kommt es so vor, als warte er auf den Tod, so wie ich auf die Geburt warte – und beide scheinen sich sehr zu gleichen. Ich betrachte ihn und weiß, daß ich nur sehr wenig für ihn tun kann. Wohin er geht, kann ich ihm nicht folgen, er muß das alleine durchstehen. Ich befinde mich mit meiner Liebe und mit meinen Händen außerhalb. Und auch das ist wie bei der Geburt. Niemand kann einen begleiten. Ich frage mich, ob sich das von der Geburt unterscheidet – möglicherweise ist es leichter –, weil es einem weniger bewußt ist.

Abends heben wir Thor auf ein Segeltuch und dieses wiederum auf seine Matte. Dann bleibe ich bei ihm und streichele ihn und lasse (wegen des Geruchs) mein Taschentuch vor seiner Nase.

Dienstag, 4. August

Als erstes schaue ich morgens hinaus auf den Rasen – William hat Thor hinausgebracht. Er lebt noch. Sein Kopf liegt zwischen seinen wunderbaren Pfoten. Ich verbringe einen Großteil des Morgens damit, ihn zu waschen und zu streicheln und ziehe an dem Segeltuch, um ihn in eine bequemere Lage zu bringen. Für eine Stunde gehe ich in den Wohnwagen, um mein Gewissen zu erleichtern. Und jetzt wollte ich, ich wäre gleich bei ihm geblieben, da man nie weiß – und das Leben muß weitergehen. Zur

Mittagszeit lebt er noch, will aber kein Wasser, auch nicht, wenn ich seinen Kopf hebe; seine Augen sind trüb, und seine Flanken zittern, wenn er atmet. Ich halte ihm eine nasse Hand vor die Nase. So nobel wie er gelebt hat, gibt er sein Leben auf, er klammert sich nicht daran. Tiere zeigen keine Todesfurcht (Angst vor Schmerzen ja, aber nicht vor dem Tod), daher ist das sehr bewegend. Er macht keine Anstrengungen, um am Leben zu bleiben, sein Körper akzeptiert den Tod mit einer gewissen Würde.

Die Kinder spielen in seiner Nähe auf den Stufen im schönsten Sonnenschein. Es ist wie im Herbst – klar, sonnig und windig –, alle Zinnien blühen. Sie sind so fröhlich und lebendig. Land möchte Thor ständig gegen Fliegen einsprühen und Anne will den Wau-Wau tätscheln. Doch ihre goldene Schönheit und Fröhlichkeit passen nicht an Thors Seite, und ich halte sie fern. Heute ist Thors Sterbetag.

Nach dem Essen, ehe ich mich hinlege, gehe ich noch einmal hinaus, um nach ihm zu sehen. Er hat zu atmen aufgehört, das Maul ist geöffnet, die bleiche Zunge hängt heraus und liegt auf dem Gras. Er ist tot. Ich gehe zu ihm und habe die Vorstellung, daß das Leben aus einem großen Gefäß ausgegossen wurde und verströmte. Mehr nicht.

Ich decke ihn zu, damit ihn kein anderer finden sollte und gehe dann in den Wald, um sein Grab in der Stille des frühen Nachmittags mit Blättern zu füllen. Ich möchte ihn begraben, ehe die Kinder von ihrem Mittagsschlaf erwachen. Ich möchte ihn alleine begraben, ehe jemand davon erfährt. Für die anderen ist er lediglich ein toter Hund, während er mir ein treuer Freund war und lange Zeit zu meinem Leben gehörte. Jon, Land und Anne wurden geboren, nachdem er zu uns kam. Englewood, New York, Englewood, Long Barn, Illiec, Lloyd Neck, Martha's Vineyard – und dann hier. Elisabeth kannte ihn, als er noch jung und wie ein kleiner Wolf war und wie ein Pferd über den Gartenhügel durch die Herbstblätter und den winterlichen Schnee galoppierte.

Was er mir stets entgegenbrachte – ohne (im menschlichen

Sinn) eine Erwiderung zu erfahren –, was für eine Ergebenheit. In keinem lebendigen Wesen werde ich ihr *jemals* wieder begegnen. Aber vielleicht ist die wahre Erfüllung des »Hundes« – eines »Hunde-Hundes«, wie Chaucer sagen würde, wohl doch die *reine* Ergebenheit.

Ich kann den Rechen nicht finden und stoße auf Anna, die Köchin, die den Versuch macht, Thor mit etwas Leber zu verführen. (Diesen Zustand hatte er schon längst überwunden.) Ich muß es ihr also sagen. Ich konnte ihn jetzt auch nicht alleine hochheben – selbst jetzt war er für mich zu schwer. William und Anna bringen ihn auf einen Karren, und wir heben ihn in die Grube. Dann schicke ich die beiden fort und bedecke ihn mit Blättern, schaufele so viel Erde darauf, wie mir möglich ist – etwa die Hälfte des Aufgehäuften – und ruhe mich zwischendrin aus. Das ist eine Arbeit, die mich erschöpft, das hatte ich nicht bedacht. Ich glaube, daß das Baby am diesem Nachmittag nach unten gerutscht ist. Ich mußte zurückgehen und mich hinlegen, der Rücken schmerzte, und ich war sehr müde, aber auch zufrieden, daß alles in der Ruhe eines stillen Nachmittags erledigt und keine Fremden in der Nähe waren.

Eine besondere Stille liegt selbst über dem Tag, an dem ein Hund stirbt. Das Leben ringsum geht weiter, aber die Stille bleibt wie die schwarzen Löcher in der Milchstraße, die einem eine weitere Dimension der Unendlichkeit eröffnen.

Abends kommt C. sehr spät mit dem Flugzeug zurück. Ich bin noch wach, als ich ihn hereinfahren höre. Er kommt an das Bett, ohne das Licht anzumachen. »Thor ist gestorben.« »Ja.« Und ich merke, daß ich weine. »Es ist ja gut, ich wollte, daß er starb, er war so alt...« »Aber ihn zu verlieren ist schwer.«

Es ist herrlich, daß C. wieder da ist, und er versteht. Ich schäme mich, daß ich wegen eines Hundes weine, und das in einer Welt, in der die russische Front, Lidice und ein verhungerndes Frankreich existieren, in der die Griechen in der Gosse sterben, weil es keine Lebensmittel gibt, und die »Saboteure« in Holland erschossen werden. Doch Thor war ein Symbol – der Ergebenheit, der Liebe und der Familienzugehörigkeit. Eine bedeutsame Harmonie in meinem Leben – die Jahre, in denen ich die Kinder zur Welt brachte. Mit seinem Fortgang geht ein Kapitel zu Ende.

Mittwoch, 5. August

C. ruft an und fragt, ob ich gerne zu Harry Bennett[1] zu einer Steakparty gehen würde. Ich war so lange mir selbst überlassen, daß ich glaube, es wäre ganz lustig. Ich ziehe meinen besten Sommeranzug an und C. fährt mich hin. Wir fahren zu einem »Bungalow« auf einer Insel im Wald, auf der anderen Seite des Flusses und gegenüber von Bennetts richtigem Wohnhaus (oder *einem* ihrer Häuser), einem schloßartigen Bau, an dem wir auf unserer Fahrt vorbeikommen. Es stellt sich heraus, daß der Bungalow aus imitierten Metallbaumstämmen gebaut war und imitierte »Baumleuchten« erhellen unseren Weg hinein. Das große Zimmer ist voller Tierköpfe, Trophäen, Gewehre und Statuetten von Boxern (Bennett war Leichtgewichtler!), Schnick-Schnack, Juxplastiken, Tiere, Bierkrüge, sowie einige Bilder aus dem Westen, Fotografien ihrer Ranch in der Wüste, etc.

Mrs. B. kommt in Hosen herein. Sie ist nett, jung – etwa 35 – offen und sieht gesund aus – unkompliziert. Bennett kommt in Wild-West-Kleidung herein – ein gedrungener kleiner Mann, er erweckt einen strammen, kampflustigen Eindruck und scheint sehr gesund.

Viele andere Leute – Frauen in Hosen, alle etwa in meinem Alter, nicht intellektuell, schlicht, gesund. Sie fragen mich, wie mir Detroit gefällt und wann das Baby kommt. Wir fahren zu einer riesigen Barbecue-Grube, wo noch viele Männer in Reithosen oder sehr legerer Kleidung an einer Theke stehen, trinken, Würstchen essen und die Pferde jenseits des Zaunes auf der Rennbahn beobachten. Ich stelle fest, daß C. und Bennett auf Poloponies über ein Feld jagen. Diese Leute sind keine Hasen-

[1] Personalchef, Arbeitsvermittler, Sicherheitsbeauftragter der Ford Motor Company.

füße. Die meisten Männer geben beim Reiten einen Schuß ab. Die Frauen unterhalten sich mit mir über das Reiten der Männer, über ihre Kinder, die im Ferienlager sind, oder über Haushaltsprobleme. Wir sitzen in einer weiten, ringförmigen, kompakten Mulde, in deren Mitte ein Grill steht. Ich sitze neben einem General, über den ich rein gar nichts weiß. Bennett brät die Steaks über dem Feuer und einige »Cowboys« singen Lieder. Wir essen ungeheure Mengen, wir bedienen uns an einer Art Kaffeehaustisch, der mit Essen beladen ist und benutzen große, metallene Tablett-Teller.

Bennett steht in der Mitte und singt oder spielt Gitarre – vielleicht bilde ich mir das aber auch nur ein, weil es so wirkt, was wahrlich seltsam ist, wenn ein hochgestellter Geschäftsführer den Ehrgeiz hat, ein Troubadour zu sein.

Auf dem Nachhauseweg versuche ich, mir über den Abend klarzuwerden. Das ist Wohlhabenheit – Wohlhabenheit des Middle West. Es fehlt der Geschmack, der zu der Wohlhabenheit des Ostens gehört, aber dafür ist sie viel vitaler. Alle diese Menschen sind ziemlich ausgeglichen und haben ein gesundes Empfinden, sie kümmern sich um ihre Männer, ihren Haushalt und ihre Kinder. Die Poloponies sind zum Reiten da und laufen nicht nur auf der Koppel herum. Sie kochen, singen und tun etwas für sich. Der Reichtum hat sie nicht verdorben, auch wenn sie ihn nicht eben geschickt anwenden und eher dümmlich sind.

Wie stets komme ich mir um Äonen älter vor als die meisten Leute, die hier sind. Der General war anscheinend ein wenig älter. Es stellte sich heraus, daß es General Short war! (Die Admirale Kimmel und Short hatte man in Pearl Harbour zu Sündenböcken der Tragödie gemacht.) Er hat im schwebenden Verfahren vor dem Kriegsgericht seinen Abschied von der Armee genommen. Er arbeitet für Ford. Mir treten die Schweißperlen auf die Stirne bei dem Versuch, mich daran zu erinnern, was ich zu ihm gesagt habe. Habe ich den Pazifik *erwähnt*?

Dienstag, 11. August

C. ruft aus Washington an; ich teile ihm mit, daß er nach New York weiterfahren kann. Nachmittags schneide ich Blumen. Schreibe an Mutter und Jon (das muß erledigt werden, ehe ich fortgehe!). Ich fühle mich unter Druck und möchte die Dinge erledigen, ehe ich in die Klinik gehe. Ich packe meine Tasche für die Klinik. Wieder eine schlechte Nacht. Gott sei Dank ist Miss R. zurückgekommen.

Mittwoch, 12. August

Rufe Dr. Patt an, der mich sofort zu sich bestellt. Dann telefoniere ich mit C. im Engineers Club in New York. Gottlob ist er angekommen und noch nicht zu seinen Verabredungen gegangen. Ich teile ihm mit, es ist »wie in Long Barn«, und er hat möglicherweise viel Zeit. Doch er versucht, ein Flugzeug zu bekommen. Während ich mich anziehe, ruft er zurück, um mir zu sagen, daß man ihm einen Platz reserviert hat und er um 4.45 ankommt.

Wir erreichen das Krankenhaus in etwa fünfunddreißig Minuten, dort werde ich sofort in einem dieser Kliniknachthemden ins Bett gesteckt und liege in einem grünen Zimmer, (*muß* ich in einem grünen Zimmer leiden?), das auf die vordere Anfahrt und eine Menge Autos schaut. Ich bedauere es, daß ich zu Hause, vor meiner Abfahrt, nicht einen Blick auf die Ulme auf dem benachbarten Feld geworfen habe. Diese Dinge verleihen einem Kraft, und ich war dafür zu sehr mit Einzelheiten beschäftigt; jetzt sitze ich in der Stadt gefangen.

Ich ruhe mich den ganzen Nachmittag aus. Es ist köstlich, ich fühle mich besser und habe seit Wochen zum ersten Mal weniger Schmerzen!

C. kommt um 6, lächelnd und triumphierend. Ich glaube nicht, daß ich das Baby jetzt bekomme und nehme mir vor, morgen noch einmal wegzugehen und meine Dauerwellen machen zu lassen. C. fährt für die Nacht nach Hause und sagt mir, daß ich ihn anrufen soll, wenn es losgeht.

Nach Tisch sitze ich da und schreibe in mein Tagebuch, ich habe das Gefühl, daß ich, ehe das hier beginnt und es morgen vielleicht schon zu spät ist, über Thor schreiben muß. Um 10 Uhr kommen sie herein und drehen mein Licht aus. Eine Verdunklungsmaßnahme.

Nachdem sie verschwunden sind, gehe ich in der Dunkelheit ans Fenster und ziehe das Rouleau auf. Es ist wunderschön, nachdem alle Lichter gelöscht sind und ohne den Lärm der Autos. Die Stadt ist verschwunden. Der Geist der Landschaft ruht über dem Ganzen. Ich bin für diese halbe Stunde dankbar, in der ich die Sterne betrachte, und ich habe das Gefühl, daß ich das, was ich heute morgen versäumte, nun zu eigen habe. Nunmehr kann ich den Schmerzen trotzen.

Zufrieden schlafe ich ein und wache um ein Uhr auf. Die Wehen haben eingesetzt. Ich nehme C.'s altes Brillenetui mit hinunter, um mich daran zu klammern und zum Anschauen eine Postkarte, die ich an meine Büchertasche geheftet hatte. Abgebildet ist der Kopf eines Hirsches – sehr alt –, eine Indianer-Holzplastik (Mutter schickte sie einst an Jon). Sehr vereinfacht. Alles Unwichtige ist weggelassen. Markant das Skelett des Tieres, dessen große Augen erstaunt aus dieser knochigen Maske blicken, die Ohren wachsam – lebendig, glühend. Ein tröstlicher Anblick.

Dr. Sill untersucht mich, und dann werde ich in den grünen Kreißsaal gerollt, wo ich wieder auf Deckenlampen, Installationsrohre und Instrumentenschränke schaue. Doch ich richte meinen Blick auf den Hirschkopf. Ich bitte sie, C. anzurufen, nachdem Dr. Sill mich gesehen hat.

Die Schwestern sitzen herum und unterhalten sich sowohl hinter meinem Kopf als auch hinter meinem Rücken. Ich nehme an, ich sollte umgänglich sein – jedenfalls so lange es mir möglich ist, also erzähle ich ihnen von London, wo der Arzt sagte, daß ich wie Königin Vikoria Chloroform bekommen habe! Sie sitzen herum und lachen, und ich unterhalte mich mit der Anästhesistin über ihre Tätigkeit und mit den Schwestern über den Schwesternmangel. Wie seltsam, daß man ein derart starkes soziales Pflichtgefühl hat – das einen kaum verläßt.

Dr. Pratt kommt, und ich sage ihm, daß es mir leid tut, daß er meinetwegen nachts aufstehen mußte, er sagt sehr reizend: »*Sie* sind die einzige, die arbeitet.«

Eine leichte Bewegung – C. ist eingetroffen. Sie haben ihm einen grünen Kittel und eine Maske angelegt. Ich kann lediglich seine Augen sehen. Er hat eine Erkältung, daher kann ich ihn nicht berühren, es sind auch zu viele Menschen da. Es ist 4 Uhr nachts.

Ich schaue auf die Karte und C. fragt, was sie darstellt, also lese ich ihm den Text der Rückseite vor. »Holzmaske, Key Marco, Florida ... das edelste bekannte Kunstwerk der Calusa Indianer des fünfzehnten Jahrhunderts. Die Augen sind aus eingelegten Muscheln, die Ohren, an Lederscharnieren, sind beweglich.« Die Schwestern schweigen und die Worte klingen in diesem Raum merkwürdig. Sie setzen sich über die Örtlichkeit und die Schmerzen hinweg. Diese Schönheit existiert getrennt von mir in Key Marco, (wo C. und ich gewesen sind). Ja – »die Augen sind aus eingelegten Muscheln und die Ohren an den Lederscharnieren sind beweglich.« Ja, Gott sei Dank.

»Das Baby macht gute Fortschritte«, sagen sie. Dr. Sill meint: »Bis 4.30 wird alles vorbei sein«, aber ich sage, daß es länger dauern wird. Ich beobachte die Uhr über meinem Kopf. Zwischen den einzelnen Wehen versuche ich mich auf die nächste vorzubereiten. Ich wollte, es gäbe etwas von größerer Schönheit, auf das ich meinen Blick richten könnte. Ich habe das Gefühl, daß ich in der Falle sitze und mir der Zugang zu den Dingen, wie zum Himmel, der Sterne und einem Baum, verwehrt sind.

Der schwindelerregende ewige Rhythmus der Drangsal, Töne und Visionen gleitet hinüber ins Lachgas.

Träume drängen sich auf...

Ich sitze in einer Gruft – nein, vielleicht keiner Gruft, vielleicht ist es ein Krankenhaus – aber es ist unheilvoll wie eine Gruft, ein Haus des Todes. Düster sagt »man« mir: »Niemals verläßt jemand Miss so-und-so's Haus (in dem ich mich befinde) mit einem lächelnden Gesicht.« Dahinter steckt ein gewisser grimmiger Scherz, den ich aber nicht bemerke. Mir kommt es vor, als ob ich sehe, wie die Jahre vergehen – ungezählte Jahre, unendliche Zeit –

wie Blätter einer Illustrierten, und zwar einer langweiligen. Immer wieder taucht dasselbe Bild auf. Ich blicke zum Fenster hinaus und zu meiner Überraschung sehe ich Thor ganz deutlich. Er sitzt wachsam, unbeweglich Pfoten und Kopf nach vorne gerichtet, die Ohren aufgestellt, die Nase auf die Türe gerichtet, erwartungsvoll da, als wollte er gleich aufspringen. »Aber natürlich«, sage ich lachend zu mir selber. Jetzt ist alles ganz einfach – Thor wartet auf *mich*. Er wird diese Stellung niemals verlassen, ehe ich nicht komme. »Man« hat versucht, ihn mit Fleisch von der Tür wegzulocken, aber er rührt sich nicht. Jahrelang wird er warten (denn ganze Zeitabläufe rollen ab). Aber niemand begreift das, denke ich teils amüsiert, teils voller Zärtlichkeit. »Man« macht sich nicht klar, daß er sich niemals wegbewegt, ehe ich nicht komme. Ich gehe einfach hinaus und veranlasse Thor dazu, sich zu rühren. Ich gehe zur anderen Türe hinaus, und sobald er mich sieht, wird er aufstehen. Dann ist alles in Ordnung. (Ich lächelte über die Leichtigkeit, mit der das vor sich gehen würde.) Eher ungewöhnlich, gestand ich mir. Diesen Ort verläßt man für gewöhnlich nicht, indem man einfach *hinausspaziert*. (Ich habe das Gefühl, es ist ein Haus des Todes – ich sollte zumindest hinausgetragen werden, aber mir geht es gut – ich bin erstaunlich frei und leichtfüßig.) Ich werde lediglich meinen Korb tragen (was enthielt er? – ein Baby?) und hinausgehen. Fröhlich beginne ich den Abmarsch, doch dann geschieht etwas. Ich erreiche Thor niemals – ich falle und stürze. Ich werde zermalmt oder ertränkt. Ich verspüre keine Furcht, aber ich weiß sofort, das ist der Tod. Ich bedaure lediglich, daß ich so töricht bin. (Wie beim Berühren einer Stromschiene, oder dem Sturz in einen Straßenschacht oder wenn man unter eine Lokomotive gerät.) Das war unnötig, überlege ich mir, und keiner wird wissen, was mir zugestoßen ist – das tut mir leid. Aber Angst habe ich immer noch nicht. Ja, es ist der Tod, der unverzüglich naht. Ich bin neugierig darauf, ja, voller Abenteuerlust.

Wohin werde ich zunächst gelangen – was werde ich sein? Ich versinke in einer anderen Welt, in der ich körperloser bin als bisher. Ich bin eine wesenlose Gestalt, die durch den Raum in einen Rhythmus wirbelt, in einen Rhythmus, der mir vertraut ist. Während er so dahinstampft und mich mitreißt, erkenne ich, daß es von fundamentaler Bedeutung ist, daß wir in diesem Rhythmus einen bestimmten Punkt erreichen. Ich, die Unkorrekte, Ungenaue, Nachlässige und Geistesabwesende erkenne, daß Charles irgendwie damit in Verbindung steht, und daß, wenn wir nicht genau diesen Halbton treffen, den genauen Zeitpunkt, dieses dem Zufall überlassene Tüpfelchen, dann werde ich Charles für immer verpassen. Er wird dann ein für allemal für mich verloren sein. Ich begreife mit erschreckender Dringlichkeit und überaus schmerzlich, was mir das bedeutet. Das ganze Leben, das ganze Schicksal hängt von dieser einen Sekunde ab. Ich bin mir seiner Gegenwart voll bewußt, wie einem Ziel, dem ich mich nähere. Ich *spüre* verschwommen sein Gesicht im Raum. Ich *sehe* es nicht deutlich, aber ich *spüre* es wie seine Zärtlichkeit, seine Sicherheit, seine ununterbrochene Anwesenheit und das Gewicht unserer Zugehörigkeit. Aber kann ich es erreichen? Wird das Geschick es zulassen, daß ich ihm begegne? Und ich spüre mit unerwarteter Deutlichkeit: »Oh, wie gut würde Charles das verstehen, wie viel Verständnis würde er für diesen wertvollen Augenblick aufbringen!«

Der Rhythmus setzt sich fort – wir nähern uns dem kritischen »Punkt«. Genau ehe wir ihn erreicht haben, tritt eine furchtbare Pause ein – ich befinde mich in tödlicher Ungewißheit. Sie fällt von mir ab und der überaus wichtige »Punkt« bezieht seine Stellung und pendelt, ohne sich um die zwei in der Schwebe befindlichen Leben zu kümmern, hin und her. Ah, ich gleite erleichtert in eine andere Welt. Alles ist gut. Die Ungewißheit ist vorüber. Wir werden wieder zueinander gelangen, ich werde zu ihm zurückkehren.

Dann stelle ich fest, daß ich mich an einem Ort befinde, an dem ich schon vorher gewesen bin. Ich erkenne ihn wieder. Es handelt sich um die Abschlußprüfung.

Man stellt mir sozusagen dic Gewissensfrage, die sich kaum in Worte fassen läßt – was ist das Geheimnis des Universums, wo liegt der Kernpunkt. Ich gebe eine Antwort nach der anderen.

Und immer wieder erfahre ich (schmerzlich ernüchtert), daß meine Erwiderung nichtig und eine weltliche Illusion ist. Letztlich protestiere ich nur noch: Aber nein, nein, es ist *nicht alles* bedeutungslos, wenn – jetzt spüre ich, daß der Traum dahineilt und zwar zu rasch, als daß ich ihm folgen oder daraus etwas lernen könnte – ich komme wieder zu mir. Sie holen mich zurück, ehe ich die Antwort gefunden habe. Bald werde ich irdische Stimmen vernehmen. Es gibt diese merkwürdige Vertrautheit und Einmaligkeit, ehe man wieder zu sich kommt. C. sagt, ich hätte, als ich aus dem Lachgas erwachte, gesagt: »Ich ertrage es nicht.« Das muß genau der Augenblick gewesen sein. Das einzige, an das ich mich erinnere, war das Gefühl, daß ich es nicht ertragen könnte, wenn ich hinnehmen müßte, daß der Höhepunkt des Universums die »Nichtigkeit« wäre.

»Es ist ein Junge«, sagen sie. »Ein *Junge*!?« sage ich ungläubig. (Hatte ich denn so *sicher* ein Mädchen erwartet?) Ein Junge! Ich sehe C.'s lächelnde Augen über der Maske. Sie zeigen mir das Kind, das wie alle anderen aussieht. »Wir werden niemals einen Namen für ihn finden«, sage ich und versuche mich damit verständlich zu machen. Dann schlafe ich wieder ein.

(Wieder im Zimmer) »Kann ich *jetzt* deine Hand halten?«

September–Oktober

Die Tage in der Klinik vergingen rasch, ein zeitloser Ablauf, in dem nur bestimmte Dinge aus der friedlichen, routinemäßigen Monotonie herausragten. Miss (Amy) Waddingtons Kneifer, der über ihrer Maske funkelte, wenn sie das Baby zum Stillen brachte.

Miss Waddingtons Anwesenheit beherrscht für mich das Krankenhaus. Wenn ich sie nur beschreiben könnte! Ihr rascher, entschiedener Schritt auf den Korridoren, ihre gepflegte Gestalt in der Tracht. Ihre entschlossene, kurzangebundene Redeweise: »Mrs. Lindbergh, wenn Sie jetzt Ihr Baby stillen wollen!« Ihre erstaunliche und unvermittelte Zartheit im Umgang mit dem Baby – und gelegentlich auch mit mir. Ihr Eifer, mit dem sie ihre Arbeit

– ja selbst die unschönen Verrichtungen – ausführte. Der fanatische Glanz in ihren Augen wegen eines »Brustkindes«, »eines guten Stuhlgangs« oder wegen »110 g Milch«! Die unglaublich sanfte Art, mit der sie das Baby aufnahm, um es über ihre Schulter zu legen. Der milde Ton, wenn sie beim Hinausgehen sagte, »Gute Nacht, Mrs. Lindbergh.« Ganz so, als würde sie sehr behutsam eine Schachtel schließen, die ein Geheimnis barg. Der Nachdruck in ihrer Stimme, wenn sie sagte, »Wie schön, Mrs. Lindbergh, daß es Ihnen so geht.« Ihr trockener Humor im Umgang mit C. Ihre strenge Disziplin vor den Ärzten – ruhig und bescheiden – aber sie kannte ihre Aufgabe! Die Art, wie sie morgens geräuschlos, aber erwartungsvoll die Türe öffnete, so, als würde an diesem Tag etwas Wunderbares geschehen. Ihre äußerst schlichten, oberflächlichen, dabei ganz vernünftigen Ansichten über Politik, das Leben im allgemeinen, ihre Philosophie. Ihre unerschütterliche und aufrichtige Unbeugsamkeit, die einem Halt bot.

Ich glaube, sie ist die stärkste Persönlichkeit, der ich je begegnet bin. Gefestigt wie ein Mönch oder eine Äbtissin, dem Dienst an Mutter und Kind ergeben. Und obgleich sie, wenn sie bei dir ist, so wirkt und sich auch entsprechend verhält, als widme sie sich ausschließlich dir selbst und deinem Baby, geht sie mit erstaunlichem Gleichmut zum nächsten weiter, da allein die Aufgabe, nicht aber die Person wichtig ist. Schließlich dient sie etwas zeitlos Abstraktem ebenso wie etwas persönlich Unmittelbarem.

Dr. Pratt tritt ein und macht mir wegen meines Verhaltens im Kreißsaal Komplimente. »Es ist leicht, wenn jemand so stoisch ist wie Sie«, sagt er und blickt mich ernst an. Und ich lachte, da ich ihm keine Erklärung geben konnte. »Das ist kein Stoizismus«, sagte ich. »Was dann?« fragt er. »Es liegt an den fünf Kindern.« Aber ich sage ihm nicht die Wahrheit, und er ahnt das in etwa. Dann beginnt er eher ungeschickt meine »gute Psychologie« zu erforschen, weil ich die Postkarte mitgenommen hatte, um »mich von den Schmerzen abzulenken«. Aber ich kann nicht erklären, daß sie mich nicht von den Schmerzen ablenken, sondern mir helfen sollte, mich *darauf* zu konzentrieren! Er sagt, er hofft, daß ich einmal ein Buch darüber schreiben würde. Und ich sage, vielleicht mache ich das.

Heimkehr

Ich habe das Gefühl, daß ich niemals nach Hause gelange – wir müssen das verschieben. Die vorhergehende Nacht hatte ich rasende Kopfschmerzen und das Baby leichtes Fieber.

Endlich brechen wir auf – benützen den rückwärtigen Weg. C., ich und Miss Waddington mit ihrem rosa Bündel.

Herrlich, wieder zu Hause zu sein. – Blumen, lächelnde Gesichter, Kinderstimmen, Türenschlagen, offene Fenster, Geschirr wird gewaschen, und die Kinder laufen ein und aus. Miss Waddington wacht über mich, um mich vor dem Haushalt zu bewahren, bringt Tabletts, bringt Gläser mit Milch: »Nur *eine* Sache ist wirklich wichtig, Mrs. L.«

Das Summen, die Wärme, das Erglühen und das Leben eines Hauses – eines Hauses, in dem gelebt wird. Dazu seine Schwierigkeiten und Lasten...

Mir scheint, daß *im ganzen* Haus Babies schreien! Welches ist das jetzt?

Sitze draußen in der Sonne – eine makellose Herbstsonne und die goldenen Wespen glitzern in der kristallklaren Luft. Welche Freude, am Leben zu sein und dieses letzte kostbare bißchen Sonne, Farbe und Schönheit zu genießen, ehe der Winter kommt. Wespen auf einer zerquetschten Traube auf dem Ahornweg. Ich fühle mich ebenfalls wie eine Wespe – ernte so lange ich kann.

Land kreuzt meinen Weg und schnüffelt entzückt: »Ich rieche das Baby einfach überall – du nicht, Mutter?!« Anne, schüchtern und fremdelnd und sehr zauberhaft mit ihren blaßblonden wippenden Haaren und ihren versonnenen blauen Augen, dem Schmollmund und ihrem Vogelstimmchen. Im Augenblick ist *sie* das Wunder. Daß ich die Buben und das neue, kleine Baby hatte, ist mir ganz selbstverständlich, da es wieder genau wie die anderen ist. Aber Anne! Woher ist sie gekommen? Sie ist mir immer noch fremd. Und zwar, seit ich aufgehört habe, sie zu stillen. Damals war die Antikriegstätigkeit zu bewältigen und anschließend war ich wieder schwanger und lange Zeit im Bett. Ich habe so lange Babies bekommen und Babies gestillt. In der Zwischenzeit ist sie gewachsen.

Jon aus dem Ferienlager zurück, er hat sich gestreckt, ist braun, zerzaust und grinst durch seine Zahnspange. Fragt wie *lang* das Baby war und sagt mit zaghaftem Grinsen: »So lang wie der längste Hecht, den ich diesen Sommer gefangen habe!«

Miss Waddingtons »goldene Zeiten« sind vorüber. Die hatte sie in der Klinik, wo man verhätschelt und verwöhnt wird. Jetzt zu Hause entwöhnt sie mich bereits, spornt mich an, ermunterte mich, »ihr Baby« zu übernehmen. Zu Hause fehlt auch diese ganze Perfektion. Im Krankenhaus dreht sich alles *nur* um das Baby. Zu Hause sind andere Kinder, andere Verhältnisse. Ich reagiere auf alles hypersensibel – wer ist im Haus glücklich, wer unglücklich, und wer überarbeitet. Die Verantwortung für den Haushalt lastet schwer auf mir, lächerlich schwer. Ich spüre alle Klagen. Nach einem Baby ist man immer überempfindlich. Ich nehme mir jedesmal vor, darauf gefaßt zu sein, aber ich vergesse es und muß es wieder neu lernen.

Meine einzige Verbindung zur Welt sind die Zeitungen, in denen lauter Grausamkeiten, schauerliche Geschichten über Erschießungen von »Saboteuren« in Frankreich und Geiselnahmen in Holland stehen. Entsetzliche Berichte über Folterungen, die man an Gefangenen in Rußland vorgenommen hat. Die Deportation und Trennung von jüdischen Familien in Frankreich. Eine Frau warf ihr Baby aus dem Fenster und sprang hinterher. Soldaten stehen um das Bett einer Gebärenden (einer Jüdin), um sie anzutreiben und hinauszujagen, sobald die Geburt vorbei ist. Polnische junge Mädchen als Gefangene, um den deutschen Soldaten als Prostituierte zur Verfügung zu stehen. Zwangsvorstellungen – die mich wegen ihrer Grausamkeit verfolgen, weil sie in einer Welt geschehen, die ebenso die Reinheit und Unschuld meines Kindes im Zimmer nebenan birgt. Wie kann ich es weiterhin baden und füttern, wenn auf der gleichen Welt solche Greuel verübt werden? Wie läßt sich beides vereinen?

Die Lage Frankreichs unter Laval erscheint mir hoffnungslos. Nein, ich kann seine »Revolution« nicht akzeptieren, wenn es überhaut eine war. »Revolutionen«, sagt Sorokin, »werden von Idealisten geplant, von brutalen Mördern ausgeführt und Schurken profitieren davon.« Laval gehört mit Sicherheit zu den letzteren, wenn er nicht sogar schlimmer ist.

Eine Woche mit Schnupfen, Teetabletts und Spannungen im Haus, draußen kalt und naß.

Miss Waddington verläßt uns durch die Hintertüre und bei Regen, ohne sich zu verabschieden (da sie Abschiede nicht ertragen kann). Mir ist elend zumute – nicht nur, weil ich nun keine Stütze mehr habe, sondern weil etwas zwischen uns unausgesprochen blieb.

Die rasch dahineilenden, ausgefüllten Wochen, die ausschließlich der Babypflege vorbehalten sind – ich bin mitten drin.

Lediglich in der Nacht bin ich immer zu müde, das Stillen ist schwierig und ich fürchte, ich habe nicht genügend Milch und das Baby wird nicht schlafen. Nachts bin ich mutlos, erschöpft. Doch morgens singe ich wieder, wenn ich es bade.

24. Oktober

Der Tag – nein, eher der Abend, an dem C. und ich einen Spaziergang machten. Der Mond schien, und plötzlich hatten wir das Gefühl, daß wir hinaus müßten – um diesem heckenumgebenen Haus zu entrinnen. Für mich war es der erste Ausbruch. Wir gingen die Anfahrt und dann die Straße hinunter – wandern um das große Tor zum Park der Mädchenschule herum, betreten ihn von hinten und entdecken einen Pfad in den Wald. Es ist zu schön, ich fühle mich wie ein wildes Tier, wieder aufgenommen von meiner eigenen Welt. Es könnte überall sein – Martha's Vineyard! Wir klettern über einen Zaun auf ein Feld und gehen den Hügel hinauf und zurück. Genau das hat uns bisher an diesem Ort gefehlt, sage ich C.

Wir hatten stets an jedem Ort, an dem wir gelebt haben, unseren *»Sonderspaziergang«*. Dieser Wanderweg ist auf besondere Weise mit der Örtlichkeit *verbunden*. Dabei ist seine Zugehörigkeit zu uns größer als zu dem jeweiligen Wohnsitz. Er paßt in keine Norm, nimmt eigene Formen an, wird von uns bei Wind und Wetter zurückgelegt, und unsere Gespräche und Gedanken verleihen ihm seine Farbigkeit. Er motiviert unseren Geist und Verstand. Manchmal beschreite ich diese Pfade im Schlaf. Ich frage mich, ob wir sie auf sonderbare Weise unserer Denkungsart anpassen. Unter Umständen handelt es sich immer wieder um den gleichen Weg, um das gleiche Verhaltensmuster, das etwas Fundamentales und Symbolisches in unserem Leben repräsentiert.

Der Weg zu den Carrels über Sandbänke und felsige Inseln hatte eine allegorische, *Pilgrims's Progress* ähnliche Bedeutung. Man mußte eine Menge Schwierigkeiten überwinden, ehe man sein Ziel erreichte. Den Schlamm, den Sand, die wilden Rosensträucher, die Felsen, die großen Kieselsteine, den Hügel, den Zaun. Selbst der im Bois in Paris schien symbolisch und sogar dort ausgesprochen einsam zu sein. Er wirkte wie ein Geisterpfad – wir waren völlig allein, wir folgten ihm unbeirrt, er kreuzte die Wege anderer Menschen und begleitete sie hin und wieder. Aber wir machten niemals Halt und verließen ihn nie, wir gingen schnurstracks voran über Gehwege und an Flußläufen entlang – ständig den gleichen Weg und stets allein. Der Spazierweg war in *unserem Innern* und nicht im Bois.

Nur, kommt mir in den Sinn, während wir über das Feld im Mondschein hinaufsteigen und mein Arm glücklich in C.s Arm ruht, nur haben wir keinen Hund, keinen Thor.

»Ich habe fast das Gefühl, als wäre Thor bei uns und uns auf den Fersen«, sagt C. (Thor in Erwartung, bis meine Hand seinen seidigen Kopf berührt und ich »Geh' zu, Thor« sage).

Aus einer neuen Richtung kommen wir auf das Haus zu. Da liegt es, erleuchtet, langgestreckt, auf der leichten Erhebung der

Hecken. »Es sieht vollkommen unwirklich aus, Charles«, sage ich. »Ohne Dauer, so als triebe es dahin.«

»Es *treibt* auch dahin«, sagt Charles, »und zwar auf den Tagen des Krieges.«

Lily Swann Saarinnen[1] nimmt mich eines Nachmittags zum Besuch von Cranbrook und den Milles[2] mit. Cranbrook ist wunderbar angelegt – zu wunderbar. Als hätte man es dorthin gezaubert. Der kunstvoll moderne ägyptische Stil des Mädchengymnasiums. Die moderne Gotik der Knabenschule. Die säuberlich-funktionelle Modernität des Museums. Die moderne, schwedische Kunstakademie im Stil eines Klosters, zurückhaltend, kostspielig und aus einzelnen Gebäuden bestehend – der Elfenbeinturm am Rande des Vulkans Detroit.

Wir betreten Milles' Haus. Er empfängt uns an der Türe mit der gravitätischen Würde der alten Schule. Ich hätte beinahe gesagt, daß er einen Gehrock trägt, aber das stimmt nicht. Er *benimmt* sich lediglich so, als habe er einen Gehrock an. Ich glaube, daß er meine Hand küssen wird. Aber er verbeugt sich nur und sagt feierlich mit leichtem Akzent: »Es ist uns eine Ehre.« Mrs. Milles steht in einem langen blauen, weich fallenden Gewand hinter ihm, die Hände formell gefaltet (wie Mrs. Noah in der Arche Noah). Das Haus ist eher düster, und man betritt beim Hereinkommen eine andere Welt. In der Diele steht eine mittelalterliche, geschnitzte hölzerne Madonna.

»Woher ist sie?« frage ich rasch.

»Caen, in Frankreich.«

»Oh, wie mir Frankreich fehlt!« sage ich, ohne darüber nachzudenken.

»Uns allen«, sagte Carl Milles ruhig und ernst, so als hätte er bereits vorher gewußt, daß ich das äußern würde.

Dann führte er mich durch sein Haus, das ein Museum, ein winziges Museum ist.

[1] Frau von Eero Saarinen, finnischer Architekt, dessen Vater, Eliel Saarinen, die Cranbrook Kunstakademie erbaut und geleitet hat.

[2] Carl Milles, schwedischer Bildhauer.

In einem Zimmer hat er einen *Wald* von Plastiken und Fragmenten (griechisch-römische, griechische und etliche mittelalterliche), er geht mit einer Taschenlampe herum, beleuchtet liebevoll eine nach der anderen und erläutert einem ihre Geschichte. Er wirkt feierlich, alt und eher müde. Ein Geizhals, der diese Dinge über den Lauf der Jahre und auch trotz der Reizüberflutung Amerikas hinweg gerettet hat. Er ist der Neuen Welt keineswegs erlegen. Und die zwei traurigen alten Leute warten nur darauf, daß der Krieg beendet ist und sie nach Schweden zurückkehren können. Dabei sind sie gar nicht wirklich so alt, aber sie sind in jedem Falle Emigranten.

Es liegt ihnen sehr viel daran, C. zu sehen, sie spüren, daß er einer der Ihren ist und sind stolz auf ihn.

Ich berichte ihnen, daß er gerne kommen und daß ihm der Besuch gut tun wird, da er in einer Fabrik arbeitet, wo es sich allein um die *Produktion,* um die Quantität, und keineswegs um die Qualität handelt.

»Ja«, sagt Milles in seinem melancholischen Tonfall, »ich habe immer gewußt, daß er ein Mann ist, der *Qualität* schätzt.

Wir schauen sein Atelier an, in dem lauter Mammutplastiken stehen – tanzende Figuren, die er für einen Friedhof in Washington anfertigt. Seine Arbeiten sind lyrisch, emotionell, romantisch (wie die römisch-griechischen Klassiker, die er so liebt), besitzen aber auch ein Gutteil schwedisch-folkloristischer Herbheit.

Ich eile zurück, um das Baby zu füttern, und habe das Gefühl, daß ich meilenweit weg gewesen bin, daß es etwas Schönes gab, was ich C. berichten konnte und wohin ich gerne wieder zurückkehren würde. Als Carl Milles mir in den Wagen half, sagte er nachträglich, so als wüßte er, was in mir vorging: »Wir lebten fünfzehn Jahre in Paris, daher wissen wir, was es heißt, wenn man Frankreich vermißt.«

Und ich konnte ihm meine Gedanken, die mir so oft kamen, nicht mitteilen: Ja, *Sie* – *Sie* können das. *Sie* sind Europäer, aber ich bin Amerikanerin. Ich habe kein Recht darauf, daß mir Europa derart fehlt. Aber dennoch ist es so.

Montag, 26. Oktober

Edna Millays Gedicht »Lidice.« »We Refuse to Die« – für das Kriegsnachrichtenministerium geschrieben. Es wurde im Radio gesendet. Ist das große Dichtung? Kann man große *Gelegenheitsdichtung* verfassen? Wenn ich gebeten würde, über Lidice zu schreiben, würde das kein Gedicht werden – ich wüßte nichts über die Menschen, deren Leiden ich nicht einmal zu begreifen vermöchte, da sie zu grauenhaft waren. Nein, ich müßte mich dazu äußern, wie sehr Lidice mich – einen ganz gewöhnlichen Menschen in seiner Häuslichkeit – weitab von der Tragödie – bewegt hat. Ich würde zu zeigen versuchen, daß sich ein Wurm in den Apfel des Glücks gefressen hat – in den Glücksapfel eines jeden und das für immer –, eben weil es geschehen ist. Ich kann nicht entrinnen. Der vollkommenste Morgen, die frischeste Rose haben dadurch einen Makel davongetragen.

Mittwoch, 28. Oktober

Pat bringt die Zeitung. Die *Wasp* und ein Zerstörer sind in den Salomons gesunken, ein Flugzeugträger ist beschädigt, die Atmosphäre in Washington »gespannt«. Das bedeutet, wie ich annehme, schlimmere Neuigkeiten, die sie uns aber vorenthalten haben. Die *Wasp* wurde vor mehr als einem Monat versenkt. Sie halten die schlechten Nachrichten zurück, um sie mit den erfreulichen zusammen zu veröffentlichen, aber ich schätze, daß sie sich manchmal häufen. Pats Bruder ist auf der *Hornet,* einem Flugzeugträger, der irgendwo da draußen liegt.

Sonntag, 8. November

C. bringt Anne zu seiner Mutter – »Bye! Bye!« rufend läuft sie nach dem Frühstück herum. Ich bleibe mit dem Baby zurück – der ganze Tag liegt vor mir. Von 11.30 bis 1 gehe ich in den Wohnwagen. Dann esse ich draußen in der Sonne. Wieder zurück, hinauf, das Baby wickeln und stillen. Dann nehme ich mir das Radio auf die Terrasse hinaus und höre aus der New Yorker Philharmonie Brahms Concerto Nr. 2 in B-Moll. Ich sitze vollkommen friedlich in der Sonne und blicke durch den Dunst auf die Apfelbäume, an denen nur noch wenige gelbwerdende Blätter hängen. Der Tag ist so ruhig und makellos, daß nicht ein Blatt fällt, das den Bann brechen könnte. So etwas gibt es – und schwebt für einen kurzen Augenblick im Raum. Doch die Wahrhaftigkeit dieses Augenblickes gab mir das Gefühl, daß ich leben konnte und trotz allem leben wollte. Wie gerne hätte ich das anderen Menschen – leidenden Menschen – vermittelt.

Dann pflückte ich in den letzten Augenblicken der Nachmittagssonne im Steingarten die noch übrigen Chrysanthemen und einige, große, runde, tropisch aussehende grünrot gefärbte Blätter und begann sie in einer niedrigen Kupferschale zu arrangieren. Wenn es mir gelingt und alles vollkommen ist, überlege ich mir, werde ich sie Pat bringen, der es nicht gut geht. Alles fügt sich wie von selber. Die großen, dunklen Blätter mit ihrem Stich ins Weinrot stehen aufrecht, und ich finde Chrysanthemen, die sich entsprechend neigen und dazu rote Hagebutten. Ich nehme alles mit hinein. (Die Makellose dieses Nachmittags spiegelt sich darin wider.) Pat freut sich, und ich bin glücklich. Sie sagt, daß es ihr besser gehe, hoffentlich stimmt es.

Dann kommen C. und die Kinder zurück. Land hat Schnupfen, und C. sagt: »Hast du die Nachrichten gehört?« Amerikanische Streitkräfte haben die französischen Kolonien in Afrika angegriffen. *Wir stehen mit Frankreich im Krieg.*

Montag, 9. November

Anne hat ebenfalls Schnupfen. Aufgeregt berichten die Zeitungen über die zweite Front in Afrika und Rommels Rückzug in Libyen. Vichy hat die Beziehungen zu uns abgebrochen. De Gaulle erläßt einen Aufruf an Frankreich und die Kolonien, sich ihm anzuschließen. Der Präsident und der Oberbefehlshaber teilen Frankreich über den Rundfunk mit, daß sie seine Kolonien lediglich angreifen, um einer Besetzung durch die Deutschen zuvorzukommen und sie von dem Joch der deutschen Übermacht zu befreien und plädieren dafür, daß kein Widerstand geleistet wird. Dann kämpfen Franzosen gegen Franzosen. Bei dem Gedanken daran ist mir den ganzen Tag über schlecht, aber Amerika frohlockt. Wir glauben, den Krieg gewonnen zu haben. Von jetzt an ist alles nur noch ein Kinderspiel. Der Verfall der Achsenmächte hat angefangen. Wir haben unsere Offensive eröffnet. Roosevelt erklärt, dies sei unsere wirksame zweite Front, um unseren tapferen Alliierten in Rußland zu helfen. Ich frage mich, ob Stalin mit einer »zweiten Front« in Afrika zufriedenzustellen ist.

Abends Carl Milles. Ich sage, »Hier spricht Anne Lindbergh.« Er antwortet mit seiner zärtlichen schwedischen Stimme: »Ach, mein Liebes...« Wir werden ihn Mittwochabend besuchen. Er sagt: »Wir wollen über Kunst – nur über Kunst und Schönheit sprechen – und alles Scheckliche auf der Welt vergessen.« Er lebt in seiner eigenen Welt. Aber er kann sich das leisten. Er ist alt, er hat sein Leben gelebt, seine Kämpfe durchgefochten, sein großes Werk geschaffen. Wir haben das alles noch vor uns.

Aber trotzdem war ich glücklich, daß es ihn gab und wir ihn sehen konnten – »Ach, mein Liebes...«

Mittwoch, 11. November.
Jahrestag des Waffenstillstands

Das sollte den Menschen eine Lehre sein, niemals wieder einen »Jahrestag des Waffenstillstands« einzuführen.

C. und ich abends zu den Milles. Er ist allein, und wir wandern durch einen Wald von griechisch-römischen Skulpturen. Er ist ein liebevoller und liebenswerter alter Mann. Er spricht über Paris, als würde es noch existieren! Er hat frühere Kriege erlebt, erwartet, daß dieser vorübergehen wird und die Dinge ihren Lauf nehmen.

In ihm ist kein Haß, in seiner Gegenwart kann man wie in alten Tagen Luft schöpfen und Gespräche führen.

Von seinen Kunststudenten wird er ganz offensichtlich verehrt, sie kommen und betrachten diese wunderbar geformten Plastiken, lauschen seiner Musik, essen sein dänisches Hefegebäck, hören sich seine Anekdoten an, erbitten einen Rat und weinen an seiner Schulter. Es müßte schön sein, sich an dieser Schulter auszuweinen.

Eine windige Sternennacht – kalt. Nach Besichtigung der schöngeschwungenen Skulpturen schlägt mir, als wir durch die Türe treten bei unserer Rückkehr, der Anblick des vergoldeten »Kaufmanns« von K. B. in der Nische der Halle buchstäblich ins Gesicht. Seine Geschmacklosigkeit, Härte, Massivität und die totale Geistlosigkeit knallen mir genauso entgegen wie damals, als ich sie zum erstenmal sah, wochenlang war das nicht mehr der Fall gewesen, weil ich mich daran gewöhnt hatte. Das ist das Schlimmste. *Ich habe mich daran gewöhnt!*

Donnerstag, 12. November

Die Deutschen haben ganz Frankreich besetzt. Wilde Gerüchte. Darlan[1] hat den Franzosen befohlen, den Kampf einzustellen und die Flotte zu übergeben. Die amerikanischen Truppen sind in Afrika überall erfolgreich. Die Zeitungen berichten in den höchsten Tönen. Man weiß nicht, was wahr ist und was nicht stimmt. Pat erzählte, daß ihr Kunstlehrer sagte, »In drei Wochen wird alles vorbei sein!« und C. sagt, daß ein Mann in der Fabrik geäußert hat: »Diese Bomber werden wir jetzt nicht mehr brauchen!«

[1] Admiral Jean Darlan, Vizepremierminister und Verteidigungsminister des Vichyregimes; arbeitete nach der Invasion der Aliierten in Nordafrika mit Eisenhower zusammen.

Freitag, 13. November

Ungestümer Wind, der den ganzen Tag über an einem zerrt, Schneeschauer. Das Haus ist trotz der Winterfenster kalt. Wie ich den Wind hasse – den Winterwind. Er deckt alle dunklen Untiefen auf. Ich versorge das Baby und gehe in den Wohnwagen – der Wind bläst durch die Fenster und meine Füße sind kalt.

C. kommt nach Hause und meine Stimmung steigt. Frage ihn, ob er auch jemals das Gefühl hat, daß »Die Flamme erloschen ist und niemals wieder aufflackern wird.« Er stimmt mir zu, daß er häufig das Gefühl habe, daß die Flamme erloschen sei, er aber *niemals* annähme, daß sie nicht wieder aufleuchten werde. Berichtet mir über seinen Tageslauf und das zunehmende Vertrauen in der Heeresschule.

Samstag, 14. November

Wind verschwunden – beinahe – sonnig und strahlend. Jon früh fort zu seiner Großmutter. Ich mache vor der Arbeit im Wohnwagen einen kurzen Spaziergang – arbeite rasch. Bringe alles zum Ausdruck, was mir vorschwebt, aber nicht in der gewünschten Form. Die Tage eilen in der Routine dahin – ich stürze von einer zur anderen.

Nach dem Abendessen nimmt C. mich zur Besichtigung der großen Eisengießerei der River Rouge-Fabrik mit. Sie ist wie eine große Stadt – eine Fabrikstadt mit Eisenbahn, Kohlenhalden, Schiffen (Schiffe mit Erz kommen den Rouge River herauf), Kränen und selbstverständlich unzähligen Fabrikgebäuden. Wir gehen in die Gießerei, in der sie das rohe Eisenerz schmelzen und es aus dem Ofen gießen. Wir klettern rußige Treppen hinauf. Es ist schwarz, kaum erleuchtet und anscheinend ganz leer. Wir gehen an einem Hochofen vorbei – einem großen, festungsähnlichen Kamin oder Tank, der ins Dunkel hinaufragt und gelangen zu einem anderen, der in Betrieb ist. Fünf oder sechs Männer stehen herum, rußig, robust, mit Schutzbrillen und großen

Gabeln oder Eisenstangen. Die Hitze ist ungeheuerlich, selbst da hinten, wo wir stehen, das Getöse des Hochofens gewaltig und die glühenden Eisenströme sind so gleißend, daß man kaum hinschauen kann.

Die Dunkelheit, die lediglich durch das große Maul, das geschmolzenes Metall ausspie, erleuchtet war, Gas, Funken und diese tosenden, stürzenden flammenden Ströme von Metall, die dunklen rußbedeckten Gestalten mit ihren Stangen, deren Ende rot erglühten – alles erweckt einen infernalischen Eindruck. Und wenn man den Vorarbeiter reden hörte: »Wir machten das bisher manuell (das Heben des Gitters), aber ein Mann verbrannte, daher ...« und wenn man sich überlegte, womit diese Männer umgingen – mit der flüssigen Marter, dem flüssigen Tod, dem flüssigen Feuer – ein falscher Schritt würde sie verstümmeln und den sofortigen Tod bedeuten – dann hatte man den Eindruck, daß das die Hölle – die absolute Hölle war.

Ich fürchtete mich – ich hatte Angst vor dieser grauenhaften Macht und ihrer Nähe von Tod und Verderben. Und ich hatte das Gefühl, daß man nicht lange hier sein konnte und an Gott, Bäume, Himmel oder Kinder glauben konnte. Es war schrecklich. Ein Plakat an einer der rußigen Wände zeigte einen Soldaten, der flach auf dem Boden lag, ein Maschinengewehr in den Händen hielt und *mehr* – eine größere Produktion forderte. Die Arbeit in dieser Gießerei ist ebenfalls Krieg. Es gab zwei Männer, die so wirkten, als gehörten sie nicht hierher. Einer war ein dunkeläugiger Mexikaner mit melodischer Stimme, dessen Gesicht sich rasch und mitfühlend aufhellte, wenn man mit ihm sprach. Der andere war ein Neger, krumm und ältlich, der auf Anweisung des Vorarbeiters die kleinen Löcher des Schmelzofens öffnete, dann vernahm man das Brausen des Gebläses. Nachdem das getan war, machte er eine leichte Handbewegung – eine Bewegung, die man vielleicht gemacht hätte, wenn man vor jemanden ein Tablett mit Essen oder einige Blumen hingestellt hätte. Es war eine unbeholfene Geste, aber trotzdem sehr graziös – eine Geste, die besagte »Ich habe Ihnen geboten, was mir möglich war.«

Diese beiden Männer gehörten nicht hierher. Aber wer überhaupt? Ein Inferno – die »Erschaffung des faustischen Menschen«, sagte C. Und »Blut aus Felsen«.

Nach Hause, um das Baby zu füttern – das weich, sauber, zart fragil und feuchtwarm eben aus dem Schlaf erwacht war – während der Ruß der Unterwelt (seine schwarzen, metallischen Flekken) noch an meinen Kleidern schimmerten.

Dienstag, 17. November

Gehe in den Wohnwagen hinüber und arbeite an »The Alps go up pretty high«[1], mache lediglich Notizen, lese Tagebuch und mache mir darüber meine Gedanken. Dabei gewinnt es an Farbigkeit und begeistert mich – nur kann ich wie immer in diesem Stadium nicht rasch genug schreiben, *es fehlt die Zeit.* Wenn ich nur alles andere weglassen und mich darauf konzentrieren könnte wie ein Maler, ehe das Licht schwindet. Doch ich kann das nicht – ich stille das Baby. Ich muß zurück, muß essen, mich ausruhen, muß das Baby füttern – und morgen ist Miss R. nicht da, so wird auch meine eine Stunde ausfallen.

Es ist eine eigenartige Sache, die Vergangenheit derart heraufzubeschwören. Man hat offenbar zweierlei Erinnerungsvermögen. Das erste spielt sich in der Gedankenwelt ab. Ich erinnere mich an das folgendermaßen und auf diese Weise. Es berührt mich nicht. Das ist lediglich ein geistiger Vorgang, dabei aber ganz genau, und man bleibt gelassen. Der zweite Vorgang ist ein anderer. Da gibt es eine innere Türe, die das Gedächtnis erschließt und alles liegt vor einem. Du bist mittendrin. Ich bin in Long Barn, ich sehe es vor mir, spüre, rieche und berühre es. Und was noch wichtiger ist, ich bin diejenige, die ich damals war, sowohl mit meinen Gedanken wie auch mit meinen Gefühlen. Selbstverständlich bin ich auch *jetzt* beim Betrachten ich selber. Ich finde es eher schmerzlich, diese innere Türe zu öffnen. Die damals

[1] Kapitel in einem neuen Buch, das A. M. L. schrieb und das später als *The Steep Ascent* erschien.

gemachten Erfahrungen waren weder so schmerzlich noch so glücklich, daß ich mit sonderlicher Sehnsucht daran zurückdenke. Es liegt lediglich daran, daß ich das Leben derart heftig empfinde – ja, fast intensiver als zu jener Zeit – und diese Lebhaftigkeit ist in gewisser Weise eine Qual.

Donnerstag, 19. November

Die Zeitungen sind voller Berichte über den Vormarsch in Afrika. Britische, amerikanische und französische Truppen marschieren zusammen. Die *Marseillaise* wird wieder gespielt. Alle Franzosen unter dem Oberkommando General Girauds. Ich schöpfe wieder Mut für Frankreich und ich kann mir vorstellen, daß es allen Franzosen ebenso ergeht. Ich bin gespannt, ob St.-Ex. nach Afrika gehen wird.

Samstag, 28. November

Schnee – richtiger Schnee – weich und verblüffend, ganz unerwartet liegt er auf der Welt. Ich werde mich nie daran gewöhnen, daß einen der Schnee so überrascht, der die Welt ausgesprochen sanft verändert. Ich muß hinausgehen und ihn ansehen. Er ist solch ein Wunder – wie eine Verwandlung. Jede unbeachtete Samenschote, jede einzelne Weintraubenranke trägt ihre Schneelast. Keine ist vergessen. Ein vollendeter Wandel. Er erfüllt mich mit Freude.

Aber am späten Nachmittag bin ich auch ebenso deprimiert von den entsetzlichen Berichten in den Zeitungen. Besonders über die Behandlung der Juden in Polen. Massenerschießungen, die vorgesehene Ausrottung der Juden in Europa durch die Nationalsozialisten. In solchen Augenblicken habe ich das Gefühl, daß ich es nicht ertragen kann. Daß es vielleicht das beste ist, Quäker und generell gegen jeden Krieg zu sein. Aber irgendwo machen die Quäker die Türe zu. Sie weigern sich, über einen bestimmten Punkt hinaus verantwortlich zu denken. Ich bin keineswegs gegen das *Überrationale*, die Quäker jedoch scheinen mir unterrationalisiert zu sein. Sie bleiben stehen und dringen nicht in die mystische Welt vor. Selbstverständlich ist ihre Reinheit – sogar ihre blinde Unbescholtenheit – eine große und nutzbringende Kraft. Aber ich wollte, sie wäre nicht blind.

Man hat das Gefühl, daß die Glückseligkeit der ganzen Menschheit besudelt, befleckt und ein für alle mal dahin ist durch solche Greuel, auch wenn sie sich in der Ferne abspielen. Ein Wurm hat sich in den Apfel des Glücks gefressen, das gilt für uns alle und für immer.

C. sagt, es wird eine neue Apfelernte geben.

Für eine andere Generation wohl. Ich betrachte das vergnügt glucksende Baby mit seinen großen Augen und frage mich, ob es einen »anderen Apfel« besitzen wird.

Montag, 30. November

C. und ich spät zum Abendessen zu den Saarinens. Eliel Saarinen, der alte finnische Architekt, ist anwesend. Er ist ein gescheiter, nüchterner, weiser alter Mann. Wir unterhalten uns über die zukünftigen Städte, Stadtplanung. Er tritt für die Dezentralisierung ein – Wohnhäuser in kleineren Gruppen um die Arbeitsstätten. Männer sollen, wenn möglich, zur Arbeit gehen – die Bevölkerung einer Siedlung soll 20000 nicht übersteigen.

Er erzählt, daß sein erster Eindruck von Amerika die Slums in Chicago während der Wirtschaftskrise waren – 800 km nur Slums! Ich frage ihn, ob es in anderen Städten genauso schlimm ist, und er sagt, daß man das *gebietsweise* nicht beurteilen kann. Das ist eine Krankheit, wie der Krebs, und breitet sich aus. Er zieht interessante Parallellen zur Physiologie. Gesundes Gewebe unter dem Mikroskop ist ein Beispiel dafür, wie gute Städteplanung angelegt sein soll – ein Verteilungszentrum für Nahrungsmittel, für menschlichen Verkehr. Zudem ähneln die angegriffenen Zellen den Städten.

Auch wurden einige interessante Thesen zur Verteidigung

Cranbrooks vorgebracht – seine Großzügigkeit, seine Perfektion, selbst wenn lediglich eine Minderheit der Bevölkerung beeinflußt wird.

Er ist ein Mensch, der sich für die Qualität und nicht für die Quantität entschieden hat und an immaterielle Werte glaubt. Hinter seinem steifen Kragen verbirgt sich seine unbeugsame Integrität. Ich mag ihn gerne und spürte, daß ihm nicht bewußt wurde, wie ähnlich sich unsere Gesichtspunkte waren.

Ein Armeeoffizier kam dazu – nett, etwas derb – aber intelligent, ein Mensch, der denkt. Es wird vom Krieg gesprochen und er sagt, er ist gespannt, ob es uns wohl gelingen wird, noch vor seinem Ende herauszufinden, wofür wir eigentlich kämpfen. Betretenes Schweigen. Der ältere Saarinen sagt, er wüßte gerne, ob uns klar ist, was ein Sieg bedeutet (wenn wir in Betracht ziehen, daß *wir gewonnen haben* – die Friedensbedingungen).

Der junge Saarinen (Eero) sieht Etappen vor sich: die erste, wenn der europäische Krieg beendet ist, die Japaner aber weiterkämpfen; die zweite, wenn der japanische Krieg aus ist, aber der Wiederaufbau beginnt und drittens die Möglichkeit einer schrecklichen Wirtschaftskrise. Die Menschen fangen wenigstens, obgleich ihre Gefühle noch schwanken, an, über den Krieg nachzudenken.

Donnerstag, 8. Dezember

C. fährt sehr früh nach Wright Field, um dort Testflüge in großer Höhe zu machen. Zwei Männer sind bei solchen Flügen umgekommen und man nimmt an, daß das hauptsächlich daran lag, weil C.'s Bericht über die Höhenflugausrüstung nicht gelesen worden war.[1]

Abends entdecke ich St.-Ex.'s Aufruf an alle Franzosen[2], die

[1] Siehe Einleitung Seite 24f.
[2] »An alle Franzosen in der Welt«, *Time Magazine*, 29. November.

Querelen zu beenden und sich am Kampf in Afrika zu beteiligen, der für die Franzosen kein Politikum sei. Er hat nur den einen Wunsch, sich seiner »Gruppe« in Tunis anzuschließen. Für ihn ist bereits wieder Frieden. Er begreift recht gut, daß man den Verbannten keine Stellungnahme zugesteht, es sei denn als Soldaten, und selbst dann werden sie immer in der Schuld von »Frankreichs Heiligen« stehen, die im Land geblieben sind und gelitten haben. Er weiß, daß der Neubeginn von den »Kellern der Untergrundbewegungen« ausgehen wird und nicht von den außerhalb stehenden Emigranten.

Er hat seinen Frieden gemacht. Ich bin froh. Ich werde angesichts dieses Briefes, dieser Qual und dem Verlauf, den die Ereignisse nehmen, ganz demütig. Welches Äquivalent gibt es in unseren – in meinem Leben dafür?

C. kommt spät nach Hause – ich berichte ihm von dem Brief. Er sagt, es gibt kein »Äquivalent«, da wir nicht in der Lage Frankreichs sind. Aber ich habe das Gefühl, daß es irgendwo eines geben muß. Ich weiß nicht wo, und ich weiß auch nicht wie. Ich kann mir nicht vorstellen, daß es darin besteht, daß ich in meinem Wohnwagen sitze und Erzählungen schreibe. Es ist wohl mehr in dem Baby zu finden. Doch meine ganzen Anstrengungen sind im Vergleich zu den Opfern, die diese Menschen bringen, trivial.

Mittwoch, 9. Dezember

C. ist abends zu Hause und wir besprechen St.-Ex.'s Lage und die unsere. C. sagt, er ist ein wunderbarer Mann und hat von *seinem* Standpunkt aus *»recht«*, ahnt aber nicht, wohin seine Bestrebungen führen werden. Wir geraten von dieser Diskussion in eine andere, die unsere gesamte Lage in diesem Krieg betrifft. Ich schäme mich wegen einiger meiner Argumente über die Kriegssituation – nicht wegen meiner *These*, an die ich immer noch glaube, sondern in bezug auf die Beweisführung und Logik etc., die ich anwandte, um unsere Position zu erhärten. Sie kommen mir nationalistisch vor und nicht so, als entsprächen sie meiner wahren Überzeugung – sie sind mir fremd. Dieses Gefühl überfällt mich ganz besonders, wenn ich Schriften von St.-Ex. vor mir habe. C. sagt, der Standpunkt von St.-Ex. ist der eines Heiligen, der eine bestimmte Verantwortung auf der Erde nicht übernehmen will. Er steht ganz auf der Seite der Heiligen, hat aber das Gefühl (soweit ich das sehen kann), daß sie unter den Schutz der Soldaten gehörten. Ich möchte mich nicht gerne auf der Höhe eines Hügels wie ein Heiliger und in Sicherheit fühlen, während mich Soldaten in den Niederungen abschirmen und dafür Methoden anwenden, die mich empören.

Sehr aufgewühlt gehe ich ins Bett, wache früh auf und kann nicht mehr schlafen.

Noch fast im Schlaf murmelte ich: »Aber ich möchte, daß mir vergeben wird – oh, ich möchte, daß mir vergeben wird.«

»Wofür?« fragt C. »Und durch wen?«

»Ich weiß es nicht«, sage ich, »aber ich habe den ausdrücklichen Wunsch, daß man mir verzeiht.«

»Ich weiß«, sagt er, »dieser Wunsch überkommt einen manchmal – für alle Fehler, die man begangen hat. Ich kenne niemanden, der das so wenig nötig hat, wie du, und ich weiß keine andere *Möglichkeit,* um Verzeihung zu erlangen, als sie sich zu wünschen. Wenn du Vergebung *erbittest,* dann *wird* sie dir zuteil.«

St.-Ex. war ein Symbol für alle ausgezeichneten Menschen »auf der anderen Seite«. Auch für mich war er eine Art Symbol. Ich wünschte, daß sie begreifen könnten, daß wir nicht schlecht sind, aber das ist ein persönlicher und sehr irdischer Wunsch.

C. sagt: »Ich weiß, was du durchmachst; ich verstehe die ganzen Konflikte; ich sehe das alles genau so wie du. Du stellst dir vor, daß er dort hinüber gehen und getötet werden wird, was vermutlich eintrifft, wenn er wirklich geht.«

Ich sage: »Ja, aber für ihn wäre es noch schlimmer, wenn er hier eine Mördergrube aus seinem Herzen machen müßte.«

C. gibt mir recht.

Ja, so steht es mir vor Augen – und sogar sehr deutlich. In den letzten Kampf zog er mit Bitterkeit. In diesen aber zieht er mit Freuden – ja, sogar begierig. Was ich in diesem Brief so deutlich spüre, ist sein Hang zum Opfer, zum Sterben. Er möchte vor jenen »Heiligen« in Frankreich seine Schuld begleichen. Jenen Geiseln, denen er zuruft, daß die Emigranten *immer* in ihrer Schuld stehen, was sie auch unternehmen mögen. Und daher macht er sich auf, um die letzte Schuld zu begleichen und um freudig das höchste Opfer zu bringen. Er wollte seinen Platz »in einer stillen Ruhestätte auf irgendeinem Friedhof in Nordafrika suchen«.

C. sagt, wenn es ihm bestimmt ist, in Afrika zu sterben, wird er sterben, und wenn ihm das Leben beschieden ist, wird er einen Weg finden, um leben zu können. Ich wollte, ich könnte auch so fatalistisch empfinden. Ich bin jedoch ganz pragmatisch; man wird ihn genau dorthin schicken, wohin er möchte – in den Tod. Er geht nach Afrika zurück, das er liebte. Wo er einmal dem Tod ein Schnippchen geschlagen hat, zahlt er es ihm jetzt zurück. Wie gut geht diese Rechnung auf?

C. sagt zu meiner Bemerkung »Jetzt wird er es nie erfahren« – »Streichst du sie denn ganz aus, wenn sie sterben?«

Samstag, 12. Dezember

Rufe Miss Hamilton, eine Wirtschaftswissenschaftlerin an, die geschrieben hat, daß sie mich besuchen möchte – weshalb? Um sich mit dem Standpunkt der Isolationisten auseinanderzusetzen? Um uns zu belehren? Ich bin ganz darauf vorbereitet, meine Erklärungen darüber abzugeben, daß ich mich politisch nicht betätige (da sie immer nur von mir spricht), doch dann sagt sie mir am Telefon, daß es sich um etwas ganz Persönliches handelt. »Mrs. Ames sagte mir: ›Anne Lindbergh ist —— du solltest sie besuchen.‹« Sie kommt, auch wegen meiner Bücher, am Dienstag heraus, wenn C. nicht da ist.

Merkwürdig, wie erleichtert man ist, wenn der Druck von einem genommen wird, mag es sich auch nur um winzige Vorkommnisse handeln. Dadurch, daß eine fremde Engländerin (eine Freundin der Whiteheads) mich besuchen möchte, wiegt die Last, die durch die allgemeine Zurückweisung auf mir liegt, weniger schwer. Nach diesem Telefongespräch fiel mir das Umhergehen, Atmen und Nachdenken leichter.

Abends beginnen C. und ich eine Diskussion über Kriegsgreuel und Leiden und deren Stellenwert auf der Welt. Ich glaube, daß C. der Ansicht ist, daß sie trotz ihrer Schrecken besser sind als der totale Untergang. *Theoretisch* kann ich das wohl auch so sehen, aber wenn ich über die Grausamkeiten in Polen, die Geiselerschießungen in Frankreich lese, dann kann ich nicht umhin zu glauben, daß es hier um nichts anderes als *den Untergang* geht und es sich um den *Verlust* der Zivilisation handelt.

C. sagt, Geiselnahmen und Greuel gehören zu den schrecklichen Seiten des Krieges – jedes Krieges. Er fügt hinzu, daß sie in *verschiedenen* Völkern und zu *allen* Zeiten stattgefunden haben.

Die Konsequenzen, die sich daraus ergeben, regen mich sehr auf, obgleich oder *weil* ich weiß, daß C. ein Gemäßigter ist, grenzenloses Mitleid hat und dabei bedenkenlos aufrichtig ist. (Sehr viele mitleidige Menschen sind das nicht).

Mein ganzes Leben lang habe ich darum gebetet, »das Problematische des Bösen« zu verstehen. Aber vielleicht sollte man beten: »Hilf mir zu leben – richtig zu leben – *ohne* zu verstehen.«

Sonntag, 13. Dezember

Baby vier Monate alt. C. bringt die Kinder zur Großmutter. Lege mich hin und höre im Radio das D-dur Konzert und die Symphonie Nr. 1 von Brahms.

Diese Musik, mein sternenerleuchtetes Fenster, St.-Ex.s Philosophie, mein Innerstes und die impulsiven Momente meines Lebens sind von etwas erfüllt, das ich mit C.'s Anschauungen nicht vereinen kann. Vielleicht sind es zwei gegensätzliche Strömungen – der Intellekt, die Physis, Leben und Tod – die das Herz, auch wenn sie miteinander hadern, sowohl akzeptieren, als auch in sich verschließen.

Mittwoch, 16. Dezember

C. kommt spät, erst nach Mitternacht, nach Hause, nachdem er heute von Willow Run aus einen Flug auf 42 000 Fuß gemacht hat! Er scheint gut gelaunt und sagt, daß das der beste seiner Flüge war. Er hat eine neue Stellung bei Pratt & Hartfort (selbstverständlich nur halbtags) und ist darüber sehr glücklich. Derartige Arbeit schätzt er am meisten. Er wird dort *wirklich* gebraucht, bewundert und mag die Leute. Vor einem Jahr hätten sie ihn dort nicht einstellen können, da der politische Druck so stark war, jetzt jedoch »steigen unsere Aktien«.

C. freut sich, weil ich einen roten Schal um den Hals geschlungen habe. Um ihm eine Freude zu machen, muß ich lediglich ein blaues Kleid anziehen und einen roten Schal umlegen.

Sonntag, 20. Dezember

Ich gehe mit Land in den Gottesdienst. (Trage mein kardinalrotes Kostüm, das immer noch paßt. Gestern war ich nicht elegant genug gekleidet, und so versuche ich heute, meinen Sohn nicht zu blamieren!) Wir haben Geschenke mit. In der Nische der Kirche steht eine Krippe, nach Beendigung des Gottesdienstes wandern wir alle dorthin und legen unsere Gaben ab.

Was für eine hübsche Idee, aber mich persönlich hat die Heilige Handlung überhaupt nicht bewegt. Weshalb? Sie war lediglich ein Ritual, barg keinerlei Geheimnis, war nicht schlicht genug. Ähnelte viel zu sehr einer Aktion der Nachbarschaftshilfe. Das mag, wo es angebracht ist, in Ordnung sein. Gehört aber *nicht* in eine Kirche. Die moderne Kirche, besonders die evangelische Kirche, ist zum Nachbarschaftsverein degradiert worden.

Der Gottesdienst selbst war schlicht, die alten Gebete waren herrlich, aber ich konnte mich nicht in sie versenken, besonders weil mir Mrs. C. immer wieder etwas ins Ohr posaunte. Ich mag sie gerne, aber so verwandelte sie die Anbetung in ein nachbarliches Verhalten.

Auf dem Heimweg mit Land, im kalten, blanken Schnee und beim Ertönen der Weihnachtsglocken stieg meine weihnachtliche Stimmung, sie erreichte auf Lands »Einladung«, als die Kinder »Glo-o-ria in exelsis De-e-e-o« sangen und Lands Gesicht vor Freude strahlte, ihren Höhepunkt.

Kirchen sollten, so beschied ich, meine Gedanken ordnend, dunkel sein; man sollte *keine* Gesichter sehen, keine individuellen Gestalten wahrnehmen. Sie sollten unpersönlich und anonym sein. Man müßte in namenlose Anbetung verfallen können – eine unerkannte Seele.

Sonntag, 27. Dezember

Die ganze Woche lang Hetzerei und Überdruß. Pakete treffen ein. Leute fahren ab. Querelen in der Küche. Gehe jeden Vormittag in den Wohnwagen; bin sehr müde, arbeite schon vor an dem *Take off*-Kapitel in *The Steep Ascent*. Spüre die häusliche Spannung. Sehr unerfreulich. Anne liegt mit einer Erkältung im Bett. Das Baby steckt sich an. Ich habe Gewissensbisse. Stelle es nachts in unser Badezimmer. Er fuhrwerkt herum und niest. Ich stehe auf, gebe ihm Wasser. Kein Schlaf. Aber in der Frühe geht es ihm besser – das ist das Wichtigste. Tag des Weihnachtsabends. Wir kramen einige Schlittenglocken heraus, Land bekommt die Erlaubnis, an dem Abend zeitweilig als Rentier aufzutreten. Davon wird er so aufgedreht, daß er in seiner Unterwäsche in die Badewanne hüpft – immer noch als Rentier!

Weihnachten war schön, obwohl Anne im Bett lag und Scott nach wie vor schniefelt. Während ich das Baby stille, geht C. mit den Buben hinaus, er bringt sie gegen elf Uhr zurück, und wir packen die Geschenke aus.

Mein Weihnachten fand statt, als ich Scott stillte. Ich stille mein Baby. Niemals wieder werde ich so ein Baby haben. Die Kirchenglocken läuteten weihnachtlich in der Ferne. Ich konnte sie schwach vernehmen.

Jon, Land und ich sitzen abends am Kamin, lesen Bibelverse aus der Weihnachtsgeschichte, betrachten alte Fotos, spielen Weihnachtslieder und beten das Vaterunser.

Am Tag nach Weihnachten teilt William mir mit, daß er und seine Frau mir die Feiertage nicht verderben wollten, sie aber in weniger als einer Woche gehen werden. Muß wieder von vorne anfangen. Die Zeit, die Zeit, die das wieder kostet!

Sonntag

Anne packt ein Geschenk von Jim aus – ein entzückender, rosa Kate Greenaway-Cordsamtumhang. Sie sieht darin sehr reizend aus. Ich bin gerührt, daß Jim an alle Kinder gedacht hat. Vielleicht hat mich das an diesem Weihnachten überhaupt am tiefsten bewegt. Jim, der während seines Militärdienstes in Georgia für alle Kinder die passenden Geschenke mit den dazugehörigen Karten ausgesucht hat.

C. sagt bewundernd, daß für Jim die persönlichen Beziehungen immer an erster Stelle rangieren. Bei Frauen ist das genau so!

Montag, 28. Dezember

Darlan ist ermordet worden. Giraud übernimmt das Kommando. Roosevelt verurteilt die Tat, aber etliche Franzosen sehen darin die Hand des Schicksals und verkünden, daß der politische Mörder als Patriot mit dem Leben davonkommen sollte.

Sonntag, 3. Januar

C. fährt nach Hartford, ich lese George Sands letzte Briefe an Flaubert. Jetzt vermisse ich ihre großzügige Menschlichkeit und ihre sympathische Klugheit. Ich habe das Buch beendet, aber es reicht nicht aus, um etwas aufzuzeichnen. Doch die gesamte Briefsammlung besitzt Qualität. Ich begreife, weshalb Flaubert ihr so zugetan war. Spiele abends Bachs H-Moll-Messe.

Mittwoch, 6. Januar

Seltsam, daß die Gedanken doch ausgesprochen verrückt sind. (Dostojewski zeichnete die Menschen wahrlich realistisch), man setzt dabei sein normales Leben einfach fort, verbirgt vor den Menschen Depressionen oder Hochstimmungen, wie es einem *wirklich* geht, und spielt die Rolle, die einem zugefallen ist, nach bestem Vermögen. Denn daran erkennt man die Reife – den Grad, bis zu dem man weiterhin seine Opfer darbringt und die Riten befolgt, auch nachdem – wie St.-Ex. sagt – Gott den Tempel verlassen hat. Es gibt immer Zeiten, in denen Gott verborgen ist. Aber man muß seinen Weg auch dann fortsetzen, wenn er einem sinnlos erscheint – Schubladen säubern, das Baby baden, das letzte Kapitel abschreiben, Jon in seiner Trübsal trösten (die der meinen so ähnelt. Kann ich ihn lehren, wie man diese Tiefen überbrückt? Man *kann* es nämlich mit der Zeit lernen).

Freitag, 8. Januar

Gewöhnlich gibt es früher oder später zwischen Land und Jon Streit; dann muß ich mir etwas einfallen lassen, was Land beruhigt und Jon beschäftigt. Doch *darin* bestehen die täglichen Triumphe. Wenn es mir gelingt, einen betrübten Land dazu zu bringen, Polizist für den Kinderwagen zu sein, den Verkehr zu regeln, Türen zu öffnen, den Wagen abzuschließen etc. (Land spielt zu *gerne* Theater!) »Ja, gnädige Frau, ich habe selber ein kleines Mädchen«, sagte Land, »es ist gerade zwei Jahre alt.« Das versetzt eine Mutter, die die Anregung dazu gegeben hat, in wahres Entzücken. Man erlebt Theaterfreuden. Aber mit Jon ist es schwieriger. Schließlich veranlasse ich ihn, den Schnee vor der Garage wegzuschaufeln, »da dein Vater heute Abend womöglich nach Hause kommt und er es gerne hat, wenn er verschwunden ist.« (Jon bekommt pro Stunde 25 Cents.) Jon ist kein Schauspieler. Bei ihm muß es sich um *Realitäten* handeln, um von Belang zu sein. Er hat gute Arbeit geleistet und ist stolz darauf.

Nach dem Abendbrot kommt C. unerwartet nach Hause. Im Ledermantel und mit grauem Hut steht er lächelnd in der Türe. Ich setze mich im Bett auf. »Wie herrlich«, sage ich, »ich dachte nicht, daß du kommen würdest!« Er muß in der Früh wieder fort. Aber selbst in einer Nacht bekommt man wieder Boden unter die Füße. In Hartford geht alles gut. Das heißt, daß alle Leute froh darüber sind, daß C. dort arbeitet, und C. sehr guter Laune ist. Offensichtlich ist man auch in Washington sehr zufrieden.

Samstag, 9. Januar

C. fährt früh zur Küste. Ich habe es höchst ungern, wenn er wegfährt – *egal wohin* – wenn er nun in den Krieg zöge? Wie ertragen die Menschen das nur?

Ich mache einen Spaziergang. Es schneit leicht. Ein totes Opossum liegt da, von Hunden getötet (nehme das auf Grund der Spuren an). Graues Fell, glatter Schwanz, eine erschreckend klaffende, rote Wunde. Die kleine rosa Schnauze sieht so friedlich aus, wie im Schlaf zusammengerollt. Mitleidig bleibe ich einen Augenblick stehen. Warum ist der Tod immer wieder ein Schock – ich weiß es nicht.

Als ich um drei Uhr das Baby hinlege, steht C. wieder in der Türe. Schlechtes Wetter (jetzt schneit es stark); ich bin so glücklich. Nach dem Tee machen wir einen herrlichen langen Spaziergang, dabei haben wir ständig den leichten, weichen Schnee im Gesicht, sehen schwach die Lichter von Cranbrook im Nebel und die dunklen Kiefern vor den weißen Hügeln. Es ist still und ausgestorben – Dämmerung, Schnee und niemand unterwegs. Wir gehen durch den Cranbrook Park zum Museum hinauf, zum wissenschaftlichen Institut hinüber und nach Hause. »Das ist ein herrlicher Tag gewesen«, sage ich zu C., während wir durch den Wald zurückwandern, »trotz des Opossums.« (Die kleine pelzige Wölbung seines Körpers ist jetzt vom Schnee überrieselt.)

»Ja«, sagt C. »ich weiß.«

Abendbrot mit Jon vor dem Kamin.

Sonntag, 10. Januar

C. wieder früh fort. Ich versorge das Baby und gehe zum Wohnwagen.

Nach dem Essen, während ich nach der Musik meine Gymnastik mache, kommt C. erneut zurück. Schlechtes Wetter. Wir machen einen Spaziergang. Außerhalb Cranbrook den Hügel hinauf, durch den Wald und über Zäune zurück.

Abends schreibe ich vor dem Kamin Briefe, während C. am Kartentisch an seinem *Spirit of St. Louis* arbeitet. Er sagt, »das Schreiben tritt an die Stelle der Geselligkeit. Es ist deine Art, den Freunden etwas zu geben – aber die *eine* schließt die *andere* aus.«

Ich versuche stets, beides zu vereinen.

C. ist schon startbereit, während ich das Baby zu füttern beginne. Er steckt seinen Kopf durch die Vorhänge, erschreckt Scott damit, der ihn mit großen, runden Augen betrachtet und nicht weiß, ob er lächeln oder weinen soll; dann kommt C. herein, kitzelt ihn am Bauch und sagt in geradezu *unglaublichem* Ton: *»Oh, oui, oui, c'est ton père!«* (was er in der kurzen Zwischenperiode, in der Land nur Französisch sprach, gelernt hatte.) Dann begreift Scott anscheinend, daß es sich um einen Scherz handelt und lächelt.

Er ist jetzt sehr groß, hüpft schier vor Wonne, wenn ich morgens hereinkomme, um ihn aufzunehmen. Es fällt schwer, diese Zeit, in der wir so eng verbunden sind, aufzugeben. Sie zu Papier zu bringen ist so gut wie unmöglich. Die Nähe, die durch das Gewicht des Babys in meinen Armen entsteht, seine Wange an der meinen (bei dieser Berührung lächelt es), sein weiches flaumbedecktes Köpfchen unter meinem Kinn, wenn ich ihn aufsetze. Nein, beschreiben kann man das nicht, da dieses Verstehen rein physisch ist. Die Art, mit der meine Hände die Windeln wechseln. Die Weise, in der ich es umdrehe, sehr vorsichtig, so daß beide Arme eine feste Stütze abgeben. Ich kenne sein Lachen, sein Weinen und sein mitteilsames Gebrabbel, das mir sagt, wie es ihm gerade geht. Wann es sich gleich aufregt, schreien oder zappeln wird. Das Verständnis füreinander steckt in jedem von uns. Scott weiß das auch, und manchmal lächelt er unmerklich als Antwort auf mein Lächeln, das noch gar nicht auf meinem Gesicht erschienen ist!

Für ihn habe ich mir eine besondere Sprechweise und Stimmlage angewöhnt, denn er sieht stets erschrocken aus, wenn ich mit jemand anderem rede.

Nachmittags und abends packe ich für zwei Wochen in Englewood. C. kommt um neun Uhr. War ausgesperrt. (Wieder schlechtes Wetter.) Jon hörte einen Pfiff vor der Türe.

Während ich packe und am letzten Abend das Baby versorge, schreibt C. an seinem Manuskript. Er hat das erste Kapitel beendet. (Nachdem er drei handschriftliche Entwürfe gemacht hat!)

Als ich C. sage, daß ich mir Sorgen mache, was ihm seine jetzige Position wohl in Zukunft bescheren könnte, sagt er: »Du brauchst keine Angst zu haben« (liebevoll), »da ich niemanden gerne verletze.« Letzteres stimmt.

Dienstag, 12. Januar

In den Wohnwagen und auf einen Spaziergang. Der Wind hat den düster verhangenen Himmel von den Wolken reingefegt – strahlend blauer Himmel. Ich spüre geradezu C.'s Wonne darüber, wieder in der Luft, in einem Flugzeug und auf dem Weg zur Küste zu sein. Wie oft bin ich mit ihm geflogen.

Anne winkt noch immer leicht skeptisch, Land ganz nebenbei aus der Badewanne zum Abschied. Er möchte von mir Blasenbadeseife und einen Topflappen (da er sich für das Kochen interessiert! Häuslicher Land). Jon braucht Handschuhe.

Ich kann jetzt glücklich fortgehen und dabei an die Rückkehr in meine Familie denken. Das Baby hat mich von den anderen Kindern ferngehalten. Jon braucht mich. Ich muß zu Anne zurückfinden. Und zu Charles – der hocherfreut über seine neue Arbeit ist – und ganz besonders zu meiner Erzählung über die »Alps«. Ich habe das Gefühl, daß mir dieser düstere Winter in Michigan zu deren Fertigstellung zur Verfügung steht. Ich *muß* sie zu Ende bringen, vielleicht habe ich keine andere Gelegenheit mehr dazu.

Englewood, 26. Januar

Zwei New-York-Wochen sind vorüber. Jetzt, da sie fast vergangen sind, ist es schwer, das Geschehene zusammenzufassen. Ich habe sehr viele Menschen getroffen, habe mich nach einer Köchin umgesehen, habe eingekauft. War beim Zahnarzt. Bin in ganz

New York herumgekommen, mit Untergrundbahnen unterwegs gewesen, bin rein in Autobusse und wieder raus. Ich habe an Cons Leben teilgenommen, endlose Treppen auf und ab, Gastfreundschaft für viele verirrte, fröhliche junge Engländer, Gutenachtküsse für Saran, dabei blieb Con immer ruhig und objektiv, saß ihre Stunden im Büro[1] ab, erledigte ihre Haushaltsführung mit ungenügenden Hilfskräften, arrangierte Empfänge, traf Vorbereitungen für Aubrey etc.

Einen Abend mit Con, Aubrey und den Engländern zum Tanzen aus. (Wie kann jemand nur so jung sein, wie diese beiden Männer? Dabei sind sie vierzig? Haben die Luftangriffe mitgemacht. Lernt man durch Leid? Meistens wohl nicht.)

Schrecklich viele Menschen – so viele, daß ich zu viel geredet habe, zu aufgedreht wurde, nicht schlafen konnte und nachher alle Menschen verwechselte. »Also, *wer* sagte das?« In gewisser Weise handelt es sich um ein impulsives Wiederaufblühen nach den langen düsteren Monaten, aber es war eine solche Fülle, daß ich sie kaum genießen konnte. Man kann auch eine Katze mit Sahne überfüttern! Gewisse Ereignisse werden hoffentlich in der Erinnerung haften bleiben und sich während der freudlosen vor mir liegenden Monate herauskristallisieren.

Wir sahen Tschechows *Drei Schwestern* – wunderbar, lebendig, Leute und Literatur, die mir liegen.

Verdunklung in New York, die Sterne scheinen zwischen Gebäuden und Omnibussen herab, in denen lauter alte gepflegte Damen den Schaffner fragen, wie sie in die 57. Straße gelangen. Kein Speck, Tee, Kaffee, keine Mandeln oder Sahne in den Restaurants. Busse und Untergrundbahnen gesteckt voll, *sehr* schmutzig. Große Unsicherheit wegen der Taxis. Darf man eines nehmen oder nicht? Was galt als »Vergnügungsfahrt«? Ambros fährt mit der Mutter zur U.S.O., *nicht* aber zum Mittagessen. Die Taxifahrer sind redselig und schimpfen über die Konfusion.

Dieser New-York-Besuch brachte sowohl hier wie da flüchtige, interessante Kontakte, die wieder abrissen, sich nicht hielten

[1] In der Registratur des britischen Informationsdienstes in New York.

und doch sehr bedeutsam waren. Über allem lag eine fühlbare Intensität. Ich nehme an, daß diese starke Wirkung von mir ausging. Dieses Gefühl habe ich stets, ehe ich ein Risiko eingehe. Daß es alle in die vier Winde zerstreuen wird. Daß alles in Bewegung ist. Daß es an Zeit fehlt. Daß wir – im Vorüberfahren auf der Straße – unsere Beziehungen realisieren sollten. »Sprechen Sie rasch und sagen Sie mir, was Sie auf dem Herzen haben!«

Ich nehme an, daß meine lange Abwesenheit dazu beigetragen hat, daß mein Sinn für den Wert menschlicher Kontakte geweckt wurde. Ebenso das Gefühl für eine bevorstehende Trennung. Ist ein Lebensabschnitt beendet, werden für Haß und Loyalität neue Maßstäbe gsetzt. Nach und nach werfe ich die Last der Schuld und meine Bescheidung, die Krieg und Leid mir auferlegt haben, von mir.

Ausgeglichen zu sein ist schwierig. Da man, um die gefühlsbefrachtete, düstere Seite des Lebens überhaupt akzeptieren zu können, das Leben mit beiden Armen umfangen muß. Dabei haben meine Kritiker nicht recht; wenigstens nicht ganz. Man kann Leben und Tod nicht trennen. Ich muß sie zusammen sehen. Ich habe das Gefühl, daß Charles dem näher steht als ich und mich belehren kann, ja bereits belehrt hat. Aber durch unsere räumliche Trennung wird mir das plötzlich klarer. Ich sehne mich danach, mit ihm darüber zu sprechen, ihm seinen Reichtum zu verdeutlichen und auch sein Wesen. Und – weshalb ich ihn liebe.

Mein Hang zum Leben ist stärker als mein Hang zum Tod. Deshalb heiratete ich C. Ich möchte entsprechend leben, möchte das meinen Kindern vermitteln und auch so schreiben. Wird mir das gegeben sein?

2. Februar

Habe meine Kinder versorgt, bin gefordert worden, bin treppauf und treppab marschiert, habe vorsichtig passierte Bohnen in Scotts Mund zurückgestopft. Habe Lands verstreute, nasse Kleidung eingesammelt und auf die Heizung zum Trocknen gehängt.

Habe Anne gut zugeredet, ein paar Karotten zu essen. Habe die Babynahrung angerührt und aufgepaßt, daß alles kocht; wasche: Flaschen, Flaschenbürsten, Sauger, Töpfe, Pfannen, Orangensaftbecher, Gemüseteller, Hemogläser – alles für die Kinder. Was hat das mit dem zu tun, was ich in New York lernte? Worüber ich meine Erzählung schreiben wollte? Man lebt in mehreren Welten. Mal läßt man sich von der einen, mal von der anderen unterkriegen. Aber trennen darf man sie nicht.

Gestern Abend kam C. zurück. Es war unglaublich, die Sonne war aufgegangen; ich bin voller Leben, Hoffnung und Glück. Jetzt wird mir klar, wie sehr ich in den letzten Tagen, in denen das Wetter so schlecht war, gefürchtet habe, daß ihm etwas passiert sein könnte. Es hat mich ganz unsinnig verfolgt.

Als heute Morgen das Telefon klingelte, dachte ich plötzlich erleichtert: Kein Grund, Angst zu haben – C. ist zurück, er ist in Sicherheit, man ruft nicht an, um mir zu sagen, daß er vermißt ist!

Es war Mutter, die mir mitteilte, daß Margot ein kleines Mädchen (Faith Morrow) bekommen hat! Hat sie sich einen Jungen gewünscht? Ich glaube ja – und ich ein Mädchen. Aber es macht nichts. Scott scheint die Verkörperung irdischer Lebensfreude und Daseinsfreude zu sein.

3. Februar

Land und ich schütten uns über eine Karikatur in einem Buch mit Tierwitzen vor Lachen aus. Wir fanden beide im gleichen Moment die selbe Sache komisch. Gemeinsam zu scherzen, ist ein großes Vergnügen.

Während meines einstündigen »Mittagsschlafs« lese ich die *Times*. Ich lese sie nicht wegen der Nachrichten, sondern ich möchte den verschiedenen Entwicklungen auf die Spur kommen. Die Nachrichten besagen, daß wir an allen Fronten siegen. Die Russen vertrieben die Nazis aus Stalingrad, aus den Ölfeldern und aus dem Kaukasus, schreckliche Verluste. Churchill hat (einen diplomatischen) Sieg über die Türken errungen. Um die Salomoninseln ist ein neuer Krieg entbrannt.

Doch der wahre Grund, weshalb ich das alles lese, ist das nicht; ich registriere wie ein Seismologe die Erschütterungen auf der Erdoberfläche, die Risse der Erdkruste, ihre Aufteilung. Immer wieder suche ich in Wahrheit nach den gleichen Zeichen – ich möchte ergründen, wie die Grenzen verlaufen, wie die wahre Aufteilung erfolgt, wo sich die Kluft auftut. Selbstverständlich wähle ich stets den *Mittelweg*. Aber bei dieser Spaltung mag es vielleicht keine Lösung geben. In allen Lebensbereichen – im Krieg, in Briefen etc. suche ich danach, aber ich finde lediglich vage Spuren, die Grenzen setzen und den großen Bruch anzeigen.

Es sieht so aus, als würde die Moral der Deutschen abbröckeln; die letzten Reden von Goebbels und Göring. Die Proklamationen Hitlers. Alle reiten sie auf Rußland herum wegen seiner Macht, seinen Ressourcen, seiner ständigen Bedrohung. Die Deutschen müssen bis zum letzten Mann kämpfen, um der »Versklavung« und dem »Bolschewismus« zu entgehen.

Bei uns bezeichnet man das als Propaganda für eine Friedensoffensive. Ob das womöglich wahr ist – aber *nicht* für uns bestimmt, sondern nur als Internum gemeint war? Die deutsche Bevölkerung hat Angst (so kommt es mir wenigstens vor), und zwar nicht vor uns, sondern vor *Rußland.*

Sollten wir den Krieg gewinnen (was jetzt anscheinend näherrückt), was dann? Wie sieht dann Europas Werdegang aus? Wo wird man die Grenzen ziehen? Glaubt tatsächlich irgendjemand, daß wir die Verkehrspolizei abgeben werden und unsere Meßlatten, Markierungslinien und Verkehrsampeln säuberlich und friedlich über Europa verteilen, wie (Henry) Wallace und andere vorschlagen?

Sonntag, 7. Februar

C. nach Hartford abgefahren. Von Norden blies seit zwei Tagen ein schrecklicher Wind und das Haus ist kalt. Wie sehr verabscheue ich den heulenden Wind. Wenn er doch nur aufhörte, und sei es nur für einen Augenblick.

Gestern Nacht sagte ich zu C., daß die gestellte Aufgabe – stets gut zu sein – unendlich schwer ist. Ich wollte, ich könnte diese Last für eine Weile ablegen. Er sagte, man sollte nicht versuchen, sich zu viel aufzubürden. Er erwähnte auch, daß uns gleichgesinnte Menschen fehlen und wir nicht wüßten, wo sie zu finden seien.

Montag, 8. Februar

Der Wind hat aufgehört! Ein herrlicher, kristallklarer Tag folgt dem Sturm – kein Hauch. Überall Stille, blendendes Weiß und Geglitzer. Ich bringe Land in die Schule. Eben geht die Sonne auf, und etliche schmale Wolkenfetzen stehen als Streifen im strahlenden Blau. Land und ich kicken auf dem ganzen Weg einen Eisklumpen den Hügel hinunter, herrliches Spiel. Ich singe das Gloria. »Ehre sei Gott in der Höhe und Friede den Menschen, die guten Willens sind.« Auch Land singt – aber nicht das Gloria.

Zurück in den Wohnwagen, um 2½ Stunden zu arbeiten. Es ist sehr kalt. Nichts geht wirklich voran. Wenn ich etwas schreibe, in dem nicht *alles* zum Ausdruck kommt, was ich weiß, bin ich unzufrieden. So ganz stimmt das auch wieder nicht – aber ich ertrage das nicht, Halbwahrheiten zu Papier zu bringen, da ich ja nicht dumm bin.

C. sagt, ich habe mir zu viele Grenzen gesteckt. Wähle das nächste Mal etwas wahrhaft *Großes!* Er setzt so viel Vertrauen in mich – so viel, daß es geradezu unglaublich ist. Wenn ich selber keinen Funken Vertrauen mehr habe, seines erfüllt mich ständig und ist unerschöpflich.

»Oh Gott, der uns das Leben gibt,
schicke meinen Wurzeln Regen.«
(Gerard Manley Hopkins)

Mittwoch, 10. Februar

Schuhe sind rationiert – drei Paar im Jahr! Ich bin gut versorgt, aber die Kinder wachsen so schnell aus ihnen heraus! Ich werde meine Punkte für sie aufheben. (Ich fürchte, daß Jon im Jahr neun Paaar braucht.) Freitags wird das Fleisch rationiert. Ich erzähle Jon, daß wir Kaninchen essen müssen und er beginnt mit Draht und Pflöcken Schlingen zu machen. (Wie P'tit Louis es ihm auf Illiec beigebracht hat.)

Montag, 15. Februar

Rußland fordert – zum erstenmal – Bessarabien, Lettland, Estland und Litauen. Es erklärt, daß es sich hier nicht um einen »Überfall« handle, sondern um Gebiete, die ihm rechtmäßig zustehen!

Noch immer richten die Deutschen in Rußland Schreckliches an.

Arthur Koestlers Artikel über den Grund unserer Kriegsführung – eine neue Richtung? Nein, (erklärt er), es handelt sich um die alte, die lediglich etwas aufgemöbelt wurde. Achtzig Prozent der englischen Bevölkerung stehen (laut Gallup-Umfrage) zu Churchills Rede: »Wir haben vor, uns zu behaupten.«

Donnerstag, 18. Februar

Ein heiterer, wunderbarer Tag. Hinüber in den Wohnwagen, um ihn zu heizen und dann mit Land in die Schule. Er hat sich verspätet, wir sind in Eile, und damit ist der Spaß verdorben. Für gewöhnlich liebe ich diesen stillen Gang zur Schule, wenn die Sonne gerade aufgeht, alle Bäume weiß sind vom Frost und in der Sonne glitzern.

In der Post eine Mitteilung von C. – komme Freitag oder Samstag.

Ich versuche, den Tag nicht zu *vertrödeln.* Ich meine dabei nicht genau das, was andere darunter verstehen. Verschwendung ist Unkenntnis. Bedeutet: Zu viel Zeit – *unproduktive* Zeit – auf die Zeitungen zu verwenden, oder einen Artikel nur deshalb zu lesen, damit man nachher einem Freund schreiben kann, daß man ihn gelesen hat. Oder träumen, oder mit Papierschnipseln herumspielen, wenn einen etwas bedrückt, oder das Betrachten von Katalogen, oder, wenn man unnötig oft die Treppe hinauf und hinunter rennt, oder, wenn man aus der Türe tritt, ohne es gewahr zu werden. Dabei habe ich manchmal das Gefühl, daß ich mich durch diese ständige Umsicht selber verschleiße. Bin ich deshalb nach Beendigung des Tages so müde?

Das Schreiben mit seiner Konzentration, die es einem abverlangt, strapaziert bis zur Erschöpfung. Ich habe festgestellt, daß das Schreiben nichts anderes bedeutet, als vom Liebesdämon, von dem in manchen Balladen die Rede ist, besessen zu sein. Im täglichen Leben wirkt man vernünftig wie jede andere Mutter von vier Kindern, wie jede Ehefrau. Aber sobald man anfängt zu schreiben – niemals. Dann ist man besessen. Man hat unglaubliche Gedanken im Kopf, sagt unglaubliche Dinge. Man ist ein anderer Mensch. Man fühlt sich sogar zu anderen Menschen hingezogen als bisher. Man liebt weder seine Kinder noch seinen Ehemann. Möglich, daß mich das, nachdem ich es niedergeschrieben habe, nicht mehr so belastet. Denn das tut es. Ich möchte keine Sonderstellung, ich möchte alles auf einmal.

Freitag, 19. Februar

Ein herrlicher Tag – Land und ich beginnen ihn gut, wir müssen uns nicht beeilen, um in die Schule zu kommen. Es ist wunderbar. Auf unserem Weg sehen wir einen Kardinal. Jon liegt mit Husten im Bett. Anne geht es besser.

Der Installateur kommt, wir haben wieder heißes Wasser. Marie kann die Wäsche waschen. Himmlischer Tag!

Es taut. Der Wohnwagen ist warm. Ich öffne das Fenster. Vögel singen.

Die Russen sind weiter im Vormarsch. Die Zeitungen zerstören meine ganze Wonne über den Tag. Neben dem Krieg ist alles, was ich leiste, unwichtig. Die Kinder natürlich nicht – aber mein Schreiben.

Kein Charles.

Samstag, 20. Februar

Wieder ein phantastischer, milder Tag. Auf den Hügelabhängen schmilzt der Schnee. Ehe ich mit Scott fertig bin, kommt C.! Das Haus lebt. »Vater ist hier!« sagen Jon und Land, die ihm zuerst begegnet sind. (Sie sind sehr folgsam und unglaublich brav. Land geht auf der Stelle hinaus). C. und ich machen in der warmen Sonne einen Spaziergang und wandern die Straßen hinunter, auf denen der Schnee schmilzt. Tauschen Mitteilungen aus, reden zu heftig. C. über die veränderte Einstellung in Washington und im Osten. C. sagt, daß man ihn überall freundlich aufnimmt. Er berichtet mir das Neueste von den Kriegsfronten.

Wir erwägen einen Umzug und fragen uns, ob er ratsam wäre. Ob die Lebensumstände – einfach das tägliche Leben in Neuengland mit seinen ganzen Ernährungs-, Verkehrs- und Heizproblemen – so mühsam sein würden, daß wir besser hier bleiben. Doch C. sagt, daß er die Hälfte der Zeit dort sein wird, und daß ihm alle Leute, ihre Art und Weise, ihr Sinnen und Trachten etc. sehr viel mehr liegen als die der hiesigen Bevölkerung, das bedeutet, nehme ich an, daß er schließlich häufiger dort sein wird.

Wie stets bin ich viel hoffnungsvoller und energiegeladener, wenn C. zurück ist.

Der Frühling ist da!

Sonntag, 21. Februar

Wieder ein wunderschöner, strahlender Tag. Es taut. C. geht mit allen Kindern, außer Scott, zu seiner Mutter. Mir paßt das gar nicht, und ich fühle mich eher ausgeschlossen. Doch nachdem sie fort sind, mache ich alleine einen Spaziergang durch ganz Cranbrook. Als ich mich dem Haus wieder nähere, wird mir klar, daß ich nicht nach Hause will. Es wird mir bewußt, wie sehr ich das Haus verabscheue – ja, daß es mir schier den Magen umdreht – mit diesem aprikosenfarbenen Wohnzimmer, seinen Pseudostuckwänden und den imitierten Balken, dazu die glänzenden Möbel aus dem Lagerhaus. Dann haßt du lediglich dieses Zimmer und weder Detroit noch Michigan.

Abends spreche ich mit C. darüber. Er sagt, »Es geht nicht nur um das Zimmer«. Ich fürchte wohl, daß das Zimmer eher ein grundlegendes Charakteristikum für diesen »Mittleren Osten« ist – wie Saarinen sich ausdrückt.

Lese nachts Kafkas *Schloß*. Es ist wunderbar. Wie gut verstehe ich seine ewige Suche nach »Dem Schloß« und einer gewissen Zustimmung.

Wie gut verstehe ich sein beständiges Gefühl der Ausgeschlossenheit, seinen Wunsch nach Zugehörigkeit und Anerkennung. Das hoffnungslose Verlangen danach, »ganz normal« und mit einbezogen zu sein – was leider beweist, daß man außerhalb steht.

Dienstag, 23. Februar

Furchtbare Schlagzeilen in den Zeitungen. Zwei Transporter verloren – 850 Menschen ertrunken. In Lissabon ist eine Verkehrsmaschine mit 20 Passagieren abgestürzt – alle tot. Diese schrecklichen Nachrichten überschatten den Tag und lassen die übrige Post und die weiteren Nachrichten unwirklich erscheinen. Auch das Schreiben verliert an Realität. Wie soll man schreiben, wenn derartiges passiert?

Doch ich versuche es. Ich schreibe einen Teil des Flugkapitels und ein kurzes Vorwort, daß, durch die Tragödie beeinflußt, zu einer Art Apologie wird, weil ich in solchen Zeiten über solche Begebenheiten berichte.

Bis ich die Zeitung durchgelesen habe, bin ich müde und verbittert. Es ist eine aufgestaute Bitterkeit – dieses entsetzliche

Opfer an Menschenleben auf den Transporten. (Wofür? Wenn man das nur wüßte.) Wegen kurzsichtiger Fanatiker Hungersnot in Europa. Rußland knüppelt sich seinen Weg durch Europa, zumindest scheint das sein Vorhaben zu sein. (Ich spreche nicht von den gemeinen Soldaten, die Leningrad verteidigen. Man kann nicht umhin, ihnen tiefe Bewunderung zu zollen für die Art, wie sie die Angreifer hinausgeworfen haben. Aber Stalins brutale Drohungen.)

Ich gehe auf den hohen grünen Hügel hinauf, versuche alles abzuschütteln – und den Himmel zu finden. Ich gehe dorthin, wo es grün ist, wo mich Weite umgibt. Ich stehe lange, bis ich spüre, daß der Wind einen Teil der Verbitterung fortgeblasen hat. Ich begreife, daß es in meinem Leben drei wichtige Probleme gibt, die ich bekämpfen muß. Das erste war allein der Kummer (die Entführung), das zweite war die Angst (die Flüge), das dritte ist die Verbitterung (die Kriegskämpfe). Und letzteres fällt mir am schwersten.

Freitag, 5. März

Die Zeitungen mit ihren üblichen Unglücksbotschaften deprimieren mich. Über hundert Menschen sind umgekommen – bei einer Panik in der Untergrundbahn, in der Menschenmenge erstickt –, eine Frau fällt mit ihrem Baby, hinter ihr türmen sich die stürzenden Massen, die wegen eines Luftangriffs hereindrängen. Die Nachrichtenfetzen, die aus Frankreich zu uns gelangen, sind grauenhaft. Verschärfung der antisemitischen Maßnahmen. Junge Männer zur Arbeit in Deutschland herangezogen – keine Nahrungsmittel – die Ernte aus Nordafrika abgeschnitten – einen Monat kein Brot (aber was für eines war das schon!).

Alle warten sie auf Lieferungen von uns, eine zweite Front. Wenigstens scheinen die Nachrichten aus Afrika günstig zu sein. Giraud lockert die Bestimmungen.

Die Kriegsnachrichten sind dürftig – Stillstand an allen Fronten.

Montag, 8. März

C. ruft an; er ist hier, wird zum Abendessen zu Hause sein. Ich sage Jon, daß sein Vater kommen wird, und er strahlt. »Es ist zu schade, daß er so viel weg sein muß.« Jon vermißt und braucht seinen Vater am meisten.

C. informiert mich über die neuesten Kriegsereignisse. In Tunis steht es schlecht, es ist aber nicht bedrohlich und erfordert keinen großen Einsatz. Die Russen haben einen wahrhaftigen Sieg errungen – haben die Nazis entscheidend geschlagen, aber in Deutschland keine Anzeichen für einen Zusammenbruch. England hat auf seine (großen) Reserven zurückgegriffen.

C. sagt – sehr zu meiner Überraschung –, daß ihm alle Türen offen stehen (außer in engsten Regierungskreisen). Arnold erklärt, daß er froh ist, daß C. bei Pratt und Whitney arbeitet, da er (Arnold) das Gefühl hat, daß er C. »im Stich gelassen habe«. Natürlich haben sie ihm gegenüber ein schlechtes Gewissen, und ich finde, das *sollen sie auch*. Aber C. ist ganz frei davon. Er grollt niemandem.

C. erzählt, daß ihn im Carlton ein französischer Offizier angesprochen, ihm die Hand gedrückt und ihm gesagt hat, daß er ihn nach seinem ersten Flug in Paris gesehen hat. »Jetzt kämpfe ich mit General de Gaulle.« Sie begrüßten sich beide überschwenglich. Das freut mich riesig. Ein de Gaulle-Anhänger begrüßt C.!

Ich schlafe, schlafe wunderbar, wie ein Kind, mit C. an meiner Seite und unter seinem Schutz. Nächtelang habe ich nicht so gut geschlafen.

Dienstag, 9. März

Harry Hopkins verkündet in *Readers Digest* »Keine Reißverschlüsse mehr!« (als Kriegssparmaßnahme). Dank sei dir, Bruder Hopkins! Ich habe einen Schlüpfer, ein paar Flanellhosen und einen Reißverschluß, der in einem Schlüpfer hängenblieb, ruiniert. Gott sei Dank ist das Reißverschlußzeitalter vorüber! Ich habe sie immer gehaßt – die kalten rutschigen, metalligen Dinger, denen man nie recht trauen konnte. Sie halten nie, wenn man es braucht. Sie sind steif, wenn man möchte, daß sie ein bißchen nachgeben. Keine Elastizität, kein Charme, keine Struktur. Nimm einen Knopf, bei dem weiß man doch, woran man ist. Er hält bis zum Tod, aber er gibt auch ganz menschenfreundlich nach, wenn man mal zwei Zentimeter zunimmt. Außerdem *fühlt* sich ein Knopf beim Anfassen freundlich, tröstlich und warm an.

C. kommt zurück und ist ärgerlich, weil ich sage, daß ich morgen nicht in den Wohnwagen gehen kann. Ich muß die Babynahrung anmachen. Er sagt, kann bei drei Leuten im Haus nicht einer von ihnen das machen, die Flaschen waschen und die Routinearbeit erledigen? Er sagt, daß ich in einen täglichen Trott geraten bin, und damit hat er recht. Aber ich hatte immer das Gefühl, daß ich feige und faul bin, oder mich drücke, wenn ich lediglich die erfreulichen Tätigkeiten bei der Kinderbetreuung übernehme. Auch habe ich einen gewissen missionarischen Eifer für die Verrichtung der unangenehmen Arbeiten entwickelt. C. sagt, daß er niemanden kennt, der so wie ich solche Lappalien zu einem derartigen Symbolismus hochspielt.

Sonntag, 14. März

C. ist traurig wegen seiner Mutter, der er so gerne helfen möchte, er kann es aber nicht. (Sie ist krank, will aber weder einen Arzt noch sonst jemanden zur Hilfe haben. Darin ist sie unerschütterlich.) Das nächste Mal muß ich hingehen. Vielleicht gelingt es mir zu helfen, auch wenn C. nicht daran glaubt. Ich bin eine Frau, und sie hat keine Frau um sich. Abends lese ich C. ein Kapitel aus *The Steep Ascent* vor. Er sagt, es sei sehr gut, besonders der Schluß. Woraus ich folgere, daß es nicht gut und mir nicht recht gelungen ist. Ich wollte darin den Kampf gegen die Angst und die Mächte der Dunkelheit zum Ausdruck bringen. Wie sehr sie eine Unmenge anderer Übel heraufbeschwören; man verkriecht sich – übt Selbstmitleid, klagt andere an, übt Selbsttäuschung und vieles mehr, und hält sie dagegen. Flüchtet sich in Träume, Wut, Anschuldigungen, rettet sich in die Kindheit und in Trugbilder – und schließlich ergibt man sich. (Aber entrinnen kann man *nicht* – es taugt nichts.)

Montag, 15. März

Montag, es regnet, und C. ist wieder fort! Es ist warm geworden, und benommen erwache ich aus einem Traum. Es war ein lebhafter Traum von einer jungen, ganz unrealistischen Liebe, die sehr jung, sehr verehrungsvoll, sehr idealistisch und ohne Spur des Sinnlichen war. Jetzt bin ich 36 – alt genug, um mich nicht mehr unsterblich zu verlieben, und träume noch immer von der Liebe einer Sechzehnjährigen. Ein ungestilltes Verlangen – ein *angoisse inguérissable.*

Dann bin ich natürlich aufgewacht und erzählte C. alles. Er wirkte ärgerlich. »Dieses Verlangen sitzt tief bei dir.« Ja, antworte ich, aber es ist unwichtig. Es wird mir immer bleiben. Kann nie gestillt werden. Es animiert mich zu schreiben. Kierkegaard nennt es »die unglückliche Liebe zu Gott«. Er sagt, der Dichter hat eine unglückliche Liebe zu Gott.

»Nein«, sagt C. »Es *kann* wie der Hunger gestillt werden, der sich dann später wieder meldet. Es liegt an diesen grünen Wänden und an Michigan und dem Mittelwesten.«

Doch ich bin den ganzen Vormittag eher geistesabwesend und schwebe noch immer auf der undeutlichen Erinnerung an meine Traumekstase dahin. C. ist (leicht) irritiert und sagt, daß ich ihm nicht zuhöre, wenn er von Bezugscheinen, dem Öl im Wohnwagen und dem Unterschied von Benzin und Heizungsöl etc. redet. Ich entschuldige mich, weil ich so zerfahren und unpraktisch bin. »Du bist nicht unpraktisch«, sagt C. und betrachtet mich kläglich. »Was denn?« frage ich. »Lediglich weit weg?« »Ja«, sagt C. erleichtert, weil er sieht, daß ich wieder vorhanden bin. »Und außerdem ertrage ich das nicht.«

Cranbrook, 17. März

Liebe Sue (Vaillant),[1]

Wir haben März, ein erfreulich sieghafter Wind, in den Schattenecken des Gartens noch immer kleine schmutzige Schneereste, der Boden für die Gartenarbeit zu hart. In diesem Jahr wird ein Gemüsegarten *nötig* sein.

Ich arbeite schwer. Meine Erzählung ist fast fertig. Ich habe alles hineingelegt, was ich in der Vergangenheit im Leben gelernt habe. Es handelt sich um einen Flug über die Alpen, könnte aber alles sein. Kinderkriegen, Eheschließung oder moralische und geistige Kämpfe, die man durchzufechten hat. Die gleichen Höhen (»Das sollen die Alpen sein?«) und die gleichen Tiefen (»Ich bin ausgeliefert – sie haben mich aufgegeben!«). Es ist mein ganzes Leben. Aber ich weiß immer noch nicht, ob man das so – jetzt oder überhaupt – veröffentlichen kann. Ich wünschte, Du könntest es mir sagen.

Inzwischen bin ich glücklich, weil Giraud eine bewegende Rede gehalten hat, in der er alle Franzosen aufrief, sich in einer Armee, in einer Flotte etc. zusammenzuschließen. Er erklärt alle Gesetze der Vichy-Regierung in Afrika für null und nichtig, stellt eine republikanische Regierung auf und sagt, daß Frankreich nach seiner Befreiung seine eigene Regierung wählen soll und er außer Frankreichs Befreiung keinerlei Ambitionen hat – »Ich bin der Diener des französischen Volkes und nicht sein Herr«. Ich hoffe jetzt, daß sich die anderen anschließen.

C. ist wieder fort. Er ist so viel weg, daß ich annehme, daß wir wohl doch in den Osten ziehen. Wir sehnen uns beide nach den Menschen im Osten, dabei glaube ich, daß, bis wir endlich dort sind, alle Menschen, die ich sehen möchte, inzwischen in Afrika, England oder Peru sein werden!

[1] Der Brief war an die US-Botschaft in Lima, Peru, adressiert, wo George Vaillant Kulturattaché war.

Mittwoch, 24. März

Erwache früh. »Reisefieber!« Allein die Aufregung über meine Fahrt nach New York hat mich zutiefst beunruhigt. Ich verliere ungern – wie in den nächsten zwei Wochen – jegliche Verbindung, nur weil Hektik und Erregung über das Zusammentreffen mit anderen Menschen so groß sind. (»Das Leben ist ein Fest und ein Armenhaus.«)

Lese Kafkas *Schloß* abends zu Ende. Es ist wie eine Reise in ein fernes Land, fremd, und dabei an jeder Biegung vertraut wie ein Traum. Wie gut kenne ich das. Ich habe mich jeden Schritt zum Herrenhof und zurück geschleppt, um Klamm ständig im Auge zu behalten, um von ihm die Gewißheit zu erlangen, ob ich richtige Arbeit leiste, worin meine Aufgabe besteht – ob sie für das Schloß wohl annehmbar ist. Klamm, dem man nie ganz nahe kommt und den man zwangsläufig verpassen muß, ob man nun verweilt oder voranschreitet. Wie viele Klamms sind in meinem Leben aufeinander gefolgt – selber waren sie unbedeutend, aber als Zwischenträger, als Verbindungsmänner dem Schloß näher als ich. Die Qual in dem Buch ist sehr groß.

Donnerstag, 25. März

Zum Cosmopolitan Club, Bad, Frühstück und zu Con, wo wir wie verrückt draufloserzählen, während sie sich anzieht und uns die Kinder auf den Füßen herumtrampeln. Sie ist müde – überlastet, weil sie drei junge Engländer bemuttert, die das Haus besetzt halten, auf Sofas schlafen und den ganzen Tag ein und aus gehen. Sie sind alle nett, aber Con ist niemals allein. Ihr Personal ist überarbeitet, und die Köchin geht. Aubrey ist nie da. Sie hat nicht genügend Schlaf gehabt. Ich verstehe nicht, wie sie das schafft – ihren Beruf beibehält –, ihren Kindern so viel gibt und dabei so gutmütig ist.

C. ruft mich an, kommt morgen abend; wir können Samstag und Sonntag zusammen in Englewood verbringen. Das krönt den Tag.

Sehr spät ins Bett, kein Schlaf. Meine Gedanken überschlagen sich, beruhigen sich aber bei der köstlichen Vorstellung, daß ich die morgige Nacht mit C. gemeinsam verbringen werde.

Freitag, 26. März

Wundervoller Frühlingstag. Trotz der schlechten Nacht wache ich vergnügt und unbelastet auf, gehe ohne Mantel die Madison Avenue hinunter, mache Einkäufe für die Kinder. Mittags in den Cosmopolitan Club zurück, esse mit Freda (Utley)[1] und Adelaide Marquand, die ein Baby erwartet. Gehe zum Tee zu Adelaide. Ihr Mann John anwesend. Beide sind sie *gute* Menschen, sie ist wirklich klug und couragiert, kämpft mit dem Problem, Ehefrau, Mutter und Beruf zu vereinen. Ich hoffe, sie bleiben unsere Freunde. Adelaides köstliche Geschichte über eine Frau, die C. angreift (nachdem sie drei Gläser getrunken hatte!), und Adelaides Verteidigung. Die Frau sagte, C. mißhandle mich und alle Frauen, hätte vor Frauen keinen Respekt. Adelaide verteidigte mich und erzählte die Geschichte, als C. sie fürsorglich aus einer überfüllten Zusammenkunft hinausgeleitete (als sie ein Baby erwartete). Die Frau warf ihr einen scheelen Blick zu und sagte wütend: »Das ist der *Beweis! Nur* ein Nazi würde so viel Teilnahme für eine schwangere Frau aufbringen.«

Abendessen bei Con mit D'Arcy Edmondson und Isaiah Berlin.[2] Er führte mit ungewöhnlich großem Tempo eine außerordentliche und brillante Konversation. Ich passe höllisch auf, um alles zu verstehen. Er ist unabhängig, geistreich, sensibel und außerordentlich liebenswürdig. Wir kommen auf Kafka, den er für den begabtesten Schriftsteller des Jahrhunderts hält. Gemein-

[1] Freda Utley, englische sozialistische Schriftstellerin, sympathisierte ursprünglich mit der russischen Revolution. Nachdem ihr Mann in Rußland verschwunden war, wurde sie eine militante Antikommunistin.

[2] G. D'Arcy Edmondson, Direktor des Informationsbüros für Wissenschaft und Forschung, später Leiter des britischen Informationsdienstes. Isaiah Berlin (jetzt Sir Isaiah), Verantwortlicher für die Berichte über die USA an die britische Regierung, Gelehrter und Schriftsteller.

sam »sondieren wir das Gelände.« Dabei entdecke ich ziemlich schnell, wo sich unsere Wege trennen. Ich bin grundlegend anderer Meinung als K. Ich glaube keinesfalls, daß man mit solchen wütenden Schlägen an das Tor zum Schloß gelangt. Ich glaube an die Gnade. (Im künstlerischen und im religiösen Bereich und auch bei menschlichen Beziehungen.) Nicht so Isaiah. Trotzdem ist es interessant, jemandem mit einem so wunderbaren Verstand zu begegnen, ich bin davon sehr angetan und habe das Gefühl, daß ich für eine Stunde eine Hochseiltänzerin gewesen bin. Außerdem mochte ich ihn gerne und war geschmeichelt, weil er sich mit mir unterhielt.

Das Bachkonzert war unglaublich. Und während ich zuhörte, spürte ich – besonders bei der Suite – wie unrecht Kafka und Proust (vor allem Proust) bei der Darstellung von Swann hatten, der Odettes Charakter aufgrund des kurzen musikalischen Satzes zu erkennen glaubt. Nein, wenn man ganz in die Musik eindringt, entschwindet Odette, alle Schlacken, alle Qual einer unerfüllten Liebe schmelzen dahin, haben keinerlei Bedeutung mehr. Man erreicht schließlich den Punkt, »an dem es in der Ehe weder Geben noch Nehmen gibt.«

Samstag, 27. März

Wieder ein herrlicher Frühlingstag. Spätes Frühstück und ein langer Spaziergang mit C. durch den häßlichen, struppigen Eichenwald. Wir sprechen über Politik, Menschen und Pläne oder wandern einfach Hand in Hand. Ein herrlicher Weg, der uns wieder zusammenführt. Wie unwichtig ist alles andere, wenn einem das zuteil wird. Es tut mir so gut wie Wasser nach einer langen Durstperiode.

Montag, 29. März

Ziemlich kalt und klar. Mit der Untergrundbahn zu Fredas Wohnung in die 111. Straße. Sidney Hook, ein Philosophieprofessor der Columbia-Universität ist anwesend, ein Sozialist und *wahrer*

Liberaler, dazu eine junge Professorin der Wirtschaftswissenschaften in Holyoke, und Fredas Sohn Jon. Sehr bohèmienhafte Atmosphäre, rascher, wütender Wortwechsel zwischen Sidney Hook und Freda. Er glaubt offensichtlich an den »Mittelweg« und verteidigt diese Ansicht. Er ist gescheit, impulsiv, illusionslos, kein Schwärmer, sehr liebenswürdig und außerordentlich gerecht.

Als das Gespräch auf mich kommt und Freda sagt: »Ich weiß, daß ihr beide einer Meinung sein werdet«, protestiert Hook, daß er weder mir noch der »Wave« (der er eine fatalistische Philosophie zuschreibt) zustimmen kann. Als ich ihn korrigiere,[1] sieht er mich erstaunt an und gibt zu, daß er das Buch nie gelesen hat und einfach das glaubte, was alle sagten. Dann wetterte er los: »Das hat man damit gemacht? Derart hat man das interpretiert? Man hat alles verdreht? Weshalb haben Sie nicht dementiert?« »Das habe ich, aber wohl nicht laut genug.« »Sie ist zu sehr Dame«, schaltet Freda sich ein. Ich erkläre ganz aufrichtig die Fehler des Buches, so wie ich sie sehe. Die Metapher, die nicht überzeugt, und die Gefahr, daß es als politisches Pamphlet angesehen wird etc.

Ein Mittagessen mit Mutter, Amey und einer ihrer Freundinnen, die ich deprimierend finde. Ich merke, daß ich versuche, mich ehemaligen, überholten, feministischen Maßstäben anzupassen, denen ich entwachsen bin. Die Kunst um der Kunst willen etc.

Unglücklicherweise überflügelt man Menschen. Man bewahrt sie ständig in seinem Herzen, aber geistig wächst man über sie hinaus. Hat man in der Kindheit zu ihnen aufgeschaut, ist es schwierig, diese Trennung zu vollziehen. Unwillig und ruhelos wächst man in den Kästchen heran, in die sie einen einpassen möchten. Und es ist einem ihretwegen peinlich und höchst unbequem. (»Oh, es tut mir sehr leid, aber ich passe nicht in Ihr

[1] In dem Buch steht nicht, daß der Totalitarismus die »Parole der Zukunft« ist. Tatsächlich steht da: »Man kann nicht behaupten, daß das, was wir im Nazismus verabscheuen, die Kräfte sind, die die Zukunft bestimmen. Aber man muß wissen, daß die Anführer Deutschlands, Italiens und Rußlands in gewisser Weise begriffen haben, wie man die neuen sozialen und wirtschaftlichen Kräfte einsetzen kann ... Die Übel, die wir daran beklagen, sind nicht, wie sie da sind, die Zukunft, aber der Schaum auf der Welle der Zukunft.

Kästchen. Vielleicht kann man immer noch einen *Teil* von mir darin unterbringen – etwa einen Arm oder ein Bein.«) Man kämpft wie Alice im Spiegelhaus. Aber nein, es geht nicht. Man paßt überhaupt nicht mehr, schlägt um sich und zerbricht Fenster und Schornsteine.

Zu Con, die eine Einladung gibt. Ziehe mich mit B. zusammen im Cosmopolitan Club um. Sie ist hoffnungslos verliebt, völlig verblendet, ungeduldig und in allen Wolken – alles in ihr ist Aufruhr. Wie lang ist das her, seit ich mich derart verliebt habe (Ungeduld nagt an deinem Herzen), so kann ich alles nur schwer nachvollziehen. Liebe war für mich immer – und ist auch noch – Erwartung, Wachsamkeit, Verlangen, eine Geduldsprobe und Leidenszeit. Ein ständiger Lernprozeß, Bescheidenheit und Zurückhaltung, durch die man herausfindet, wie man verständnisvoll und richtig zu geben vermag. Mit Vorsicht und an der richtigen Stelle. (Verschwenderisch wollte man sie immer auf einmal austeilen und noch dazu dort, wo es nicht angebracht war.) Lieben ist eine Wissenschaft – eine Kunst. Eine Hingabe. Man muß sich dazu erziehen, durch eine harte Schule gehen – möglicherweise ein ganzes Leben lang.

Aber darüber kann ich mit ihr nicht sprechen. Sie hat es zu eilig. Und vielleicht paßt ihre Art der Liebe zu ihr.

Mutter, Con und ich mit Taschen und Paketen zum Bahnhof. Mit meinem Schnupfen und so unterschlafen wie ich bin, habe ich die verzweifelte Vorstellung, es ginge wieder zurück in die Schule. Das tiefsitzende Gefühl – beim Verlassen des Ostens – alle Kontakte und Verbindungen werden aufgegeben, die Straße zum Schloß und damit jegliche Möglichkeit, Klamm zu begegnen und Verzeihung zu erlangen, bleiben auf der Strecke. Doch in meiner Vorstellung als erwachsener Mensch weiß ich, daß ich *unrecht* habe. Die Straße zum Schloß führt nach Michigan. Über meine Kinder – über C. Und vermutlich wartet Klamm im Wohnwagen, in meiner Erzählung auf mich.

Wieder zu Hause. Eine wahre Wonne. Klein-Anne kommt eifrig, schüchtern und vorsichtig auf mich zu, als wollte sie sagen »Hier bin ich!«

Scott, groß, rosig und plötzlich wunderhübsch, mit herrlichen Augen und breitem Lächeln. Land – ich gehe in die Schule, um ihn abzuholen, er schließt mich leidenschaftlich in die Arme. (»Darauf hat er den ganzen Vormittag gewartet«, sagt sein Lehrer.)

Jon kommt um vier Uhr ganz selbstbewußt, mit Händen in den Taschen ins Eßzimmer, versucht seine Freude zu verbergen und sagt kurz angebunden »Hallo, Mutter!«

Abends füttere ich Scott (wegen des Schnupfens mit Mundschutz und Schürze). Sein Gewicht in meinen Armen. Das ist übergenug, ja alles.

Und C. – der Trost, das Verständnis, der Frieden, seine Kraft. Bin zur Ruhe gekommen.

St.-Ex.s Märchen (*Der kleine Prinz*) kommt heraus, ich lese es voller Ungeduld in einem Zug durch. Aber es ist schrecklich traurig – in Wirklichkeit trauriger als sein Kriegsbuch. Trotz der Tatsache, daß es eigentlich nur eine leicht hingetupfte, bezaubernde Fabel – ein Märchen für Kinder ist. (Nein, *keineswegs* für Kinder. Er weiß nichts von Kindern. Sein *Kleiner Prinz* ist ein Heiliger, kein Kind. Er ist ein Erwachsener mit dem Herzen eines Kindes. Er ist wahrhaft »reinen Herzens«, wie Dostojewskis *Idiot.* Aber ein Kind ist er nicht. Er hat nicht das »unbeugsame Herz eines Kindes«. Er gleicht eher einer Frau, die nie erwachsen wurde. Die Traurigkeit ist aber nicht durch den Krieg oder andere Tragödien hervorgerufen. Sie ist eine persönliche Trauer – eine nie endenwollende Trauer, ewiges Verlangen, beständige Suche. Sie ist unerträglich *nostalgique,* aber von einer Nostalgie bestimmt, bei der »das Licht niemals – weder zu Wasser noch zu Land – je entzündet wurde«.

Man möchte ihn trösten. (Ich habe das Gefühl, daß es ihm schlecht ging, er krank oder einsam war, als er die Erzählung schrieb.) Und er weiß, daß das unmöglich ist.

Es sind wunderbare Gedanken in dem Buch, die ganze Verletzlichkeit, die ganze Zärtlichkeit, alle Schmerzen. Und etliche Antworten.

Doch nein, Antworten für das persönliche Leben gibt es nicht. Er hat sie nicht gefunden. Und ich fürchte, es wird ihm auch nie gelingen. Er wird sich selber opfern – wird sich in den Krieg und in den Tod stürzen. Wird glauben, daß das die Antwort ist – sie ist es aber keinesfalls.

Montag, 12. April

Abendbrot mit C. Wir sprechen über Pläne, Geschäfte und über meine Erzählung. Das ist ein großer Fehler, da ich durch die Reise, die Erkältung und die Kinder müde bin und »meine Seele noch nicht nachgekommen ist«.

C. sagt, er sei nicht der Ansicht, daß die Erzählung jetzt oder in absehbarer Zeit veröffentlicht werden kann. Mir wird klar, daß er recht hat, und dennoch bin ich plötzlich sehr enttäuscht. Dabei ist das ganz unlogisch. Als ich zu schreiben begann, entschied ich mich, sie in jedem Fall zu schreiben, und erst danach zu beschließen, ob sie veröffentlicht werden soll. Doch jetzt erfasse ich jäh, daß ich alles hineingelegt habe – und sie nun auf Eis zu legen, ist unbefriedigend. C. sagt, er arbeitet an seinem Manuskript und weiß, daß jetzt nicht die Zeit dafür ist, es zu veröffentlichen (womit er recht hat), er aber darüber glücklich ist, wenn er es abschließen kann. Das ist wie »Geld auf der Bank«. Er möchte es gedruckt haben, aber wann, ist ihm gleich – und wenn es nach seinem Tod ist.

Ich kann nicht so denken, obgleich ich annehme, daß seine die noblere Art ist. Für mich ist es kein »Geld in der Bank« und auch kein Essen im Eisschrank. Für mich ist es wie die Milch in der Brust. Es hält sich nicht nach meinem Dafürhalten. In zwei bis drei Jahren werde ich es nicht mehr veröffentlichen wollen und werde nicht mehr schreiben können, wenn es nicht erschienen ist. Ich werde daran nicht vorbeikommen. Man lernt nichts aus einem Buch, ehe es nicht beim Verleger ist. Und dann weiß man in dem Augenblick, in dem es die Presse erreicht, alles, und man kann wieder neu beginnen.

C. sagt: Denk an die Schriftsteller, die, trotzdem sie immer wieder gescheitert sind, nicht aufgehört haben zu schreiben. Du hast »drei sehr erfolgreiche Bücher« geschrieben, das muß einen

Schriftsteller zufriedenstellen und ihm beweisen, daß er kein Dilettant ist.

Einen *Beweis* gibt es nie, sage ich. Es ist genauso, wie Despiau es formuliert: »Jede Plastik von einem Kopf ist der ersten ähnlich, die man modelliert hat.«

»Despiau hat ein Atelier *voller* Köpfe«, antwortet C. »Möglicherweise geht es ihm so, wenn er einen neuen Kopf anfängt, aber er *fängt immer* an, er macht den Versuch.«

Doch ich bin auf meinem Gleis angehalten worden, bin entmutigt und erkläre, daß ich nicht nach vorn blicken kann. Ich kann mir nicht vorstellen, was ich als nächstes tun soll. Ich habe nicht das Gefühl, als könnte ich etwas schreiben; ich weiß doch nicht einmal, ob ich überhaupt schreiben will.

Darüber ist er natürlich ärgerlich. Das Motiv seines Ärgers ist seine Liebe. Er ist böse, weil er meine Frustration befürchtet und weil es nicht in seiner Macht steht, mich daraus zu befreien. Er ist ungehalten darüber, daß mich die Kritik an meinem Buch so verletzt hat (»Durch einen Haufen von Trotteln...« »Aber es sind doch *nicht* die Trottel, die mir etwas ausmachen ...«), er ärgert sich, daß ich nicht weitermachen kann und es mir unmöglich ist, ernsthaft und in vollem Umfang das mitzuteilen, was sich in mir aufgestaut hat. Er findet, daß wir jetzt die Zeit des Pflügens und Säens haben. (Er handelt auch entsprechend.) Er ist damit zufrieden, das eine ganze Zeit lang so zu machen. Warum gelingt mir das nicht auch? Es irritiert ihn, daß ich mich so leicht errege, daß ich auf Flugreisen, zu Hause, wenn ich schwanger bin, wenn Menschen Kritik üben, wenn wir umziehen, wenn Krieg ist, nicht schreiben kann. *Irgend etwas* ist immer.

Das ist alles wahr, hoffnungslos wahr. Aber wie soll ich ihm erklären: Du weißt nicht, wie schwer das Leben für mich ist. Jeder Schritt ist ein Schritt auf dem Drahtseil. Ich muß alles zu Hilfe nehmen – Sonnenschirm, Arme, Kopf – nur um auf dem Seil zu bleiben.

Wie kann man das in einer Welt, in der Krieg, Leiden, Verhungern, Verwundete und Emigranten existieren, *in Worte fassen?* Wie soll man ausdrücken, daß allein der Kampf um ein erfülltes, reines Leben meine ganze Kraft beansprucht und mein Herz bewegt? Nichts bleibt dabei übrig. Wie soll man sagen, *Il n'y a qu'une tristesse – c'est de n'être pas des saints?* (Léon Bloy). Besonders dann, wenn man doch vor Augen hat, daß man erwiesenermaßen *keine* Heilige ist. Daß man sein Leben *nicht* richtig meistert. Daß der eigene Mann irritiert und verärgert ist (und zwar durchaus zu Recht).

Dabei entspringt der ganze Unmut einer wahren, großzügigen, überschwenglichen Liebe, die mich wie ein Sturzbach überfällt – einzig um mich zu befreien. Wie groß ist diese Liebe, zu der nur sehr wenige fähig sind, ein Geschenk, das nicht jeder erhält. Ich sage: »Ich will nicht mit dir streiten«, und das ist wahr und wird mir unter Umständen helfen. Ich muß darüber nachdenken.

Nachher lachen wir über meine Schwermut und seinen Ärger. Meine trübe Stimmung, da ich das Gefühl habe, daß ich in seinen Augen als Ideal verloren habe. Sein Unmut, weil er glaubt, daß er mir nicht entsprechend helfen konnte, um mich von meinen Fesseln zu befreien.

Nur glaube ich, daß mir der Ärger schließlich eine Hilfe ist. (Meine erste Reaktion ist immer eine totale Kapitulation.) Doch endet es damit, daß ich mir über mich selber klar werde, ich wachgerüttelt bin und der Schutt, der auf allem liegt, weggeräumt wird.

Ich nehme nicht an, daß C. durch meinen Unmut ähnliche Hilfe zuteil wird.

Samstag, 17. April

Ich lese in der Zeitung, daß St.-Ex. das Land verlassen hat, um sich für den aktiven Dienst bei der französischen Luftwaffe zu melden. Er ist jetzt dort, wo er am Ende sein wollte. Der Konflikt ist ausgestanden. Ich habe das Gefühl, daß er das größte persönliche Glück als Mann in der Beziehung zu seiner »Gruppe« im Krieg gefunden hat. Zu ihr wird er zurückkehren. Er wird schüchtern eintreten, sich leicht verbeugen. Sie werden rufen »Saint-Ex!« Das wird sein Obolus sein. Und dann ...

Aber man soll die Dinge nicht vorwegnehmen und nicht versuchen, die Opfer für den Krieg abzuwägen, zu beurteilen oder gar zu verstehen. Mir wird das Herz dabei so schwer, daß ich es manchmal nicht ertragen kann. Ich, die Außenstehende, die ich weder einen Mann noch einen Sohn noch einen Geliebten habe, der daran beteiligt ist. Politik, Anschauungen, Entwürfe, die einer neuen Welt dienen sollen, erfüllen mich mit tiefer Demut, aber ich mißtraue Worten und weitschweifigem Gerede gründlich. Was dann? Schreiben? Aber was?

Ich wollte, es gäbe jemanden, mit dem ich das besprechen könnte. Aber es ist niemand da; Sue – oder vielleicht Jim – aber Sue ist für zwei Jahre fort, und Jim steht kurz vor seinem Einsatz in Afrika. Auch Charles unter Umständen – aber ich kann erst mit ihm sprechen, wenn ich klarer sehe.

Ich gehe um den großen Hügel herum, beobachte alle Vögel und wandere um den See. Es ist Frühling, aber das bringt mir keine Erleuchtung. Ich muß wieder von vorne beginnen; das Baby ist groß, die Erzählung geschrieben. Ich muß in dieser Zeit meinen Platz finden. Und ich muß das alleine schaffen.

Sonntag, 18. April

Ich rufe Großmutter [E.L.L.L.] an, weil ich vorhabe, die Kinder zu ihr zu bringen, aber sie hat eine schlechte Nacht gehabt. (Wie schlecht? Ich denke darüber nach.) Ihr Bruder sagt, sie habe lediglich schlecht geschlafen, und sie sagt, sie fühle sich nur ein wenig *schwindelig* und müde. Sie hat gestern zu viel im Garten getan. Aber ich bin berunruhigt. Die Kinder sollen nicht zu ihr, und das trifft sie tief. Sie vermißt sie. Das ist alles so rührend. Sie weigert sich, einen Doktor zu sehen, und will niemanden im Haus haben, der ihr hilft. Ja, selbst ein Gespräch darüber regt sie derart auf, daß es ihr körperlich schadet. Ich wollte, C. wäre hier.

Ein sehr erfolgreicher Tag – dabei weckte Land mich um zehn vor sechs!

Nach dem Frühstück fahren wir zu Großmutter. Anne singt neben mir eine seltsame Neuschöpfung von »Mary has a little lamb« nach. Nach einer Stunde kommen wir dort an. Die Jungen rennen hinaus. Jon ist außer Sichtweite, Land ebenfalls – im Keller, wo er den Schädel einer Ratte und eine Schnecke etc. findet. Anne läuft zu Großmutter. Mir erscheint sie eher zart, aber offenbar geht es ihr nicht schlechter; das Aufstehen und das Hinsetzen macht ihr große Beschwerden. Der »Onkel« verrichtet alle Arbeiten, die Küche etc. Anne spielt glücklich in Großmutters Nähe, während ich mit ihr spreche. Sie spricht ganz offen über ihre Krankheit, ihre Unfähigkeit, irgend etwas zu tun. Es dauert eine Ewigkeit, bis sie angezogen und frisiert ist, im Haus sind nur zwei Stühle, auf denen sie sitzen kann. Sie beklagt sich nicht. Sie erklärt lediglich, da sie befürchtet, daß ich sie mißverstehen könnte. Ich bin voller Mitleid, habe aber auch das Gefühl, daß etwas getan werden muß, daß Hilfe möglich ist. Ich mache verschiedene Vorschläge. Sofort wird sie förmlich – sie braucht keinen anderen Stuhl, sie beklagt sich nicht, sie will überhaupt nichts. Es ist sehr schwierig.

Ich erzähle ihr, daß es vielleicht für *sie* ungewohnt ist, krank zu sein, daß es aber für die meisten Menschen ganz normal sei. Dieser Hieb schien zu sitzen. Denn hier handelt es sich um Psychologisches. Der *Krankheit* sieht sie mit Anstand ins Auge, ja sie akzeptiert sie sogar, aber was ihr schrecklich ist, das ist etwas anderes – sie schämt sich, daß sie krank und *abhängig* ist. Doch da kann man Abhilfe schaffen. Bestimmte praktische Dinge, wie ein anderer Stuhl, eine Sprühdusche, Kleider mit Reißverschlüssen. Und natürlich, wenn sich das bewerkstelligen läßt – jemand, der im Haus wohnt und hilft.

Um 4.30 fahren wir ab, ich sammle alle unsere Sachen auf, hole Jon und Land aus dem Garten, wo sie einen Sack voll Löwenzahn gepflückt haben. Ich führe eine kurze Unterredung mit Onkel. Er ist offensichtlich sehr besorgt, erklärt mir in wenigen Worten, daß der Anfall letzte Woche viel ernster war, als ich gedacht hatte, und sagt, daß man nichts tun kann, da die Sache fortschreitet. Sagt, daß sie sich nicht traut, das Haus zu verlassen.

Montag, 26. April

Lese die Sonntagszeitung. Hanson Baldwin erklärt, daß wir in diesem Krieg da stehen, wo wir im März 1918 waren. Deutschland ist immer noch sehr stark, hält noch einen Großangriff in Reserve (vermutlich gegen Rußland). Danach wird es in die Defensive gedrängt und dem Untergang zusteuern. Das erfüllt mich mit Hoffnung. Ist das Ende in Sicht? Auch in Tunis ist Frühling. Und es sieht so aus, als wären wir dort in der Übermacht. Das ist gut.

Nachmittags sind die Kinder draußen in der Sonne. Ich trage alle Tannenzweige, Bittersüß und Maisstengel aus dem Haus (die Badesträuße) und schneide Forsythia und Zweige mit winzigen, herrlich grünen Blattknospen. Dekoriere das Wohnzimmer um, für den Fall, daß C. kommen sollte.

Er ruft an und sagt, daß er zum Abendessen zurück ist.

C. kommt, während ich noch damit beschäftigt bin, das große Zimmer in Ordnung zu bringen, und geht hinein, um Anne zu begrüßen. Die Knaben scharen sich um ihn.

Wir essen vor dem Kamin, und C. berichtet mir von seiner Reise – einer wunderbar schnellen Reise in einem neuen Flugzeug –, die ihn offensichtlich angeregt hat. Die Schönheit, die Geschwindigkeit, der liebenswürdige Empfang, der ihm überall zuteil wird, das Erfolgserlebnis, da er auf technischem Gebiet in der Luftfahrt ein Experte ist.

Er hat das trotz aller Nachteile, aus seiner positiven Einstellung heraus getan und war auch in einer unwichtigen Stellung bei der Stange geblieben. Ein anderer wäre schmollend in seinen vier Wänden geblieben, doch C. begann bescheiden wieder von vorne, investierte alle früheren Erfahrungen und die jetzige Energie und arbeitete gewissenhaft und ohne Aufhebens, ruhig und bestimmt, bis er es auf zwei neuen Gebieten – dem Höhenflug und dem Kampfeinsatz – zum Fachmann gebracht hat. Er berichtet auch, daß sich die Einstellung im ganzen Land sehr verändert hat. Die Menschen überschlagen sich, um ihm ihre Freundschaft und ihr Verständnis zu erweisen.

Ich spreche mit ihm über seine Mutter und unseren Besuch. Wir machen in der Dämmerung einen Spaziergang und wandern um den großen Hügel herum.

Samstag, 1. Mai

C. sagt, daß er Mittwochabend wieder in den Osten muß. Etwa um 4 Uhr fahren Land, Jon und ich mit ihm zum Ford Airport und fliegen in der kleinen *Ercoupe,* die keine Seitenruder und ein Dreiradfahrwerk hat. Ein herrlicher Himmel – viele kleine bauschige Wolken folgen am Horizont ihrem »Vorreiter«. Das sonderbare Gefühl, wieder in der Luft zu sein, erfüllt mich, ich blicke auf die gepflügten Felder herab, deren Furchen des Pfluges wie Fäden auf einem Gespinst wirken. (Man könnte seinen Finger durch die Schlaufe stecken, wo der Pflug gewendet hat und ziehen, und damit alles aufribbeln.) Die Bäume in einem Wald recken und strecken sich, wachsen geradewegs in den Himmel, in Luft gebadet, dem Auge Gottes preisgegeben. Als ich die Windstöße und die Härte einer Wolkenbank spürte, unter uns den unbegrenzten Horizont, das weite Land, die Freiheit, den hingebreiteten großen See, zwergenhafte Städte, Fabriken, die ihre Aktualität eingebüßt hatten, Autos und die Schöpfungen von Menschenhand – die Schönheit, Macht und den Reichtum des Lebens und des Firmaments wahrnahm, empfand ich wieder wie einst: Ja, das ist meine Heimat, mein Leben, mein Traum. Die Lüfte sind mein.

Jon fliegt als nächster, und dann kommt Land. Land und ich stehen da und unterhalten uns mit Mrs. Bennett. Er (Harry Bennett) fliegt die Fairchild und übt das Landen. Jon ist nach seinem Flug wortkarg und stolz, rennt davon, um sich andere

Flugzeuge und alte Maschinen in den Hangars anzusehen. Doch Land läuft zu mir, umarmt mich und berichtet: »Vater hat mir erlaubt zu fliegen, und ich senkte die Tragfläche!«

Sonntag, 2. Mai

Regnerisch und kalt. C. bringt die Kinder zu seiner Mutter. Vor mir liegt ein freier Sonntag – ein herrliches Gefühl. Ich gehe spazieren. Halte bei den Kiefern und entdecke, daß sie von Vögeln bevölkert sind, die ich nicht kenne und noch nie gesehen habe. Durch den Baumschatten flattern eilige Wesen, die immer wieder entschwinden. Mir bleibt das Herz stehen, sobald sich ein neuer Vogel dazugesellt. Ich sehe ein Goldhähnchen und drei verschiedene Arten von Grasmücken. Ich schaue mit Freude zu, verhalte mich ganz ruhig, den Rücken an einen Stamm gelehnt. Ich empfinde das Bedeutsame des Lebens als Geschenk. Die Schönheit des Lebens offenbart sich in diesen hurtigen, zierlichen Flatterwesen.

Montag, 3. Mai

Lese die Wochenendzeitung. Am betroffensten bin ich über einen Artikel von Dew Middleton über den amerikanischen Soldaten – seine Unreife, sein politisches Desinteresse, sein fehlendes Verantwortungsbewußtsein für die Welt (überlaßt es anderen – überlaßt es Roosevelt). Verglichen mit den englischen und französischen Soldaten, die wissen, wofür sie kämpfen. (Laut Middleton ist der amerikanische Soldat darauf fixiert, den Krieg zu gewinnen, kämpft tapfer etc., hat aber weder Interesse an der Zukunft noch macht er entsprechende Pläne. Er will sein altes Leben wieder aufnehmen und hält seine Privilegien für selbstverständlich.) Middleton führt das auf einen Mangel an Erfahrung und Ausbildung des amerikanischen Soldaten zurück, da er nicht wie die Franzosen um den Verlust seiner Machtbefugnisse bangen mußte, die er tatsächlich eingebüßt hat. Der amerikanische Soldat sollte wie die Engländer in Diskussionsgruppen geschult werden.

Ich frage mich, ob ich es sich *lediglich* um Unreife und mangelnde Leiderfahrung handelt? Oder sehen wir uns selber zu wenig als ein Volk? Unsere Vorstellung davon ist äußerst dürftig. Wir haben kein Gefühl für Rassenzugehörigkeit, sind weder erd- noch sprachgebunden. Wir sind stolz darauf, daß wir das alles nicht benötigen, sondern ein Volk sind, das Ansichten vertritt. Und man glaubt, daß wir auf dieser Welt die Nation mit dem besten Erziehungssystem sind. Es ist die Grundlage unserer Demokratie. Freie, universale Erziehung – das ist angeblich der Grund dafür, daß Amerika in *dieser Form* existiert. Und dabei haben die Franzosen und Engländer ein Volksempfinden, das nicht ausschließlich auf Ideen basiert. Uns fehlt es an der Solidarität, die sie besitzen. Was ist Amerika? Die Vorstellung in den Köpfen Roosevelts und Agars[1]? Oder in den Herzen der New Deal-Anhänger, oder in den Bäuchen der reaktionären Republikaner? Nach Middleton ist in den Köpfen der Soldaten davon nicht eine Spur. Die Intellektuellen *wünschen* sich Amerika so, aber entspricht das der *Wahrheit?*

Der Artikel hat mich tief beunruhigt. In gewisser Weise beneide ich die Franzosen – ja, selbst das armselige, niedergeworfene Frankreich – um ihre Einstellung. Ein Franzose gehört einer Nation an. Dabei könnte ich keine Französin sein. Ich will Amerikanerin sein, meinem eigenen Volk angehören. Aber Amerika ist noch immer im Begriff, erst eine Nation zu werden. Thomas Wolfe hat recht. Wie lange wird es dauern?

C. kommt erschöpft von Ford-Querelen nach Hause. Wir gehen hinaus und erörtern Middletons Artikel und die Frage: Amerika. C. meint, es wird lange dauern. Die Sterne gehen auf.

[1] Herbert Agar, Dichter, Schriftsteller, Autor von *Land of the Free, Persuit of Happiness* und *A Time for Greatness.*

Dienstag, 4. Mai

Lese Zeitung. Giraud erklärt, daß er in Tunis im Mai einen Sieg erringen und der Krieg in Europa im Mai 1944 beendet sein wird. Kann das möglich sein? Er wird gefragt, wofür er kämpft, und er anwortet: »Wäre ich ein Amerikaner, würde ich sagen, ich kämpfe für die Freiheit der ganzen Welt, aber als bescheidener Franzose erkläre ich, daß ich einfach für die Befreiung Frankreichs und der französischen Gefangenen kämpfe.«

Da hat man es – wie einfach für einen Franzosen! Ausschließlich vom Amerikaner wird erwartet, daß er für die Welt kämpft.

Mittwoch, 5. Mai

Jon ist unglücklich, weil seine Bohne (»Eine Bohne wuchs hier im Jahr 1943«) eingeht. Er hat sie vor einigen Tagen umgetopft und sie jede Nacht zugedeckt. Er sagt, die Blätter haben Flecken, und »mir geht alles schief« und fügt drohend und melodramatisch, mit Tränen in den Augen hinzu: »Wenn diese Bohne eingeht...!« Ich hänge jetzt selber an der Bohne, die so vieles überlebt hat, und sehe darin ein Symbol, aber das ist eine unheilvolle Einstellung, die ich nicht vermitteln darf. Also lache ich und sage: »Himmel, hier handelt es sich weder um ein Tier, einen Hund, ein Pferd oder eine Person. Willst du Gärtner werden, gehen dir noch viele Bohnen ein, und du wirst neue pflanzen müssen.«

Vor dem Abendbrot gehe ich hinaus und sehe sie mir an. Jon hat sie für die Nacht sorgsam zugedeckt. Noch steht die Pflanze aufrecht, die ersten Blätter werden gelblich (durch Mehltau), aber die neuen kleinen sind grün und schön. Ich gehe zurück und teile das Jon mit. Er zieht auch etliche Erbsen unter Glas, die gut wachsen, und im Garten kommen seine Radieschen heraus. Jon wirkt vergnügter. Ich führte mit ihm ein Gespräch über die Aufgabe eines Wissenschaftlers. Wenn man Naturwissenschaftler werden will, muß man sehr viel Geduld haben. Man muß ein Experiment nach dem anderen machen und darauf gefaßt sein, daß neun von zehn mißlingen. Ich setze ihm die Grundregel des wahren Wissenschaftlers auseinander, nämlich, daß negative Ergebnisse ebenso wichtig sind wie positive. Jon sagt: »Genauso kann man auch sagen, daß Fehlschläge Erfolgen entsprechen.« Ich sage; »Fehler sind dann keine Fehler, wenn man aus ihnen lernt, und man muß bei allen Lebewesen Fehlschläge in Kauf nehmen, weil das Dasein ungewiß ist. Man kann unmöglich Vorhersagen machen. Es geht nicht, da man es nicht steuern kann, weil man nicht weiß, wie es sich verhalten wird.

Wir lesen den *Kleinen Prinz* – (nicht unbedingt das beste Tonikum!). Ich liebe den Abschnitt über das Geheimnis des Fuchses: »Allein das Herz vermag wahrhaft zu sehen; das Wesentliche bleibt dem Auge verborgen.« Und: »Die Zeit, die du deiner Rose gewidmet hast, verleiht deiner Rose Bedeutung.« (Das ist schwer zu erklären.) Und: »Für das, was du aufgezogen hast, bleibst du für immer verantwortlich.«

Wir sprechen über alles, auch darüber, wieweit das der Wahrheit entsprechen mag. »Das Wesentliche ...« Jon ist gefesselt und findet, daß der Fuchs recht klug ist. Wir setzen uns damit auseinander, daß das Wesentliche im Leben nicht wahrnehmbar ist. Auch sprechen wir über die einem auferlegte Verantwortung, sobald man etwas aufgezogen hat – und über die Pflicht, die einem die Natur und die Wesen, die man aus ihrer natürlichen Umgebung gerissen hat, abverlangen.

Abends gehe ich hinaus und sitze lange im Wald, ringsum Dunkelheit, ich überlege, weshalb Christus gesagt hat, daß die, die nach Rechtschaffenheit dürsten und hungern, gelabt werden? Daraus schöpfe ich Hoffnung, für mich sind das seine schönsten Worte, dennoch ist die Zahl derer, die sich in ihrem Verlangen nach Rechtschaffenheit mühsam und unglücklich durchkämpfen, groß – wann wird unser Hunger und unser Durst gestillt werden?

Donnerstag, 6. Mai

Zeitungen nach dem Essen. In Tunis scheinen wir voranzukommen. Die Deutschen behaupten, daß wir eine Invasion Europas oder der europäischen Inseln vorbereiten, noch ehe wir in Tunis zum Abschluß gekommen sind. Da sonst niemand davon spricht, meine ich, daß das wahr sein könnte. Sie erwähnen Truppenkonzentrationen, Einschiffungen in Gibraltar etc. Rußland erklärt, daß es nach dem Krieg die Freiheit Polens anstrebt. Aber was bedeutet das? Die *Times* bringt eine Erklärung, wie der »freie« Volksentscheid in der russischen Hälfte Polens 1939 zustande gekommen ist. Die Wähler waren von bewaffneten Wagen zusammengetrieben und von Wachen zur Stimmabgabe begleitet worden, die Stimmzettel wurden, ehe sie in die Urne kamen, von den Wachen kontrolliert. Kein Wunder, daß 99 Prozent der Polen, wie die Russen triumphierend verkündeten, für die UdSSR optierten.

Nachmittags gehe ich zu den Milles hinüber. Sie ist zart, aber so lebendig, reizend und verständnisvoll. Ich wollte, sie könnte besser reden, oder wir könnten uns alleine unterhalten, denn ich habe das Gefühl, daß sie lebhafter und verständnisvoller als er ist. Er ist sehr nostalgisch und in sich selbst versponnen. Die Atmosphäre war wie stets sehr europäisch. Sie ließ auch mich nostalgisch werden.

Milles meint, daß Männer als Künstler genauso viele Konflikte und Schwierigkeiten überwinden müssen wie die Künstlerinnen. Mag sein – aber sie bekommen keine Kinder und verfügen über größere Kräfte.

Freitag, 7. Mai

Bedeckt und regnerisch. Bringe Land in die Schule, gehe mit hinein und bespreche mit Miß Crofoot seine Party, eine Pantomine von *Peter und der Wolf.*

In den Wohnwagen, ich schreibe drauflos. Ein guter Tag.

Während des »Mittagsschlafs« bringe ich Land dazu, auf seine Einladungen je sechs Sterne zu kleben. Er leimt, und ich wische nachher mit einem nassen Taschentuch drüber, um die Fingerabdrücke zu entfernen. Das ist eine wahre Großtat, denn er hat sich nicht darum gerissen, aber ich fand, er sollte bei den Vorbereitungen für seine Einladung mithelfen und stolz darauf sein und das Gefühl bekommen, daß er sich beteiligt hat. (Auf diese Weise, Mr. Milles, vergeht der Tag einer Mutter!) Land ist froh, und ich bin es auch.

Montag, Dienstag, Mittwoch, Donnerstag [13. Mai]

Diese Woche ist damit vergangen, daß ich eine eilige, kleine Reise nach New York gemacht habe. Jetzt bin ich zurück, und es ist ein großes Durcheinander und ich bin mir noch nicht wieder meiner selbst bewußt. Vielleicht bin ich zu müde dazu, vielleicht habe ich auch versucht, zu tüchtig zu sein – und dabei das Bewußtsein ausgeschaltet. Die Zeitungen trunken vor Freude über den Sieg in Afrika – das Ende des Krieges steht kurz bevor – die Invasion Europas hat praktisch bereits begonnen – die Deutschen ziehen sich zurück, Europa ist empört etc. Das liest sich phantastisch, man weiß nicht, was man glauben soll. *Dienstag.* Ankunft in New York. Gehe ich den Cosmopolitan Club. C. ruft an – schlägt nach dem Frühstück ein Treffen im St. Regis vor. C. gut gelaunt – macht mir wegen meines Kostüms, meines Huts und Schleiers Komplimente! Sehe mir eine Stunde eine Sekretärin an; sie würde schon gehen, aber mir graut davor, sie – eine Fremde – beständig im Haus zu haben.

Mittwoch. Bin verzagt. Muß ich die Sekretärin nehmen? Beschließe Katie Gibbs (Agentur für Sekretärinnen) anzurufen. Ja, sie haben einige, die ich mir ansehen kann. C. fährt nach Hartford, ich ziehe in den Cosmopolitan Club. Treffe eine Miß Brodie von Katie Gibbs. Fühle mich sehr hingezogen zu ihr. Sensibel, aufmerksam, rücksichtsvoll, eher »verloren«. (Gerade ist ihr Mann gestorben.) Ich hoffe, daß C. sie mag. Bin erleichtert, daß ich das andere Mädchen nicht nehmen muß. C. ruft an. Ich berichte ihm über Miß Brodie.

Donnerstag. Zu Bloomingdale's wegen Gartenstühlen für Mrs. L. und Wickelkleidern. (Kaufe vier – ob sie ihr gefallen, *wird* sie sie tragen?)

Zum Cosmopolitan Club, Tee und ein Brief an C. wegen der Sekretärinnen. Taxi zum Bahnhof.

Herrliche Freiheit einer kurzen Reise.

Freitag, 14. Mai

Komme um 10.30 zu Hause an, und mich erwarten die üblichen Aufregungen. Jon und Land sind beide mit Masernkindern in Berührung gekommen. Das Mädchen streitet nicht nur mit der Köchin, sondern auch mit Miß Roser und Christine. Ich wußte, daß der Frieden nicht von langer Dauer sein würde.

Nach dem Abendbrot schaue ich mir mit Jon seinen Garten an. Seine Erbsen kommen und seine Bohne existiert auch noch.! (Jon ist darauf sehr stolz.) »Es ist zu schön, wenn etwas wächst, was man selber gepflanzt hat!«

Montag, 17. Mai

Es regnet den ganzen Tag.

C. kommt zum Abendbrot nach Hause. Wir machen im leichten Regen einen Spaziergang. (»Wie habe ich diese Spaziergänge vermißt!« sagt C.) Wir haben sie immer gemeinsam gemacht, nachdem der Tag vorbei war. Man teilt sich mit, geht zwanglos, ruhig und gelassen dahin, nimmt die Außenwelt und die gelegentlichen Gedanken des anderen auf und beide verschmelzen zu einer friedlichen, gemeinsamen Einheit. Wir wandern durch ganz Cranbrook. Niemand ist unterwegs, meine Hand ruht in C.'s hohler Hand und beide stecken in seiner Tasche!

Montag, 24. Mai

Der Montag ist hassenswert. Man ist gezwungen, lauter nichtige Entscheidungen zu treffen. Alle Räder müssen wieder in Bewegung gesetzt werden. Die Anmeldung für Jons Sommerlager muß weg, seine Ausrüstung und seine Kleidung müssen durchgesehen werden. Natürlich helfen Christine und Miss R., aber die endgültigen Entscheidungen muß immer ich treffen. Und das Gekabbel im Haushalt geht wieder los – nach sonntäglichem Frieden!

Mittwoch, 26. Mai

Der Mittwoch steht immer unter dem Druck, daß man die Dinge zügig erledigt und trotzdem vorankommt. Das ist ein Wunder. Ich werde tüchtiger. Ich *kann* jetzt die Kinder versorgen *und* im Wohnwagen arbeiten. Aber wenn der Tag zu Ende ist, bin ich müde. Ich muß alles in einem doppelt raschen und komprimierten Rhythmus erledigen. Das gelingt nur, wenn ich ein ausgesprochenes Zeitgefühl entwickele, was falsch ist. Bei der wahren Erkenntnis darf Zeit keine Rolle spielen. Bis C. nach Hause kommt, bin ich erledigt, zwiespältig und ruhelos. Das ist albern. Ich muß die Kraft aufbringen und versuchen, weniger zu tun und am Mittwoch ein anderes Tempo anschlagen – und zwar mein eigenes.

Weshalb hetze ich? Um die Erzählung vor meiner Fahrt nach Englewood fertigzustellen? Warum? Weil ich die Stimmung beibehalten will. Warum mußt du nach Englewood fahren? Weil Mutter 70. Geburtstag hat.

Donnerstag, 27. Mai

Ein voller Tag. Soll ich in den Wohnwagen gehen und versuchen, dort noch eine Stunde zu arbeiten, oder soll ich die Blumen richten? Entscheide mich für letzteres. Eilig pflücke ich Flieder, weißliches Geißblatt und weiße, rosa und purpurrote Tulpen. Ich mische sie. Ich beeile mich und es macht Freude, die rosa und purpurrot gefüllten Schalen anzusehen.

Ich bin so zufrieden wie ein Maler. Fühle mich erholt, weil ich bei meiner Arbeit vor Augen hatte, wie etwas entsteht. (Wie lahmgelegt ist man durch das Schreiben, es gewinnt keine Gestalt, ist keine wahre *Kunst.* Es spielt sich alles im Kopf ab, man sieht es nie, spürt es nie – und hört es nur gelegentlich. Es beansprucht nur einen kleinen Teil des Menschen. Ich wollte, ich wäre eine Bildhauerin.)

Freitag, 28. Mai

Mrs. L. ruft aus dem Krankenhaus an. Sie ist guter Stimmung. Das ist ein wahres Wunder. Sie sagt, man hat sie wie eine Königin behandelt, ihr ein Medikament gegeben, um den Tremor in ihrer Hand zum Stillstand zu bringen, und sie hat seit Monaten die erste gute Nacht verbracht.

Ich bin zutiefst dankbar.

Packe, fahre zum Bahnhof, in den Zug und ab nach Englewood.

Samstag, 29. Mai

Treffe mich mit Con, wir gehen in das Museum of Modern Art zum Mittagessen. Nach dem Essen kaufen wir eine goldene Brosche, eine Feder, für Mutters Geburtstag. Mit der Untergrundbahn und dem Autobus nach Englewood hinaus, beladen mit Taschen. Mutter holt uns ab. Sie sieht gut und reizend aus, in einem rosa Kleid, das die Farbe ihrer Wangen hat. Sie erzählt, daß sie gestern Golf gespielt hat. Es gibt draußen einen Kindertee mit Geschenken, Ranken hängen von den Bäumen herab. Saran und Elisabeth essen während der ganzen Aufregungen ständig rosa Eiscrème. Ein vergnügtes Geburtstagsabendessen. Mutter in zartblauem Taft am Kopfende des Tisches, voller Wonne über die Geschenke. John Wheeler-Bennett ehrt Mutter mit einer wunderbaren Rede und einem Toast.

In die Stadt, um C. im Hotel Chatham zu treffen. Nach der ersten Wiedersehensfreude und dem ersten Gedankenaustausch überfällt uns wieder wie in jeder Stadt das Gefühl, daß wir eingesperrt sind und keinesfalls das unternehmen können, was gewöhnliche Menschen unternehmen. Wir können nicht zusammen ausgehen, einkaufen, Kunstgalerien besuchen, auswärts essen oder tanzen gehen. Und wir entdecken plötzlich, daß wir sehr wenige Freunde haben, die wir anrufen und *zusammen* besuchen können. Ich habe literarische oder weibliche Freunde, die ihn entweder langweilen oder nicht verstehen. Er hat Freunde, die aber sehr einseitig rein technisch interessiert sind, und die mich langweilen. Alle unsere »üblichen« Freunde aus der Gesellschaft fallen wegen unseres Kriegsstandpunktes aus. Es wurde eine säuberliche Trennung vollzogen, die man nicht mehr überbrücken kann.

Trübsinnig sitzen wir da und machen – wie die Kinder – eine Liste. In Wirklichkeit tut C. das für mich. Er vermißt die Menschen nicht. Er sieht sie bei der Arbeit sowieso, aber er erkennt, daß ich sie brauche, und ist deshalb beunruhigt.

Wir versuchen eine Liste von »unseren Leuten« zu machen, die wir beide mögen. C. schreibt die Sikorskys und die Bixbys auf; ich setze John Wheeler-Bennett dazu. C. notiert etliche, die »unmöglich geworden sind«, Jean Monnet und Saint-Exupéry (»Wir werden sie niemals mehr wiedersehen!« protestierte ich verbittert). »Oh, das kann man nicht sagen«, meint C. zuversichtlich. »Wir können sie doch in jedem Fall einmal dazuschreiben.« Jean Monnet sitzt im französischen Schattenkabinett in Afrika – ist einer von Girauds Leuten.

Ich erkläre, daß ich am liebsten in eine ganz neue Welt mit anderen Menschen hineinkatapultiert würde. Etwas in mir ist drauf und dran zu zerspringen. Was wohl? Es ist eine Spannung, als würde in unserem Leben oder auf der ganzen Welt eine gewaltige Umwälzung stattfinden. Vielleicht der deutsche Rußlandfeldzug, meint C.

Früh nach Washington. Es ist kühler als gestern Abend, aber immer noch schrecklich heiß. Ins Carlton (C. hat dort ein Zimmer bestellt). Das Bett ist noch nicht gemacht. Washington ist überfüllt. C. macht sich um Phil Love[1] Sorgen, der in einem Bomber außerhalb von Colorado Springs vermißt wird. Selbstverständlich ist es möglich, daß er irgendwo gelandet ist. Es ist ein dünnbesiedeltes Land. Aber C. bekommt keinerlei Nachricht. Er ist tief beunruhigt.

Zurück zum Hotel. C. hat den Flugplatz im Westen angerufen, von dem aus sie die Suche nach Phil durchführen. Er hat sich mit dem Offizier vom Dienst verbinden lassen und hat auch mit Cooky (Love) gesprochen. Die Nachrichten sind teils gut, teils schlecht. Phil umkreiste das Haus einer Tante (das Wetter war nicht ausgesprochen schlecht). Aber er hat das Flugzeug vermutlich nicht selber geflogen, es war ein umgebauter Bomber und nicht ausgesprochen geeignet für Notlandungen. Einige Fischer berichteten von »einem Flugzeug in Not«, das war in der Nähe des Hauses, das er umkreiste.

Meine Gedanken spulen kaleidoskopartig mein ganzes Leben zurück – bis zum ersten Flug, den C. und ich in der Lockhead nach Westen unternommen haben, um ein überfälliges Transportflugzeug zu suchen, bedrohlich vermehrten sich die Stunden (24 Stunden überfällig – 48 Stunden überfällig). Die Suchmannschaften, die Gerüchte (das Flugzeug war durch falsche Angaben bis hinauf nach Kanada geleitet worden). Die erste Nachricht, daß das Flugzueg gefunden war. Die Gerüchte, daß es fünf Überlebende gab. Die Gesichter des Vaters und der Mutter auf dem Flugplatz – die sich hoffnungslos an die letzten gesprochenen Worte klammerten. »Sie hatte überhaupt keine Angst … Sie sagte …« Und alles sollte in diesem verkohlten Wrack auf einem

[1] Philip R. Love ist von 1924–25 Kadett in Lindberghs Klasse auf den Flugplätzen von Brooks und Kelly, in Texas, gewesen, und er war einer der beiden Piloten, die 1926 zusammen mit C. A. L. Post beförderten. Er war im 2. Weltkrieg Luftwaffenoberst.

Bergabhang auf richtigem Kurs sein Ende finden. »Keine Überlebenden«. Der lange Tisch, an dem die Piloten abends darüber sprachen. Die verhaltene Schwermut, die auf jedem lastete. »Er war ein verdammt guter Pilot ... aber wußte nicht, wann er umkehren mußte.« (Dahinter verbarg sich ein unterdrücktes »Mir wäre das nicht passiert.«) Mir kam das immer wie Verrat vor, Verrat an dem verstorbenen Piloten und wie Feigheit angesichts der Todesnähe, die dieser Beruf mit sich bringt. C. hat das nie mitgemacht. Er sagte stets: »Es kann jedem passieren.«

Dann kam Nelson[1] Tod (Phil und C. gehörten zur Suchtruppe). »Er war einer der Besten«, sagte C. Dann der Pan American Clipper, der über dem Pazifik verloren ging. Amelia Earhart und viele, viele andere, einer nach dem anderen. Immer wieder der gleiche Ablauf. Die unheilbringenden Stunden verrinnen – »überfällig« – und wieder die Gerüchte, und am Schluß die grausame Realität. Wie in dem Entführungsfall – die Bedeutungslosigkeit der Hoffnung, die einen sehr lange begleitet, aber im Unterbewußtsein kennt man die unerbittliche Realität.

Cooky hat das hundertmal durchgemacht. Alle Pilotenfrauen kennen das. Zeitweilig vergißt man das Damoklesschwert, unter dem man lebt, aber dann passiert so etwas und man steht wieder unter dem unvermeidlichen Druck. Und man erkennt, daß man sein ganzes Leben auf diesen Moment gewartet hat.

Dann bemüht man sich, kleine tröstliche Anhaltspunkte aufzuspüren, um die Tragödie gewaltsam zu verdrängen. »Er war sich dessen stets bewußt.« »Er wollte es so.« »Es war schnell vorüber.« »Er hat das Flugzeug selber geflogen und kannte keine Furcht.« (Das sind die Dinge, um die ich beten würde, würde es Charles betreffen.)

Zum Abendessen gehen wir zu Truman und Kay. Wir verbannen die Gedanken an die Tragödie. (Noch ist nichts bestätigt; vielleicht sind sie gelandet. »Ich hätte nicht geglaubt, daß Rickenbacker auch nur 10% Chancen gehabt hätte.«)

[1] Thomas P. Nelson, Kommilitone von C.A.L. in der Luftwaffenschule und von 1926–27 3. Pilot auf der Poststrecke von St. Louis nach Chicago.

Gehen zu Fuß nach Hause. Die Schwachstelle dieses Abends war ein unbedachter Ausspruch Trumans. Seitdem nagt er in mir und erfüllt mich mit bangen Vorahnungen (»Er, C.A.L., will einen Bomber nach Australien fliegen!«), und daß C. zu lange außer Dienst war und etwas in ihm vorgeht. C. grinst verlegen bei diesem »Zufallstreffer« und sagt, er habe mich noch nicht so recht darauf vorbereitet. Plötzlich wird mir klar, wogegen ich mich seit Wochen innerlich gesträubt habe – nämlich, *warum* in unserem Leben eine derartige Unschlüssigkeit einen so großen Raum einnahm. *Weshalb* zögert C., nach Neuengland zu ziehen, wenn er sich dort so viel wohler fühlt? Weil er etwas ausbrütet – das eines Tages ans Licht kommen wird – aber was mag daraus entstehen? Ein Bomber nach Australien? Ein Flug nach Europa? Ich warte, und mich erfüllen die ärgsten Befürchtungen. Ich denke an Cooky. Ich spüre, wie sich alles zuspitzt – was mag daraus werden? Es ist die Stunde vor dem Sturm, aber ob sich alles zum Guten oder Bösen wenden wird, ist schwer zu sagen – aber es wird gehandelt, und das bedeutet eine wesentliche Änderung.

Sonntag, 6. Juni

Im Omnibus, der Untergrundbahn und dem Taxi mit zwei Taschen nach Englewood hinaus.

Nachts ruft eine unbekannte Frau an, um C. zu sprechen, schließlich begreife ich, daß es Helen Nelson (Herlikey), die Witwe von Charles' und Phils drittem Piloten der ersten Postrouten ist. Er ist vor fünf oder sechs Jahren in den Alleghenies tödlich abgestürzt. Sie ist ganz fassungslos, berichtet, daß man das Flugzeug gefunden hat und daß es »keine Überlebenden« gibt. Zuerst wurde bekannt, daß fünf Menschen überlebt hätten. Sie will C. erreichen, ich versuche es und erwische ihn endlich in Bridgeport. C. schweigt und sagt nur, daß er nicht imstande ist, Cooky anzurufen. Ich sage, daß ich mit niemandem sprechen wollte. Er sagt: »Danke, für Deine Mitteilung.« Und ich bin es dann, die weint.

Ich denke an Cooky und Charles. Phil gehörte zu denen, die wie ich, wie Détroyat, C. in ihr Herz geschlossen hatten – wenn sie ihn und seine Wege nicht immer verstanden – aber in ihren Herzen bewahrten sie ihn stets.

Montag, 7. Juni

Es ist regnerisch und trüb. Ich packe, nehme meine Taschen und gehe traurig zur Grand Central Station. Nichts steht wirklich fest. »Zurück zur Schule«, nach Detroit, fort von all den Menschen, die ich gerne sehe, mit denen ich etwas gemeinsam habe, bei denen ich mich wohlfühle.

Ich rebelliere bei dem Gedanken an meine Rückkehr, so als spielte sich das Leben hier ab – dabei ist das albern, denn es trifft nicht zu. Mein wahres Leben verläuft in Detroit. Wenigstens habe ich dort im letzten Winter geschrieben.

Lese im Zug Koestlers *Geburt eines Mythos*. Geistreiche Studie dieses *Mal du siècle*. Und zucke wie stets bei dem Verweis auf meinen Satz »Welle der Zukunft« als zwangsläufige Folge des Faschismus zusammen. Werde ich die Lüge mein Leben lang zu hören bekommen?

Samstag, 12. Juni

Alle verkünden in den Zeitungen, daß der Fall Pantellerias die erste Gebietseroberung aus der Luft ist (was, wie ich annehme, zutrifft), daß sie eine neue Ära der Kriegsführung einleitet und ein Beispiel dafür ist, wie Europa aus der Luft erobert werden kann. Letzteres ist für mich eine Wahnsinnsvorstellung.

Es hat uns *Wochen*, tausende Tonnen Bomben und ich weiß nicht wie viele Soldaten gekostet (und dabei wurde kaum Widerstand geleistet), diese winzige Insel zu unterwerfen. Was würden wir für ganz Europa benötigen?!

Nach dem Frühstück gehen die Kinder mit C. und einem Gartenstuhl, den ich für Mrs. L. gekauft habe, fort. Ich mache einen kurzen Spaziergang und gehe in den Wohnwagen.

Mein Leben verläuft *ungut,* wenn ich nicht schreibe. Es ist mein Schwungrad, meine bedingungslose Zurückgezogenheit und meine Verbindung zu mir selbst und zu Gott. Es ist mein Auge zur Welt, mein Fenster zum Bewußtsein, ohne daß ich etwas sehen oder aufrecht gehen kann. Das Führen eines Tagebuchs ist mein Werkzeug zur Entwicklung der Erkenntnis. Es ist der Schmelztigel, durch den das Rohmaterial des Lebens hindurch muß, ehe ich es in der Kunst verwenden kann. Ich beschwere mich immer, daß das Schreiben kein »Handwerk« ist, es gibt keine Pinseltechnik, keine Fingerübungen, keine Rückkehr zum Gipsmodell. Aber vielleicht ist für mich das Tagebuchschreiben ein »Handwerk«, mein Vorbereitungsprozeß für das Schreiben. Ich muß es einfach machen.

»Ich habe einen wunderbaren Tag gehabt!« sage ich zu C., als er zurückkommt.« »Ich sehe es dir an«, sagt er, »aber weshalb können andere Tage nicht so wie die Sonntage verlaufen – weshalb nicht zum Beispiel der Mittwoch?«

Er hat auch einen guten Tag gehabt. Der Gartenstuhl, den ich gekauft hatte, war ein großer Erfolg. Das freut mich sehr. Und die Kinder waren artig.

Ein Sonnenuntergangsspaziergang – die verärgerten Krähen krächzen in einer zerfledderten Wolke auf uns herab, als wir ihre Schlafplätze aufstöbern. C. und ich beraten, ob ich einen Keramikkurs machen soll oder nicht. Meine Hände kribbeln nach einem Handwerk. Aber würde ich Zeit haben? Sie ist jetzt schon für mich sehr knapp bemessen.

Mittwoch, 16. Juni

Miß Martha Brodie ruft vom Bahnhof aus an und kommt ohne Hut mit drei Taschen in einem Taxi. Ich führe sie herum. Sie ist ungezwungen und natürlich, und überhaupt nicht entsetzt über das Familienleben und die Kinder. Das unkonventionelle Büro begeistert sie, und Einkaufen findet sie keineswegs stumpfsinnig. Man spürt, daß sie sich nach langer Bürotätigkeit nach einem Familienleben und Bekanntschaften sehnt.

Freitag, 18. Juni

Letzte Einzelheiten für Jon, der nach Wyoming ins Sommerlager geht. Er ist mir ständig auf den Fersen: »Nur noch fünfundzwanzig Minuten, Mutter!« Endlich sind wir mit Gewehr, Angel, Kescher, Koffer und Mittagessen fort. Großer Coup: Ein Junge ruft an, um Jon zu fragen, ob es in Ordnung sei, wenn er sein Gewehr in eine Decke wickelt, da er keinen Gewehrkasten hat?

Jon sagt sehr autoritär: »Ja, das geht in Ordnung.«

C. macht vor der Abfahrt Fotos von der ganzen Familie.

An den militärischen Fronten ist alles ruhig, aber hier ist alles in Bewegung. Das Antistreikgesetz ist im Senat durchgegangen. (Alle Arbeiter protestieren, daß das reaktionär ist, und auch die Liberalen protestieren. Totalitarismus zu Hause). Chester Davis, der Ernährungsminister, droht mit seinem Rücktritt wegen des unzulänglichen Versorgungsprogramms. Im Osten wieder reduzierte Öl- und Gaszuteilungen.

Samstag, 19. Juni

C. und ich essen abends auf der Veranda und überlegen, was wir für die Zukunft in Angriff nehmen sollten. Ich bin immer sehr schlecht zu gebrauchen für so etwas, da ich dazu neige, zu passiv zu sein. C. glaubt, daß man die Zukunft auf Grund vorgegebener

Muster zurechtschneidern kann. Ich vertraue nicht auf Schablonen, und wenn ich auch keine ausgesprochene Fatalistin bin, so möchte ich doch glauben, daß man in diesen Zeiten keine Vorlagen verwenden kann. Sondern daß man eher ein Opportunist sein muß.

Scheinbar verlangt man von mir, wie das so oft im Leben einer Frau vorkommt, daß ich über ein abstraktes Problem nachdenken soll, während ich durch eine Vielzahl von winzigen, konkreten und unmittelbar anfallenden Schwierigkeiten längst übermüdet bin.

Welches Ziel habe ich mir im Leben gesetzt? (Frag' mich morgen; ich bin heute abend zu müde, um nachdenken zu können.) Man kann es auch nur in ganz allgemeinen Begriffen ausdrücken. Ich möchte mich um ein gewisses reines (im Sinne der Herzensunschuld) Verständnis des Lebens und seiner wahren Werte bemühen. Um den Sinn des Lebens. Ich möchte dieses Verständnis meinen vier Kindern vermitteln, ich möchte das, was mir dann noch bleibt, in meinen Büchern zum Ausdruck bringen. Ich wünsche mir, daß mein Mann dadurch ungehindert die Aufgabe, wo auch immer, übernehmen kann, zu der er sich am besten eignet. Autoren haben keinen »Lebensplan«. Sie existieren durch das Leben anderer. Auch Frauen gehen nicht unbedingt methodisch vor – sie passen sich den Erfahrungen des Ehemannes und der Kinder an.

Montag, 21. Juni

[Henry Cabot] Lodge [Jr.] aus Massachusetts hält eine Rede, in der er sagt, daß sowohl England wie Rußland für ihre eigenen Interessen wie auch für die Niederwerfung Hitlers kämpfen, und auch wir sollten an uns denken. Großer Beifall aus den ehemaligen isolationistischen und den interventionalistischen Kreisen. Christine kommt aus Detroit, wo, wie sie berichtet, ausgedehnte Rassenkämpfe stattfinden. Umgestürzte Karren, Weiße zerren Neger aus den Fenstern, Neger werfen Autos der Weißen um. Miß R. kam mit dem gleichen Bericht zurück. Land ist fasziniert und läßt sich nicht ablenken. »Hast du Blut gesehen, Christine?«

In den Abendausgaben Schlagzeilen über die Rassenkrawalle – neun Tote. Die Miliz wurde zu Hilfe geholt.

C. und ich machen einen späten Spaziergang und beschäftigen uns mit dieser bedrohlichen Situation. C. fürchtet, das sei erst der Anfang vieler Schwierigkeiten.

Cranbrook Road, Bloomfield Hills, Michigan, 25. Juni

Liebe Cooky,

auch wenn ich ständig an Dich gedacht habe, seit man Phil als vermißt gemeldet hat, zögerte ich, Dir einen Brief zu schreiben oder Dich anzurufen. Denke ich an die Verluste in meinem eigenen Leben zurück und an die, die mir eventuell bevorstehen, (wie jeder Frau eines Fliegers), so habe ich mich mit einer gewissen Bitterkeit daran erinnert, wie erschüttert ich über die Eile war, mit der alle anderen bereit waren, an eine Realität zu glauben und sie auch zu akzeptieren, während ich noch zu benommen war, um sie zu erfassen und zu verstehen. Und wenn ich vorausschaue, denke ich – nein, ich möchte dann mit keinem reden, sollte es Charles treffen. Keiner soll Aufhebens um mich machen, niemand mir sein Beileid bezeugen. Vielleicht sind die Ideale der Männer, die wir heirateten, zu tief in uns verwurzelt, als daß wir uns anders verhalten könnten – und so ertragen wir den Schmerz so, wie sie es von uns erwarten würden. (Wie ich aus Charles' Gespräch mit Dir weiß, handelst du entsprechend.) Der Gedanke an die gleiche Zurückhaltung, Tapferkeit und Bescheidenheit, die für unsere Männer so charakteristisch war, trägt zu unserem Schweigen bei.

Dabei treibt mich etwas in meinem Innern dazu, den Versuch zu machen, an Dich zu schreiben und einige der unterdrückten Gefühle zu erklären. Auch wenn ich Dich nicht sehr häufig gesehen habe, so spürte ich doch seit dem ersten Besuch in St. Louis, vor so langer Zeit, ein gewisses Zugehörigkeitsgefühl, das nicht allein von der Zuneigung, die unsere Männer verband, beeinflußt war. Und so wie Du in den wenigen eiligen Minuten in Detroit im letzten Winter sagtest, »Wir führten unser Gespräch genau da fort, wo wir es das letzte Mal abgebrochen hatten.« Vielleicht deshalb, weil Du mich an meine Schwestern erinnertest, nach denen ich Heimweh hatte, vielleicht auch, weil ich erkannte, daß Du eine ebenso gute Ehe führtest wie ich. Gerade weil es eine gute Ehe war, muß es Dich noch weit schwerer treffen als viele andere. Doch möglicherweise ist es ein gewisser Trost zu wissen, daß ein Außenstehender wie ich sofort sah und erkannte, daß Ihr eine vorbildliche Ehe führt und Du Phil alles gegeben hast, was er brauchte, und Du ihn glücklich machen konntest. Alles zu geben, was man hat, um einen Mann glücklich zu machen, ist sehr viel im Leben.

Möglicherweise sind Frauen von Fliegern eher dazu geneigt als andere. Sie sind wie die Soldatenfrauen – nur ist für sie von Anfang an »Krieg«. Wir haben immer gewußt, daß sie den Tod vor Augen haben – daß sie diesen Beruf nicht blind gewählt haben. Und wir haben sie wegen dieser Entscheidung geliebt. (Ich erinnere mich C.'s früherer Erzählungen, daß sie von einem Pilotenleben sprachen, das 10 Jahre währt, sich aber in jedem Fall lohnt.) Wegen ihrer Aufrichtigkeit, mit der sie der Gefahr begegneten, mußten auch wir die entsprechende Haltung wahren und mit ihnen darüber lachen. (Hat Phil Deine Gefühlsausbrüche auch immer so schlagfertig pariert, wie C. das bei mir tut: »Oh, kann sein, daß ich noch vorher abtrudel!«)

Es stimmt sicher, daß man bei dem Gedanken an die begrenzten zehn Jahre ein reicheres Leben führt. Jeder Augenblick zählt. Nichts ist selbstverständlich. Ich glaube, daß die Männer, die entsprechend gelebt haben, eine bestimmte Fülle und Reife erlangten – vorausgesetzt, daß sie so besonnen und tiefempfindend wie Charles und Phil sind. Ich glaube auch, daß ihre Ehefrauen Reife und Verständnis erworben haben, die über ihre Jahre hinausgehen. Die Ehen sind erfüllter und inniger – als wollten sie einen für den Druck, unter dem man steht, und die kurze Lebensdauer entschädigen.

Das wird Dir alles nicht helfen. Du solltest nur wissen, daß ich die gleichen Gedanken und Gefühle habe wie Du.

Ich wollte, ich könnte Charles von seiner Verschlossenheit befreien und für ihn schreiben. Vermutlich ist das aber gar nicht nötig, denn Du weißt, was Charles für Phil empfunden hat. Es waren tiefe Gefühle, die er selbst mir gegenüber nie in Worte zu fassen versuchte. Diese Gefühle hatte er schon lange, ehe es mich gab, in seinem Innern verschlossen. Über Phil hat er gesprochen wie über keinen anderen. Erkennst Du eine derartige Beziehung, wird Dir klar, wie unnütz nichtiges Weibergeschwätz ist. Ich erinnere mich, daß Charles in einem Brief an Phil schrieb, »Du bist immer willkommen«, übliche Worte, doch er hat sich damit so offen gezeigt, wie er es selten tut. Sie bedeuteten absolutes Vertrauen, uneingeschränktes Verstehen und bedingungslose Treue. Charles zeigte mir den Brief, den Phil ihm im vergangenen Winter geschrieben hat, als er wegen des von der Regierung ausgeübten Drucks keine Stellung in der Armee, der Verwaltung oder einer Privatfirma bekommen konnte. Phils Loyalität bedeutete Charles etwas, was ich nicht auszudrücken vermag. Ich weiß es aber. Vielleicht weißt du es ebenfalls.

In diesen Wochen hat Charles ständig an Dich und Phil gedacht und von Euch gesprochen. Immer wieder hat er gesagt: »Wenn ich doch nur etwas tun könnte.« Möglich, daß auch dieser Brief nichts anderes besagt. Wir wären froh, wenn wir etwas tun könnten. Ich weiß wohl, daß es so gut wie nichts Hilfreiches gibt, wenn einen im Leben ein schweres Geschick getroffen hat – und doch habe ich den Brief geschrieben, um es wenigstens zu versuchen.

Mach Dir nicht die Mühe und beantworte ihn, Briefe sind manchmal eine Last, und ich möchte Dich auch mit meiner Teilnahme keinesfalls belasten. Aber solltest Du je das Gefühl haben, Du möchtest Dein Haus verlassen, Menschen sehen oder mit jemandem reden, mußt du wissen, daß Dir unser Haus immer offen steht. In Charles' Worten: »Du bist stets willkommen.« Wir führen ein ruhiges Leben. Die meiste Zeit bin ich mit den Kindern allein. Du würdest zur Familie gehören. Vielleicht könnten wir »da fortfahren, wo wir stehen geblieben sind«, obgleich ich das

Gefühl habe, daß Du mir jetzt im Leben weit voraus bist. Du hast so viel mehr ertragen, mußt ein umfangreicheres Wissen und größeres Verständnis haben. Du wärst also die Gebende, nicht ich.

Tagebuch *Freitag, 25. Juni*

Rufe Mrs. Milles wegen eines Modellierkurses an und bitte um ein Gespräch mit Miß Kline, einer Bildhauerin und Schülerin von Carl Milles. Sie meint, daß man mich aufnimmt, obgleich ich Amateur bin, es sei lediglich die Frage, wofür ich mich mehr interessiere, für Keramik oder Bildhauerei. Fraglos für letzteres.

Nach dem Abendbrot gehen C. und ich zu den Milles hinüber. Ich spreche mit Miß Kline, die mich darin bestärkt, einen Kurs zu machen. Wir gesellen uns wieder zu den Milles, trinken im Dunkeln Ginger Ale auf der offenen Veranda, hören Musik (das Schubert-Trio in b-Dur, das Mozart-Konzert in c-Moll und etwas aus Bachs Johannes-Passion), dabei blicken wir durch die efeuumrankten Bögen ihres kleinen römischen Hofes auf die Sterne und hören im Hintergrund leise den Brunnen plätschern. Ich bin in die Welt des Unendlichen zurückgekehrt.

Dienstag, Mittwoch, Donnerstag, Freitag,
29. Juni–2. Juli

Habe begonnen, im Studio zu modellieren. Habe den ganzen Dienstag gearbeitet. Herrlicher Tag – klar – kühl – sonnig. Ich gehe mit einem Gefühl vollkommener Freiheit und Jugend über den Rasen zur Arbeit ins Studio. Die Zähigkeit des Tons und die Schwäche der Finger, die Blindheit der Augen – die nach und nach das Sehen lernen; zuerst die »Linie« – ein völlig neues Sehvermögen – dann »Flächen«, ein nächster Schritt, eine zweite Welt tut sich auf; dann die »Menge«, eine dritte Welt und Vorstellung, in die man eindringt und die von der üblichen, in der man lebt, so verschieden ist, wie unsere Erde, wenn man sie aus der Luft besieht.

Arbeite den ganzen Vormittag angespannt, fertige die Kopie eines kleinen Terrakotta-Gipsabdrucks eines ägyptischen Kopfes an. Dann eile ich benommen zum Mittagessen nach Hause und kehre nachmittags zurück. Ein kleines Negermädchen, etwa 23 Jahre alt, stand Modell. Die Studenten waren zwei ältere Damen, die sich von der Keramikklasse zu uns verirrt hatten, Silvia Kline (Milles' Freundin, lustig, offen, freimütig und liebenswürdig) und eine große Blonde, die recht gut war. Wir machen Strichzeichnungen des Modells. Ich bin langsam, hölzern und ängstlich. Allmählich gelingt mir der Kopf. Wie gewöhnlich bin ich hinter den anderen zurück, verbrauche zu viel Ton, und bis die Stunden um sind, ist der Kopf noch nicht einmal groß genug, aber ich spüre das Reizvolle einer neuen Vision und Schönheit.

Mittwoch

Gehe gleich nach dem Essen ins Studio. Wieder machen wir Strichzeichnungen von dem Modell, und dann arbeite ich weiter an dem Kopf. Schließlich habe ich ausreichend Ton verwendet – jetzt ist er zu groß geraten.

Außer einer alten Dame sind die anderen alle weiter als ich. Aber es ist fesselnd. Man verliert sich so, wie das beim Schreiben gar nicht möglich ist – man entgeht sogar dem Krieg. Ich habe ihn zum ersten Mal vergessen.

Dazu genieße ich die Anonymität, ich bin eine Studentin, mich umgibt keine Aura, kein bestimmter Ruf, ich habe weder Vergangenheit noch Zukunft. (Keiner weiß, wer ich bin – außer Svea, und der ist es gleich.) Ich bin einfach »Anne«. Alle nennen mich »Anne« – es ist wundervoll! Deshalb brauche ich mich nicht wie beim Schreiben ins Zeug zu legen oder zu ängstigen, es treibt mich nichts. (Ich stehe weder unter dem Druck, daß etwas fertig oder gedruckt werden muß, noch daß seit drei Jahren kein Buch mehr erschienen ist...) Vielleicht liegt es auch daran, daß ich von der

Technik, dem Handwerk, den Materialien hier derart in Anspruch genommen werde – und davon absehen kann, nach Konzept zu arbeiten, was man in seinen eigenen künstlerischen Ausführungen selbstverständlich tut, indem man unbewußt bestimmte Techniken anwendet.

Anschließend in Milles' Seminar in seinem Haus, wo die herrlichen griechischen Statuen stehen. Sie gewinnen Leben. Ich kann ihm kaum zuhören, weil ich die Linien der Plastiken betrachte.

Freitag, 2. Juli

In den Wohnwagen und nachmittags ins Studio, wo ich alleine an dem ägyptischen Kopf arbeite. Begreife schließlich, wo die Fehler liegen und korrigiere sie (herrliches Gefühl). In Mr. Sepeshys Seminar zusammen mit Miß de Coux[1], die mir immer besser gefällt – wir haben ähnliche Auffassungen. Cranbrook wird durch diese Menschen lebendig.

Sonntag, 4. Juli

Nach dem Essen ins Studio, um in Ruhe und mit Freude an dem ägyptischen Kopf zu arbeiten. Er gewinnt langsam die richtige Form, und ich kann an den Details arbeiten. *Les points sont fixés* – ich muß während des Modellierens sehr viel an Despiau denken. Später kommen Svea, Barbara (das blonde Mädchen) und eine neue Studentin (deren Kopf in dem Stadium ist, in dem meiner vor zwei Tagen war) dazu. Alle bemerken sie den Fortschritt, den ich gemacht habe. Die neue Studentin erwähnt entschuldigend, daß sie bisher immer nur gezeichnet und gemalt hat. Ich sage nicht, was ich mir im Stillen denke, ich habe vorher *überhaupt* nichts derartiges gemacht!

[1] Zoltan Sepeshy, Künstler, Lehrer, Leiter der Malklassen, später Präsident der Cranbrook-Kunstakademie. Janet de Coux, Bildhauerin und Lehrerin in Cranbrook.

Dienstag, 6. Juli

C. reist an die Ostküste. Arbeite morgens im Wohnwagen und von 1.30–4 Uhr an dem Kopf des Modells im Studio. Um vier Uhr wieder nach Hause und zu den Kindern. Kein Charles erscheint um fünf Uhr. Abendessen allein auf der Veranda, ordne anschließend Blumen. Etliche muschelrosa Rosen in den perlgrauen chinesischen Krug, Malven in die langen grünen Vasen und ein paar gelbe Knospen in Jons Schale. Dann hinauf ins Bett, ohne C. verloren. Es ist schwer, wenn man die wunderbare Abhängigkeit der Ehe kennt und dann alle Kraft zusammennehmen muß, um alleine zu bestehen.

> »Das Haupt geneigt, in Tränen nun, fragt ich mein einsam Bett
> seh' ich Dich tot, mich selbst bereits allein?«

Die deutsche Treibjagd in Rußland hat begonnen. Die Russen betonen die unerhörten Verluste und den opfervollen Heldentod vieler Deutscher. Das bedeutet, daß die Deutschen vorrücken.

Dienstag, 8. Juli

Arbeite den ganzen Tag nach dem Modell – der Morgen ist wundervoll. Das Licht ist gut, und ich kann gut und rasch arbeiten. Ich sehe die Flächen, die Schatten; meine Hände arbeiten instinktiv und ohne mein Zutun. Sie »ertasten« den Mund, die herabhängende Oberlippe, die Rundung unter der Nase, die Flächen der Wange und Braue. Ich sehe keinen an und spreche mit niemandem, sondern modelliere freudig und unerkannt. Alles glättet und festigt sich. Miß de Coux sagt, als sie mich draußen, auf meinem Weg in den Waschraum trifft, daß ich *sehr* gut vorankomme. »Es ist merkwürdig«, sagt sie, »im Ausdruck hat ihre Plastik eine Ähnlichkeit mit Werken von Despiau.«

Wie komisch. Wie beeinflußt ist man doch unbewußt von dem, was man bewundert. Belustigt beobachtete ich Svea bei der Arbeit an ihrem Kopf. Bemerkt sie gar nicht, wie sehr sie unter Carls Einfluß steht? Während ich fröhlich vor mich hinarbeitete und mich dabei unbewußt von Despiau leiten ließ.

Samstag, 10. Juli

Ein schlechter Vormittag. Die Anstrengungen der letzten zwei Wochen haben sich summiert, meine Augen schmerzen und ich bin zu müde, um wirklich zu sehen – Fehler zu sehen –, auch weiß ich nicht, wie ich sie angehen soll.

Sizilien ist überfallen worden. Die »Invasion Europas« hat begonnen. Das ist mir ziemlich auf den Magen geschlagen – ich kann nur an die Opfer denken, die das kosten wird.

Dann überlege ich: So darfst du nicht denken. Möglicherweise werden Millionen von Menschen dadurch befreit. Frankreich wird unter Umständen frei. Von diesem Gesichtspunkt mußt Du das betrachten. Und es gelingt mir nicht. Ich kenne das Frankreich, das sie befreien werden, nicht. (Verhungert, verbittert, zerrissen. Warum *ernähren* wir Frankreich nicht, wenn uns an dem Land etwas liegt?) Und ich bin unglücklich, weil ich das nicht mit den Augen eines patriotischen Franzosen betrachten kann.

Cranbrook, Sonntag, 12. Juli

Liebste Con,

ehe das Licht auf dieser gesegneten Veranda schwindet, habe ich gerade noch Zeit, um Dir zu schreiben. Du klingst so viel ausgeruhter und ausgeglichener – ich freue mich über die Kurzgeschichte! Du hast bisher unter solchem Druck gearbeitet und gelebt. Vielleicht lehrt einen das, die freien Viertelstunden besser auszunützen – so daß man an einem freien Sonntag eine Kurzgeschichte schreiben *kann.*

Meine Pläne: Ich werde jetzt bis zum 9. August hier sein, da ich den vierwöchigen Sommerkurs in Cranbrook mache. Es geht um das Kunstverständnis mit praktischen Arbeiten im Modellieren und Strichzeichnen. Ich gehe nur nachmittags hin, arbeite morgens im Wohnwagen. Natürlich bin ich ungeschickt, und das Modellieren ist nicht meine Kunst. Ich kann es kaum vertreten, außer als Ferienbeschäftigung und Ausbildung. Im Augenblick geht es sehr gut, da es meinen Verstand für die eher langweiligen Korrekturen und Umschreibungen, die ich gerade in Arbeit habe, schärft.

Wenn ich nie mehr als sechs Wochen belege, hat es sich gelohnt, und sollten wir den Winter über noch hier sein, werde ich versuchen, ein oder zwei Nachmittage in der Woche beizubehalten. Ich nehme an, daß wir jetzt, da dieser Ort für mich Leben gewann, wegziehen werden. So ist das Leben nun einmal, es teilt einem eine Serie von Bridgekarten zu, und sie sind alle verschieden, wie Elisabeth es einmal formulierte. Sobald man sie kennt und weiß, wie man es machen soll, was auch gar nicht so schwer ist, wird einem eine vollkommen neue zugeteilt.

Mir ist ziemlich klar, daß ich – und vielleicht wir alle – an der Wende unseres Lebens stehen, sodaß ich nicht weiter über die Blumen nachdenke, die ich am Rande des Abgrunds vorfinde. Vielleicht helfen sie einem über einiges hinweg.

Cranbrook lebt in einer Scheinwelt. Ich könnte hier nicht sehr lange bleiben. Außer mir und Saarinen weiß keiner, daß ein Krieg im Gange ist. Doch, noch eine junge Frau, deren Mann in Neuseeland ist. Mr. Milles lebt in einer Traumwelt aus der Vergangenheit.

Das Haus ist ruhig und friedlich ohne Jon und Land – und es ist sehr viel weniger Arbeit zu erledigen! Warte nur, bis Du Buben hast. Aber sie fehlen mir auch schrecklich.

Ich werde vermutlich vom 9.–16. August in New York sein. Vielleicht auf Haussuche – wer weiß. Hier kommen täglich neue Leute, um das Haus anzusehen.

Donnerstag, 15. Juli

Ein langer Tag im Studio, arbeite an dem Körper. Ich hinke hinter den anderen her und bin ungeschickt. (Welche Form hat der menschliche Rumpf? Gleicht er einer Birne oder einem Apfel? Oder hat er eine völlig andere Gestalt?) Ich weiß nicht, wo ich anfangen soll, und die Proportionen sind total falsch; ich sehe das erst, als ich dabei bin, wegzugehen. Abends bin ich sehr müde – zu müde, um irgend etwas zu tun außer Bach zu hören.

Das einzig Nette heute war die Geste eines jungen Franzosen, der mir die Tür öffnete.

»Kommen Sie?«

»Ja, aber ich kann mir die Türe auch wirklich selber aufmachen«, sage ich freundlich lachend.

»Das ist nicht nötig.« Er lächelt zurück. Daran erkannte ich den Franzosen, und er hatte mit dieser Geste bei mir gewonnen.

Samstag, 17. Juli

Arbeite den ganzen Nachmittag mit C. an dem Alpenkapitel. Abends sitzen wir auf der Veranda. Zumindest ich liege auf dem Sofa und blicke zum Himmel hinauf. C. sitzt genau in der Türe und liest Manuskript. Als ich Bach spiele, kommt er heraus und setzt sich neben mich; plötzlich sehe ich ihn – sehe ihn tatsächlich. Es schmerzt einen, wenn man den Menschen, den man liebt, wahrnimmt, wenn man sein unveränderliches Ich kennt. Man kann es kaum ertragen, es steht einem zu klar und zu deutlich vor Augen. C. geht es nicht anders. »Dieser Nachmittag war irdisch«, sagt er, »aber das ist etwas Geistiges.«

Montag Abend, 19. Juli

Die ganze Hausarbeit des Wochenanfangs, und dazu fährt C. wieder ab. Wir unterzeichnen Schecks, sehen Briefe durch etc. C. sitzt am Schreibtisch und hat ordentliche Häufchen um sich herum auf dem Boden verteilt. Den frühen Vormittag benutzt er, um zu diktieren, ich gehe in den Wohnwagen. Er kommt, um sich zu verabschieden. Er macht nur eine dreiwöchige Reise durch das Land, und doch fühle ich mich verloren. Ein physisches Loch entsteht in einem. Das Leben rinnt davon, und man muß es langsam wieder aufbauen.

Cranbrook, Montagnacht, 19. Juli

Lieber C.,

ich habe heute Abend Blumen gerichtet, damit Du mir nicht so sehr fehlst – zwei Vasen voll! Die erste Nacht ist schrecklich. Morgen werde ich damit beginnen, mein einsames Leben wieder aufzubauen – Steinchen für Steinchen. Es wird schon gehen, es ist immer gegangen. Ich werde Briefe diktieren, in den Wohnwagen gehen und anschließend ins Studio – werde es genießen und mit Mr. Snyder nachmittags Häuser ansehen.[1]

Aber heute Nacht, nein – ich fühle wie in dem Gedicht *Für wen* – –

»Dear Love, it was so hard to say good-bye today![2]
You turned to go, yet going turned to stay!
Till suddenly at last you went away.
Then all at last I found my love unsaid
And bowed my head;
And went in tears up to my lonely bed –
Oh, would it be like this if you were dead?«

Scott ist gefüttert. Die Sterne sind da. Du bist im Zug. Gute Nacht.

[1] Das Haus, das die Lindberghs bewohnten, stand zum Verkauf.

[2] »Geliebter, es war so schwer, Dir Lebewohl zu sagen!
Du gingst des Wegs und wandtest Dich, um dennoch zu verweilen.
Bis unversehens Du entschwunden warst
und meine Lippen nicht von Liebe sprachen,
das Haupt geneigt, in Tränen nun,
fragt einsam ich mein Bett –
seh' ich Dich tot, mich selbst bereits allein?«

Cranbrook Road, Bloomfield Hills, 23. Juli

Liebe Sue [Vaillant],

Dein Brief und Dein Bild sind heute Morgen eingetroffen.

Oh, warum bist Du nicht hier? Es gibt niemanden, der so starke Gefühle wie Du hegt, der sie so wenig verbirgt, aber gleichzeitig ein sehr irdisches, tief eingewurzeltes Gespür für das Leben und die Dinge, die wichtig sind, hat, und dabei auch für die verrückten Wünsche in unserem Inneren Verständnis zeigt.

Ich schreibe immer noch am Vormittag – korrigiere und überarbeite mein Manuskript. Ich hoffe, daß ich es in etwa zwei Wochen an Mr. Harcourt, den Verleger, zur Durchsicht und um Hinweise zu bekommen, schicken kann.

Ich habe eine aufregende Reise mit C. nach New York und Washington unternommen. Wir haben angeregt mit vielen Leuten gesprochen. Ich merkte, daß ich auf der Stuhlkante saß, als ich einem rundlichen, glatzköpfigen Offizier lauschte, der eine philosophische und historische Haltung gegenüber dem Krieg und der militärischen Strategie entwickelte. Ich mußte an die Auffassung meines Vaters und an eine Deiner Äußerungen denken. Hätte ich C. nicht geheiratet, hätte ich niemals Verständnis für die großartige Auffassung dieses hartgesottenen Militärs aufbringen können. Er war keineswegs ein Schöngeist – aber ich fühlte mich auf Grund seiner Gesinnung zu ihm hingezogen.

Wie merkwürdig – aber es ist so, wie Du sagtest – »Du verwirfst A. und heiratest B., dann triffst Du C., dem Du unmöglich auch nur zugehört hättest, hättest Du A. geheiratet!« Während seiner Ausführungen wurde mir klar, wie die Männer den Krieg betrachten. (Frauen machen sich überhaupt keine Gedanken über den Krieg – und wenn, stehen bei ihnen die Gefühle immer im Vordergrund.) Auch Männer sind nicht allein auf den Krieg ausgerichtet. Sie betrachten ihn durch eine Schablone wie einen Sport, eine Wissenschaft (wie dieser Name) – als eine Kunst der Logistik etc. (Es war ein Vernügen zu sehen, daß C. ebenso begeistert war wie ich. Wir sahen und begriffen Gleiches – was mich überraschte, ich drang ein in *seine* Welt.) Keiner betrachtet den Krieg in Verzückung – nur ein paar Heilige und Künstler wie Hillary, Koestler und St.-Ex.

Dieses Haus ist verkauft worden, und wir ziehen um, aber nicht nach Connecticut, da C. das Gefühl hat, daß hieße »Gott versuchen«, hier sind die Bedingungen ausgezeichnet, während sie dort äußerst unsicher sind. (Lebensmittel, Benzin, Schulen, Beförderungsmittel etc.) Wir ziehen in ein neues Haus auf der anderen Seite von Cranbrook, das o Wunder, größer, einfacher und für eine Familie mit fünf Kindern geplant und rundherum schöner ist. (Obgleich ich wieder in einem grünen Zimmer landen werde!) Wir ziehen in der ersten Septemberwoche um, ehe die Schule beginnt, aber planen muß ich jetzt, da ich am 9. August mit Anne für zwei Wochen nach Maine gehe.

Tagebuch *Montag, 26. Juli*

Mussolini hat abgedankt. Was bedeutet das? Könnte das der Anfang vom Ende sein? Militärgesetze in Italien. [Marschall Pietro] Badoglio hat die Verantwortung übernommen.

Abendbrot auf der Veranda, lese die Zeitungen. Das Wichtigste ist die seit kurzem aufgezogene Propaganda Rußlands für die Deutschen. Sie gründen in Rußland ein freies deutsches Komitee und legen Pläne vor für Deutschland nach dem Krieg. Sie sprechen nicht von »bedingungsloser Kapitulation«. Sie erwähnen keine Kriegsverbrecherprozesse und lassen nichts über Rache verlauten. *Durch Deutsche* lassen sie Pläne für *deutsche Gesetze* ausarbeiten. (Während wir Amerikaner schulen, die Deutschland regieren sollen – aber natürlich nur als Übergangslösung!) Das ist Rußlands Angebot an die deutsche Bevölkerung, um eine friedliche Verständigung zu erzielen. Aber es führt noch weiter, es ist Rußlands Versuch, die Kontrolle über Europa zu gewinnen. Ein äußerst wichtiger Trend, der durch das Tamtam um Mussolinis Abdankung fast unbemerkt bleibt (die offensichtlich so viel mehr Aufsehen erregt).

Die letzten zwei Wochen im Sommerkursus, eine Woche in Englewood und eine halbe Woche in Maine sind rascher vergangen, als ich schreiben konnte. Es war eine intensive Zeit, in der viel passiert ist.

Zum Teil war es die Aufregung über das, was mir in Cranbrook geschah. Vieles hat sich für mich positiv entwickelt. Ich hatte auf einmal und gleichzeitig lauter verschiedene Freunde. Nachdem ich mich so lange verlassen und elend gefühlt habe, entdeckte ich, daß ich nicht alleine war, daß Menschen mich liebten und dieselbe Sprache sprachen. Es ist fast zu viel. Da ist Saarinen, der mich mitreißt (wie mein Vater es früher getan hat). Und Janet [de Coux], die sich auf gleicher Ebene mit mir befindet, die intuitiv, aber von einem anderen Gesichtspunkt aus, alles versteht. Die nachbarliche Mrs. Bromley (ein Muttterersatz). Und der sonderbare achtzehnjährige Knabe – der mir vielleicht näherstand als alle anderen, der wie meine eigene Jugend in Knabengestalt mit erlebnishungrigen Augen umherging.

Es gab auch unerwartete Begegnungen, die fast ebenso erfreulich waren. Der aufgeschossene Junge, der ebenfalls achtzehn und der Begabteste der ganzen Schule war, mager und mit einem köstlichen, trockenen, amerikanischen Humor. Die leichte Erdgebundenheit, die Amerikaner haben können – bewußt, sensibel und *bodenständig* – begeistert mich. Wenn ich das sehe, bin ich stolz auf die Amerikaner, ich bin stolz darauf, Amerikanerin zu sein. Es gefiel mir sehr, daß er mich so behandelte, als sei ich gleichaltrig, mich auf den Arm nahm wie ein Bruder. Er war der einzige, dem nicht entging, was an Cranbrook falsch war – daß Abstoßendes und Auseinandersetzung fehlten. »Das Leben ist eben nicht so«, sagte ich zu ihm und warf ihm dieses Seil zu, um zu sehen, ob er es fangen würde. »Nein«, sagte er mit einem kurzen, verstehenden Seitenblick, »deshalb habe ich Wayne so gerne« (die Wayne County Art School). Nach dem Sommerkursus geht er zur Marine. Am letzten Tag kam er mit seinem Vater. Ich habe mich sehr gefreut, daß er mir seinen Vater vorstellte, war aber tief erschüttert bei dem Gedanken, daß er seine herrliche Jugend, seine Ritterlichkeit und sein Talent dem Pazifik opfern wollte. Ich konnte nicht mehr sagen als »Mein Mann testet gerade ein Flugzug für Dich«, dabei wischte ich nach einem Tag Gipsarbeit energisch den Fußboden sauber. »Ich hoffe, es ist ein gutes!« Er lachte und ging hinaus.

August

Lieber Mr. Harcourt,

Mir fehlen die Besuche in Ihrem Büro, auch wenn sie in der Vergangenheit nicht sehr häufig waren. Mir mißfällt der Gedanke, jetzt bei Harcourt, Brace & Co. hereinzukommen, und Sie wären nicht anwesend, um mir – wie Sie es stets getan haben – das Gefühl zu geben, daß genügend Zeit und ein ausreichender Grund dafür vorhanden sind, um ein gutes Gespräch zu führen. Mir fehlt Ihr Urteil, auf das ich mich verlassen kann. Deshalb schreibe ich Ihnen auch.

Denn im letzten Winter, als ich bettlägerig war und mich von der Geburt meines jüngsten Kindes erholte, grub ich den Entwurf von einem Flugerlebnis aus, den ich vor dem Krieg geschrieben hatte, beim Wiederlesen nahm ich mir vor, ihn abzuschließen, ehe alles vergessen war. Ich nahm an, es würde eine Kurzgeschichte, aber sie wuchs sich zu einer bedrohlichen Länge aus, also eine lange Kurzgeschichte, etwa halb so umfangreich wie *Wind an vielen Küsten.* (»Wie lang ist eine Schnur?« fragten Sie mich, als ich zum ersten Mal in Ihr Büro kam und erklärte, daß mein Buch *North to the Orient* nicht lang genug wäre.)

Ich habe diese Erzählung einfach deshalb geschrieben, weil ich das Gefühl hatte, daß sie zu Papier gebracht werden sollte, und weil ich nicht wollte, daß sie mir verlorengeht. Ich versuchte – wie in einer Art Chronik – in ihr alles festzuhalten, was mich ein Fliegerleben gelehrt hat, als wäre sie ein endgültiges Testament. So war es auch ursprünglich vorgesehen. Damals habe ich nicht an eine Veröffentlichung gedacht. Aber jetzt, da sie geschrieben ist, möchte ich sie auch gerne in Druck geben. Ehe ein Buch nicht verlegt ist, kann man nichts daraus lernen, entwickelt sich nicht weiter, kann keine neuen Schritte unternehmen.

Aber wie dem auch sei, ich habe meine Zweifel, ob es weise ist, das Buch jetzt erscheinen zu lassen. Kann man ein Buch, das das Ergebnis eines Vorkriegserlebnisses ist, in einer Zeit drucken, in der ein heftiger Krieg tobt? Kann man eine Geschichte über das Fliegen in Friedenszeiten vor dem lodernden Hintergrund kriegsbedingter Flugeinsätze publizieren? Welche Abenteuer, welche Risiken können vor den Wagnissen, die Flieger heute täglich unter Einsatz ihres Lebens unternehmen müssen, noch bestehen? Was behält heute in der Literatur seine Gültigkeit? Hat man überhaupt das Recht, angesichts solchen Leidens zu schreiben?

Das sind die Fragen, die mich verfolgen. Ich habe das Gefühl, daß sie mir niemand so gut wie Sie beantworten kann – und daß ich niemand kenne, dessen Urteil mir so viel bedeutet wie das Ihre.

North Haven, 18. August

Lieber C.

Ich habe Dir heute in den Engineers Club ein Telegramm geschickt, nachdem ich Harcourts Brief erhalten hatte. (Noch kann ich mich nicht davon trennen.) Er schreibt:

»Mrs. H. und ich haben gerade Ihr Manuskript zu Ende gelesen.[1] Es sollte auf jeden Fall gedruckt werden. Wir waren beide beim Lesen und auch noch nach Stunden sehr gefesselt. Alles, was diese Qualität hat, ist zeitlos; hier geht es sowohl um den geistigen Aufschwung wie um den Flug einer Maschine. Das Flugzeug ist lediglich Mittel zum Zweck, um den außergewöhnlichen Sinn für das Wesentliche aufzuzeigen. Ich würde annehmen, daß die letzten zwei bis drei Kapitel das Beste sind, was Sie bisher geschrieben haben.«

Er schlägt vor, die Einleitung zu straffen und »ein bis zwei Sätze der Entschuldigung« wegzulassen, dafür aber einen vergnügli-

[1] 1944 kam das Buch bei Harcourt Brace mit dem Titel *The Steep Ascent* heraus.

chen Satz über Vorworte einzufügen, die sich sowohl für Rechtfertigungen wie für Kampfansagen anbieten.

Es gibt noch ein paar andere Vorschläge, und ich glaube, ich könnte ihn am Montag den 30. auf der Durchfahrt in New York sprechen.

Ich fürchte nur, daß ich keine Zeit haben werde, an dem Manuskript zu arbeiten, da ich jeden Augenblick mit Anne zusammen bin. Es ist wunderbar, sie ganz für sich zu haben. Wir sind den ganzen Tag über in der Sonne – ein köstliches, ruhiges Dasein. Sie ißt zweimal so viel wie zu Hause und wir schlafen wie Murmeltiere.

Sie ist eine große Freude – so wie ich sie mir erträumt habe, sensibel, aufmerksam, aufgeschlossen. Ich bin ihr hier sehr nahe.

Wenn Du doch nur hier sein könntest. Du fehlst mir hier mehr als in Cranbrook, wo ich viel gearbeitet habe. Könnten wir das doch nur gemeinsam genießen!

Ich wollte, ich könnte heute Abend mit Dir sprechen. Wie ungern habe ich es, wenn wir die Dinge nicht gemeinsam erleben. Es ist schon so lange her. Verzeih.

North Haven, Maine, 23. August

Liebe Mary [Knollenberg],

Der Tag mit Dir in New York war wunderbar.

Jetzt führe ich ein Leben mit Kindern, Sonne, Schwimmen und endlosen, mühseligen Märschen über die weiten Wiesen, um nach Möwenfedern zu suchen. Ich komme mir dumm und faul vor, bin aber ganz glücklich.

Ich habe zwei Artikel über Henry James gelesen – einen in der *Partisan Review* (von Rahv) und einen im *Horizon*. Der englische bringt eine leichte Betroffenheit wegen seiner unverbesserlichen Ansichten über das alte Europa zum Ausdruck, die James vertritt.

Nach dem Lesen der Artikel hätte ich zu gerne mit Dir darüber gesprochen und die letzten drei seiner Romane gelesen. Weshalb habe ich mit zwanzig aufgehört, Henry James zu lesen? Möglich, daß der richtige Zeitpunkt für mich gerade jetzt gekommen ist. Wir haben ihn gesprächsweise erwähnt, das, sowie die beiden Artikel, haben mir einiges erläutert.

Nun zu meiner Erzählung. Ich erkenne jetzt, daß die Erzählung in gewisser Weise dazu dienen sollte, den europäischen Bann zu lösen. Sie ist auf seltsame Art ein Protest gegen diesen Bann. Eine positive Verteidigung des Unerfreulichen an Europa und den Europäern, das einen derart niederzieht und für Amerikaner verhängnisvoll ist (auf Europäer trifft das selbstverständlich nicht zu). Für uns lauert der Tod darin, denn wir haben es nicht erfunden. Es ist nicht unser Problem. Zu ihnen paßt es. Hat Henry James das erkannt? Stimmst Du mir zu? Meine Erzählung ist eine Art Protest dagegen. Aber habe ich mich ganz aus diesem Dunstkreis gelöst? Unterliege ich noch dem Bann? Ist dies *meine* Erzählung – oder etwa nicht? Ich weiß es nicht.

Aber vielleicht kannst Du es mir sagen. Jedenfalls vermag das kein anderer.

(Sowohl Harcourt als auch Charles meinen, daß die Einleitung zu sehr nach einer Rechtfertigung aussieht, sie muß kürzer und pointierter werden. Niemand wird glauben, daß die Bescheidenheit echt ist. Unglücklicherweise *trifft* sie *zu!* – aber ich sehe ein, daß Änderungen vorgenommen werden müssen, da sie unglaubhaft ist.)

Tagebuch *30. August (Im Schlafwagen nach Detroit)*

Zwei Wochen mit Anne in Maine. Es waren herrliche zwei Wochen, in denen ich sie ganz für mich hatte. Bin mit ihr herumgelaufen, mit ihr ins Bett gegangen, habe ihre kleinen Worte und Gesten und ihre Neugier erfahren. Dabei habe ich sie beobachtet, wie sie zum erstenmal einen Sonnenuntergang *erblickte.* (»Was für eine Farbe hat der Himmel, Mutter, was ist das für eine Farbe?« – ganz aufgeregt. Bei allem will sie wissen, was es für eine Farbe hat.) Es war wunderschön, sich wieder wie als Kind Maine anheimzugeben. Tannenzapfen und Federn, glatte

Steine und nach dem Schwimmen die langgestreckten grünen Wiesen.

Jetzt ist alles vorüber, ein geschäftiger New York-Tag, an dem ich mit Harcourt und Donald Brace über die Erzählung gesprochen habe. Es sieht so aus, als *könnte* sie erscheinen! Welche Freude – die Zweifel können warten.

Morgen in ein neues Haus (sie sind umgezogen!). Jon und Charles – nach dem ich mich sehne – Scott ebenfalls, und die ganze Aufregung, wie wir mit dem neuen Haus zurechtkommen werden, Lands Rückkehr. Dann die Akademie. Und die Menschen. Ich freue mich darauf – auf die Saarinens und auf Janet. Ich frage mich, ob es mir vergönnt sein wird, es zu genießen – oder steht uns wieder etwas bevor?

Dienstag, 31. August

Anne und ich treffen in Detroit ein. Wir gehen direkt in das neue Haus. Es ist in einem schrecklichen Durcheinander – Bündel und Taschen, Mops und Besen, Töpfe und Pfannen überall wo man hinsieht auf dem Boden verstreut, genau dort, wo jeder sie gerade ablegte. Ich nehme Anne mit hinauf in ihr Zimmer, das in dem gleichen Zustand ist, aber sie freut sich, ihr eigenes Bett zu sehen. Und sie geht zu einem kleinen Sofa, das mit einem weiß-blau karierten Stoff zugedeckt ist (wie Mutters Kleider) und sagt mit einem Freudenschrei, »Großmama Bees Stuhl!«

Ich nehme an, daß nicht nur das Haus in einem schrecklichen Zustand ist, sondern die Verhältnisse ebenfalls, Streit und Klagen.

Abends kommt C. nach Hause. Es tut unglaublich gut, ihn zu sehen. Endlich habe ich wieder Boden unter den Füßen und bin ganz friedlich.

Patterson House, Bloomfield Hills, Freitag,
3. September

Heute habe ich mir das Büro vorgenommen, nehme die gelben Vorhänge herunter, die die eierschalfarbenen Wände erschlugen.

Miß Brodie ist eine große Hilfe, sie läßt sich durch nichts erschüttern, sie findet »Mach es *gleich*!« – mir geht das bei einem Haus genauso. Ich muß, sobald ich das Haus betrete, wie eine Wahnsinnige drauflosarbeiten, um alles in Ordnung zu bringen, denn es kommt der Moment (wie beim Schreiben), in dem das Haus schlechthin gleichsam »erstarrt«, und dann kann ich keinen Finger mehr rühren. Dann kostet es mich die größte Anstrengung, ein Bild gerade zu hängen, einen Stuhl zu verrücken oder einen schlampig festgesteckten Sofaüberwurf zurechtzuziehen.

Noch kann ich meine verschiedenen Ichs nicht zusammenbringen: das Ich, das ich letzten Sommer in der Kunstakademie war, mein Dasein in Maine, Annes Mutter, C.'s Frau und die Autorin, die ich für Harcourt Brace bin. Das wahre Ich, das ich mit Freunden bin, und jetzt diese Hausaufräumerin. Die Bilder fließen ineinander. Ein Astigmatismus der Seele.

Samstag, 4. September

C. den ganzen Tag zu Hause. Wir stellen Möbel um, schaffen Platz in den Schränken, richten die Diele ein. C. benützt den Tisch, den ich ins Fenster des großen Zimmers gestellt habe. Ich bin froh, daß er einen Platz gefunden hat, an dem er arbeiten kann. Nachmittags lese ich die Zeitungen. Die Deutschen haben sich langsam bis zum Dnjepr zurückgezogen.

Gestern haben wir (beziehungsweise anglokanadische Truppen) mit der Invasion der Stiefelspitze Italiens begonnen.

Die wichtigste Meldung ist eine politische. Es handelt sich um den Werbefeldzug für eine zweite Front in Rußland – das uns der Untreue und des Vertragsbruchs bezichtigt.

Was bedeutet dieser Propagandafeldzug? Will Rußland damit

seine zukünftige Machtposition in Europa ventilieren? (»Wer nicht kämpft, hat nichts zu melden«, ist seine Warnung an uns bezüglich der Oberhoheit im Nachkriegseuropa.)

Sonntag, 5. September

Abends Sturm. Den ganzen Tag über habe ich auf Lands Rückkehr gewartet. Um 10.30 gebe ich es auf und gehe ins Bett. Mrs. W. ruft an, sagt, sie seien eingetroffen. C. und ich fahren hinüber, Land sitzt mit einem braunäugigen Mädchen vergnügt auf dem Sofa und trinkt Milch. Er sah wunderbar aus, braun, sonnengebleichtes, kurzgeschnittenes Haar (wie rasch sich Kinder verändern). Seine Sprechweise wirkte fremd, mit Schlagworten gespickt. Doch seine Augen blitzten wie früher. Er ist quicklebendig und sehr gespannt auf das neue Haus. Ins Bett mit vielen Umarmungen.

Sonntag, 19. September

Entsetzliche Kriegsnachrichten – der Kampf um Salerno. Wir gehen jetzt tatsächlich gegen die Deutschen vor, und unsere Verluste sind groß.

Donnerstag gehen Miß Brodie und ich zu einem Fakultätstee, auf dem ich sie gerne einigen Leuten vorstellen wollte, und wo wir schließlich ein sehr interessantes Streitgespräch mit Sepeshy führen – wir diskutieren und philosophieren über die Daseinsberechtigung der Kunst in Kriegszeiten. Wir gehen recht weit und vergessen dabei die Schülerinnen, die draußen auf ihren Bänken sitzen und denen schier die Augen aus dem Kopf fallen, als wir von der Affinität des Todes, »dem Schnittpunkt des Unendlichen mit dem Endlichen«[1] etc. sprechen. (»Gibt es hier irgendwelche Kleinkinder?« fragt Sepeshy und blickt hastig um sich, als sich das Thema zuspitzt.) Ich glaube nicht, daß ich ganz verstehe, worauf

[1] T. S. Eliot, *Vier Quartette*, (The Dry Salvages).

er hinauswill, aber ich empfinde seine Angriffslust und seine Offenheit als wahre Herausforderung; es ist außerordentlich hilfreich, mit einem Erwachsenen, einem Europäer, ein Gespräch zu führen.

Am nächsten Abend gehen wir mit den Saarinens aus, Milles erzählt endlose Geschichten, Saarinen trockene Witze, und ich warf Fragen ein, um zwischen C. und den Herren zu vermitteln. Aber es half nichts. Milles sah gelangweilt, C. verlegen aus, und Saarinen starrte erwartungsvoll vor sich hin. Sepeshy verbarg sein Gesicht hinter der Hand, ich bemerkte, daß ihn etwas beschäftigte und fragte mich, was es wohl sein könnte.

Mit Milles kann man kein richtiges Gespräch führen. Man kann ihn nur lieben, sich in einem Glanz sonnen und versuchen, ihm selber etwas zu geben.

Mit Saarinen ist das anders; mit ihm kann man reden. Im allgemeinen gibt es für mich zwei Sorten von Männern: die, die man animiert, mit denen man flirtet und die man umgarnt, und die anderen, mit denen man redet und mit denen ein Austausch stattfindet. In Wahrheit bevorzuge ich letztere. Ich fühle mich zu alt zum flirten und um Schmeicheleien zu verteilen. Auch wenn es mir Freude macht, anderen etwas zu geben, so bezieht sich das doch auf die *Jungen* und nicht auf die Alten. Die Jungen, die etwas daraus machen, die nicht lediglich ihre alten Knochen aufwärmen, sondern von denen man auf irgendeine Weise wieder etwas zurückerhält.

Mittwoch, 23. September

Die Franzosen sind wieder in Korsika – die erste Rückeroberung französischen Bodens! Das kurze, bündige Kommuniqué Gerauds »Die Dinge nehmen einen günstigeren Verlauf« finde ich sehr bewegend.

Lese einen Stapel Zeitungen. Ich bin sehr im Verzug, versuche mich auf den neuesten Stand zu bringen. Churchills lange Rede, die er hielt, als die Wogen am höchsten schlugen und an allen Fronten, zu Land, zu Wasser und in der Produktion Erfolge zu verzeichnen waren. Es ist eine wunderbare Rede, voll mit seinen unglaublichen Sätzen. Der einzige Schluß, den ich aus dem, was unterschwellig politisch passiert ist, ziehe, ist der, daß die *augenblicklichen* Geschehnisse an der russischen Front überhaupt nicht erwähnt werden. Ist er nicht unterrichtet? Oder ist dieses unglaubliche Auftrumpfen der amerikanisch-britischen Erfolge ein Gegenschlag gegen Stalins beharrlichen Ruf nach einer zweiten Front (dem Churchill einen gewissen Widerstand entgegensetzt; er ist verbittert, weil die englischen Kommunisten ihn entsprechend nötigen).

Stalin hat ebenfalls eine Rede gehalten, in der er offensichtlich durchblicken ließ, daß Nordafrika und das Mittelmeer keine zweite Front und in gar keiner Weise mit den Leistungen der Russen zu vergleichen sind. Die Schlagzeilen lauten: »Stalin dringt darauf, daß wir Kriegsobligationen kaufen!« Bei dem Gedanken stehen mir die Haare zu Berge. Was sind wir denn für ein Volk, und was für eine Meinung müssen andere Staaten von uns haben, wenn sie glauben, daß sie uns sagen können, was wir zu tun haben, daß sie über uns spotten, unsere Forderungen schmälern und unsere Kriegsführung kritisieren dürfen? (Ständige Kritik in Rußlands von der Regierung beeinflußten Presse an unserer Verwaltung der eroberten Gebiete. Sie behaupten, daß Amgot, Hull etc.[1] Faschisten sind!)

[1] Die Angloamerikanische Besatzungsregierung in Nordafrika und Sizilien.

Freitag, 25. September

C. hat sämtliche Examina[1] bestanden, die man machen kann, jetzt hat er alle nötigen Flugscheine und ist imstande, *jede* Maschine zu fliegen. Auch im Blindflug. Immer kompensiert er eine Flaute.

Freitag, 15. Oktober

Ich habe tagelang nicht geschrieben, da zu viel los war. Und jetzt sind nur noch Erinnerungsfetzen geblieben – sowohl erfreuliche wie unangenehme. Mir mißfällt dieses eilige Leben zutiefst, wenn ich es nicht auskosten, nicht bewußt erleben kann. Wenn einem lediglich klar wird, daß man es zumeist auf Trivialitäten verschwendet, nichts Wichtiges unternimmt.

Der Mittwoch, an dem ich zu Land kam, um ihn zu wecken, und er sagte: »Ich bin ganz glücklich über jeden Tag, an dem du mich versorgst« – wie gerne schindet man sich dafür ab.

Der Tag mit Charles und den Kindern in Dearborn, wo wir an der Feier für den Hubschrauber teilnahmen, es war der erste Helikopter, der ins Museum wanderte – bereits ein Museumsstück.

Es war ein aufregender Augenblick, als Sikorsky[2] zum letztenmal damit aufstieg. Klein, kahlköpfig, weltfremd, mit angespanntem Gesichtsausdruck – gewann man das Gefühl, daß er ihn allein durch seinen Wagemut noch zusammenhielt. Was war das für ein unbeholfenes, zusammengebasteltes Machwerk mit zwei rotierenden Flügeln, einem offenen Cockpit und einem Radkorb an der Vorderseite. Sie landeten auf einem Taschentuch, um den Beweis für Präzision zu liefern. Das Aufregendste für mich war, als der Hubschrauber auf der Stelle abhob, rückwärts flog und sich drehte.

[1] Nachdem C. A. L. in Willow Run seine Arbeit begann, machte er eine Grundausbildung für alle in Gebrauch befindlichen Flugzeuge, um jeden Typ prüfen zu können und seine entsprechenden Anweisungen zu erteilen.

[2] Igor Sikorsky, gebürtiger Russe, Wissenschaftler, Flugpionier und Luftfahrtingenieur, entwickelte den ersten Hubschrauber der westlichen Hemisphäre.

Anschließend sahen wir C. in seiner Vought Corsair fliegen. Er sah so glücklich aus wie ein Knabe und flog sie mit 450 Meilen pro Stunde über das Flugfeld. (Halb so schnell wie eine Gewehrkugel, sagte Mr. Sikorsky.) Man hörte das Motorengeräusch erst, als das Flugzeug vorbei war. Es löste sich buchstäblich in der Luft auf, wurde, wie eine Tablette im Wasser, immer kleiner und kleiner. Die Geschwindigkeit wurde einem kaum bewußt.

Dann nahm C. die Sikorsky-Gesellschaft, Land, Jon und mich mit durch Willow Run. Wir fuhren in einem kleinen Zug, in dem der Führer alles über Lautsprecher ansagte. Hauptsächlich fielen die enorme Größe der Anlage und die zahlreichen arbeitenden Frauen auf. (Alle sahen sie wie Hausfrauen aus – ganz gewöhnliche Middlewest-Hausfrauen, keine Neuausgabe »moderner Frauen«, wie ich vermutet hatte; eine ganze Menge älterer Frauen mit grauen Haaren; sie trugen marineblaue Hosen und oben, *was sie gerade hatten.*) Der Krach in den Abteilungen, in denen geschweißt wurde (Land hatte seine Hände auf die Ohren gelegt). Wie deprimierend, bei künstlichem Licht und künstlicher Belüftung im Zentrum des Gebäudes zu arbeiten. Die Erleichterung, als wir durch alles durch waren, wo die Hangartüren offen standen und es natürliches Licht und frische Luft gab. Wie viele Menschen saßen scheinbar nur herum. Überall Fahnen. Die Krankenliste, die übliche Sauberkeit, Ordnung und gute Arbeitsbedingungen.

Dann zurück in die unwirkliche, jünglingshafte Welt von Cranbrook – das nach dem Ausflug in die Welt der Piloten und Flugzeuge noch unrealistischer wirkte.

C. kommt unerwartet für Samstag und Sonntag zurück. Zwei herrliche Tage nach der Hetze während der Woche. Goldene Altweibersommertage – wir arbeiten am Manuskript, spielen im Garten mit den Kindern in den Blättern. Scott ist auf meinem Arm, Land mit Cowboyhut begräbt Anne in ihrem roten Overall unter den Blättern, C. recht immer größere Haufen zusammen. Jon hat Walnußflecke auf die Teppiche gemacht, Land hat Jons Gürtelschlange im Haus losgelassen. Eines abends fand ich sie, als ich mich gerade auszog. »Da!« sagte ich ruhig zu C. »Da ist die

Schlange!« Zusammengerollt auf dem Teppich unter dem Toilettentisch. »Oh«, sagte C., »was für eine Schlange?! Bist du sicher...« Er nahm sie mit und setzte sie in weiter Entfernung vom Haus aus.

Spaziergänge mit C., wir in der milden Wärme des Altweibersommers. (»Heute ist der letzte Tag, der allerletzte.« Und immer wieder gab es einen neuen.) Spaziergänge über Felder von blauen Astern, die Ulmen warfen goldene Blätter ab, die Ahornbäume – ein loderndes Fanal.

Abends Musik – C. auf dem Boden, seinen Kopf auf einem Kissen und seine Hand in meiner, ich zusammengerollt auf dem Sofa. »Wir beten Dich an ob Deiner großen Herrlichkeit.«

Montag fuhr C. wieder ab, ich hatte eine anstrengende Woche, war übermüdet, ärgerlich über mich selber, erkannte, daß ich zu viel tat und nichts wirklich gut machte. Ich muß mir abgewöhnen, so viele Menschen zu sehen und muß mich wieder zu der Schriftstellerin bekennen, die ich nun einmal bin.

In Cranbrook habe ich einen Fluchtversuch unternommen, aber ich bin keine Bildhauerin, und mich interessieren die Menschen zu sehr. Ich habe an diesen ganzen Menschen ein literarisches Interesse. Ich weiß, wann sie glücklich oder unglücklich sind und spüre, daß ich etwas Entsprechendes unternehmen muß, ich widme ihnen meine ganze Kreativität. Jeder, der ins Zimmer kommt, bringt in meinem Inneren etwas zum Klingen.

Als ich gestern abend sehr niedergeschlagen war, las ich Katherine Mansfields Briefe noch einmal und bemerkte mit Schrecken, wie weit ich mich von mir selber entfernt habe – der Abstand zu dem Menschen, der ich sein will, ist groß.

Montag, 18. Oktober

Das Manuskript geht ab, aber es ist keiner da, mit dem ich das feiern könnte, mir ist auch nicht sehr nach Feiern zumute. Eine Erzählung über das Fliegen – findet sie heute noch Gehör? Sechzig fliegende Festungen sind bei dem letzten Angriff auf Deutschland verloren gegangen; das bedeutet den Tod von 600 Menschen in einer Nacht. Weshalb hat der Tod von Fliegern so etwas Erschreckendes? Jedenfalls für mich.

Freitag, 22. Oktober

Jon und ich gehen in einen Fortbildungsfilm im wissenschaftlichen Institut – Jon mit sechs Fröschen in einem Glas, die er seinem Freund Gilbert geben will, der Schnecken hat. Sie quaken während des ganzen Vortrags in dem Glas zu seinen Füßen, und ich veranlasse ihn dazu, mit ihnen hinauszugehen, als die Lichter gelöscht werden. Glücklicherweise trifft er Gilbert auf dem Flur und kann ihm die Flasche übergeben. Ich bin erleichtert.

Frösche in der Badewanne, Schnecken im Badezimmer, Raupen auf der Fensterbank, Walnüsse auf dem Teppich. *Überall* Kastanien – so ist das, wenn man Buben hat!

Donnerstag, 11. November

Nach sechs schier unwirklich anmutenden Tagen in New York bin ich jetzt schon wieder länger als eine Woche zu Hause. Es ist eine Wonne, wieder mit den Kindern zusammen zu sein, Scott zu baden, Lands Arme zu spüren, die mich umschlingen, und Annes Finger zu beobachten, wie sie pedantisch ihre Tiere aufstellt. Jon zieht abends meinen Kopf zu sich herunter. Der morgendliche Schulweg mit Land, wenn wir über den Rinnstein hüpfen. Meine Liedchen für Anne, wenn sie abends im Bett ist und Scotts Gewicht auf meinen Armen.

Hier gehöre ich her. Dienstag war ein anstrengender Tag, aber er hat sich gelohnt – habe wie eine Wilde an meiner Plastik gearbeitet. Nach Hause und wieder Probleme. Anne noch immer (oder wieder) mit einer Erkältung im Bett.

Große Freude beim Wiedersehen meiner Bildhauerfreunde Janet und Eliza.

Donnerstag ein friedlicher Tag zu Hause, letzte Arbeiten an *The Steep Ascent* – und weg ist es.

Samstag zu Carl Milles zum Tee. Ich kann mit Olga sprechen – was sonst nie gelingt – wir reden über das ewige Problem, wie man Ehefrau *und* Künstlerin sein kann. Ich habe das Gefühl, daß sie ihr ganzes Leben an ihn verströmt hat, und das macht mich ganz rebellisch und feministisch. Sie findet, daß sich die Mühsal mit der Malerei nur dann lohnt, wenn sie eines Tages von ihm ein Portrait zustandebringt.

Montag und Dienstag bin ich lange im Studio, ich arbeite unter Druck und daher sehr schlecht. Immer wieder unterliege ich dieser Versuchung – das ist meine Kardinalsünde. Ich scheitere jedes Mal. Ich habe darüber ein ganzes Buch geschrieben und bin trotzdem unfähig, sie zu bekämpfen, nicht darauf zu achten, sondern in meinem eigenen Tempo zu arbeiten und »in meinem Fahrwasser« zu bleiben. Daß ich mich durch die Zeit und einen gewissen Konkurrenzkampf antreiben lasse, ist grundfalsch. Wann werde ich es lernen, ruhig, sachlich und für mich zu arbeiten?

C. kommt für eine, nein, für zwei Nächte nach Hause. Darauf habe ich gewartet. Deshalb war ich so ruhelos. C. nimmt mir das Gefühl, unter Druck zu stehen, er vermittelt mir die Vorstellung von unendlich viel Raum und Zeit.

Mittwochmorgen ist er wieder fort. Ich sehe ihn nur an zwei kurzen Abenden – und an einem waren andere Menschen zugegen.

Donnerstag, 11. November

Jahrestag des Waffenstillstandes – unwirklicher Tag des Waffenstillstandes. Was passiert in der Welt? Ich habe keine Ahnung. Ich sitze hier in meinem Elfenbeinturm von Cranbrook und bin vom Leben ausgeschlossen.

Morgens gehe ich in den Wohnwagen. Nach dem Alleinsein, dem Tagebuchschreiben, auch wenn es nichts Rechtes werden wollte, fühlte ich mich ausgeglichener. Schließlich ist das Schreiben mein Schwungrad, und in letzter Zeit habe ich überhaupt nicht geschrieben. Ohne Buch ist man verloren, auch wenn man nichts hat, woran man arbeiten kann. Ich weiß nicht, was ich mir als nächstes vornehmen soll. Man schöpft aus der Vergangenheit, die aber liegt zu weit zurück – hat sich von einem gelöst, und eine unüberbrückbare Kluft liegt dazwischen.

Freitag, 19. November

Wieder eine Woche vergangen. Montag beginne ich einen Mädchenkopf. Es geht viel rascher als beim letzten. Dienstag komme ich gut voran. Janet sagt, es sei ein guter Anfang. Es macht wieder Freude. Fange ich wieder an zu sehen? Liegt meine Durststrecke hinter mir? Oder fällt das Modellieren eines Kopfes einfach jedem leichter?

Mittwoch

In den Unterricht hinüber, und bei der Rückkehr finde ich C. zu Hause. Bin dem Leben wieder näher und finde Halt. Wir gehen ins Studio. C. freut sich sehr über meinen Kopf, Barbara kommt und sagt, daß Janet und Eliza ganz begeistert darüber sind. Zurück und eine sehr gute Nacht.

Freitag

Am Vormittag mache ich Weihnachtslisten. Ich hasse Weihnachten. So war es nicht gedacht, es sollte schlicht und unmaterialistisch sein. Ich habe aber nicht den »Mumm«, es auszulassen. Ich mache jedes Jahr weniger, aber ganz kann ich von der Gewohnheit nicht lassen.

Ich gehe nach Cranbrook, um Janet zu besuchen. Ich sage ihr, was mir das Modellieren auch in den schwärzesten Stunden bedeutet hat: einen Sinn für die reine Form, die reine Struktur, die wahre Schönheit, die von der Schönheit des Wortes, das stets mit Gefühlen befrachtet ist, abweicht.

Wir unterhalten uns über die Schwierigkeit, hier zu arbeiten, wo man stets versucht ist, anderen zu helfen, was einen regelrecht lahmlegt. Die Verführung, Hilfe anzubieten, ist groß, da sich der Erfolg sofort einstellt: Man gewinnt ein Lächeln, Freundschaft und Dankbarkeit. Doch ein Künstler muß sich diese Art des Seelenfangs verbieten. Wie Margot mir einmal sagte, als ich über die Beantwortung meiner ganzen Briefe klagte: »Du mußt nicht versuchen, sie zu beantworten. Du mußt die Menschen in Deinem Herzen dafür loben und eines Tages ein Buch schreiben, das ihnen eine ausführliche Antwort gibt.«

Ich erzähle Janet das alles, aber ich sage es mir auch selber vor.

Das war ein gutes Gespräch – eines, das sich unvermutet ergeben, aber uns beiden geholfen hat. So eine Beziehung ist die beste, in der man sowohl Geber als Empfänger ist, und nicht eine, in der man erfolglos versucht, ein Faß ohne Boden zu füllen.

Donnerstag, 25. November

Drei Kinder mit Erkältung im Bett (Jon, Anne und Scott). C. bleibt morgens zu Hause und arbeitet an dem Umschlag für *The Steep Ascent.* Die Kinder machen eine gräßliche Unordnung in ihren Zimmern – ja sogar in ihren Betten! Jon spuckt durch die Gegend, Annes Bett ist voller Kartoffeln, Jon verbrennt Klopapier auf dem Zinnpapierkorb, indem er mit einer Lupe die Sonnenstrahlen einfängt. Unaufhörlich säubere und putze ich Annes Nase.

C. macht Höhentests und hinterläßt Kondensstreifen am Himmel! Ich rufe alle Kinder zusammen, die ihre Köpfe aus den Fenstern hängen, um den weißen Streifen, der wie ein Komet am Himmel steht, zu sehen.

C. und ich korrigieren abends Fahnen und gehen ins Studio hinüber. Ich bin sehr müde. Aber der Spaziergang bedeutet uns so viel. Und so wandern wir schweigend unter Sternen in der Kälte, und schlafen nachher sehr gut.

Sonntag, 28. November–10. Dezember

Es sind fast zwei Wochen vergangen. Zum Schreiben war ich zu beschäftigt. Zusätzliche Arbeit im Studio. Anatomievorlesung am Mittwoch (den ganzen Tag). In jeder freien Minute zu Hause kamen die Druckfahnen dran. C. hat sie alle gewissenhaft geprüft, Wiederholungen, Interpunktion und meine »Oh, Gott«-Ausbrüche angestrichen.

Sonntag gehen C. und die Kinder zu Mrs. Lindbergh, und ich mache einen Spaziergang. Lange stehe ich auf einem der Hügel, blicke auf den Obstgarten hinunter, auf eine Weide am Horizont und auf die schönen Federwolken, die hinter ihr erstrahlen. Der Obstgarten, die Weide und der Himmel sind unversehens wunderschön und bedeutsam. Nicht allein wunderschön – da ich Schönheit fast immer bemerke. Es handelt sich fast um eine Vision, die mir bedeutungsvoll erscheint – vielleicht ein Symbol – aber wofür? Ich weiß es nicht – vielleicht für sich selber? Ich sehe den archetypischen Obstgarten, die archetypische Weide, ich sehe – »einen einzelnen Baum in der Menge«.

Dann glimmt plötzlich ein Funke auf, Wind erhebt sich, etwas Undefinierbares hat, wie in einem Kaleidoskop, in dem lauter bunte Glasstückchen stecken, eine Wandlung herbeigeführt. Man bewegt es nur leicht und das Muster zerfällt – ist verschwunden. Es ist kein Muster mehr, kein archetypischer Obstgarten, kein »einzelner Baum in der Menge«. Ich stehe auf einem gewöhnlichen Hügel, blicke auf einen gewöhnlichen Obstgarten, den ich so oft schon gesehen habe. Alles ist rein zufällig, hat seine Bedeutsamkeit verloren. Und mir wird kalt im Wind. Ich wende mich ab, gehe, beglückt von meiner Vision, nach Hause.

Ein schöner Nachmittag bei Dr. Scheyer[1]. Er hatte die Klasse zu »primitiver Musik und zum Tee« eingeladen.

Ein schönes Zimmer. Klein, in einem alten Haus, die Wände waren mit Gegenständen bedeckt, die etwas aussagten, und ich fühlte mich beglückt, als ich eintrat. Es war, als würde alles, für das er in seinen Vorlesungen um Vergebung bat und das er verbarg (Dinge, die ich stets am liebsten mochte), hier an den Wänden sichtbar in Erscheinung treten – Zeichnungen, Ölbilder, Skulpturenfragmente – und ein Klavier.

Anfangs waren wir lediglich die Klasse: steif, unaufmerksam, geniert, keiner paßte zum anderen. Ich versuchte verzweifelt, das Gespräch in Gang zu bringen. Auch Dr. Scheyer bemühte sich, aber es war schwierig. Dann kam Mrs. Scheyer herunter. Sie ist reizend, direkt, schlicht und sensibel. Ja, mit beiden kann ich mich verständigen. Sie gefallen mir. Dazu zwei Kinder, etwa zwei und sechs Jahre alt, die keinerlei Scheu vor den Gästen zeigten und ebenfalls schlicht und natürlich waren. Nach dem Tee und der primitiven Musik spielte sie Klavier, fehlerfrei und mit der gleichen Klarheit und demselben Feingefühl, die in ihrem Gesicht geschrieben standen. Sie spielte immer wieder Bach, Debussy, Chopin und Schumann. Und ich, die ich so bewußt, ja übersensibel die verschiedenen Menschen und ihre gröblichen Ungeschliffenheiten registriert hatte – spürte, wie die Musik über uns hinwegflutete und jegliche Unbeholfenheit zudeckte. Wir waren zu einer Zuhörergruppe zusammengeschmolzen, und dennoch hatte keiner seine Einsamkeit opfern müssen.

Ich jedenfalls hatte das Gefühl, daß ich ganz für mich war. Seit Wochen war ich nicht so befreit, so ruhig gewesen, wie jetzt bei dieser Musik. Ich war dort angelangt, wo man manchmal bis ins Herz der Musik vordringt und wo »alle Verluste wieder aufgewertet werden und aller Kummer ein Ende hat«, wo die Dinge, an die man glaubt, der Wahrheit entsprechen, in einer Welt von immerwährender Gültigkeit. Wenn man spürt, daß das wirklich existent ist, ist alles andere unwichtig; man kann nachempfinden, daß

[1] Ernest Scheyer, Kunsthistoriker und Autor von *Baroque Painting*.

jeder Einzelne für sich in das »Königreich des Himmels« gelangt ist. Dabei muß man sich ganz ohne Egoismus sagen, daß auch den anderen Eintritt gewährt wurde, keiner wurde abgewiesen, auch nicht die Schwierigen, die Unförmigen, die Seltsamen und die Alten. Man konnte sich für sie freuen; jetzt gelang es mir auch, sie alle anzunehmen, mein Herz wurde weit, nahm alle auf, pries sie und betete: »Vater unser, der Du bist im Himmel.«

Das sollte die Kirche in einem bewirken, bei mir gelingt es ihr nicht.

Mir war warm ums Herz, ich war aufgeschlossen und glücklich. Ich versuchte einiges davon den Scheyers zu vermitteln. Ich möchte sie wiedersehen. Bei dem Gedanken flackert in mir ein Glücksgefühl auf, als hätte ich hier ein Stück Europa gefunden. Natürlich geht es nicht wirklich um Europa, es ist lediglich der Sinn für Qualität, und dem begegnet man in Europa häufiger – das ist alles.

Sie entschieden sich für das Klavier und nicht für das Auto; man muß seine Wahl treffen. Wir glauben hier, daß man *alles* haben kann. Das stimmt nicht. Man muß in jedem Fall und ständig wählen.

Als ich an dem Abend nach Hause kam, hatte Scott über 39 Grad Fieber und Anne ungefähr das gleiche. Gott sei Dank war C. gestern abend hier und der Arzt war da.

Zehn lange Krankheitstage folgten – Grippe – Scott, Land und Anne gleichzeitig im Bett mit hohem Fieber. In solchen Zeiten verströmt man sich an die Kinder. Treppauf, treppab mit Tabletts, macht Betten, putzt den Boden, wäscht und sterilisiert Teller, mißt die Temperatur, verabreicht Medizin, putzt Nasen – ein ständiger Kreislauf, dazu das Zimmeraufräumen, da Hilma auch krank ist. Ich mache jeden Morgen mein Bett mit dem Gedanken, wie schön es wäre, wieder hineinzuschlüpfen, und wie *lang* es dauern würde, bis mir das gelänge.

Aber es verschaffte mir auch eine großartige Befriedigung, als das Schlimmste überstanden war und ich keinerlei Furcht mehr empfand.

Ich habe keine Ahnung, wie es in der Welt draußen aussieht,

oder was für Wetter wir haben. Die dringenden Anforderungen, die Krankheiten an einen stellen, isolieren einen völlig.

Am Weihnachtsabend wird alles ein bißchen leichter. Jon macht einen Ständer für den Baum. Und C. und Jon stellen ihn in das Fenster des großen Zimmers. Es ist ein herrlicher, buschiger Baum, der noch voller Tannenzapfen hängt. Ich hole Mutters Krippe, die geschnitzte Madonna, den Engel und das Kind in der Krippe, dazu ein kleines Mädchen mit einem Lämmchen in seinen Armen. Ich lege das »Stroh« auf den Boden und gruppiere die Figuren darauf. Dann baue ich einen kleinen »Stall« mit vier von Lands Holzbausteinen, einem Pappdach und obenauf Gras, das das Stroh darstellen soll.

»Jetzt müssen wir einen Stern haben«, sage ich. »Ich hole einen Stern«, sagt Land eifrig, läuft zu dem Weihnachtsbaum und entdeckt einen Stern aus Silberfolie. Die Nachmittagssonne fällt voll auf den Stern, den Engel und das Gras. (Land breitet etwas Gras unter die Krippe und unter das Kind!) Und sofort sieht alles unbeschreiblich schön aus – ein kleines Wunderwerk. Jon kommt herein und ist ganz entzückt. »Für mich ist das geradezu vollkommen.« C. kommt um fünf Uhr nach Hause. Anne kommt im Nachthemd und in Decken gehüllt. Wir zünden die Kerzen an und wir halten unsere kleine Andacht. Die Kinder blühen auf vor Begeisterung über das Weihnachtswunder. Sie sitzen alle zusammen auf dem Sofa und schauen mit C. gemeinsam auf die Krippe. Zuerst spielen wir Weihnachtslieder auf dem Grammophon. Lauter alte bekannte. Bei »Stille Nacht« leuchtet Annes Gesicht auf und sie wendet sich zu mir, weil sie es erkannt hat. (Ich habe es in dieser Woche so oft mit Land gesungen.) Land sagt »wir singen für sie«, und blickt dabei auf die Krippe. Dann lese ich die Bibelverse. »Es begab sich aber zu der Zeit...«

Wir blasen die Kerzen aus und die Kinder gehen ins Bett.

Es war wunderbar und friedlich; die Kinder still, erwartungsvoll und glücklich, so als hätten sie etwas Geheimnisvollem und Heiligem beigewohnt.

Jon sagte: »Das ist das schönste Weihnachten, das wir je erlebt haben!« C. sagt dasselbe. Ich war glücklich. Ja, das war Weihnachten, ich wünschte mir, daß sie es so in etwa im Gedächtnis behalten sollten. C. sagt, die Feier war »wie Illiec«, dieser eine Sommer in Illiec genügte für ein ganzes Leben, und die Erinnerung an diese Nacht würde ebenfalls ein Leben lang vorhalten. Ich zitiere Dostojewski: »Eine einzige gute Erinnerung vermag uns über Wasser zu halten.«

Tagebuch *20. Januar*

Drei Wochen sind vergangen – eine zu Hause und zwei mit einem Besuch in New York und Washington.

Zwei Vormittage konnte ich noch an dem Kopf arbeiten, dann nahmen C. und ich den Zug nach Washington. Kam mir in Hut, Mantel, Kleid, Schuhen sehr wenig elegant und viel zu alt vor. Wir haben Truman und K. (Smith) zum Abendessen. Truman ist, wie mir scheint, für seine Verhältnisse eher niedergeschlagen. Er spricht über die zunehmenden Greuel und Brutalitäten, die er in diesem Krieg voraussieht. Die entsetzlichen Bombenangriffe können nach seiner Vorstellung auf beiden Seiten nur in unbeschreibliche Grausamkeiten ausarten – keine Gefangene mehr, Erschießungen und Folter der Piloten, Vergeltungsmaßnahmen. Er sieht nichts als »Chaos« vor uns. Stalin hat versucht, und bis zum gewissen Grad auch damit Erfolg gehabt, einen Keil zwischen die Briten und Amerikaner zu treiben, er hat Roosevelt in Teheran und Kairo Honig um den Bart geschmiert und Churchill bei jeder Gelegenheit einen Rüffel erteilt.

Die Männer führen auch eingehende technische Gespräche über Raketen und raketenangetriebene Flugzeuge. Welchen Schaden können Raketen anrichten? Alle Militärs haben ihre Zweifel, wie, wann und um welchen Preis die Invasion verwirklicht werden kann.

Ich treffe Mary Knollenberg, und wir diskutieren großartig über Kunst, die Arbeit, das Leben. Sie ist sehr offen und empfindsam. Ich schaue einige ihrer Arbeiten in der Washingtoner Künstlerausstellung an. Sie hat einen sehr guten Kopf von ihrem Stiefsohn gemacht, der Kopf hat Schmelz und ist von einem Leben erfüllt, das in seiner erdhaften Art sehr amerikanisch ist, er drückt Zartheit und Idealismus aus. Eigenschaften, die die Amerikaner –

die guten Amerikaner – für Ausländer und auch für mich so liebenswert erscheinen lassen.

Den zweiten Nachmittag verbrachte ich mit Thelma, die mir trotz Krankheit und der üblichen ernüchterten und zynischen Atmosphäre, die in Washington *überall* vorherrscht, so lebhaft und beschwingt wie stets erschien. Auf beiden Seiten scheint keiner mehr an einen Kreuzzug zu glauben. Hier sagte jemand, die Amerikaner führen den Krieg, um den Karren aus dem Dreck zu ziehen und die Fahrt dort fortzusetzen, wo sie am 7. Dezember unterbrochen worden war.

Als ich diesen Satz vor Deac Lyman wiederholte, sagte er: »Und auch noch aus einem verdammt guten Grund.«

Nach New York. New York quillt aus allen Nähten, vollgepackt mit Soldaten in Uniform und mit Mädchen, die sich mit ihnen vergnügen. Die Verdunklungsvorschriften und die Taxibeschränkungen für Vergnügungsfahrten sind aufgehoben.

Mein Hunger nach dem »wahren Leben« wird zusehends größer, *inguérrissable.* Wo ist es zu finden? Es findet weder in Detroit, noch in Washington, noch in New York statt. Wenn ich Con manchmal zwischen ihrer Arbeit sehe, erhasche ich kleine, flüchtige Augenblicke, denn das wahre Leben begleitet sie stets.

Sonntag gingen wir in ein Konzert in der Frick Collection – es spielte das Budapester Streichquartett –, der Eintritt war frei. Wir saßen im Hof hinter Säulen und lauschten der Musik, die aus einem anderen Raum kam und blickten auf das Gewirr der Palmenblätter. Schon immer habe ich in der Musik das wirkliche Leben gefunden. Das Konzert war durch die Menschen ebenfalls Wirklichkeit. Es waren arme und reiche Leute, aber keiner, der nicht wegen der Musik gekommen war – die Snobs fehlten.

Der Wirklichkeit begegnete ich auch an dem Vormittag, den ich in St. Patricks Cathedral verbrachte. Ein Strom von Menschen, junge und alte, reiche und arme, elegante und schlichte, viele Soldaten mit ihren Mädchen, Menschen mit Taschen – eben dem Zug entstiegen – ein nicht enden wollender Strom des Lebens zog durch diese Kirche, die dadurch ein Teil ihres Daseins wurde. Menschen drängten herein, um in einer Ecke in meiner Nähe

Kerzen zu kaufen. Menschen beugten sich über die letzte Reihe der Kirchenbänke, bekreuzigten sich, knieten einen Augenblick nieder. Menschen standen wie ich außerhalb des Stroms im Hintergrund, vielleicht warteten sie auf jemanden, vielleicht beteten sie unbemerkt im Dunkel. Eine Kirche, die so viele verschiedene Menschen aufnehmen kann, hat etwas Besonderes.

An einem Abend gab Mutter in Englewood ein kleines Abendessen für Mr. und Mrs. Merz von der *Times*. Mr. Merz schrieb einen fairen Artikel über C., er kannte seinen Vater (als er noch ein junger, unerfahrener Reporter war). Mutter, in der die Flamme der Loyalität lodert, hat ihn seitdem immer gemocht und versucht uns zusammenzubringen. Con in ihrem kleinen Satinkleid, D'Arcy und Betty, C. und ich, John Wheeler-Bennett und Mr. und Mrs. Merz.

Mrs. Merz, die smarte, intelligente, gutunterrichtete, aufgeschlossene, wißbegierige, kompetente, offene und nette Amerikanerin *bearbeitete* C. mit Fragen, besprach mit Wheeler-Bennett laufende Ereignisse und redete mit Mutter über die U. S. O. und die Travellers Aid. Mr. Merz war höflich, gebildet, außergewöhnlich gerecht und ging mit C. und mir vernünftig und behutsam um. Er war wie die *New York Times* in einem Herrenanzug. Natürlich ist es erfreulich, sich in einer derart sicheren, vernünftigen, gerechten Atmosphäre zu befinden, aber ich möchte am liebsten an die Wand klopfen, um zu sehen, ob sie auch standhält. Mr. Merz war für den Krieg, (er meint, daß wir dieses Mal mit offenen Augen in den Krieg gezogen sind; C. lehnt das ab), und er ist, wie ich annehme, auch immer noch Pro-Willkie. Weder er noch die *Times* nehmen zu den wütenden Debatten um die polnisch-russische Grenze irgendeine Stellung (Rußland hat vor, den Teil Polens zu behalten, den es aufgrund des Hitler-Stalin-Paktes dazugewonnen hat). Die *Times* sagt, daß viel wichtiger als der Ausgang der Auseinandersetzung ist, *wer welches* Gebiet erhalten wird. Mir kommt das so vor, als sollte damit der Schwarze Peter weitergegeben werden, da man weiß, daß sich Rechtsmittel finden lassen, um das zu vertreten, was Rußland sich auch mit Gewalt aneignen kann.

Laut anerkannter Fassung scheint man sich jetzt an die Curzon-Linie zu halten, eine Demarkationslinie, die nach ethnologisch vertretbaren Gesichtspunkten am 11. 7. 1920 im Namen der Interalliierten Konferenz von Spa vorgeschlagen worden war. Im Osten von dieser Grenze gibt es nicht viele Polen. Aber ob das nun so gerecht ist – der Witz ist nämlich der, daß das ethnologische Argument, das auf der einen Seite der Grenze so hoch gehalten wird, auf der anderen völlig mißachtet wird. Rußland bietet Polen als Entschädigung für die Ukraine großzügig Land auf der anderen Seite an. (Was?! Russisches Gebiet? Nein – *deutsches*!) Rußland betont, daß das für die Polen viel wichtiger sei, da es einen Seehafen besitzt! J. Wheeler-Bennett, der sehr aufrichtig ist, gibt jedenfalls zu, daß die ethnologischen Gründe auf tönernen Füßen stehen. Dieses Land ist hauptsächlich von Deutschen besiedelt.

Ob man es nun glauben will oder nicht – wie W. H. Chamberlin irgendwo vorbrachte – dieser Krieg ist wegen der polnischen Grenze ausgebrochen!

An einem Nachmittag sehe ich Janey[1] bei Con. Ich erzähle ihr, daß man, wenn man in Bloomfield Hills ist, glaubt, daß das wahre Leben sich in Washington oder New York abspielt. Und die Menschen in Washington und New York meinen, daß man es woanders findet – vielleicht in der Armee, und die Soldaten werden glauben, daß man es im Ausland, möglicherweise in Afrika trifft. Und die Menschen, die in Afrika hinter der Front stehen, nehmen an, daß es sich nur in der Kampflinie abspielt. Und die Soldaten an der Front haben das Gefühl, daß das tatsächliche Leben in ihrer Heimat, in New Canaan oder Bloomfield zu finden ist.

Janey sagt, ohne zu zögern und ihrer Sache ganz gewiß, »Arbeit ist das wahre Leben.«

Natürlich hat sie recht. Aber wo und was ist meine augenblickliche »Arbeit«? C. sagt, daß es meine Aufgabe sei, ein Buch über

[1] Jane Bannard Greene, Klassenkameradin von C. C. M. M. und Mitübersetzerin von Rilkes *Briefen*.

die jetzige Zeit zu schreiben. Aber ich protestiere, ich kann das nicht, ich habe sie noch nicht durchlebt. Ich weiß nicht genug, um darüber schreiben zu können.

Er sagt, ich kann und ich muß.

Ich weiß, daß es ganz wundervoll ist, daß er so viel Vertrauen in mich setzt, aber im Augenblick – da ich noch so in der Luft hänge und mich nicht entscheiden kann – empfinde ich es als Last, als schreckliche Verantwortung, und fühle mich unter Druck gesetzt.

Augenblicklich bewohne ich zwei Welten, die eine ist meine persönliche – eine Welt, in der man nach Vater Zosimas Worten leben, in der man lieben, vertrauen und Glauben schenken kann. Dann in der anderen Welt, wie C. sie sieht – einer Welt, die der Wirklichkeit mehr entspricht. Ich kann die beiden nicht miteinander in Einklang bringen, kann die Kluft nicht überbrücken. Welche Brücke gibt es, welche Leiter kann man darüber legen? *Dein Reich komme* wirft man hinüber, und dabei …

Ich versuche, C. einiges davon zu erklären – auch wenn es nicht sehr klar ist – als wir durch den dunklen buschigen Wald über die dünne Schneedecke gehen. Doch, sagt er, es gibt Hilfen – *Dein Reich komme* ist *eine.* Du mußt nur den Versuch machen.

Donnerstag, 27. Januar

Ich bin schon länger als eine Woche wieder bei den Kindern. Scott hat gelernt, alleine zu gehen und torkelt kraftstrotzend im Haus herum. Er ist keineswegs schüchtern oder ängstlich und regt sich überhaupt nicht auf, wenn er hinfällt. Seine großen Füße sehen plötzlich im Verhältnis zu seinem großen Körper und dem Kopf, den er stolz, lächelnd und brabbelnd aufrecht hält, zu klein aus. Land liegt mit einer Erkältung im Bett. Mir wird immer wieder klar, was es für ein Privileg ist, mit Land zusammen zu leben. Auf den morgendlichen Schulwegen, wenn die ganze Welt frosterstarrt ist, jedes Unkraut am Wegrand, jedes zsuammengerollte Weinblatt versilbert ist, sagt er: »Oh, Mutter – wie schön ist das!« Und an einem anderen Morgen, als wir uns verspätet hatten, ich mit ihm vor die Türe ging, ihn aber nicht begleiten konnte: »Jedenfalls bin ich froh, daß ich dein kleiner Junge bin!« »Wirklich, Land? Ich freue mich auch darüber.« »Ja, bist du nicht stolz auf deine Kinder, Mutter?« »Ja, Land, das bin ich.« »Ja«, sagt Land und hüpft glücklich davon, »ich kann es gar nicht erwarten, bis ich auch Kinder habe!« (Voller Begeisterung.)

Jon macht mit zwei Lehrern und einem Jungen eine wissenschaftliche Exkursion, um Seidenraupenkokons zu sammeln. Soziologische Probleme interessieren ihn ebenfalls, wie zum Beispiel die Übervölkerung der Erde. Ich erwähne die Geburtenkontrolle. Anscheinend hat Jon zwei Artikel darüber im *Readers Digest* gelesen (pro und contra). »Die katholische Kirche scheint dagegen zu sein. Aber die Öffentlichkeit ist dafür. Ich glaube, ich bin auf Seiten der Öffentlichkeit!«

Die entsetzlichen Bombardements auf Deutschland werden fortgesetzt; die Zeitungen prahlen damit: Braunschweig ist »erledigt«. Ebenfalls Schlagzeilen, daß tonnenweise Bomben auf Berlin niedergegangen sind.

Habe C. S. Lewis' *Dienstanweisung für einen Unterteufel* gelesen, eine geistreiche Satire, besonders gut, wo es um läßliche Sünden, Stumpfsinn, Spießertum und Heuchelei geht.

Die übrige Woche war ich in der Klasse. Eine neue Welt. Ich zeichne besser, der frühere Reiz ist wieder da.

»Arbeit ist das wahre Leben.«

Donnerstag, 3. Februar

In Italien beginnen wir heftige Kämpfe. Die gewaltigen Luftangriffe auf Deutschland werden fortgesetzt – weitere Städte »erledigt«. Im Osten, im Pazifik ein neuer Vorstoß. Entsetzliche Geschichten sind über Folter, vorsätzlichen Hungertod und Mißhandlungen der auf Bataan zurückgelassenen Gefangenen ans Licht gekommen. Der Krieg wird täglich grauenhafter.

Freitag, 4. Februar

C. ist zurück. »Zieh deinen Mantel aus – wirst du hier bleiben?« fragte Anne. Scott ging auf ihn zu. Land, auf allen Vieren, spielte Äffchen zu seinen Füßen. Jon stellte ihm ein Bein und rang mit ihm, was in einen abendlichen Kampf ausartete. Jon gab vor, ohnmächtig zu werden. C. erweckte ihn mit Riechsalz wieder zum Leben. Als er schließlich im Bett war (»Was war das eigentlich für ein Zeug?!«), gehen C. und ich nach Cranbrook hinüber, betrachten meine Plastik, treffen Janet und gehen in der feuchten Dunkelheit wieder zurück.

C. hat Harcourt Brace gesehen, die ihm berichteten, daß der Book-of-the-Month-Club mein Buch abgelehnt hat – offenbar, weil sie eine Anzahl fanatischer Briefe erhalten hatten, in denen Abonnenten mit Kündigung drohten, wenn der Club mein Buch nehmen würde. *Readers Digest* hat es ebenfalls abgelehnt, vermutlich weil »es zu erlesen ist, um gekürzt zu werden und keine einzelnen, verwendbaren Episoden darin vorkommen.« Harcourt Brace hat eine Erstauflage von 25 000 Stück geplant (die Hälfte der Erstauflage von *Wenn der Wind sich erhebt*). Harcourt erzählt auch, daß *Under Cover*[1], ein Buch, das angeblich Spionageringe in den U. S. aufdeckt und mit Lügen über C. gespickt ist, ein Bestseller ist und wie die Feuerwehr geht. »Weshalb haben die Boshaften Erfolg?« Ich kann nicht wie C. daran glauben, daß sich alles wenden und am Schluß die Integrität siegen wird.

Ich muß der Tatsache ins Auge sehen, daß auch dieses Buch erledigt ist, ehe es überhaupt erscheint.

Samstag, 5. Februar

Abends gehen C. und ich zu Janet und Eliza hinüber. Die Scheyers kommen auch, und wir hören Musik. Meinen Corelli

[1] Weit verbreitetes Buch von John Roy Carlson, der darin die America-First-Bewegung angreift.

und ihren Prokofjew, ein Violinkonzert (seltsam und zart, wie ein unentdecktes Land – von der Schönheit des Mondes). Und Schönberghs »Verklärte Nacht« – wunderschön und sehr bewegend. Dazwischen unterhalten wir uns über Kafka, Virginia Woolf, Rilke. In der Hauptsache führen Dr. Scheyer und ich das Gespräch, da wir uns geistig und seelisch am nächsten sind. Auch wenn wir darüber nicht viele Worte verlieren, so weiß ich doch auf Grund bruchstückhafter Äußerungen, daß wir aus dem gleichen Holz geschnitzt sind. Mrs. Scheyer – nein, sie gehört nicht dazu – sie ist wie feine, weiche Seide, arglos, allem geöffnet. Sie ähnelt jenen schönen Frauen, denen man unvermutet in Kafkas Schmiede begegnet, die zum »Schloß gehören«, dem Schloß näher sind, und die mühelos die Aura des Schlosses lichtvoll verbreiten. Sie sitzt als Einzige unter der Lampe und näht ein Smockkleidchen für Annabel. Ich denke mir, wie typisch, und betrachte ihren geneigten Kopf. Wir anderen alle empfingen die Musik wie Gastgeber und sitzen wie Marmorstatuen auf den Rängen. Aber für sie war die Musik kein Gast. Sie war nicht zweigeteilt. Sie und die Musik waren eins – sie bewahrte sie in ihrem Inneren, sie war Teil ihres Lebens. *Ils sont dans le vrai.*

Am Samstag versorgte ich die Kinder. Wenn ich auch zu nichts anderem komme, habe ich doch das Gefühl, daß alles gut geht. Alles verläuft reibungslos und ich verliere weder die Geduld, noch werde ich ärgerlich. Die Kinder sind glücklich und zufrieden. Ein guter Tag.

Sonntag, 20. Februar

Sonntagmorgen fuhren C. und ich zu der im gotisch-amerikanischen Stil gebauten Kirche am Orchard Lake, in der sein Urgroßvater vor vielen Jahren gepredigt hat. Sie steht inmitten des weißen Schnees, blickt auf den zugefrorenen See und ist von Eichen umgeben.

Im Inneren blanker Holzboden, eichene Kirchenbänke, schlichte, gotische Glasfenster (bis auf ein abscheuliches blaurotes Fenster in Form eines Dreiklees hinter dem Altar, auf dem ein Bibelzitat stand). An den Wänden hinter dem Altar standen ebenfalls Bibelzitate. Durch die etwa dreißig Gemeindemitglieder war es dämpfig. (Es gab fast so viele Chormitglieder wie Gläubige, zumeist Frauen mit krausen Locken, schwarzen Gewändern, leichtem Rouge auf den Wangen und geschminkten Lippen.) Geheizt wurde mit einem großen Ofen, der hinten stand, und dessen langes, schwarzes Rohr von Drähten gehalten über die Köpfe der Gläubigen hinweg bis zur Abzugsöffnung ging. Hinten in der Kirche stand ein großer Tisch, der mit Kinderschals, Mänteln, Sonntagsschulbildern und Kuverts für die Kollekte bedeckt war.

Eine asthmatische Orgel, vorne, neben der leicht erhöhten Kanzel, begleitete den Gesang. Der Priester in schwarzer Robe saß auf einem gewaltigen, geschwungenen schwarzen Roßhaar-Mahagonisofa der viktorianischen Epoche. Alle übrigen Einrichtungsgegenstände waren billiger viktorianischer Abklatsch aus leichterem Holz, reicher dekoriert und dürftig. Ein Opferstock mit Marmorplatte und eine Kanzel, um die schäbiger brauner Samt drapiert war.

Keiner der Anwesenden war besonders gut angezogen – bequem, aber nicht elegant. Dunkle Mäntel mit abgetragenen hellen Pelzen um ihre plumpen Figuren. »Sonntagshüte«, die längst aus der Mode waren, mit einem Schleier obenauf, um die Silhouette leicht unscharf zu gestalten. Mittelstand, gesund, eher teilnahmslos, achtbare, gute Menschen. Sie blickten sich nicht um, nur die Kinder hampelten viel herum und spielten mit den Kuverts für die Kollekte.

Die Predigt eines jungen, eher schüchternen, ungewandten Priesters, der sie zum großen Teil ablas, war eine Interpretation der Taufe.

Hymnen, das *Gloria,* das *Pater noster.*

Es war alles ganz schlicht und aufrichtig – erinnerte an Neu-England –, bis auf das sorglose Spiel der Kinder in den Kirchenbänken und die Galoschenunordnung hinten in der Kirche. Zwei der Kinder hatten rotlackierte Fingernägel! Es waren etwa zwei- bis dreijährige Mädchen.

Nach dem Gottesdienst ging C., wie es sich gehörte, zu dem Geistlichen – und erzählte ihm leicht errötend und verlegen, daß die Predigt ihn besonders interessiert habe, da sein Großvater, wie man ihm erzählt hat, die Gläubigen noch durch völliges Untertauchen im See getauft hat.

Der Pfarrer wechselt sein Gewand und wir gingen in die Sonne und in die frische Luft hinaus, ich fühlte mich Michigan enger verbunden denn je, seit ich hierher gekommen war.

Ich las Koestlers *Arrival and Departure*. Eine Studie über »die Nostalgie unserer Zeit«, es geht um die Konflikte in unserer Zeit des Krieges, der Folter, der Liebe, unter dem Aspekt des modernen Psychiaters. Das schreckliche Schuldgefühl, weil man nicht genügend leidet (wie gut kenne ich das).

Montag, 21. Februar

Montag war ein umdüsterter, feuchter, unlebendiger, kalter, versponnener Tag. Nachmittags unterhalte ich mich mit einer Kinderschwester.

Janet und etliche andere Leute aus Cranbrook gehen zur Blutspendezentrale, um Blut zu spenden. Ich beschließe, es auch zu tun und bitte Mata [Brodie] festzustellen, wann der Andrang nicht so groß ist.

Donnerstag gehe ich dann hin. (Dabei komme ich mir ganz gemein und rebellisch vor, da C. immer dagegen war. »Du gehörst nicht zu denen, die Blut spenden können. Du hast einfach selber nicht genug.«) Eine lange Schlange ganz verschiedenartiger Leute sitzt da, meistens sind es einfache Leute, untersetzte Hausfrauen, Arbeiter in Hemdsärmeln, junge Mädchen in Pullovern. Keiner trägt einen Hut (ich auch nicht). Ich setze mich dazu, trage eine dunkle Brille, damit ich nicht erkannt werde. Ich möchte einen halben Liter Blut spenden, aber als Mrs. John Jones, nicht als Mrs. Lindbergh – als persönlichen Beweis der Teilnahme, nicht als Gag für die Öffentlichkeit, nicht um fotografiert zu werden und als Lockvogel, um weitere Spender zu animieren. Die Bilder von denen, die das tun, machen mich ganz elend und ich könnte mir vorstellen, daß es auch den Soldaten davon übel wird.

Ich finde es ganz bewegend, mich hinter der Hausfrau anzustellen, während mir der Mann in Hemdsärmeln folgt. Die Leute waren die gleichen Typen wie in den America-First-Versammlungen – sie waren weder elegant noch wohlhabend noch intellektuell, sondern nachlässig gekleidete, hart arbeitende, gute Leute, Hausfrauen, Ladenbesitzer etc. Diese Menschen sind das Herzstück Amerikas, sie protestieren gegen den Krieg, und dann geben sie ohne zu grollen ihre Söhne, ihr Blut und ihr Geld hin, machen keinerlei Aufhebens und sind ganz selbstverständlich in ihrem Großmut.

Diese Menschen waren keineswegs ohne jedes Gefühl. Man spürte, daß sie alle sehr persönlich engagiert waren; ihre Söhne, Väter oder Ehemänner waren »drüben im Kampf«. Deshalb wollten sie ihr Scherflein beitragen. Vielleicht kommt es *ihm* zugute, dachten sie insgeheim und dabei zog sich ihnen in verborgenem Stolz und geheimer Freude das Herz zusammen.

Ich beantwortete alle Fragen, trug meinen Namen ein. (Dabei schlug mein Herz – was passiert, wenn ich jetzt ohnmächtig werde und es in die Zeitung kommt – ich *darf nicht* ohnmächtig werden.) Doch als ich meinen Arm entblößte, damit man meinen Blutdruck messen konnte, sagte die Schwester mißtrauisch: »Was wiegen Sie?« »Etwa fünfzig Kilo.« »Es tut mir leid, aber wir können Sie nicht nehmen. Es ist eine Vorschrift des Roten Kreuzes; wir können niemanden nehmen, der weniger als 50 Kilo wiegt. Sie können keinen halben Liter Blut entbehren.«

Der Mann in Hemdsärmeln rückt auf und nimmt meinen Platz ein, ich gehe sehr niedergeschlagen hinaus in die Sonne.

»Trotzdem vielen Dank«, ruft man mir nach.

Donnerstag, 24. Februar

Wieder ist eine Woche vergangen. Donnerstag ist mein Tag des Abwägens, an dem ich die wöchentliche Bilanz ziehe.

Samstag gingen C. und ich zum Skilaufen. Es ist herrlich und ich lerne, wie man Stemmbögen macht und das Gewicht verlagert. Das ist wie ein Zauberschlüssel, wie wenn man plötzlich auf dem Fahrrad die Balance halten kann oder feststellt, daß man in der Lage ist, sich über Wasser zu halten.

Sonntag laufen wir wieder eine Stunde. Der Hügel ist gefroren und niemand da. Der Himmel klar und bleich – schwindendes Licht. Wir klettern zwischen den Tannen bis zum Gipfel des Hügels und schwingen einer nach dem anderen hinunter. Es ist wunderbar – als würden zwei Vögel in der Luft einander folgen oder als würden Delphine mit den Wellen spielen. Man fühlt sich wie in einem anderen Element. Zum ersten Mal empfinde ich eine gewisse Freude, als ich die nächste Biegung vor mir sehe. Ich gehe sie an, lege mich hinein und gehe in die Knie, als würde ich in eine Welle hineinspringen. Der Hügel, die Skier und ich sind nicht getrennte Wesen, die ein falsches Spiel treiben, wir sind eins. Ein herrliches Kribbelgefühl – mir ist beinahe so zumute wie den leichtsinnigen, sorglosen kleinen Buben, die auf dem Hügel ganz zu Hause sind. C. ist äußerst vergnügt: »Das entschädigt uns für vieles.« Ich bin froh, daß ich mich gezwungen habe mitzugehen, obwohl ich müde war. Es hat sich gelohnt.

Montag ist ein herrlicher warmer Tag. Der ganze Schnee schmilzt. Scheyers Klasse ist im Museum. Er zeigt uns wunderbare Sachen – aus Mexiko, Yucatan und Peru. »Möchten Sie sie berühren?« (Ich will das immer.) Schöne peruanische Textilien.

Es ist zu dumm. Ich fühle mich Dr. Scheyer sehr verbunden. Wir bevorzugen die gleichen Dinge, sprechen die gleiche Sprache. Aber wir sprechen nie über das Wesentliche, wir berühren es lediglich. Wir spielen mit den kleinen Stoffschnipseln, die beim Zuschneiden abfallen, rollen aber nie die großen Ballen unbearbeiteten Materials auf, das in den Regalen lagert. Weil wir beide schüchtern sind und schweigsam vor den Regalen stehen. Aber es ist zu schade – da Verbindungen in diesem Leben so selten sind –, wenn wir die Gelegenheit aus Zurückhaltung und aus Stilgründen verpassen. Ich würde so gerne mit ihm über Kunst und Leben, möglicherweise sogar über den Krieg, über das Wunder der

Gnade und über das Schuldgefühl der Unbeteiligten sprechen. Würde er das verstehen? Vielleicht nicht.

Alle in Cranbrook leben anscheinend in einer so sicheren Welt, ganz fern von Verruchtheit, Terror, Sünde, Irrtum, Verantwortung und den Problemen und Konflikten der Außenwelt, aus der ich komme und in die ich bald zurückkehren muß. Sie scheinen gegen diese Schwierigkeiten gefeit zu sein. (Natürlich *haben* sie Sorgen, die ich nie gehabt habe – Geldsorgen, es geht um ihre Sicherheit, sie haben Kummer.) Und doch wirken diese Scherereien vergleichsweise gering. Sie betreffen keine anderen Menschen. Ihre Fehler, ihre Verantwortung, ihre Schuld werden nie so schwer wiegen wie in dieser Außenwelt. Und wer zeigt dort Verständnis? St.-Ex., den ich niemals wiedersehen werde; Koestler, dem ich nie begegnen werde, der mich wegen der *Welle* verachten wird.

Dienstag ist dunkel und nebelig; ich arbeite den ganzen Tag an meiner Plastik, die sehr schlecht ist (nachdem ich eine gute gemacht habe). Ich habe das Gefühl, ich stehe wieder am Anfang – bin sehr entmutigt.

Ich bin auch zu müde, um abends mit C. einen Spaziergang zu machen. Aber ich lese seine einzelnen Kapitel und bearbeite sie. Ich korrigiere und analysiere. (Wenn ich auch selber nicht zum schreiben komme, so habe ich hier doch genügend zu Papier gebracht bei einem Versuch, gute Analysen und gute Kommentare zu liefern.) Die Kapitel machen Fortschritte – fast immer sind sie gut geschrieben, doch nicht gut gegliedert, aber es wird schon.

Scott schreit in der Nacht. Er hat wieder Verstopfung. Ich schlafe unruhig.

Donnerstag

Nachmittags im Wohnwagen und ein später Spaziergang. Es wird wärmer und die Straßen sind aufgeweicht, Bäche von schmelzendem Schnee, aber es ist herrlich, draußen zu sein. Ich gehe den Hügel oberhalb des Obstgartens (wo ich den archetypischen

Obstgarten sah) hinauf und breche einige Zweige von einem umgestürzten Apfelbaum ab, um sie mit nach Hause zu nehmen. Die kahlen, schwarzen Zweige sehen vor der Wand lebendig und kraftvoll aus, obgleich sie nicht einen einzigen grünen Sproß haben. Man spürt in ihnen den verborgenen Frühling, der bald ausbrechen möchte.

Nach dem Abendessen lese ich Churchills lange Rede, in der er den Verlauf des Krieges schildert und erläutert. Im ersten Teil beschäftigt er sich mit der militärischen Situation, entschuldigt sich für das langsame Vorankommen in Italien und gibt Erklärungen dazu ab. Er gibt zu, daß der Luftkrieg die einzige große angloamerikanische Offensive ist. Weist darauf hin, daß er der Auftakt zur Invasion ist, die aber erst stattfinden kann, wenn die Bombardements zugenommen haben.

Der zweite Teil der Rede befaßt sich mit der politischen Situation. Und hier vollführt er einen wahren Eiertanz. Italien, Jugoslawien, Griechenland, Polen. Er nimmt sie alle der Reihe nach dran. Daraus kann man schließen, daß in jedem dieser Länder Bürgerkrieg herrscht und England versucht, beide Parteien zu unterstützen. Den König, Badoglio *und* die Antifaschisten. Tito (und Mikhailowitsch) *und* König Peter mit seiner Exilregierung. Die polnische Exilregierung in London *und* die Russen. Er gibt zu, daß sich in Griechenland zwei Parteien mit Waffen bekämpfen, die man ihnen für den Kampf gegen die Deutschen gegeben hat. Er hat großes Mitleid mit den Polen. England hat sich wegen der polnischen Grenzen am Krieg beteiligt, erinnert er jeden undankbaren Polen, der möglicherweise anwesend ist. Es sieht so aus, als sei er damit einverstanden, daß die Russen bis zur Curzon-Line nach Polen eindringen. (Er erinnert die Zuhörer daran, daß, obgleich England wegen der polnischen Grenzen in den Krieg eintrat, *keinerlei Garantien für irgendeine bestimmte Grenze* damit verbunden waren. Er wünscht sich ein starkes, unabhängiges Polen. (Hah!) Er ist der Meinung, daß Polen mit deutschem Gebiet entschädigt werden kann. Die Atlantik-Charta gilt nicht für Deutschland, erklärt er hastig. Wir werden uns die Atlantik-Charta bei den Friedensverhandlungen nicht wie Wilsons Vierzehnpunkteprogramm auf den Tisch knallen lassen, er formuliert das allerdings etwas diplomatischer. Bedingungslose Kapitulation ist bedingungslose Kapitulation.

Die Rede ist ein einziger großer Ausbruch gegen die ewige Hechelei und Kritik. Wortreich versichert er, daß er sich nicht noch weiter auf solche heiklen Themen einlassen will.

Davon steht selbstverständlich nichts in der Presse. Aber in Schlagzeilen hat man natürlich den Anfang von Churchills Rede gebracht, wo er sagt, daß er nie angenommen habe, daß der Krieg 1944 beendet sein würde (harte Kämpfe und möglicherweise einen langen Krieg etc. prophezeit).

Ich bin darauf innerlich so sehr vorbereitet, daß es mir kaum aufgefallen ist, in der Presse ist es aber als »Neuigkeit« für das amerikanische Volk herausgestellt. Manche sagen, daß das für die meisten Amerikaner ein Schock sein wird, da sie damit rechnen, daß der Krieg dieses Jahr zu Ende geht. Eisenhower und Mark Clark haben beide den Sieg für 1944 vorausgesagt!

C. kommt sehr spät nach Hause, nachdem er den ganzen Tag über Bomber getestet hat, wir setzen uns zu einem Gespräch in die Küche, während er sich Abendbrot macht. Ich gehe auf die Hauptargumente in Churchills Rede ein.

Samstag, 26. Februar

Ich lese die Zeitungen – Churchill ist im Parlament wegen seiner Rede sehr kritisiert worden, besonders wegen seines Rückziehers vor Rußland, der Aufgabe der Atlantik-Charta in bezug auf Polen, und weil er durch seine Garantien von großen deutschen Gebieten für Polen einen neuen Krieg heraufbeschwört.

Dienstag, 2. März

Die Woche ist wie immer rasch vergangen. Ich habe stets das Gefühl, daß sie am Donnerstag bereits »vorüber« ist. Sonntag brachte C. die Kinder nicht zu seiner Mutter, sondern blieb hier, machte die Steuererklärung und arbeitete an seinem Manuskript. Ich gehe ziemlich niedergeschlagen in den Wohnwagen. Ich bin unfähig, etwas Neues zu schreiben, oder das Alte wieder aufzunehmen.

Für mich ist der Krieg ein Abschnitt, »der Zeichen setzt« – auch für C. Ich glaube, für ihn aber noch gravierender als für mich, da mir für das Leben nach seiner Beendigung keine bestimmte Tätigkeit vorschwebt. Ich vermisse weniger die *Aktion* als die *Beteiligung*. Aber eine Teilnahme an diesem Krieg fällt mir schwer – da ich dagegen war, weil ich immer geglaubt habe, daß er alles, wofür wir kämpfen, zerstören würde. Obgleich wir uns offenbar langsam immer mehr dem Sieg nähern. Die Vernichtung, die völlige Aufhebung der Werte, für die wir in den Krieg zogen, scheint hier wie im Ausland rascher voranzuschreiten, als wir befürchteten. Rußlands Abkommen in Osteuropa, Polen, das Baltikum haben die Atlantic-Charta und die großartigen Erklärungen völliger Übereinkunft, wie sie in Moskau und Teheran abgegeben wurden, zu einer Farce gemacht.

Samstag, 4. März

Abends lesen und besprechen C. und ich sein Manuskript, wir analysieren, korrigieren, machen Vorschläge. Dann ins Bett – die Zukunft durchaus unsicher, und von der Vergangenheit sind wir abgeschnitten. Beim Schlafengehen versuche ich die langgehegte Gewohnheit meiner Tagträume abzulegen. »Keiner sieht sich im Traum jemals mit leeren Händen.« Stets waren es Träume, in denen man selber ausgesprochen beliebt war. Und ich werde ein wunderschönes Ballkleid tragen, ich werde in den Saal hineintanzen und werde dort die Schönste von allen sein ... und *Er* (einen *Er* gab es immer) wird mich sehen.

Doch jetzt ist das vorbei. Ich weiß, daß ich nie die Schönste sein werde und es auch niemals war. Die Träume beziehen sich derzeit auf Lob für meine Arbeit, meine Argumentation und meine

Kenntnisse. Man wird sagen »wie, *Sie* haben diesen großartigen Kopf modelliert!«

Sehr geändert haben sie sich nicht. Diese Träume einer Erwachsenen. Manchmal begreife ich, wie absurd sie sind. Ich nähere mich den Vierzig, bin eine Frau mit einer jugendlichen Figur, habe die Intensität eines jungen Mädchens, Falten auf der Stirne, gelegentlich auch ein graues Haar und Augen, die noch immer plötzlich und unerwartet glänzen und aufleuchten. Ich habe vier Bücher geschrieben, habe vier nette Kinder und einen fesselnden, lebendigen, liebenden, sich ständig entwickelnden, glücklichen Mann. Ist das nicht genug? Warum richte ich meine Gedanken nicht auf das Leben, so wie es sich mir jetzt bietet? Hat es nicht genügend Aufregungen parat? Reicht das Glück nicht aus? Doch natürlich, und meine Tage sind auch durchaus froh. Jede Nacht nehme ich mir anstelle meiner Tagträume vor, an eine reine Freude zu denken, die mir tagsüber durch meine Kinder, meinen Mann oder meine Freunde zuteil wurde. Jeder Tag schenkt einem Augenblicke der reinen Freude – selbst der freudloseste und traurigste.

Samstag, 4. März–Samstag, 18. März

Zwei Wochen sind vergangen. Ich war in New York, um eine Kinderschwester zu suchen und bin nun wieder hier. C. ist abermals fort. Das Buch ist erschienen und die Besprechungen kommen. Das Kriegsdrama nimmt seinen Fortgang – sonst eigentlich nichts weiter.

Hervorstechende Ereignisse in den letzten Wochen waren einmal das Ferry-Command-Abendessen mit C. im Offiziersclub. Eine Erfahrung, die mich außerordentlich desillusioniert hat. Ich ging sehr bescheiden hin (»diese Männer stehen im Krieg, sie sehen dem Tod ins Auge; hier begegnest du dem wahren Leben«), und dabei traf ich genau auf das Gegenteil. Die Unterhaltung drehte sich einzig um das Herrenessen des vorigen Abends, wie der Oberst zugab, war das eine der Gesellschaften, in denen es lediglich darum ging, herumzusitzen und auszuprobieren, wieviel Alkohol man vertrug, ohne zu platzen. Oder sie unterhielten sich ausführlich über das neue Clubhaus auf das der C. O. ganz übermäßig stolz war: »Wird so und so viele tausend Dollar kosten ... hat Duschen ... gute Keller ... Tanzsaal.«

Ein junger Mann, mit dem ich tanzte, sah so aus, als würde er sich auch andere Gedanken machen, aber es gelang mir nicht ganz, bis zu ihnen vorzudringen. Der Oberst lobte die Russen, die er in Montana gesehen hatte, über den grünen Klee, sie überführten damals unsere Flugzeuge nach Rußland zurück, und er war von ihrer Disziplin begeistert; er erzählte die Geschichte von einem Flugzeug, das einem russischen Piloten nach Newark gebracht werden sollte. Es wurde unglücklicherweise von einer landenden Handelsmaschine gerammt. Als man das dem Russen mitteilte, sagte er: »Man hat den Piloten selbstverständlich erschossen?«

»Ein Funken davon würde uns hier auch nicht schaden«, kommentierte der Oberst. »Wenn ich auch nur einem Sergeant auf die Pfoten klopfen würde, würde ich von dem gesamten Kongreß Briefe bekommen!« »Die Nazis hätten selbstverständlich den Piloten ebenfalls erschossen«, bemerke ich eisig – aber niemand begreift es.

Erleichtert kehre ich in mein eigenes »wahres« Leben zurück. Aber es muß doch in der Armee – selbst in Detroit – wirkliche Kerle geben. Wo stecken sie? Vielleicht bei den Unteroffizieren und Mannschaften.

Am Mittwoch gehe ich mit C. nach New York, um die Chance auszunützen, bis zum letzten Augenblick mit ihm zusammenzusein. (Er wird unter Umständen in den Westen – vielleicht sogar in den Pazifik gehen.)

Die ersten Besprechungen treffen ein. An dem Tag, an dem sie erscheinen, ruft C. mich aus New York an, um mir zu sagen, daß sie »im ganzen« gut sind. Mir wird klar, mir welcher geradezu bedrohlichen Intensität ich damit gerechnet habe, daß dieses Buch als Verdeutlichung meiner Haltung verstanden wird. Hansons Besprechung kränkt mich. Bin ich wirklich so selbstsüchtig, so versnobt, so voll des Hochmuts wegen meines Mannes? Nein – er ist unfair, aber warum? Die Marshall Field-Zeitung bringt eine so unglaubliche Rezension, daß es schon wieder komisch ist. »Unwichtige Fingerübung«, »die Phantasie treibt bedenkliche Blüten«, »egozentrische Eskapaden«, etc. »Da Saint-Exupéry in diesem Land relativ unbekannt war, machten ihre schriftstellerischen Arbeiten einen guten Eindruck.«

»Es ist kein Zufall, daß diese beiden Flieger, die solchen Gefahren ausgesetzt waren und verloren schienen, Zuflucht im Lande Mussolinis fanden.« Eine bemerkenswerte Rezension in der *Sun,* die erstaunlicherweise von einem Mann geschrieben war. Alle anderen sind gut und unproblematisch, wenn sie auch nicht gerade der Sache auf den Grund gehen.

Nachts denke ich darüber nach und wäge Hansons Beschuldigungen ab. Und ich komme zu dem Schluß, daß das Buch voll und ganz die Verkörperung meines Ichs ist – was daran nicht stimmt, ist bei mir selber nicht in Ordnung. Was fehlt, ist auch bei mir nicht vorhanden. Jedenfalls habe ich mich an den zeitlichen Ablauf gehalten, weil das meinem Wesen entspricht.

Am Montagmorgen, in der Kunstgeschichtsklasse, sagt Scheyer zu mir, daß ich nach Beendigung des Unterrichts nicht weglaufen soll, da er etwas für mich hat. Er übergibt mir zwei ihrer Bücher zur »Erinnerung«. Er sagt noch einiges über mein Buch, aber ich bin eher verlegen. Ich kann über mein Buch nicht sprechen und kann mich auch nicht dafür entschuldigen. Ich erwähne einige Kritiken und die Tatsache, daß mein Name kein Name mehr ist, sondern ein semantisches Problem wurde. Dann sagte er plötzlich, unversehens und ganz natürlich, wie befreit: »Ich habe das Gefühl, wir müssen einmal ein wirklich gutes Gespräch führen; wir haben noch nie ein gutes Gespräch geführt; wir haben uns unterhalten – aber bis jetzt...«

»Ja«, sage ich aufatmend, »es handelte sich immer nur um Stoffschnipsel, und es warten große Ballen auf uns...«

Er fährt dann fort: »Wie ich Ihnen schon sagte, es bedeutet mir viel, sehr viel, Sie in meiner Klasse zu haben... Wären Sie nicht da...« Mit einer kleinen, hoffnungslosen Geste hebt er seine Arme.

»Und ich glaube«, fährt er ganz natürlich und freimütig fort, wie ein Kind, das um Verständnis bittet und ein gewisses gütiges Vertrauen ausstrahlt, »ich glaube, man sollte diese Dinge aussprechen…«

»Aber sicher«, sage ich ganz unbefangen und aufrichtig, »es ist ganz offenkundig, daß wir dieselbe Sprache sprechen«, und dann versuche ich, frühere Scharten auszuwetzen und erkläre ihm, was ich bei meinem ersten Buch in seinem Haus gemeint habe, als ich sagte, daß es europäisch sei. (Denn er hatte derart heftig protestiert – was ich jetzt verstehe – »Wir wollen *Amerikaner* sein«.) »Ich meinte nur«, erkläre ich schließlich, »daß Sie zu den Menschen gehören, die mir liegen, und ich hatte Sehnsucht nach dem, was mir im Ausland begegnet war…«

»Danke«, sagt er ganz einfach und bescheiden.

Er sagt, er wird irgendwann einmal im Frühling, wenn das Wetter besser ist und er weniger Arbeit hat, zu uns kommen.

Ich sage lachend: »Warten Sie nicht auf das Frühjahr – es dauert noch lange, bis es so weit ist!« Schließlich gehe ich in die Klasse zurück und sinniere über die Seltsamkeit des Lebens, die wundersamen Arten des Verstehens, die einen unerwartet, wie ein Blitz hier, da und überall, ja an den unglaublichsten Orten, überfallen können.

Das Buch ist etwas ganz Besonderes. Ich lege es ganz oben auf mein Regal, zusammen mit anderen einzelnen Kostbarkeiten. (Kein Klumpen Gold – sie wiegen niemals schwer, diese Augenblicke. Sie beanspruchen keinen großen Platz im Leben. Sie sind lediglich leichtgewichtige, wertvolle und makellose Augenblicke außerhalb des Hauptstroms des eigenen Daseins.)

Am Abend, ehe C. nach Hause kommt, lese ich alle Zeitungen, um wieder auf dem laufenden zu sein.

Einige Intellektuelle (sowie William Agar[1] von *Freedom House*) protestieren gegen die einseitigen Aktionen Rußlands in Polen, der Tschechoslowakei etc.

Die London *Times* druckt einen Leitartikel, in dem erwogen

[1] Herausgeber der *Courier Gazette* in Louisville.

wird, die Atlantik-Charta möglicherweise zu modifizieren, da Selbstbestimmung und »Sicherheit« einiger kleiner Staaten unvereinbar seien!

Rußland rückt in Bessarabien vor und plant, Rumänien mit Teilen von Ungarn zu entschädigen.

Die Deutschen rücken im Balkan ebenfalls vor.

Die Schlacht um Italien ist ins Stocken geraten. Hanson Baldwin gibt hier und in einer englischen Kolumne unumwunden zu, daß der Versuch, vor der Invasion durch Bombardements alles dem Erdboden gleich zu machen, wie es im Fall von Cassino erprobt wurde, ein außerordentlich fragwürdiges Ergebnis erzielte, der Widerstand wurde damit *nicht* gebrochen, ja, man hat damit womöglich für bessere Deckung gesorgt. (Die Massenangriffe auf deutsche Städte sind, was die Erfolge betrifft ebenfalls fragwürdig geworden – 55% von Berlin sind zerstört, in einer Nacht sind dort mehr Bomben gefallen als im ganzen Blitzkrieg auf London! Zum Großteil handelt es sich um Blindabwürfe von oberhalb der Wolkendecke, somit gibt es auch nicht die geringste Entschuldigung, daß es sich um gezielte Bombenabwürfe auf militärische Objekte gehandelt hat. Hat uns die Schuld für diese Taten einmal eingeholt, was wird dann aus uns? Oder wird sie uns besser bekommen als diese entsetzliche Gleichgültigkeit, die uns augenblicklich alle beherrscht: »Sie wollten es nicht anders«, sagen wir seelenruhig und räkeln uns gemütlich auf unseren Stühlen. Und die Flieger, die dieses Inferno entfacht haben – sind tot.)

Finnland weigert sich, Rußlands Friedensangebot anzunehmen. Wir drängen es zur Annahme und geben keinerlei Garantien zum Ausgleich.

Die Menschen »wachen auf«, aber inzwischen ist Europa zerstört. »Das Kind ist tot.«

Mittwoch, 22. März

Charles kommt nach Hause. Eben verlasse ich den Wohnwagen, als ich ihn erblicke, seine schlaksige blaue Gestalt stolpert vom Haus den Hügel herunter, weil er mich sucht.

Wie merkwürdig mutet es einen an, wenn man jemanden, den man liebt, unvermutet in seiner warmen, körperhaften Existenz die Stufen herunterkommen sieht, wenn man ihn erblickt, ehe er einen gewahr wird, und man jäh in einer dieser unglaublichen, blitzartigen Visionen im Leben spürt: »Er bedeutet mir unendlich viel – das ganze Leben kommt die Stufen herab auf mich zu.«

Dann tritt die Vision hinter der physischen Nähe, hinter der Wiederbegegnung mit dem eigenen Mann zurück.

Wie üblich gewinnt das Haus mit ihm an Leben. Er wirft Anne in die Höhe. Sie ißt mit uns. C. ist in gehobener Stimmung. Er ist glücklich über das Buch (da die Rezensionen im ganzen gut gewesen sind und die Vorausbestellungen ebenfalls). Er ist glücklich über seine Arbeit, da er mit Leuten gesprochen hat, deren Weltbild mit dem seinen übereinstimmt. Es beglückt ihn, wieder zu Hause und mit den Kindern zusammen zu sein, aber hauptsächlich, habe ich das Gefühl, weil es so aussieht, als würde er womöglich in den Pazifik versetzt. (Typisch Mann! denke ich in weiblichem Ingrimm.) »Wieviel Zeit hast Du noch?« frage ich rasch, ehe er wieder weg ist. »Oh, eine Woche!« Nun gut, wir haben eine Woche. Wir gehen hinaus, machen einen Spaziergang und unterhalten uns; Jon holt uns strahlend ein und begleitet uns.

5. April

Zwei Wochen sind vergangen, ohne daß ich etwas geschrieben habe. Eine Woche mit Charles (seine letzte)[1] und eine ohne ihn. Die Woche mit ihm zusammen – wissend, daß er fortgehen würde, ja, daß er es kaum erwarten konnte – war zu intensiv. Überall auf dem Boden Pakete, Kisten gingen ab, Anzüge wurden weggepackt, Arbeiten fertig gemacht – alles so verhängnisvoll endgültig. C. war glücklich und energiegeladen; ich war besorgt

[1] C. A. L. hatte die Genehmigung bekommen, als Zivilberater in die Kampf zone im Südpazifik zu gehen, um die Flugzeuge, die er getestet hatte, im Einsatz zu beobachten.
Siehe Einführung Seite 25.

und zeigte es nicht. Ich fand inneren Frieden auf den Spaziergängen mit ihm über die schlammigen Felder, auf dem Weg zu »unserem« Hügel mit dem Obstgarten, oder wenn wir abends nach Cranbrook gingen. Jetzt ist alles entschwunden. Ich kann mich an nichts mehr erinnern. Alles erscheint unwirklich, bis auf die Zukunft – wenn er wieder nach Hause kommt. Wie sehr lechzt man nach Leben.

Am letzten Tag konnte ich nicht in den Wohnwagen hinuntergehen, ich setzte mich auf mein Bett, sah ihm beim Packen zu und nähte Knöpfe an seinen Regenmantel. (Einen Knopf hatte ich von *meinem* Regenmantel abgeschnitten. Es war der einzige, der in der Farbe paßte, und im stillen war ich glücklich, daß er wie ein Amulett mit ihm ziehen würde.) Ich kam mir so verloren vor, so unfähig etwas zu tun, ich war nicht traurig, aber schwebte irgendwie in der Luft, so setzte er sich dann neben mich auf das Bett, und ich lachte und sagte: »Alles umsonst – ich bin erst wieder glücklich, wenn du weg bist!«

»Ich weiß«, sagte er, »ich weiß genau, was du meinst.« »Jetzt kommt das Schlimmste.«

Ich fürchtete mich vor seinem Fortgang, und dabei wußte ich, daß ich nicht eher zur Ruhe kommen würde, ehe ich es nicht hinter mir hatte.

Mit das Schlimmste war, daß diesen Tagen jegliche Bedeutsamkeit fehlte – wenn jemand eine Fahrt antritt, die möglicherweise gefährlich werden kann, sollten die letzten Tage irgendwie außergewöhnlich und wunderschön, wie eine Landschaft vor dem Sturm sein. Das Gras ein unwirkliches, lebhaftes Grün und der Himmel purpurrot. Aber diese Tage waren weder lebendig noch bedeutsam. Weil ich wegen der Extraarbeit im Haus müde war? Oder weil sie einfach nichts zu bedeuten hatten?

Während der ganzen Zeit habe ich versucht, die Arbeit bei den Kindern mit Hilma zu teilen – weil ich annahm, daß sie übermüdet und überarbeitet war. Also weckte ich die Kinder, wusch und fütterte sie, machte, ehe sie zur Schule gingen, die Betten, und dann wusch und fütterte ich die Kinder wieder, las ihnen vor und brachte sie abends wieder ins Bett.

Ich verbrachte eine Menge Zeit damit, Briefe zu schreiben und Telefongespräche wegen einer neuen Kinderschwester zu führen. Miß Hanky kam für einen Tag aus Pittsburgh, um uns zu besuchen. Sie traf spät abends während eines Schneesturms bei uns ein, sah frohgemut, solide und ganz alterslos aus und hielt Schneeglöckchen in der Hand, die sie morgens gepflückt hatte. Ich mochte sie sofort. Am nächsten Tag war ich nicht sehr aufnahmefähig, da ich die Kinder allein versorgte. (Aber es ging alles wunderbar.) Miß Hanky folgte mir überall hin, C. hielt sich unten auf und strahlte, da er seine Genehmigung erhalten hatte und »morgen« abreiste.

»Morgen« – ich zitterte innerlich bei dem Gedanken und erledigte strotzend vor Tüchtigkeit meine Routinearbeit, um das, was mir bevorstand, dahinter zu verbergen. Weshalb mußte ich gerade an einem solchen Tag die Entscheidung wegen einer Kinderschwester treffen? Sie ist warmherzig und liebevoll. Sie ist intelligent und empfindsam und vermutlich sentimental. Sie scheint adaptionsfähig zu sein und kommt mir sympathisch vor.

Wird sie die nötige Strenge aufbringen, um mit Anne fertigzuwerden? Nicht an ihr herumnörgeln, nicht nachgeben, sich bei ihr durchsetzen? Das kann ich nicht sagen. Sie bringt Anne eine winzige Miezekatze als Geschenk. Anne setzt sich im Bett auf. Miß Hanky sagt »ich habe dir eine Miezekatze mitgebracht, Anne. Ich dachte, daß du Miezekatzen vielleicht gerne hast.« Anne senkte ihren Blondkopf und lächelte vor verhaltener Wonne. »Miau«, sagte sie atemlos! Es erübrigte sich, zu sagen *»Ich mag Katzen,«* oder »Ich freue mich über diese Katze« – es war ungleich spontaner, als Antwort selber eine Katze zu sein: »Miau!«

C. bricht auf. »Vergiß dein Mittagessen nicht!« rufe ich, als er die Treppe hinuntergeht. Aber er läßt es auf dem Tisch in der Diele stehen.

An den folgenden Tagen stürze ich mich in harte körperliche Arbeit, versorge die Kinder, schrubbe den Badezimmerboden, wasche Teller, wasche Socken und Lätzchen. Sehr ermüdend und nicht unbedingt befriedigend.

Freitag beginnen die Schulferien der Kinder! Land und Jon unaufhörlich streitend und am Boden.

In der Zwischenzeit Briefe und Rezensionen, Kommentare zu meinem Buch flattern herein. Sie rühren und sie bewegen mich, aber ich bin nicht häufig genug allein, um die gekräuselte Oberfläche des Teichs zu glätten.

Darum dreht es sich überhaupt, ich bin nicht oft genug allein, ich fühle mich zu sehr preisgegeben, zu verletzlich, in Tuchfühlung mit zu vielen Menschen. Selbst wenn mich die Briefe nicht erreichen, *spüre* ich die Gedanken der anderen. (Jedenfalls scheint es mir so – so verrückt das klingen mag.)

Die größte Befriedigung brachte mir Mina (Curtiss) – sie schrieb einen wunderbaren, langen Brief und verstand alles (oder doch beinahe alles). Es war ein Brief, der mir meinen Standpunkt, meine Herkunft und meinen zukünftigen Weg wies – ein warmherziger, inhaltsreicher, klärender, kreativer Brief, der mich bestärkte.

Und ich habe keine Zeit, um all diese Briefe so zu beantworten, wie ich es gerne möchte, obgleich mich diese menschlichen Kontakte wahrlich stimulieren.

An zwei Abenden bin ich aus gewesen. Einmal mit Charles, bei Janet und Eliza, mit den Scheyers und einem französischen Professor[1] mit seiner Frau. Der Franzose ist präzise und gelehrt, *raisonnable*. Der Abend endet mit einer hitzigen Debatte über Picassos *Guernica* – die sich hauptsächlich zwischen Scheyer und dem Professor abspielt – Scheyer hält *Guernica* für ein großes, geniales Kunstwerk; der Professor findet das keineswegs. (»Die Kunst soll Freude verbreiten – dieses Bild tut das mitnichten.«) Sie argumentieren nie wirklich auf gleicher Ebene, da sie keine Einigkeit über die Funktion der Kunst erzielen können. Ich stimme Scheyer zu, bin aber zu müde, um Einwände zu machen (außerdem macht Scheyer das viel brillanter, als ich das könnte), und bin dann auch zu müde und zu angeregt, um abends einschlafen zu können, merkwürdig. So, wie man manchmal das Gefühl hat:

[1] André Delattre, Professor an der Wayne Universität, Philologe und Herausgeber von Voltaires Briefen.

Wenn doch nur die Schmerzen in dem Zahn aufhören würden, könnte ich schlafen, so hatte ich das Gefühl: Wenn es mir doch nur gelänge, das entsetzliche Gesicht der Frau (in *Guernica*) nicht mehr vor mir zu sehen, könnte ich einschlafen.

Dienstag, 4. April

Einer der Tage, die manchmal einen ganzen Haushalt zum Erliegen bringen. Land und Jon machen die Möbel im obersten Stock kaputt, Anne verunreinigt den Badezimmerboden, nachdem Hilma ihn gerade geputzt hat.

Ich gehe in die Klasse. Als ich zurückkam, finde ich beide Türen des Hauses weit offen und beim Hinaufgehen weht mir der unverwechselbare Gestank eines Skunks entgegen. Es dauert lange, bis ich jemanden finde – als wäre eine Bombe explodiert und hätte jeden in seinen ihm zugeteilten Unterschlupf getrieben. Schließlich bekomme ich heraus, daß Jon, Land und Jay (Jons Freund) im Wald ein Stinktier erschossen haben, es nach Hause schleppten und damit durchs ganze Haus gelaufen waren, um jemanden zu finden, dem sie es erzählen konnten. Bei Hilma, die gerade den Badezimmerboden zum zweiten Mal geputzt hatte, brachte er das Faß zum Überlaufen (arme Hilma, die kaum jemals die Stimme erhebt und nie die Geduld verliert). Sie kreischte und beförderte alle in die Garage, riß ihnen die Kleider vom Leib, wusch sie und drohte, daß sie drei Tage lang in der Garage bleiben müßten!

»Wo sollen wir schlafen?« fragte Land zweifelnd mit großen Augen. »Oh, irgendwo – auf dem Fußboden!«

»Werden wir etwas zu essen bekommen?« fragte Jon.

Dann schickte sie sie auf ihre Zimmer. Der dritte Stock roch stark nach Skunk und Miß Brodie duschte sich auf der Stelle und wusch ihre Haare.

Für das Schwerwiegendste an dem Ganzen hielt ich, daß Jon sein Gewehr hier in der Gegend benutzte. Da es gesetzwidrig war, und er ins Jugendgefängnis dafür kommen konnte. Ich bespreche das mit Jon, und er ist sehr gekränkt. Ich wasche dann seine Haare, seinen Gürtel etc.

Übersehene Kleinigkeiten – wie der Gewehrkasten, die Gummistiefel etc. riechen immer noch nach Stinktier.

Ich sprach mit Land und fragte: »Warum bist du denn so ins Haus gerannt, wenn du doch so gestunken hast?«

»Also«, sagte Land mit Unschuldsmiene, »*ich* dachte, es sei *Jon* und Jon dachte, *ich* sei es!«

Mitten in diesem Dilemma kam Annes wunderbar gepflegte und stets sehr beherrschte Lehrerin zum Tee. Ich erkläre ihr die ganze Konfusion, aber ich bin sicher, daß sie uns für hoffnungslos unordentliche Bohémiens hält.

Hilma und Miß Brodie haben ihren Sinn für Humor wiedergefunden, aber ich bin ganz mutlos und Jon ist völlig umdüstert. Ich denke an das Buch, das ich als Kind gelesen habe mit dem Titel *Annes schreckliche Gutmütigkeit.* Anne hatte stets Gutes im Sinn, aber irgendwie ...!

20. Juni

Im ganzen Frühjahr – April, Mai, Juni – habe ich nicht geschrieben, und jetzt, da ich ein bißchen Zeit habe, fällt mir der Anfang schwer.

Im April machte ich eine Reise nach New York, wo ich Mary Knollenberg traf. Wir gingen zusammen ins Ballett und zu Kunstausstellungen. An sich waren wir aber beide müde und wollten keine Anregungen, sondern *Realität.* Ich wollte Charles und kam merkwürdig ausgelaugt und unbefriedigt aus New York zurück. Was ich ersehnt hatte, war Charles, und nicht New York. Ich kam wieder und stürzte mich in die Arbeit an dem Kopf, ich arbeitete täglich in dieser Woche, um ihn fertig zu bekommen.

Der Mai verging mit den letzten Arbeitswochen im Studio. Die Schule machte eine Ausstellung und mein Kopf wurde auch gezeigt. Wieder Gesellschaften und Menschen und Besuch von Janet. Musik und Gespräche über Bücher, Kunst, das Schreiben, und manchmal auch Politik. Es hat mir Freude gemacht und war in gewisser Weise das erstemal, daß ich mich natürlich und frei bewegte. In diesem Kreis kann ich mich geben, wie ich wirklich bin, mir ist das bisher nie gelungen. Jedenfalls nicht, als ich schüchtern und jung war, und es ein Spiel zwischen Jungen und Mädchen gab, bei dem ich nicht mitmachen konnte, da Elisabeth dominierte. Auch gewiß nicht während meiner Ehe, in der die Kreise, in denen wir uns bewegten, nicht *meine* Leute waren. In den politischen Kreisen und bei den Fliegern wandten sich alle ganz selbstverständlich an C. Aber hier bin ich andauernd ich selber – und sie mögen mich!

Goodhue Road, 24. Juni

Liebe Mary [Knollenberg],

Verzeih, daß ich nicht eher geschrieben habe, aber in den vergangenen Monaten habe ich für alle Kinder allein sorgen müssen, und Jon und Land mußten ins Ferienlager, *dazu* Hausbesuch – Mutter und Constance mit Kind.

Charles ist jetzt seit ungefähr drei Monaten fort. Ich vermisse ihn schrecklich. Es gibt keinen ruhigen Pol, nichts, wodurch ich wieder Boden gewinne. Ständig habe ich das Gefühl, daß ich irgendwo unter der Decke schwebe wie die leichte Prinzessin, die keine Schwerkraft besaß.

Da er mir so sehr fehlte, habe ich mich in meine Arbeit im Studio gestürzt und abends in das Zusammensein mit Menschen. Es war auch tatsächlich schön. Seltsamerweise habe ich bisher noch keinen Kreis anderer Menschen so genossen. Es war vergnüglich und hat mir gesellschaftlich Mut gemacht, auch ohne Charles etwas zu unternehmen, meinen eigenen Kreis aufzuspüren etc., was vielleicht ganz klug ist.

Es läßt mich aber auch zögern, von hier fort und nach Connecticut zu gehen. Werde ich das in dieser Weise im selbstgefälligen Neu England wiederfinden? Ich zweifele.

Aber, wenn Charles wirklich umziehen will, werden wir umziehen (da ich nicht dafür bin, daß er sich ständig und länger an Ford bindet). Doch die Wahrscheinlichkeit nimmt ab, während die Monate verstreichen und er nicht zurückkehrt. Wenn man Kinder hat, muß man vor dem September und dem Schulbeginn umziehen.

Charles ist offensichtlich mit seiner Arbeit und seiner Fahrt sehr zufrieden und glücklich.[1]

Seltsamerweise glaube ich (aufgrund der Fotos, die die Kuriere geschickt haben, und nicht aufgrund der schriftlichen Mitteilungen), daß Charles zum erstenmal seit seiner Wahlkampagne jetzt wieder eine verläßliche und befriedigende Kameradschaft gefunden hat. Er ist kein Held – er arbeitet Seite an Seite mit ihnen, steuert wirklich etwas bei, bleibt anonym (der Ruhm gebührt den Kriegshelden), und er ist vollständig und herzlich als einer der ihren aufgenommen. Sie lieben ihn.

Ich stelle mir das alles nur so vor, aber ich glaube auch, daß es zutrifft. Ich bin darüber sehr glücklich. Es ist sonderbar, nicht wahr, und auch schrecklich frustrierend, wie wenig eine Frau dazu beitragen kann, um ihrem Mann entsprechendes zu vermitteln. Sie vermag nichts zu geben, was das aufwiegen könnte, und es ist ihr auch nicht möglich, eine Situation zu schaffen, die ähnlich ist. Sie kann ihn lediglich ermutigen, wenn er sich begeistert, und ihm sagen, daß er die Gelegenheit beim Schopf packen soll.

C. hat mir zweimal geschrieben, er dringt darauf, daß ich ihn an der Westküste treffen und bei Margot auf ihn warten soll. Nur kann ich mir überhaupt nicht vorstellen, wann das sein soll, denn – typisch Mann – er schreibt einfach »ziemlich bald«. Ich habe einen Zug ausgesucht, der am 2. Juli geht, und werde fahren, wenn ich nichts anderes mehr höre. Ich werde voraussichtlich im August zurück sein. Um nach Neu England zu ziehen?

[1] »Als ziviler technischer Beauftragter im Pazifik flog C. A. L. fünfzig Kampfeinsätze, um aus erster Hand vergleichsweise die Kampffähigkeit der F4U Corsair der Marine und deren Schwesternmaschine, der P-38 der Luftwaffe, auszuwerten. Während seines Auftrags geriet Lindbergh oft unter Feuer und schoß einen Feindflieger ab. Er entwickelte außerdem Benzinverbrauchstechniken, die den Flugbereich der P-38 um Hunderte von Meilen verlängerte.« – Raymond H. Fredette, Lt. Col. U.S.A.F. (Ret.), 11. Juli 1973, Bericht für den *Veterans Day Award.*

Ich habe keine Ahnung. Der Mietvertrag für das Haus, die Anmeldungen für die Schulen – alles ist wegen dieser Ungewißheit in der Schwebe.

Dir geht es ähnlich – nur arbeitest Du, oder wirst arbeiten, wenn Du nach Connecticut kommst. Wenn man sich *daran* halten kann, habe ich immer das Gefühl, arrangiert sich das ganze Drumherum von selber.

2. Juli, im Zug von Chicago nach San Francisco

Lieber Charles,

Ich bin auf dem Weg in den Westen. Ich hoffe, Dich zu treffen. Ich komme mir äußerst extravagant und überhaupt verrückt vor, so über Land zu rasen, während es recht ungewiß ist, wann und wo ich mit Dir zusammenkommen kann.

Aber heute abend bin ich glücklich. Ich habe dagesessen und beobachtet, wie die Getreidefelder Iowas sich dunkel färben, sah die Häuser vorbeiziehen – ein weißes Haus, eine rote Scheune und einen wackeren Buschen grüner Bäume inmitten eines Meeres flacher Felder – wie eine Oase in der Wüste. Ich war von der Schönheit und dem Reichtum dieses Landes, das ich mit Dir zusammen so oft schon überflogen hatte, überwältigt. Es übermannte mich aber auch das Bewußtsein, wie schön und reich unser gemeinsames Leben ist, diese frühen Stunden beim Abflug, diese Abende, an denen unter uns die Flüsse und Seen schimmerten, in denen sich das letzte Licht widerspiegelte. Diese Wiesen mit den Gänseblümchen, auf denen wir landeten – die staubigen Felder und öden Strecken. Erinnerungen an viele Himmel und viele Erdformationen unter uns – an ungezählte Tage, an Nächte unter dem Sternenzelt. »Wie süß sind die Gewässer dieser Welt – sollten wir sterben – wir haben sie gekostet. Sollten wir sündigen – uns trennen müssen – sollten wir versagen oder abtrünnig werden – uns ward das Glück zuteil – wir müssen in dem Buch der Seligen vermerkt werden. Wir haben genossen, was das Leben uns bot, wir haben vom Baum der Erkenntnis gegessen

und es war uns bewußt – daß wir das Geheimnis des Kosmos sind.«[1]
Gute Nacht –

Lieber Charles,

Es ist Vormittag – alle Felder sind entschwunden und die weiten, hingestreckten Ebenen sind an ihre Stelle getreten. »Oklahoma!« dachte ich heute morgen, doch nein, wir sind weiter nordwestlich. Diese Ebenen sind grüner – es ist Nebraska und Wyoming. Gerade haben wir Cheyenne verlassen und ich kann in der Ferne die ersten verschneiten Berge als schwache Linie erkennen. Mich ergreift das Bergfieber. »Schau, schau! Die Berge!« sage ich zu dem kleinen Jungen, der mir gegenüber sein Frühstück ißt. Aber ihn hat »das Bergfieber« nicht gepackt. Es dauert lange, bis man dieses Land lieben lernt, bis einem klar wird, was man an ihm liebt. (Es dauert lang, bis man lernt, etwas zu lieben.) Man muß es gut kennen und nicht durch die dicken Scheiben eines klimatisierten Superluxuszuges sehen. Man muß seine Hitze gespürt haben und seine unentrinnbar brennende Sonne, seinen Staub, seine Sandstürme, seine sich rasch entwikkelnden Tornados, seine Dürre, aber besonders seine unendliche Weite und dann die Berge! »Schau! da sind die Berge!« Ja, dann ist das bedeutungsvoll. Die Berge sind durchaus das Symbol für etwas Geistiges, für die Befreiung vom Alltag, für den Höhenflug des männlichen Intellekts. *C'est là que l' on respire comme un prisonnier délivré.* Immer denke ich an den Bibelvers: »Wie herrlich ist sein Weg über die Berge, er bringt uns die Botschaft, die Frieden verheißt.«

Wir steigen jetzt langsam die Vorberge hinauf, Kiefern wachsen verstreut auf den kahlen Hängen. Der Himmel ist weit, es ist windig und wunderschön – ich bin ganz trunken. Ich denke an die Zeit im du Noüys-Haus in Paris, als sie uns Filme über *Le Grand*

[1] Aus: *John Jay Chapman and His Letters,* Hrsg. M. A. De Wolfe Howe.

Ouest zeigten und alle Franzosen riefen *»Ah! oh! Épatant! Formidable!«* als Bilder von diesen Ebenen und Bergen erschienen. Ich hatte nur den einen einzigen Gedanken, »Das ist *mein* Land, es ist ein Stück von mir, – diese endlosen Landstriche, diese Wüsten, diese unermeßlichen Weiten, diese wildgeformten Felsen, diese zerzausten Kiefern, die sich, um leben zu können, an die steinigen Abhänge klammern – sie leben in mir. Es ist mein Fleisch und mein Herzblut.«

Und als dann nach Paris zurückgeblendet wurde – der Dôme des Invalides, und die sanften Lichter von Paris erschienen, lehnten sich alle Franzosen entspannt in ihren Stühlen zurück, als handele es sich um ein vertrautes, gemütliches Nachhausekommen. Dann fühlte ich mich als Fremde, die in ihrem Herzen ausrief *»Épatant! Formidable!«*

Dir verdanke ich dieses Land und diese Zuneigung. Du hast mein Herz aus seiner Neu England-Umklammerung gelöst und jetzt kann ich sie alle umfangen – die Windungen des Mississippi, Kansas' endlose Getreidefelder, die kahlen, häßlichen Baumstrünke Oklahomas und die grüngrauen, wogenden Ebenen dieses Landes, die in sich so grenzenlos und monoton und doch so erregend sind, denn in ihnen schlummern die Berge und entspringen ihrem Schoß.

Die Berge selber – ich wollte, ich könnte malen. Ich wollte, ich könnte diese kreuzweise gezimmerten Zäune malen, die durch rote Ziegel beschwert sind (Schneegitter?), sie sehen vor diesen endlosen Weiten wie zerbrechliches Menschenspielzeug aus – im Hintergrund ragen die blauen Berge auf, und darüber wölbt sich ein ewiger Himmel.

Wie recht hattest Du, daß Du mich so dringend aufgefordert hast, zu kommen! (Das *stimmt* doch, oder?! Jedenfalls ist das die Entschuldigung für mein Kommen!)

»Nur die Abwechslung öffnet einem die Augen.«

Ja, Du hast recht. Ich bin zu lange im Osten gewesen. (Auch Detroit gehört noch dazu.) Mich erregt alles sehr und ich kann die Schönheit kaum ertragen.

»O world, I cannot hold thee close enough!« [Edna St. Vincent Millay][1]

> »I forgive it all its sins
> I kiss the scars upon its face.«
>
> [Elinor Wylie][2]

Eben fuhren wir an *Laramie* vorbei. Dies ist Jons Land (wo er im Sommerlager ist). Ich bin glücklich, daß er hier ist, daß dieses Land ihm in Fleisch und Blut übergeht.

Wir dürfen es nie wieder ganz verlassen, Charles. Du hast recht. Wir müssen daran denken, daß diese Wildheit, diese Öde, diese Weite in uns ruht. Du vergißt das niemals, aber mir passiert das manchmal. Wir müssen das immer in uns bewahren.

Ich finde, das ist jetzt lang genug – was meinst du – für einen Brief, den Du gar nicht bekommen wirst, da ich *hoffe*, daß ich Dich vorher sehe. Ein Brief, den ich unbedingt schreiben mußte, da ich das dringende Bedürfnis hatte, Dir das alles mitzuteilen.

3. Juli, auf dem Weg nach San Francisco

Liebe Janet [de Coux],

Ich überquere den Salzsee in Utah, gewaltige Berge stehen kantig vor dem Abendhimmel. Das Wasser ist glatt wie Seide, kein Wellengekräusel, das Leben verrät – kein Boot, kein Fisch. Es könnte eine Szene aus *Perelandra*[3] sein – ein fremder Planet. Ich fuhr gestern ab (ist das möglich!) und werde morgen in San Francisco eintreffen, wo ich bei Margot und Dwight wohne – und, wie ich hoffe, Charles erwarten kann! Länger als einen Monat werde ich hier nicht bleiben, eventuell sogar kürzer, wenn

[1] »Oh Welt, wie kann ich je Dich fest genug umfangen!«
[2] »Vergeben die Sünden – ein reines Gewissen –
Im Antlitz die Narben bedeckt' ich mit Küssen.«
[Elinor Wylie]
[3] *Perelandra,* ein Roman von C. S. Lewis über einen anderen Planeten.

er früher nach Hause kommt. Seit ich diesen Zug bestiegen habe, erfüllt mich eine ungeheure Freude. Ich weiß nicht, ob es daran liegt, daß ich die »tausend kleinen Sorgen«, die einen zu Hause beschäftigen, abgeschüttelt habe, oder ob es die freudige Erwartung ist, weil ich Charles – vielleicht – bald sehen werde. Möglicherweise ist es auch einfach die Freude darüber, allein zu sein und sich unbehelligt sich selber zu überlassen, sich wiederzufinden, das Wesen der Dinge von neuem aufzuspüren. Bisher bin ich noch nicht viel zum Nachdenken gekommen – ich bin von der Schönheit des Westens, den ich so lange nicht mehr gesehen habe, einfach überwältigt. Charles sagt: »Nur die Abwechslung öffnet einem die Augen.« Ich glaube, er hat recht. So plötzlich aus meiner Umgebung gerissen, sehe ich alles mit solcher Frische und Lebendigkeit, daß es fast schmerzt.

In Wahrheit begann ich diese Zeilen, um Dir mitzuteilen, daß am letzten Tag in Cranbrook verschiedene Bomben hochgegangen sind, die sich unter Umständen wieder in Rauch auflösen. Aber Du solltest unterrichtet sein.

Mr. Patterson schrieb mir, daß wir das Haus nächsten Winter nicht mehr haben können. Der Mietvertrag läuft am 31. August ab. Das bedeutet, daß wir bis 1. September(!) ausgezogen und in einem anderen Haus sein müssen! Ich hatte das Gefühl, als habe mir jemand einen Schlag in die Magengrube versetzt. Und zwar genau zu dem Zeitpunkt, als ich beschlossen hatte, daß ich Michigan mag und gerne bleiben wollte. Den ganzen Vormittag schwirrte mir der Kopf – sollen wir nach Maine ziehen? Soll ich die Kinder dort lassen und währenddessen ein Haus in Connecticut suchen? Soll ich Janet anrufen? Soll ich überhaupt nach Kalifornien ziehen? Nachmittags erreichte ich Mr. Snyder, den Immobilienmakler, der seine eigene Theorie entwickelte: »Na, na, regen Sie sich mal nicht so auf. Sie werden überhaupt nicht umziehen müssen. Er meint das gar nicht so.« Der Makler erklärt, daß Mr. Patterson ein kleineres Haus mieten möchte, aber bis jetzt keines gefunden hat. Er meint, daß er eines ausfindig machen wird, dann können wir bleiben, wo wir sind. Er sagt, es handele sich lediglich um eine Sicherheitsmaßnahme von Mr. Patterson.

So, jetzt weißt Du's. Ich beschloß, nach Kalifornien zu fahren, um spätestens bis zum ersten August zurück zu sein, für den Fall, daß wir umziehen müssen. Ich hoffe, daß sich keine Katastrophen ereignen werden. Aber ich dachte, Du solltest darüber Bescheid wissen.

Verzeih das völlig unzusammenhängende Gekritzel. Wärest Du hier, würden wir schweigen – und nur die Regenböen beobachten, die mit den düsteren Gewitterwolken und der immer finsterer werdenden Erde verschmelzen.

Sonntag, 23. Juli

Liebste Con,

Ich sitze in Margots Wohnzimmer auf der Couch und passe auf, ob die Kinder schreien, während Margot im Gästehaus ihren Mittagsschlaf hält. Dwight ist fort, um eine Kuh einzufangen.

Die Kinder weinten. Dann kamen Gäste. Jetzt ist es Montagvormittag. Ich bin nun drei Wochen hier und weiß nicht, wo sie geblieben sind. Schlafen, in der Sonne sitzen, Leute sehen und der Versuch, Margot im Haushalt zu helfen. Es wäre absolut wunderbar (und war es auch beinahe), wenn ich nicht in dem ständigen Kribbelzustand wäre, wann Charles nach Hause kommt und ob wir nun umziehen müssen oder nicht. Ich versuche auf Grund seiner knappen, kleinen Mitteilungen herauszufinden, wann er kommen könnte, wie lange ich hier mit Sicherheit bleiben darf, während mich andrerseits die Tatsache eines eventuellen Umzugs unter Druck setzt. Dazu versuche ich den verworrenen kleinen Sätzen seiner Briefe die letzten Feinheiten, Wünsche und negativen Eindrücke zu entnehmen, die sich sonst selbst in einem unruhigen halbstündigen Gespräch mit dem Ehemann offenbaren. Ich weiß, daß sie alle in seinen kleine Sätzen wie »Achte auf die Connecticutgerüchte« oder »Selbst ein Umzug in die nähere Umgebung ...«, »Was Du für das beste hältst« etc. versteckt sind. Aber ich kann sie nicht wie die gepreßten Kügelchen japanischer Blumen und Fische aufblättern, die man ins Wasser geben muß, damit sie sich entfalten. Ich kann ihnen ihr Geheimnis nicht entlocken. Sie verlangen nach den Quellen der Realität, der Gegenwart und des Gesprächs.

Praktisch gesehen ist die Sache so: Marta (Brodie) hat mir telegraphiert, daß Mr. Patterson den Mietvertrag nicht erneuern will und wir bis zum 1. September ausgezogen sein müssen. Eine Woche werde ich darauf verwenden, in Bloomfield Hills etwas Passendes zu finden (die Chancen sind sehr gering). Dann werde ich in den Zug nach dem Osten hüpfen und in Connecticut suchen, vermutlich komme ich am 19. August an und werde für eine Woche bleiben. Finde ich dort etwas Passendes, werde ich versuchen, die Familie Ende August dorthin zu bringen. Gelingt das nicht, und wir müssen von Cranbrook fort, bringe ich sie nach Englewood oder Maine und suche weiter.

In der Zwischenzeit sehe ich mich auch hier um, denn theoretisch könnte ja der Krieg in Europa schneller vorüber sein, als wir denken, und der Krieg mit Japan womöglich länger dauern, dann würden die Aktivitäten sich unter Umständen auf diese Küste konzentrieren; und sollte C. dann weiterhin wie bisher tätig sein, wäre es vielleicht besser, wir blieben hier. Es ist eine sehr schöne Küste, und ich könnte ruhig schon eine schmale Basis für mein »kleines graues Heim im Westen« vorbereiten.

Was für ein seltsames Scheinleben führt man doch ohne seinen Mann! Dann schickt man auch noch die eigenen Kinder weg und beginnt an Mrs. Miles Wahrheit zu zweifeln: »Es geht nichts über eine kinderlose Witwe!« Ich glaube, den Kindern geht es gut – sie sind im Sommerlager und bei Miß Hanky. (Himmel, vier lange Seiten mit möglichen Plänen – ich hätte das bestimmt auch mit vier Zeilen abtun können.)

Was ist mit Deinem langen, heißen, arbeitsreichen Sommer? Wurstelst Du Dich durch? Ich hoffe, daß Dir im Herbst das beschieden sein wird, was ich hier durch diese Reise erleben durfte – daß Du ein bißchen Dampf ablassen kannst – ein wenig Zeit zum Nachdenken hast, du Abstand gewinnst, um die Nöte zu sondieren, die einen immer so unter Druck setzen. Es stimmt, glaube ich, daß einzig und allein Verständnis etwas Befreiendes hat. Aber das dauert, und wenn man in Eile ist, findet man weder die Muße noch die Kraft, um Verständnis aufzubringen – also beherrscht man sich weiterhin und gibt sich stattdessen gelassen (für den Fall, daß doch alles in die Luft gehen sollte). Was natürlich die richtige Lösung der Probleme nur hinauszögert. Immer ordnet man Erlebnisse der Disziplin unter, da die Zeit zu knapp bemessen ist, um die Dinge tatsächlich wahrzunehmen.

Tagebuch — *29. Juli, mit Margot und Dwight in Kalifornien*

Wieder sind Monate vergangen und ich habe nicht geschrieben. Nie gibt es eine Pause. Ständig muß man den Boden, der inzwischen von Unkraut und wilden Rosen überwuchert ist, roden – ehe man von neuem beginnen kann.

Sich einen Überblick zu verschaffen, ist da, wo es nötig ist, schwierig. Vier Monate – April, Mai, Juni, Juli – ohne Charles. Die ersten drei Monate führte ich ein geschäftiges Dasein, arbeitete, sah Menschen, kümmerte mich um die Familie. Im letzten Monat – hier bei Margot – kam ich wenigstens ein bißchen zum Nachdenken über die drei vergangenen. Ich habe Bilanz gezogen und mich gefragt, was ich in der Zeit getan und gelernt habe. Was ich zustande gebracht habe, war nicht gerade bedeutsam, aber was ich gelernt habe, ist entwicklungsfähig.

Während der ersten drei Monate vermied ich es um jeden Preis, zu schreiben, nachzudenken oder alleine zu sein. Ich nehme an, das lag wohl hauptsächlich daran, daß ich der Leere entfliehen wollte, die C.'s Abwesenheit hinterlassen hatte. Vielleicht war es zum Teil auch die übliche Reaktion nach Abschluß eines Buches. Ich verlangte nach Leben und Menschen, war im großen und ganzen glücklich über den Erfolg des Buches und wollte dieses Glück und diese Freiheit kurzerhand anderen vermitteln. Ich sprühte vor Leben und wollte es mit jemandem teilen, und C. war nicht da. Im April arbeitete ich im Studio, fuhr nach New York, ging dort ins Ballett und hörte ein Busch-Konzert.

Wieder in Detroit, stellte ich fest, daß ich seine Atmosphäre der in New York bei weitem vorzog. Abends war ich mit Menschen zusammen. Mit den Scheyers, den Delattres, den Sepeshys, die Gespräche drehten sich um Musik, Bücher und das Schreiben. Ein reizender Abend bei Carl [Milles]. Olga sagte: »Ich habe mein ganzes Leben auf einen solchen Abend und auf einen solchen Freundeskreis gewartet!«

Mir ging es ebenso – endlich fühlte ich mich in einem Kreis geborgen. Es versetzte mir einen gewissen Schock, als Svea mich darauf aufmerksam machte und es mir klar wurde, daß ich die einzige Amerikanerin war. Alle anderen waren Europäer.

Es war ein glückliches Frühjahr. Die Welt veränderte sich grundlegend und man schämte sich seines Glücks, auch wenn es sich um harmlose Freuden drehte. Es ging um Freundschaft, Gespräche und Musik. Das war nicht anstößig und wir vergaßen darüber nicht die übrige Welt und den Krieg. Da sie Europäer waren, konnten sie ihn gar nicht vergessen, aber sie wurden nie heftig, sie standen nicht unter Druck.

Im Juli dominierten Freundschaft, Gedankenaustausch und Gespräche – die auf die physischen Kräfte, die die Kinder beanspruchten, abgestimmt waren – eine äußerst befriedigende Kombination.

Der einzige herausragende Tag war die Invasion. Ein Tag, der selbst den fernen Frieden und das blasierte Außenseitertum Bloomfield Hills ins Wanken brachte. Das tägliche Leben und die Gedanken verloren an Bedeutung. Und das verkrustete Alltagsgeschehen gewann ein etwas höheres Niveau. Man erledigte seine Geschäfte anders, so als sei jemand, den man liebt, sehr krank.

Es war merkwüridg, wie viele Hoffnungen damit verknüpft waren. Man hatte gar nicht bemerkt, wie lange die Jalousien heruntergelassen und fest verschlossen waren. Aber durch diese Nachricht (»Mein Gott, sie haben es getan! Sie sind tatsächlich dort!«) wurde die Jalousie einen kleinen Spalt geöffnet. (»Dürfen wir je einen Morgen erwarten? Wird uns ein Tag beschieden sein?«)

Und ungläubig führte man Selbstgespräche: »Es ist also möglich. Vielleicht geht der Krieg zu Ende – und die Welt hat unter

Umständen wieder ihren Frieden, Frankreich wird frei sein. Es ist nicht ausgeschlossen.«

Die Jalousie hatte sich gehoben und ein Lichtstrahl fiel ein – auf Frankreich.

Für alle Franzosen war dies ein großer Tag, der nie wieder seinesgleichen finden würde – ich spürte das. Es war der Tag der Befreiung. Es war das Versprechen, das wohl niemals ganz eingelöst werden würde. Ehe die Befreiten die Last, frei zu sein, zu spüren bekamen. Ehe die Angreifer die Probleme des Friedens erfahren hatten. Der Tag der Hoffnung, der Ideale, der Opfer hat sich ereignet. Stirbt man für ein Ideal, hat man möglicherweise einen Weg gefunden, dem Tod Wert zu verleihen.

Der Sinn dieses Opfers, dieser Leiden begleitete mich durch den Tag. Natürlich gibt es täglich Opfer, und gelitten wird täglich und stündlich. Aber diesmal war mir das bewußt, war ich ganz beteiligt, neigte ich mich in Demut. Das hielt den ganzen Tag an. (Wie schrecklich, daß man das jemals vergessen kann, daß man sich dessen nicht ständig bewußt bleibt. Dabei bin ich gar nicht sicher, ob man das Bewußtsein überhaupt ganz ausschalten kann. Die Tatsache, daß dieser Tag uns so viel Hoffnung bescherte, ließ mich erkennen, unter welcher ständigen Wolke ich bisher gelebt hatte, ohne es mir ganz klar zu machen.

Als ich zum Frühstück herunterkam und die Nachrichten hörte, ging ich gleich wieder nach oben und zum Fenster und kniete nieder. Ich war zu bewegt, innerlich zu sehr zerrissen, als daß ich Worte gefunden hätte, oder mir ein Gebet eingefallen wäre, aber es schien mir so, als müßte ich ganz still halten und auf meinen Knien liegen.

An E.L.L.L. *Fairfield, 24. August*

Liebe M.

Ich war gestern den ganzen Tag in New Haven auf Haussuche und kam gestern abend hierher zurück. Kurz vor meiner Abfahrt erhielt ich ein Telegramm von Charles. Es lautete, »Connecticut

O. K. Fahre ab, nächste Adresse unbekannt. Im September zu Hause.«

»Im September zu Hause!« Das klingt einfach wunderschön, obgleich ich noch nicht ganz damit rechne. Vielleicht finden sie immer wieder einen Grund, um ihn dort festzuhalten. Es war herrlich, so rasch eine direkte Nachricht von ihm zu bekommen und die Bestätigung zu erhalten, daß Connecticut richtig war.

Aber die Hauptsache war, daß dies seit März der erste *wirkliche* Kontakt war.

Ich habe vor, heute oder morgen abend zurückzufahren.

Wir sehen uns bald. Ich wollte Dir nur diese Nachricht senden.

An E.L.L. *Englewood, vor dem Frühstück, Samstag, 16. September*

Liebe M.

drei Tage lang hat es gegossen und gestürmt (»der Hurrikan«). Alle Pläne, auch der Umzug etc. sind verschoben worden. Der Möbelwagen aus Detroit, der Mittwoch oder Donnerstag eintreffen sollte, ist noch nicht da. In der Agentur haben sich keine Köchinnen gemeldet. Und natürlich warte ich jetzt, da Charles' Heimkehr vermutlich innerhalb der nächsten drei Wochen bevorsteht, stündlich auf ihn. Das Warten bereitet einem ganz besondere Seelenqualen.

Hier ist jedenfalls alles in Ordnung. Die Kinder sind in guter Obhut, gesund und kommen hier gut zurecht, wenn sie auch sehr begierig sind, das neue Haus und ihren Vater zu sehen. Jon war von dem Orkan begeistert und verbrachte den gestrigen Tag (an dem es klar und windstill war) damit, herumzugehen, umgestürzte Bäume zu zählen, wegzuräumen und Äste zu zersägen. Alle sagen, Scott sieht Daddy ähnlich. Land gleicht natürlich C. ganz und gar. Jon ist er selber und Anne ist einfach ein Traum!

Wieder sind zwei Monate vergangen, in denen ich nicht geschrieben habe. In Wirklichkeit sind es drei, da ich über die Reise in den Westen – Juli, August und September nichts aufzeichnete. Im Juli war ich bei Margot. Der August verging mit Umziehen, Packen, Verabschiedungen und der Suche nach einem neuen Haus. September: eine Woche in Maine und drei in Englewood, New York und Westport. Einkaufen, Umziehen, Auspacken, Suche nach Möbeln, Schulen und Köchinnen. Wie im Fieber.

Und mittendrin fanden drei gravierende Ereignisse in meinem Leben, in meinem Herzen statt. Drei Ereignisse, die mich tief berührten und die ich – aufgrund dieses Sturzbaches, der durch Umzug, Planen und Bagatellverrichtungen über mir zusammenschlug, gar nicht richtig verarbeiten konnte. Es waren C.'s Heimkehr, St.-Ex.'s Tod und die Befreiung von Paris. Ich möchte sie so gerne erfassen, meinen Gefühlen freien Lauf lassen, ehe ich mit dem Leben wieder beginne. Denn es ist jetzt ein neuer Anfang, dem ich mich stellen muß. Doch ehe ich mich aufmache, muß ich mich fassen, muß »meine Seele nachkommen lassen«. Und das kann ich nur in langen, ruhigen Stunden im Wohnwagen – beim Schreiben. Der Wohnwagen steht schon. Man schaut darin über Wiesen direkt auf einen flammenden Tulpenbaum. Auf den Waschbecken liegt Seife und in den Badezimmern stehen Zahnputzgläser im neuen Haus. Die Teppiche liegen noch nicht, die Vorhänge hängen noch nicht, kein Spiegel an den Wänden und es fehlen noch eine Menge Möbel. Ich habe in meinem Zimmer keinen Stuhl, aber ich habe mein großes Bett, eine Leselampe und das Radio und kann Konzerte hören.

Und mein Schreibtisch ist oben im Alkoven vor meinem Zimmer, es gibt dort einen Schreibtischstuhl, eine Lampe, Feder, Papier, Löscher und Tinte sind ebenfalls dort gelandet – und das war ein Kunststück, denn sie kamen alle in verschiedenen Kisten an!

Am ersten Abend kamen die Sikorskys und brachten Brot, Salz und ein Bild der Mutter Gottes. Sie sagten, daß man diese Dinge in ein neues Haus bringen müsse als Symbol. Für mich sind die Symbole Feder, Tinte, Löscher und Papier.

Ich muß noch einmal auf die Reise in den Westen zurückkommen, die für mich ein herrliches Erlebnis war. Ich war unglaublich frei und unabhängig. Mir kam es vor, als sei ich seit der Zeit vor meiner Ehe niemals so für mich gewesen. Das lag nicht daran, daß ich gewöhnlich mit C. zusammen reise, es war noch mehr – ich war der unwirklichen Zeitungsgestalt der Mrs. Lindbergh entronnen. Für mich bedeutet das Reisen alleine nicht nur die Entlassung aus den täglichen Pflichten, es ging hier um etwas viel Kostbareres – nämlich um die gelungene Flucht vor der künstlich abgesperrten, eingeschlossenen Zeitungsfigur. Reise ich mit C., werde ich sofort erkannt. Die glückliche Hand – das Haupt der Medusa. Das Leben um mich erstarrt. Es verliert an Natürlichkeit und ist kein Leben mehr.

Aber das Alleinereisen bedeutet, daß ich inkognito und ich selber bin. Da mich alleine niemand erkennt (und wenn, nur höchst selten). Und ich bemerke, daß ich – ganz anders als in der Zeit vor meiner Ehe, als ich jung und schüchtern war – jetzt die innere Freiheit hatte, um geben und nehmen zu können, und daß ich viel zu geben hatte und vieles aufnehmen wollte, daß mir das Leben etwas bot, wonach ich hungerte, als hätte meiner Diät ein bestimmtes Vitamin gefehlt.

Mich beschäftigten die vielen Soldaten, Matrosen und deren Ehefrauen auf den Bahnhöfen sehr. Die Offiziere gingen mit ihren Frauen, sie waren müde, verbraucht, verunsichert, und dabei richteten sie sich in ihrem Abteil mit Strickzeug, Papieren und spärlichen Worten des Verstehens sogar irgendwie häuslich ein.

Ganz anders als diese nachdenklichen, müden Frauen, die wie ausgesetzt wirkten, nachdem sie ihre Männer gesehen hatten, nun auf dem Rückweg waren, oder wie ich, auf dem Weg dorthin. Ich war glücklich, zu ihnen zu gehören, und war auch ein bißchen stolz. Eine geheime Freude darüber, zum Durchschnitt zu gehören, womit sich mir eine Türe geöffnet hatte, die bisher immer verschlossen war. »Ja, mein Mann ist im Südpazifik. Ja, ich hoffe, daß ich ihn sehen kann.«

Und doch war ich sogar in diesem Fall eine Ausgeschlossene, da ich natürlich mit einer Fahrkarte, die mir Ford besorgt hatte, in einem Luxuszug fuhr. (Ich hatte gesagt, daß ich *jeden* Zug nehmen würde, aber man hat mir den besten ausgesucht, da man annahm, daß ich das gerne hätte.) Aber es war nicht ganz so schlimm, wie es klingt, und auch wenn es eine ganze Menge reicher, übertrieben angezogener, laut redender Hollywoodherrschaften gab (wie sie vielleicht früher auf einem Vorkriegsluxusdampfer, etwa der *Normandie,* zu finden waren), so war der Zug doch in der Hauptsache von Armeeangehörigen besetzt. Offiziere und ihre Frauen, Armeehelferinnen, WAVES, die auf dem Weg zu ihren neuen Posten waren. Das war alles ganz echt. Es fiel mir leicht, mich mit ihnen zu unterhalten.

Die WAVE-Angehörige, die Therapeutin werden wollte, und der rothaarige Junge mit dem Saxophon wollten in die Handelsmarine eintreten. Mit ihm fuhr ich in einem überfüllten Taxi durch Chicago. Vier Soldaten, der Junge und ich; bis auf uns beide stiegen alle aus. Er war sehr froh, als er erfuhr, daß ich ebenfalls nach San Francisco wollte, und ganz niedergeschlagen, als er merkte, daß es ein anderer Zug war.

Diese Kriegsmenge strömte ein wunderbares Gefühl der Gutmütigkeit, Kameradschaft und Freundlichkeit aus, sowohl in den Zügen wie auf den Bahnhöfen. Man konnte mit jedem reden. Jeder konnte sich an einen wenden. Alle hatten irgendwie teil. Es gab keine Schranken. Dieses Gute hatte der Krieg bewirkt. Ich nehme an, daß das in jeder Notsituation so ist. Aber hält es vor?

Ich bin durch so vieles vom Leben getrennt. Zuerst durch Geld. Durch Geld ganz gewiß. Das Kamel durchs Nadelöhr. Aber in diesem Fall ist das »Königreich des Himmels« das Leben; und das Geld isoliert Dich vom Leben (wie auch der Mangel an Geld). Der Ruhm hat zwischen mir und dem Leben eine Schranke errichtet – die glückliche Hand. Bis hin zu *Par délicatesse, j'ai perdu ma vie.* Auf dieser Reise wurde mir klar, wie groß mein Lebenshunger war, wie sehr ich gedarbt hatte, wie gierig ich nach den kleinen Brocken griff. Die Menschen würden lachen über diese Brosamen; aber sie dünken einem Kostbarkeiten, wenn man ausgehungert ist.

Charles ist natürlich auch durch seinen Ruhm und seinen Reichtum vom wahren Leben abgeschnitten. Aber ihm war das stets bewußt, er hat sich immer erbittert und heftig dagegen gewehrt und sich seinen Weg freigekämpft. Darauf beruhten seine Ressentiments gegen Englewood, seine Flucht in die Fliegerei und jetzt seine Meldung zum Kriegsdienst. Ihn konnte man nicht fernhalten, er schlug sich durch. So wie auch St.-Ex., St.-Ex., der wie ich von Lebenshunger erfüllt war und auch wie ich die Schranken, die einem Herkunft, Erziehung und *délicatesse* auferlegen, zu durchbrechen hatte, um ins Leben vorzudringen. Er fand es trotz allem, er fand auch den Tod, denn es ist alles eins. Er bekämpfte die, die ihn sowohl vor dem Leben wie vor dem Tod schützen wollten. Ihm war bewußt, daß sie an *einem* Strang zogen.

Ich begriff dies beim Durchqueren des Landes mit dem Zug, – wie oft hatten C. und ich es im Flugzeug (in Staub, Hitze, Kälte, Wind, Nebel, Sturm, Schnee, am frühen Morgen, in späten Nächten auf einem Fallschirm sitzend, Wind im Nacken und mit roter Nase) überflogen, wie sehr hatte uns beide die Fliegerei für das »Leben« entschädigt, das der Ruhm uns genommen hatte. (Bei St.-Ex. war es dasselbe, konnte nicht auch er in den Lüften dem begegnen, was auf der Erde für ihn unerreichbar war?)

Die glühende Schönheit des Westens lebte in dem Monat, den ich bei Margot verbrachte, in mir fort. Die ausgedörrten, goldgelben Hügel, die grauen Eichen, die als Gruppen in den Mulden standen, der Stechginster, das Meer – sie alle gehörten scheinbar in eine andere, idyllische Welt. Sie erinnerte ganz entfernt an England. Ich war ganz davon erfüllt. Wir lagen in der Sonne, wir aßen im Freien. Ich half Margot bei den Kindern. Wir führten täglich lange, sehr lange gemeinsame Gespräche. Dazu die körperliche Arbeit – die Kinder, der Haushalt, ich versuchte Margot bei der Lösung ihrer Probleme zu helfen.

Ich konnte herzlich wenig dazu beitragen, außer daß ich einen Eilzustellungswagen auftat, der die Lebensmittel den Berg hinaufzog. Und eben die täglichen Gespräche, die reiner Luxus waren, da wir über alles reden konnten.

Ich ging zu Margots Komitee gegen Rassendiskriminierung. Es war sehr rührend. Das Grüppchen gutwilliger Männer und Frauen saß auf Bänken des kleinen, weißen Sitzungssaales im Rathaus von Monterey. Wie in einer neuenglischen Kirchenversammlung – jeder eher schüchtern, zurückhaltend, aber alle strahlten guten Willen aus. Neger und Weiße saßen meistens im Kreis ihrer eigenen Rasse beisammen, lächelten und machten einander freundlich Platz. Es sprachen Weiße, Neger, Philippinos und Chinesen. Besonders der Neger war sehr bewegend. Wie immer war ich wieder von der Beredsamkeit der Neger beeindruckt, die einen in ihrer Bescheidenheit, Wärme und Großzügigkeit zutiefst rührt. Geistig und mit ihrem Herzenstakt sind sie uns weit voraus.

Wir haben ihnen angeblich Freiheit, Gleichberechtigung und das Wahlrecht gegeben, in Wirklichkeit haben wir ihnen aber keine Gleichberechtigung, keine anständige Erziehung, keine annehmbaren Wohngebiete und keinerlei Chancen zugebilligt, einen ordentlichen Lebensunterhalt zu verdienen.

Aber wie löst man das Problem? Völlige Gleichberechtigung, völlige Vermischung? Gewiß hat der Neger Eigenschaften, die auch uns gut tun würden. Ich habe das Gefühl, daß er uns in vielem überlegen ist – im Künstlerischen und im Geistigen. Dabei bereitet das Prinzip der totalen Gleichberechtigung meinem Dafürhalten nach eine weltweite Identität vor – wie wenn man Pfirsich, Birne, Apfel und Pflaume aufeinander propfen würde, um daraus eine einzige Frucht für das Weltall zu züchten. Wäre diese *eine* Frucht ein Gewinn für das Universum? Werden *Unterschiede* immer Konflikte hervorrufen? Ich nehme an, daß Besonderheiten, wie Krishnamurti[1] sagt, stets Konfliktstoff liefern. Aber gibt es keinen Mittelweg zwischen einer Welt der Gleichschaltungen und einer Welt der Auseinandersetzungen? Ich weiß es nicht.

[1] Jiddu Krishnamurti, gebürtiger Inder, Hindulehrer, Redner und Schriftsteller.

Während des Monats, in dem ich Margots Leben teilte, war das Warten auf C. eine verborgene Qual.

Ich fühlte mich Charles, obwohl keine Verständigung möglich war, eng verbunden. Ich meinte, daß es mir ein wenig bewußt war, was er durchmachte und was es ihm bedeutete. Es ging ihm wohl ähnlich wie mir auf der Reise, nur ausgeprägter. Er gehörte seiner Generation an, teilte ihre Erfahrung, eine Erfahrung, die alle Männer gerne machen möchten, um den übrigen gleich zu sein – wenigtens im Krieg.

Ich hatte auch Angst um ihn. Wo war er? Was tat er? Mir war ziemlich klar, daß er alle Einsätze mitmachen würde. Warum sollte ich glauben, daß er geschützt war? Weshalb war ich so sicher, daß er zurückkommen würde? Als ich den Zug bestieg, war ich meiner Freude, ihn bald zu sehen, so sicher – aber jetzt?

Manchmal wachte ich mitten in der Nacht oder am frühen Morgen auf, und ich wurde mir in aller Schärfe dessen bewußt, was ich an ihm verlieren würde – müßte ich ihn hergeben. Es handelte sich nicht um eine Vision, auch nicht um Erinnerungen oder Gedanken, sondern um eine Art plötzlicher, momentaner, durchdringender Erkenntnis seines eigentlichen Wesens – wie ein schmales Strahlenbündel, ein konzentriertes Licht, nicht groß, ganz schmal, wie ein genau abgestecktes Ziel – aber so stechend wie der Lichtpunkt eines Brennglases. Dieses Bewußtsein war derart intensiv, daß es fast bis zu Agonie führte.

Ja, wir waren beide hungrig nach dem Leben. Wir müssen eindeutig etwas dafür tun, um davon mehr mitzubekommen. In Michigan war das für keinen von uns möglich. Für C. in dieser auf Produktion ausgerichteten Fordfabrik gewiß nicht. Aber auch für mich im Elfenbeinturm von Cranbrook nicht, obwohl ich dort einen Kreis wunderbarer Freunde hatte.

Jedenfalls war ich sicher, daß es Zeit war, unser Leben zu ändern. Ich wußte nicht genau wie, aber es war mir klar, daß ein Wandel vollzogen werden mußte.

Als ich in den Zug nach Chicago umstieg, sah ich das alles viel greifbarer vor mir. Jedes interessante Gesicht verließ den Schauplatz, als ich den Zug bestieg, der lediglich bis Detroit ging. Ich blickte mich im Abteil um und war ausgesprochen niedergeschlagen und dem Ersticken nahe. Das lag nicht nur daran, daß diese Leute besondere *Nouveau-Riches* waren, daß sie übertrieben angezogen waren, zu laut redeten, sich unmäßig betranken und den Negerschaffner anpöbelten. Mich bedrückte mehr ihre Selbstgefälligkeit, die sie dabei an den Tag legten. Auch, daß sie keine Vorstellung von der Sensibilität des Schaffners nur je gestreift hatte, sie keine Ahnung hatten, daß sie nichts Besonderes waren und daß sie niemals einen Gedanken darauf verschwendet hatten, daß es in Detroit Slums und Probleme gab. Sie besaßen kein Gefühl für die Dinge, die sich außerhalb ihres selbstzufriedenen, bequemen Lebens abspielten. In einem geradezu physischen inneren Aufruhr beschloß ich, daß wir keinen weiteren Winter in Detroit verbringen könnten.

Dann wieder in Detroit, die Entscheidung, umzuziehen. (Mr. Patterson hat bis jetzt kein Haus gefunden, in das er ziehen könnte, daher beansprucht er sein eigenes.) Alle Vorhaben plötzlich umgestoßen, Eile ist geboten, Überlegungen, Pläne, Arbeit, Fahrkarten, Buchungen für den Zug, Briefe an Freunde wegen Häusern. Agenten. Aber das war für diesen Monat nicht allein bezeichnend – zwischen Plänen, Packerei und Geschäftigkeit – fanden die Abschiede statt.

Scheyers Dankbarkeit und seine Trauer wegen meines Fortgehens. Sehr bewegend in ihrer Schlichtheit und Aufrichtigkeit. Alles an dem Abend zum Ausdruck gebracht, an dem ich mit den beiden alleine war, und Mrs. Scheyer schloß sich dem offenbar an. Ich meine, es verpflichtet zu Dank, wenn man jemandem mit Sympahtie, Verständnis und Anerkennung geholfen hat.

Bestimmt werde ich sie vermissen – sein warmes Verstehen und seinen klaren, empfindsamen Geist. Ihre schweigende Übereinkunft, ihre Überlegenheit und alles, was sie in ihrer Musik ausdrückt. Mrs. Bromleys freundliche Klugheit und ihren Mut – sowie Janet und Eliza. Wie werden mir diese Freunde mit ihren wunderbaren Eigenschaften fehlen, auf die man sich immer verlassen konnte. Was für eine Wohltat war das, mit Menschen zu leben, für die die gleichen Werte galten wie für einen selber.

Aber die anderen – die Scheyers – werden uns die Politik, die verschiedenen Meinungen auseinanderbringen? Die Delattres – denen ich nie so nahe gekommen war, wie ich es mir gewünscht hatte. Jetzt bedauere ich das, aber nun ist es zu spät. Die Milles – alt, müde, resigniert, sie sind so traurig über unser Weggehen, und ich, weil ich sie verlassen muß.

Mrs. Lindbergh, zerbrechlich steht sie in ihrer Anfahrt und winkt zum Abschied. Fragil und tapfer – ich konnte es kaum ertragen. Das Bild werde ich immer im Gedächtnis bewahren.

Mitten in diesem Umzug und der Planerei öffne ich am 9. August die Zeitung und finde einen kurzen Artikel in der *Free Press*. »Schriftsteller-Pilot über Südfrankreich vermißt – Saint Exupéry«. Eine kurze Notiz über einen langen Aufklärungsflug. Nachdem er monatelang Flugpersonal ausgebildet hatte, flog er gerade eben erst wieder seine ersten Einsätze. Er war 44 Jahre alt.

Als ich das las, war ich nicht wirklich erschrocken, denn ich hatte schon so oft daran gedacht, es bereits lange erwartet. Es ging mehr um das erschreckende Erkennen. Da steht es. Du hast es vorher gewußt, aber da hast du es nun schwarz auf weiß. Lösch' es aus, wie du vorher so oft schon die Vision ausgelöscht hast. Nein, da war es. Antoine de Saint-Exupéry. Es war wahr.

Keine Zeit, kein Raum mitten im Umzug, wohin ich zu entkommen vermochte, um darüber nachzudenken, um herauszufinden, was mir das bedeutete. Allein der dumpfe Schmerz, den ich beim Packen mit mir herumtrug, der gelegentlich zu einem harten Schlag ausholte, wodurch mir seine Bedeutung wieder in Erinnerung gerufen wurde. »Aber er ist tot, er ist vermißt, auf einem einsamen Erkundungsflug über Südfrankreich.« Als könnte ich durch die ständige Wiederholung der Worte der Realität näher kommen, es ein für alle Mal begreifen und dem scharfen Schmerz ausweichen.

Genauso war es beim Tod des Babys und bei Elisabeths Tod, das fällt mir jetzt wieder ein. Das Herz kann es nicht auf einmal fassen; es verweigert die Annahme, man muß es ihm immer wieder sagen – eine erneute Mitteilung, ein erneuter Schock, ein erneuter Schlag – in unaufhörlicher Wiederholung. Und jeder

Schlag trifft so heftig, so grausam wie der erste, weil sich das Herz weigert, die Realität zu akzeptieren, es ist ungläubig und muß deshalb ständig von neuem den Verletzungen ausgesetzt werden. Wie langsam begreift ein Herz, viel langsamer, als der Verstand. Handelt es sich um den Schmerz, ist das Herz so dumm, so unbekümmert, so hartnäckig.

Wenn ich auch im Geiste mit tausend praktischen Dingen beschäfigt war, rannte ich doch bei jeder Umdrehung gegen diese leere Wand und hielt kurz inne – »Aber er ist tot.« Was hatte es noch für einen Sinn zu schreiben, wenn es ihn nicht mehr gab, damit er es irgendwann, irgendwo vielleicht einmal lesen würde? Mein letztes Buch, das wie ein Brief war, den ich an ihn gerichtet hatte, der ihn nie erreichte, was war es jetzt noch nütze? Niemand verstand es so, wie er es verstanden hätte. Man schreibt, und wenn man sicher ist, daß es auf der Welt einen einzigen Menschen gibt, der es versteht, so genügt das, und das, was man schreibt, erglüht von innerem, eigenem Leben. Es wurde ihm Gehör geschenkt.

Als ich mich anschickte, mein zukünftiges Leben, die Kämpfe und Mühsal unserer Zeit zu betrachten, die Trennungen, die Zerrissenheit – und mir vorstellte, daß er nicht mehr auf dieser Erde weilte, um ein wenig Licht zu verbreiten, um Worte des Erbarmens an uns zu richten, um eine Brücke zwischen beiden Seiten zu schlagen, uns ein wenig Freiheit zu geben, und um uns zu sagen: »Man muß die Wahrheit des einen nicht gegen die des anderen ausspielen« – dann fühlte ich mich unglaublich verlassen.

So war mir bei Elisabeths Tod zumute – ich dachte, ich wäre bis ans Ende meines Lebens vollkommen allein – aber da handelte es sich um einen persönlichen Verlust. Hier geht es um mehr. Die Überzeugungen dieses Mannes und die Stimme, die er ihnen verlieh, ermöglichten es mir überhaupt, in der heutigen und der morgigen Welt zu existieren. Alle Freude, alle Schönheit dieser Welt sind von seinem Tod überschattet. Die Menschen in Paris, die jetzt frohlocken, frohlocken ohne ihn. Und alle Flugzeuge am Himmel fliegen ins Nichts.

Aber natürlich will ich leben, will ich das Leben genießen, denn meine Lebenslust ist sehr stark. Nirgends kann ich, oder konnte ich einen besseren Mann finden – einen Ehemann, dem ich so viel geben konnte wie er mir – keine Ehe, die so gut wie unsere ist. Eine gute Ehe bedeutet eine ganze Welt. Auch Charles bedeutet mir eine ganze Welt, er ist mein Leben. St.-Ex. war keine Verkörperung der Erde, er war eine Sonne oder auch ein Mond, oder die Sterne, die die Erde zum Leuchten bringen, die die ganze Welt und das Leben verschönen. Jetzt bleibt die Erde dunkel und hat an Schönheit verloren. Strauchelnd und freudlos werde ich meinen Weg fortsetzen.

Dann begann ich einen geistigen Kampf, machte Einwände. Schließlich wollte er für Frankreich sterben. Er wollte das höchste Opfer bringen, dafür war er zurückgekehrt. Jetzt ist seine Schuld (vor denen, die mehr gelitten haben) gesühnt.

Aber es war nicht notwendig, rufe ich empört aus. Er hatte keinen Grund dazu, sich schuldig zu fühlen.

Jedenfalls war der Kampf für ihn beendet, die innere Zerrissenheit vorbei, keine »Wer-nicht-für-mich-ist-ist-gegen-mich«-Entscheidungen mehr. Er ist über die bürgerlichen Pflichten erhaben.

Aber er hätte in diesem bürgerlichen Ringen helfen können. Man braucht ihn dringend.

Doch vielleicht können seine Worte, die jetzt durch seinen Tod besonders an Strahlkraft gewonnen haben, wie im Falle Péguys,[1] mehr Menschen erreichen und ihnen als Fackel leuchten. Er wird der Péguy dieses Krieges sein. Durch seinen Tod haben seine Worte fraglos an Gültigkeit gewonnen.

Aber *es war unnötig*, daß er starb, um seinen Worten Geltung zu verschaffen. Ihr Wert war ohnehin unbestritten.

Im Grunde wäre er mit dem Rest des Lebens nie mehr zufrieden gewesen. Allein der Tod konnte ihm Erfüllung bringen.

Der Hang zum Tod war sehr stark in ihm.

Ja – *aber es war falsch* – das Leben ist gut. Er hätte sich nicht den Tod wünschen sollen. Das Leben hatte noch viel für ihn vorgesehen.

[1] Charles Péguy, Dichter, Sozialreformator, christicher Philosoph; der im 1. Weltkrieg an der Westfront gefallen ist.

Der Abend bei Trumans, als ich nachts nicht schlafen konnte, der Abend, an dem ich die Meldung in der *Time* fand. »Fünfzehn Besatzungsmitglieder in einer P-38 von der Flak durchsiebt.«

»Wenn er eine P-38 geflogen hat«, sagte Truman, »dann ist die Chance, daß er überlebt hat, sehr gering – der Prozentsatz der Männer, die aus einer P-38 herauskommen, ist sehr gering...« Eine Anzeige VERMISST, ist etwas Schreckliches. Sie bedeutet eine eigene, besondere Qual, die sich vom Tod deutlich unterscheidet. Der Tod ist allemal gewiß. Er ist auf seine Weise in seiner ganzen Unfaßbarkeit greifbar. Man weiß, wo sich die Toten befinden, oder wo sie sich nicht befinden. Die Vernichtung ist vollständig, und doch ist es dann möglich, das Gebäude langsam Stein für Stein wieder aufzubauen. Man kann daraus *un véritable ami mort* machen. Aber *Vermißt* – weder hier noch dort, weder lebend noch tot, im Schwebezustand, bleich, unwirklich, gesichtslos, wie jene Seelen bei Dante, die zwischen Himmel und Hölle dahintreiben.

Diese Qual ist in der Fliegerei nichts Ungewöhnliches. Ich habe sie auf den Gesichtern anderer Menschen gesehen; ich habe sie selber zu spüren bekommen. Die TWA-Maschine, die am Mt. Williams zerschellte und die C. und ich suchten, als wir jung verheiratet waren (noch immer sehe ich das Gesicht des Vaters vor mir, das wie ein Baum im Wind verzerrt war vor Kummer um seine Tochter, die als Stewardess an Bord gewesen ist). Wenn ich auf mein eigenes Leben zurückblicke und an die Reihe derer denke, die ich verloren habe. Mein eigenes Baby, Amelia Earhard, Nelson, Phil und viele andere. Ich kenne den Verlauf nur zu gut – der erste Schock, dann falsche Hoffnungen, und dabei verrinnt die Zeit erbarmungslos. Eine Antwort gibt es nie – es vergeht nur die Zeit. Der Mensch, den man liebt, ist ein Unterpfand des Schicksals. Man malt sich die schlimmsten Schrecken aus und ist machtlos, irgend etwas dagegen zu unternehmen, man kann nicht mehr hoffen und kann nicht mehr beten. Sogar meine Gebete prallen scheinbar wieder gegen mich zurück, als wären sie eine undurchdringliche Wand. Betet man nicht für die Toten?

Dabei kann die Wand auch manchmal Risse aufweisen, wie das

Leben. Die Nacht, in der ich in North Haven unter der Ulme lag und zu den Sternen hinaufblickte, die durch ihre kahlen Äste schienen, war wunderbar, die kahlen Äste waren übersät von den Sternen, die am Himmel hingen, der von ihrem Gefunkel ganz milchig war. Wie dicke Venen zogen sich die dunklen Äste der Ulme darüber. Eine Sternschnuppe – quer über dem Himmel – zerriß ihn in zwei Hälften und brachte ihm eine klaffende weiße Wunde bei.

In solchen Zeiten hat man das Gefühl, daß man fast ins Wanken gerät, es stellen sich Zweifel an der Gültigkeit der eigenen Emotionen, der eigenen Erfahrungen und selbst der eigenen Erkenntnisse ein.

Hundertmal habe ich mir in diesen vergangenen Monaten selber gesagt: Wie kannst du Anspruch auf eine enge, ja, eine enge geistige Beziehung zu einem Mann erheben, mit dem du nur einmal gesprochen hast, den du allein durch seine Bücher kennst? (Aber seine Bücher sind doch eine Realität, oder? Vielleicht der wirklichste Teil seines Ichs.)

Wie kannst du nach einer einzigen Begegnung, die nie wiederholt wurde, und die, soweit du das sagen kannst, seinerseits auch keine Wiederholung wünschenswert machte, eine Beziehung herstellen? (Aber für mich war diese Begegnung sehr real. Ist es wichtig, ob sie das auch für ihn war?)

Wirst du dein Leben lang zurückblicken auf ein einstündiges Gespräch mit einem Unbekannten, der nicht einmal deine Sprache beherrschte und dessen Sprache du selber nur stockend vorbringen konntest? Doch offensichtlich sprach er »meine Sprache« besser als alle, die ich vorher und nachher jemals getroffen habe.

Ich bin traurig, daß wir uns nie wieder begegnet sind. Ich bin traurig, weil er nie den Versuch gemacht hat, uns zu sehen, auch wenn ich es verstehe; ich bin traurig, daß die Politik und die Heftigkeit des Anti-Kriegs-Kampfes sowie der grelle Glanz der Publizität und die schmerzliche Fehlinterpretation meines Buches uns von einer weiteren Begegnung abgehalten haben. Ich bin traurig, daß ich nie in den Genuß gekommen bin, zu erfahren, ob er uns unseren Standpunkt und mein Buch verziehen hat oder nicht. Obgleich – Zweiflerin, die ich bin – seine Vergebung auf jeder Seite seines *Lettre à un Otage* und auch in seinem *Pilote de Guerre* anklingt.

Long Lots Road, Westport, 27. Oktober

Ich habe diesen Herbst, der in mir so viele Gefühle ausgelöst hat, noch immer nicht ganz verarbeitet. Unser Umzug in den Osten. Der Verlust von St.-Ex., C.'s Rückkehr. Letzteres ist mir gedanklich und gefühlsmäßig auch jetzt noch sehr nahe und wirkt fort. Es ist schwer, Freude zu beschreiben – sehr viel schwerer, als etwas über Kummer auszusagen. Ich glaube, das liegt daran, daß Freude stets sofort geteilt wird, ausstrahlt, sich auf der Stelle in Taten, Worten oder Mitfreude ausdrückt und damit den anderen weitergegeben wird. Sie verflüchtigt sich rasch, wird sie nicht in irgendeiner sichtbaren Form mitgeteilt oder ausgestrahlt. Die Welt dürstet nach Freude – sie ist regelrecht ausgedörrt. Sie saugt sie gierig auf wie Regenwasser. Dennoch läßt sie sich nicht in Worte fassen.

Es gibt in meinem Leben so viel Freude, immer wieder – verursacht durch die Kinder, durch Charles, wo – durch wen – und was auch immer. Jeden Morgen, vor dem Frühstück, wenn ich die Fenster öffne und die gelben Birkenblätter vor dem blauen Himmel zittern – jeden Abend, wenn die Sterne durch die Ulmenzweige scheinen, ein nasses Ahornblatt – scharlachrot auf dem Gras; eine glatte Kastanie, die aus der feuchten Schale glänzt. Scotts Arme um mich, Annes blonde Flechten, Land in der Badewanne. Jons Augen, wenn sie vor geheimem Glück strahlen, an dem er mich einen kurzen Augenblick teilhaben läßt. Annes Gesicht, wenn ihr engelsgleiches Lächeln wie der helle Tag über ihre ernsten Züge huscht.

Sich an die Tage ohne C. zurückzuerinnern, ist gar nicht leicht. Sich ins Gedächtnis zu rufen, was ich für ein merkwürdiges, unausgeglichenes Wesen war, stets ruhelos, in der Schwebe, ohne festen Boden unter den Füßen. Die Spannung, die einen bei allem im Leben nicht losläßt, blieb in der Luft hängen, wie ein steckengebliebener Ton. »Wenn – wenn – wenn – er zurückkommt. Wenn – wenn – wenn – wir wieder zu leben anfangen.« Wie sehr verabscheute ich es, abends in das große einsame Bett zu gehen. Die schlaflosen Nächte und die frühen Morgen. Das Gefühl, daß man den anderen Menschen immer nur *gab*, ohne je etwas *zurückzuerhalten,* keiner füllte einem den Becher bis zum Rand, ständig wurde der Durst nur unzulänglich gestillt – und das war es eben.

Die Zeit raste. Frühjahr und Sommer. (Alle Vögel haben ihre Weibchen.) Neidisch betrachtete ich die Ehepaare auf den Straßen, im Restaurant, im Zug, und versuchte nachzuempfinden, was für eine Ehe sie wohl führen mochten, in welchem Fahrwasser sie sich bewegten, mit welchen kleinen Gesten sie sich verständigten. Die fluktuierende Sicherheit, in der sie sich wiegten, sahen sie als ihr natürliches Element an. Und ich als Außenstehende wußte, daß einem das alles genommen werden kann und man wie ausgetrocknet am Strand zurückbleibt, wenn die Flut der Ebbe weicht. Ich hatte das alles vergessen – jetzt, da die Flut wieder da war.

Ich hatte sogar vergessen, wie sie wieder einsetzte. In großer Eile – überwältigend. Das Telegramm aus Brisbane – meine Erleichterung, daß ich telegraphieren und von ihm direkte Nachricht bekommen konnte. »Conecticut O. K.« Meine Hast, das Haus für ihn einzurichten, mein leidenschaftlicher Wunsch, vor seiner Ankunft dort einzuziehen. Es sollte für ihn, für unsere Kinder, für unser gemeinsames Leben bereit sein. Meine Angst, daß mir das nicht gelingen könnte. (Der Hurrikan.) Ich konnte es eben doch. Seine Stimme am Telefon aus Kalifornien.

Einfach so – ganz gewöhnlich – ein Wunder.

Dann der Tag seiner Ankunft. (Die Möbel waren eben im Haus, die Kinder noch in Englewood. Wir wollten uns alle in Westport treffen.) Ich arbeitete schwer, um alles in Ordnung zu bringen, um ein Zimmer fertig zu haben, in dem man sitzen konnte, um für ihn eine Heimstatt zu schaffen. Ehe ich mich gewaschen hatte, stand das Taxi vor der Türe, die gebeugte Gestalt im Innern. Rasche Schritte vorbei an den Wohnzimmerfenstern.

Und da war er – hager, braun, sehr jung und sportlich, stürmte ins Zimmer – wie das Leben selbst.

Die Freude, zu Hause zu sein, die er auf alles übertrug – das Haus, den Fluß, die Wälder, den prächtigen Herbst – er fand alles fabelhaft. Die Kinder – als sie kamen. Anne warf sich in seine Arme. Scott blickte schüchtern mit großen, runden Augen. Die Buben konnten nun endlich ihrer strotzenden Energie freien Lauf lassen. »Genau das brauchten sie!« sagte ich mir, als ich zusah, wie sie mit ihrem Vater tobten, einen Damm über den Fluß bauten, oder einfach dasaßen und Steine warfen und versuchten, sich mit ihm darin zu messen.

Gemeinsames Frühstück – Frühstück ist eine herrliche Mahlzeit – Spaziergänge in den goldenen Wäldern und Gespräche, bei denen wir entdeckten, daß wir die ganze Zeit Parallelen gefolgt waren, daß ich irgendwie immer wußte, was mit ihm geschah, seine Stimmungen erriet und seine Entwicklung kannte. Er konnte sich dafür meine Gefühle für St.-Ex. genau vorstellen. »Ja, ich dachte an dich«, und wieder, »du kannst dich ohne Scheu zu deiner Trauer um einen Verstorbenen bekennen.«

Unsere verschiedenen Erlebnisse haben uns nicht voneinander getrennt, sondern uns auf merkwürdige Weise nur noch enger verbunden. Handelt es sich hier um ein Wunder an Verständnis? Oder schlicht um Liebe? Sind wir jetzt beide an dem gleichen Punkt angelangt, am Ende eines Lebensabschnitts – oder am Anfang?

Beide tappen wir ein wenig im Dunkeln, sind ein wenig verloren – aber wir sind zusammen.